www.ingramcontent.com/pod-product-compliance
Lightning Source LLC
Chambersburg PA
CBHW051311120626
46547CB00015B/2187
* 9 7 8 1 9 5 7 1 0 9 3 3 6 *

שמואל

THE ISRAEL BIBLE

SAMUEL

EDITED BY

Rabbi Tuly Weisz

ISRAEL 365

The Israel Bible: Samuel

First Edition, 2021

The Israel Bible was produced by Israel365 in cooperation with Teach for Israel and is used with permission from Teach for Israel. All rights reserved. The English translation was adapted by Israel365 from the JPS Tanakh. Copyright © 1985 by the Jewish Publication Society. All rights reserved.

Cover image used under license from Shutterstock.com

ISBN 978-1-957109-33-6

A CIP catalogue record for this title is available from the British Library

The Israel Bible: Samuel is a holy book that contains the name of God and should be treated with respect.

Table of Contents

Introduction

The Hebrew Bible is commonly known as the *Tanakh* which stands for *Torah* (the Five Books of Moses), *Neviim* (the Prophets) and *Ketuvim* (the Writings). The *Tanakh* consists of 24 books that are considered by Jews to be the word of God. While these books have been referred to as the "Old Testament," many Jews reject this label since it implies the replacement of the Hebrew Bible with something newer and prefer the more authentic Jewish name.

The *Tanakh* is not only the most important book known to man, it is God's word that is perfect and absolute. It is therefore a daunting undertaking to publish an edition of the *Tanakh*, and the responsibilities are awesome. There is no room for error or carelessness in dealing with the eternal word of God. Further, upon embarking on such a serious initiative, we ask ourselves if our efforts are gratuitous. Considering the many editions of the Bible in print, is there truly a need for yet another one?

While there are numerous Bibles in circulation today, its most central aspect – the Land of Israel – has often been overlooked. References to Israel appear on nearly every page, and the city of Jerusalem is specifically referred to hundreds of times throughout the Bible. The essential link between Israel and *Torah* is emphasized repeatedly in verses such as, "For instruction (*Torah*) shall come forth from *Tzion*, the word of *Hashem* from *Yerushalayim*" (Micah 4:2).

The miraculous return of the People of Israel to the Land of Israel in our own generation provides the perfect moment for a new volume to fill this void in biblical literature. *The Israel Bible* includes many special features elucidating God's focus on Israel throughout *Tanakh* and there are many additional, multimedia features available on our website **www.theisraelbible.com**.

Ordering and Presentation – In presenting *The Israel Bible*, our goal is to spread awareness of the biblical significance of the Land of Israel as well as the Jewish people's eternal connection to the land, based on the text of the *Tanakh*, the Hebrew Bible. We aim to honor "the God, the People and the Land of Israel" from an Orthodox Jewish perspective. To that end, *The Israel Bible* follows the traditional Jewish ordering of the books and the customary Hebrew division of chapters. Therefore, for example, we count 24 books of *Tanakh* with *Sefer Divrei Hayamim* (Chronicles) appearing last. It is our hope that our rich content will speak to all Jews and non-Jews who appreciate Israel as the God given land of the Jewish people.

English Translation – Throughout history, Jews have studied the Bible in Hebrew, as any form of translation would miss much of the nuance of the original holy tongue in which *Torah* has been transmitted since the days of Moses. However, as many Jews settled in America in the 19th Century, the need for an English translation became necessary. To be sure, there were already English translations prepared over the centuries by Christians, but in the words of the original editors of the Jewish Publication Society (JPS), "The Jew cannot afford to have his Bible translation prepared for him by others. He cannot have it as a gift, even as he cannot borrow his soul from others."

JPS set out in the late 1800s to publish an authoritative English translation "in the spirit of Jewish tradition." It was compiled over decades by some of the leading Jewish scholars of the time. They formed committees and subcommittees to compare existing English versions, considering medieval and modern Jewish commentators. The monumental JPS translation, originally published in 1917, has been updated in recent years, and *The Israel Bible* is proud to utilize the 1984 New Jewish Publication Society (NJPS) version with its modern, clear language, as well as its wide-ranging acceptance as an accurate and high-quality translation. We applied the NJPS translation verbatim, except for a select list of nouns which we replaced with their traditional Hebrew names. This is true even when we found the NJPS translation to be different than the popular translation of a word or phrase and when the NJPS switched the order of the text for the sake of clarity (see, for example, Ezekiel 24:22–24).

Hebrew Transliteration – To give our readers an authentic *Tanakh* experience, every verse that has commentary is transliterated from Hebrew into English. The Hebrew alphabet chart includes our standards for transliteration and pronunciation of Hebrew verses, enabling readers of *The Israel Bible* to decipher key biblical passages in the holy language. Readers can hear the entire Bible read in Hebrew on our website **www.theisraelbible.com**.

There are various standards when it comes to transliterating Hebrew words into English letters. While we have relied primarily on the classical Hebrew transliteration, we have occasionally deviated for the sake of simplicity, clarity and to reflect common usage.

In addition to whole verses, we have also transliterated many proper nouns in the English translation so that our readers can learn the names of key biblical figures and locations in their Hebrew form. As a rule, we chose to transliterate names of people that were central in the establishment and functioning of the nation of Israel, as well as significant places in the Holy Land. Therefore, regarding Adam's sons, for example, only *Shet* (Seth) is transliterated since it was from him that *Noach* (Noah), and ultimately *Avraham* (Abraham), descended. For this reason, there might be verses or sections of *The Israel Bible* that contains multiple names and only some of them are transliterated.

For the same reason, we have transliterated the names of the books of *Tanakh* when referring to them in our introductions and commentary. When referencing a specific chapter or verse, however, we use the English names of the books in our citations for clarity. We also transliterated ideas and concepts that are central to Judaism such as *Shabbat* (Sabbath), the names of the Jewish holidays and the *Beit Hamikdash* (Temple), as well as biblical measurements. Finally, the name of God is transliterated. Out of respect, Orthodox Jews generally refer to the Lord as *Hashem*, which literally means 'the Name.' Referring to God as *Hashem* reminds us that we feel close to Him but also recognize our distance at the same time. To stress this moniker, we transliterated both the Tetragrammaton as well as the name *Elohim* as *Hashem*.

Study Notes – Our unique commentary was compiled by Orthodox Jewish scholars who live in Israel. It is an anthology in the sense that most of the commentary is not original, but draws from traditional teachings of early Jewish Sages and modern rabbinic commentators. We also include quotations from individuals who have played a significant part in the past century of modern Israeli history including Israeli prime ministers, poets and military leaders.

Our commentary can be broken into four categories, three of which are identified by an icon at the beginning of the study note:

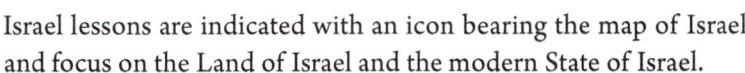 Israel lessons are indicated with an icon bearing the map of Israel and focus on the Land of Israel and the modern State of Israel.

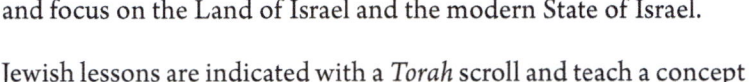 Jewish lessons are indicated with a *Torah* scroll and teach a concept in Judaism or a classic idea from rabbinic thought.

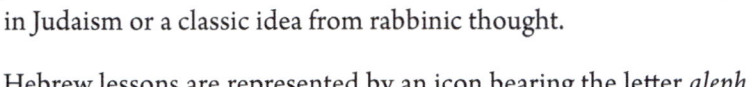 Hebrew lessons are represented by an icon bearing the letter *aleph* and focus on the meaning of a Hebrew word or phrase.

All other comments are considered general comments and are not assigned an icon.

Supplemental Material – In addition to our unique translation and original commentary, *The Israel Bible* offers supplementary material to enrich the learning experience of our readers. Before every book of *Tanakh*, we provide an introduction, as well as information, generally in the form of a map, a chart or a list, which is central to the specific book.

Maps – As the purpose of *The Israel Bible* is to highlight the biblical significance of the Land of Israel, significant time was spent researching and preparing maps to bring the physical contours of the holy land to life with great accuracy. However, since there is a lack of information regarding the precise locations of certain ancient cities, some of the places on our maps are approximate or subject to debate. In these cases, we followed the opinion that we are most comfortable with, but acknowledge that there is room for disagreement. We continue to produce new maps, which are available on our website **www.theisraelbible.com/maps**.

***Torah* Readings** – The *Torah* is not just a work that is studied privately, it is also read out loud in synagogue. Every *Shabbat* and holiday a portion of the *Torah* is read, as well as a related section from *Neviim*, the prophets, called the *haftarah*. We included the blessings recited before and after the reading of the *Torah*, a list of the weekly *Torah* portions and their corresponding *haftarot*, and a chart of the *Torah* readings for special days with their corresponding *haftarot*. Readers can always find the current week's *Torah* portion by visiting **www.theisraelbible.com/weekly-torah-portion**. In this volume, we indicate where a new *Torah* portion begins by highlighting the Hebrew verse number with a gray box so readers can follow along with the communal *Torah* readings. Furthermore, we have included prayers for the State of Israel and the soldiers of the Israel Defense Forces (IDF) that are generally recited following the *Torah* reading in synagogue. It is our constant prayer that God watch over the State of Israel and the members of the IDF, who defend Israel every hour of every day.

In 1948, the State of Israel was created providing a modern answer to Isaiah's ancient question, "Is a nation born all at once?" (Isaiah 66:8). *The Israel Bible* was first published in the 70th year of God's miraculous restoration of the People of Israel to the Land of Israel. Jewish wisdom teaches that 70 is a significant number: *Moshe* (Moses) translated the *Torah* into 70 languages for all 70 nations of the world. From our very origins, the Jewish people were meant to be a light unto the 70 nations, spreading God's truth to the masses.

In the seven decades since the modern rebirth of the State of Israel, God's plan has been unfolding with unprecedented speed, dramatic highs and heartbreaking lows. Never has Israel been at the forefront of the world's attention as it is in our generation. Efforts to vilify the Jewish State seem to spread every day across the globe. At the same time, so does the growing movement of millions of non-Jewish biblical Zionists who stand with the nation of Israel as an expression of their commitment to God's word. As we seek to understand the clash of these two conflicting worldviews, the need for *The Israel Bible* has never been so important.

Standing on the great shoulders of those who came before us and emanating from the land that has always served as the birthplace for the Bible, we conclude with a heartfelt prayer: May the Almighty bless our efforts in offering this *Tanakh* to influence the hearts, minds and actions of its readers. In this way, it is our hope to spread God's name so that the publication of *The Israel Bible* brings us one step closer to the final redemption of Israel and the entire world.

Rabbi Tuly Weisz
Editor, *The Israel Bible*

Foreword

The mandate to study God's word daily is interestingly not found in the Five Books of Moses (Pentateuch), but rather in the first book of our prophetic writings: "Let not this Book of the Teaching cease from your lips, but recite it day and night, so that you may observe faithfully all that is written in it. Only then will you prosper in your undertakings and only then will you be successful" (Joshua 1:8). Charged with bringing the Israelites into the land covenantally promised to Abraham, Isaac and Jacob, God ensures Joshua of His protection if the nation observes His ways as dictated in the Divine constitution known as the *Torah*.

In Jewish tradition, Joshua (1:8) is directly linked with Deuteronomy (11:14), "You shall gather in your new grain and wine, and oil."[1] Our Sages deduced from this scriptural combination the importance of merging *Torah* study with a profession. Completely dedicating oneself to the study of *Torah* without having the financial means to sustain this lifestyle can lead one to eventually straying from observance of God's will. Poverty and crime can have an intimate relationship.

We must also be careful that our work does not affect our daily study of Scripture. The addiction of becoming a workaholic and not making *Torah* study a priority can also lead one into temptations that can violate our personal relationship with Him as well as our fellow human beings. The goal is to achieve a healthy balance between our study of God's word and our daily work.

The Deuteronomic verse quoted above is part of the second section of the Shema[2] that discusses the concept of reward and punishment. Sanctifying God by fulfilling His commandments results in the Land of Israel practically benefitting from rains that occur in the right season and reaping the abundance from the fields. However, if the nation follows pagan gods and practices, the consequences are devastating – famine and death. The Land of Israel is

---

1. Talmud Bavli Berachot 35b
2. Consisting of three sections within the Five Books of Moses (Deut. 6:4–8; 11:13–22 and Numbers 15:37–42), the *Shema* is proclamation of accepting God's Kingdom in our lives, loyalty to His commandments and remembering His redemptive act of liberating us from Egypt. Jews recite the *Shema* twice a day as stated in Deut. 6:7.

intrinsically linked with the keeping of the *Torah*. Covenant Land comes with covenant responsibility.

Born into slavery, Joshua is now leading His people into the Promised Land. More than 500 years separates him from his ancestral forefather Abraham. The historical narratives that took place between Abraham leaving everything behind to follow God in Genesis 12 and the death of Moses in the last chapter of Deuteronomy are filled with intrigue, suspense, joy, sorrow and hope. What began as a family is now a nation actualizing its mission to be a kingdom of priests to the world. However, for the Israelites to succeed in the Land of Israel, they must see the *Torah* as the only compass to direct their lives.

The biblical episodes after our first entry into the land are well known. Our ancestors' triumphs and sins are all on public record. We learned the harsh reality of Leviticus (18:28) "So let not the land spew you out for defiling it as it spewed out the nation that came before you." Twice, we lost the privilege to be stewards of the Land of Israel and to fulfill our nation state mandate to be a light to the world. However, when the annals of history were ready to archive the Jewish people after the Holocaust, God kept His covenantal promise and gathered us from the four corners of the globe to come home. The year 1948 was a game changer. Biblical prophecies were and are being realized. We are now living in the birth pangs of the messianic era.

In our morning prayers, we recite a series of blessings over the *Torah* that include petitioning God to have a sweet tooth for His word, to study it without any ulterior motive and to have Him to teach it to us. They are some congregations that invoke the following liturgical prayer after the completion of these blessings: *May the Torah be my faith and El Shaddai my help. Blessed be the name of His glorious kingdom forever and all time.*

According to Jewish tradition, the neglect of not blessing the *Torah* before engaging in its study was one of the reasons for the destruction of the Temple.[3] This is deduced from the redundancy of words in Jeremiah (9:12) that talks about Israel not following God: "…Because they forsook the teaching I had set before them. They did not obey Me and they did not follow it [did not make a blessing before studying it]." Our inability to properly cherish God's greatest gift to the world, the *Torah*, led to our eventual exile from our land.

On Israel's Independence Day, Jews around the world recite Psalms 113–118 to express our gratitude to God for His Divine hand in helping establish

---

3. Babylonian Talmud Nedarim 81a

the State of Israel. We have learned from our past and realize the privilege to see firsthand the land, people and *Torah* operating all together in our generation.

When Rabbi Tuly Weisz approached me about his intent to publish *The Israel Bible* that would highlight commentary about the special relationship between the land and people, I saw this project as another way to publicly demonstrate our appreciation to God for having the State of Israel. In addition, it is another educational tool to ensure biblical literacy. If we are to truly enjoy the Land of Israel, it is incumbent upon us to continually study the *Torah*. Isaiah once prophesied that the Jewish people would return to Zion with songs, "crowned with everlasting joy" (35:10). *The Israel Bible* provides us the lyrical content to express our joy in living in the land that God calls holy.

Rabbi Shlomo Riskin
Chief Rabbi of Efrat
Founder of the Center for Jewish-Christian
Understanding & Cooperation (CJCUC)

Introduction to Sefer Shmuel
The Book of Samuel

Introduction and commentary by Rabbi Shmuel Jablon

Before the prophet *Shmuel* (Samuel) became the judge of Israel, the nation was in dire straits. The previous book of *Shoftim* (Judges) describes many instances of the Children of Israel violating God's will by engaging in idolatry and immorality, and then being punished with subjugation to other nations. Though there were great heroes and times of triumph during the period of the judges, much of it was bleak. The Nation of Israel often failed to live up to the challenge of living as a holy and free people in its land.

As the Bible transitions into *Sefer Shmuel*, we learn that even the *Mishkan* at *Shilo* is not free of transgressions. The sons of *Eli* the *Kohen Gadol* (High Priest) are sinning, thereby discouraging the people from making pilgrimages to this holy place. It is against this backdrop that *Shmuel* is born to *Elkana* and *Chana*. While still barren, *Chana* prays for a child at *Shilo* and vows that if her request is granted, her son will be totally sanctified to *Hashem*. The miraculous child fulfills her vow. *Shmuel* grows up under *Eli's* tutelage in *Shilo*, and later replaces him as Israel's primary leader.

As a prophet and a leader, *Shmuel* faces a daunting task. As Rabbi Shlomo Aviner notes in his book "Heroes of the *Tanakh*", "The prophet *Shmuel* purified the People of Israel…But he also dealt with the nation's national and military sides; not only the spiritual." Thus, in this book we learn of his struggles against the Philistines, the primary enemy of the Children of Israel at this time, and of his strengthening the Israelites' service of God. We also learn of his anointing *Shaul* as the first king of Israel. When *Shaul* fails to fulfill the command to completely eradicate Amalek, it is *Shmuel* who tells him that he has lost the kingdom, and who anoints his successor *David*.

Unlike *Shaul*, *David* will not rule in accordance with the people's initial request for a king "like all the other nations" (1 Samuel 8:5), who leads the nation by simply maintaining order and commanding the military. Rather, he will be a king who will combine his extraordinary spiritual and physical gifts to lead the nation to new heights in its service of *Hashem*, and its strengthening of the Land of Israel. Young *David's* miraculous defeat of the giant Philistine Goliath foreshadows his later achievements as king. While his victory is undoubtedly a military achievement, it is also spiritual. *David* faces an enemy who fights not only against the People of Israel, but also against God Himself. *David* recognizes this, and acts to save his people, returning honor to them and to *Hashem*.

King *David* is the epitome of the bright and shining monarch of Israel. He represents both physical and spiritual strength. He is a great military figure who vanquishes the enemies of Israel. As king, he rules first in *Chevron*, unites the entire Nation of Israel and then succeeds in conquering the holy city of *Yerushalayim*. He is responsible for bringing the Holy Ark to *Yerushalayim* and acquiring the future site of the Holy Temple. He is also known as *n'eem z'mirot yisrael* (נעים זמירות ישראל) (II Samuel 23:1), often translated as 'the sweet singer of Israel,' who writes songs of praise to *Hashem*, including most of the Book of *Tehillim*, and is proud to dance before God's Holy Ark. He is an example of a true "master of repentance," one who takes responsibility for his sins and atones for them with a broken heart.

By the time King *David* passes the reign over the Kingdom of Israel to his son *Shlomo,* as described in the beginning of *Sefer Melachim*, he has established and stabilized the kingdom, and its people live as a vibrant, free and holy nation in the entire Land of Israel. They are united both physically and spiritually, and are on the cusp of achieving their greatest triumph – the building of the *Beit Hamikdash* in *Yerushalayim*. In addition, they are finally at peace with their enemies. It is not surprising that the dynasty of *David* is eternal. Nor is it surprising that Jewish tradition teaches that the future King *Mashiach*, who will once again unite the Children of Israel in *Eretz Yisrael* in peace, will be one of *David*'s descendants. May our study of *Sefer Shmuel* hasten the *Mashiach*'s arrival, speedily and in our days.

Map of the Journey of the *Aron* (Ark)

This map traces the journey of the *Aron* (Ark of the Covenant) from the *Mishkan* in *Shilo*(the City of David) in *Yerusha-layim*, as described in *Sefer Shmuel* I (4:1–7:2) and *Sefer Shmuel* II (6:2–17).

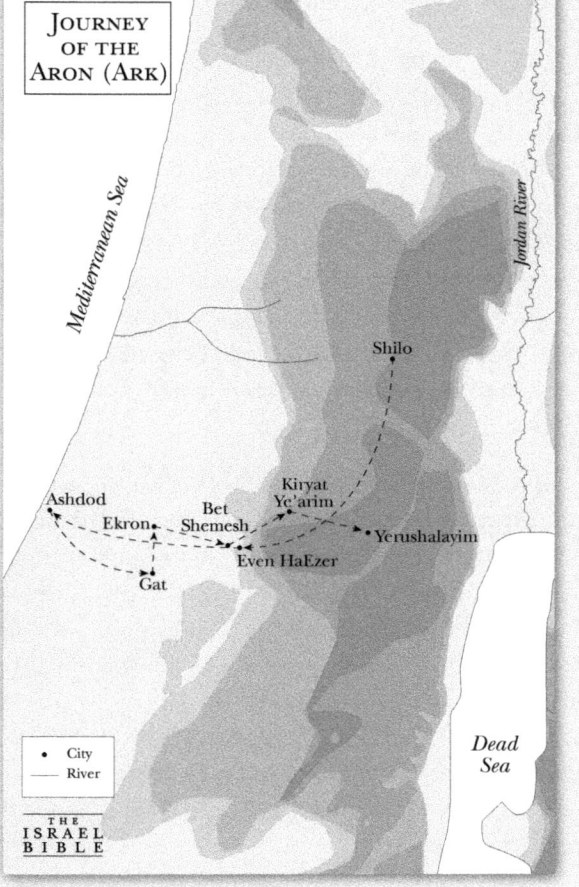

1. **Shilo** was the home of the *Mishkan* (Tabernacle) for 369 years. It was from here that the *Aron* was taken and brought to the battlefield (I Samuel 4:3–4).

2. **Even Ha-Ezer** was where the Israelites set up camp for their battle against the Philistines. It was from here that the Aron was captured (I Samuel 4:1, 11).

3. The Philistines brought the *Aron* to the Philistine city of **Ashdod,** where they placed it in the temple of their god, Dagon (I Samuel 5:1–2).

4. The *Aron* is moved from *Ashdod* to the Philistine city of **Gat** (I Samuel 5:8).

5. From Gat, the Ark was brought to the Philistine city of **Ekron** (I Samuel 5:10).

6. Fearing death, the Philistines sent the *Aron* back to Israelite city of **Bet Shemesh** (I Samuel 6:11–12).

7. The *Aron* is then brought to the house of *Avinadav* in **Kiryat Ye'arim** where it remains for 20 years (I Samuel 6:21–7:2).

8. After capturing **Yerushalayim** from the Jebusites, King *David* sent for the *Aron*. After a brief stay at the home of *Oved Edom* the Gittite, it finally reaches its ultimate destination (II Samuel 6:2–17).

1

1 There was a man from Ramathaim of the Zuphites, in the hill country of *Efraim*, whose name was *Elkana* son of Jeroham son of Elihu son of Tohu son of Zuph, an Ephraimite.

א

א וַיְהִי אִישׁ אֶחָד מִן־הָרָמָתַיִם צוֹפִים מֵהַר אֶפְרָיִם וּשְׁמוֹ אֶלְקָנָה בֶּן־יְרֹחָם בֶּן־אֱלִיהוּא בֶּן־תֹּחוּ בֶן־צוּף אֶפְרָתִי׃

2 He had two wives, one named *Chana* and the other *Penina*; *Penina* had children, but *Chana* was childless.

ב וְלוֹ שְׁתֵּי נָשִׁים שֵׁם אַחַת חַנָּה וְשֵׁם הַשֵּׁנִית פְּנִנָּה וַיְהִי לִפְנִנָּה יְלָדִים וּלְחַנָּה אֵין יְלָדִים׃

3 This man used to go up from his town every year to worship and to offer sacrifice to the LORD of Hosts at *Shilo*. – *Chofni* and *Pinchas*, the two sons of *Eli*, were *Kohanim* of *Hashem* there.

ג וְעָלָה הָאִישׁ הַהוּא מֵעִירוֹ מִיָּמִים יָמִימָה לְהִשְׁתַּחֲוֺת וְלִזְבֹּחַ לַיהֹוָה צְבָאוֹת בְּשִׁלֹה וְשָׁם שְׁנֵי בְנֵי־עֵלִי חָפְנִי וּפִנְחָס כֹּהֲנִים לַיהֹוָה׃

4 One such day, *Elkana* offered a sacrifice. He used to give portions to his wife *Penina* and to all her sons and daughters;

ד וַיְהִי הַיּוֹם וַיִּזְבַּח אֶלְקָנָה וְנָתַן לִפְנִנָּה אִשְׁתּוֹ וּלְכָל־בָּנֶיהָ וּבְנוֹתֶיהָ מָנוֹת׃

5 but to *Chana* he would give one portion only – though *Chana* was his favorite – for *Hashem* had closed her womb.

ה וּלְחַנָּה יִתֵּן מָנָה אַחַת אַפָּיִם כִּי אֶת־חַנָּה אָהֵב וַיהֹוָה סָגַר רַחְמָהּ׃

6 Moreover, her rival, to make her miserable, would taunt her that *Hashem* had closed her womb.

ו וְכִעֲסַתָּה צָרָתָהּ גַּם־כַּעַס בַּעֲבוּר הַרְּעִמָהּ כִּי־סָגַר יְהֹוָה בְּעַד רַחְמָהּ׃

7 This happened year after year: Every time she went up to the House of *Hashem*, the other would taunt her, so that she wept and would not eat.

ז וְכֵן יַעֲשֶׂה שָׁנָה בְשָׁנָה מִדֵּי עֲלֹתָהּ בְּבֵית יְהֹוָה כֵּן תַּכְעִסֶנָּה וַתִּבְכֶּה וְלֹא תֹאכַל׃

8 Her husband *Elkana* said to her, "*Chana*, why are you crying and why aren't you eating? Why are you so sad? Am I not more devoted to you than ten sons?"

ח וַיֹּאמֶר לָהּ אֶלְקָנָה אִישָׁהּ חַנָּה לָמֶה תִבְכִּי וְלָמֶה לֹא תֹאכְלִי וְלָמֶה יֵרַע לְבָבֵךְ הֲלוֹא אָנֹכִי טוֹב לָךְ מֵעֲשָׂרָה בָּנִים׃

9 After they had eaten and drunk at *Shilo*, *Chana* rose. – The *Kohen Eli* was sitting on the seat near the doorpost of the temple of *Hashem*. –

ט וַתָּקָם חַנָּה אַחֲרֵי אָכְלָה בְשִׁלֹה וְאַחֲרֵי שָׁתֹה וְעֵלִי הַכֹּהֵן יֹשֵׁב עַל־הַכִּסֵּא עַל־מְזוּזַת הֵיכַל יְהֹוָה׃

10 In her wretchedness, she prayed to *Hashem*, weeping all the while.

י וְהִיא מָרַת נָפֶשׁ וַתִּתְפַּלֵּל עַל־יְהֹוָה וּבָכֹה תִבְכֶּה׃

v'-HEE ma-RAT NA-fesh va-tit-pa-LAYL al a-do-NAI u-va-KHOH tiv-KEH

1:10 In her wretchedness, she prayed to *Hashem*
Chana is heartbroken because she has no children, and goes to pray at the *Mishkan* in *Shilo*. The *Mishkan* stands in *Shilo* for three hundred sixty-nine years before the building of the *Beit Hamikdash* in *Yerushalayim*. During that time, it serves as the central focal point of the national service of *Hashem*. Unfortunately, many of the Israelites ignore the *Mishkan*, and refrain from visiting it for the pilgrimage festivals. Therefore, according to the Sages when *Elkana* and *Chana*, who were prophets, make their pilgrimages, they travel along different routes each time, in order to encourage others to join them and to serve *Hashem* properly. Established in 1978, contemporary *Shilo* is a thriving Jewish community built adjacent to the ancient site where the *Mishkan* stood and *Chana* prayed for a child. In addition to the fascinating archaeological site excavated by the Israel Antiquities Authority, modern *Shilo* contains several synagogues, one of which is built as a replica of the *Mishkan*. God continues to hear the prayers of His children in *Shilo*, the very same location where *Chana* taught her people how to pray.

Archaeological site of biblical *Shilo*

11 And she made this vow: "LORD of Hosts, if You will look upon the suffering of Your maidservant and will remember me and not forget Your maidservant, and if You will grant Your maidservant a male child, I will dedicate him to *Hashem* for all the days of his life; and no razor shall ever touch his head."

יא וַתִּדֹּר נֶדֶר וַתֹּאמַר יְהֹוָה צְבָאוֹת אִם־
רָאֹה תִרְאֶה בָּעֳנִי אֲמָתֶךָ וּזְכַרְתַּנִי
וְלֹא־תִשְׁכַּח אֶת־אֲמָתֶךָ וְנָתַתָּה לַאֲמָתְךָ
זֶרַע אֲנָשִׁים וּנְתַתִּיו לַיהֹוָה כָּל־יְמֵי חַיָּיו
וּמוֹרָה לֹא־יַעֲלֶה עַל־רֹאשׁוֹ׃

12 As she kept on praying before *Hashem*, *Eli* watched her mouth.

יב וְהָיָה כִּי הִרְבְּתָה לְהִתְפַּלֵּל לִפְנֵי יְהֹוָה
וְעֵלִי שֹׁמֵר אֶת־פִּיהָ׃

13 Now *Chana* was praying in her heart; only her lips moved, but her voice could not be heard. So *Eli* thought she was drunk.

יג וְחַנָּה הִיא מְדַבֶּרֶת עַל־לִבָּהּ רַק שְׂפָתֶיהָ
נָּעוֹת וְקוֹלָהּ לֹא יִשָּׁמֵעַ וַיַּחְשְׁבֶהָ עֵלִי
לְשִׁכֹּרָה׃

14 *Eli* said to her, "How long will you make a drunken spectacle of yourself? Sober up!"

יד וַיֹּאמֶר אֵלֶיהָ עֵלִי עַד־מָתַי תִּשְׁתַּכָּרִין
הָסִירִי אֶת־יֵינֵךְ מֵעָלָיִךְ׃

15 And *Chana* replied, "Oh no, my lord! I am a very unhappy woman. I have drunk no wine or other strong drink, but I have been pouring out my heart to *Hashem*.

טו וַתַּעַן חַנָּה וַתֹּאמֶר לֹא אֲדֹנִי אִשָּׁה
קְשַׁת־רוּחַ אָנֹכִי וְיַיִן וְשֵׁכָר לֹא שָׁתִיתִי
וָאֶשְׁפֹּךְ אֶת־נַפְשִׁי לִפְנֵי יְהֹוָה׃

16 Do not take your maidservant for a worthless woman; I have only been speaking all this time out of my great anguish and distress."

טז אַל־תִּתֵּן אֶת־אֲמָתְךָ לִפְנֵי בַּת־בְּלִיָּעַל
כִּי־מֵרֹב שִׂיחִי וְכַעְסִי דִּבַּרְתִּי עַד־הֵנָּה׃

17 "Then go in peace," said *Eli*, "and may the God of *Yisrael* grant you what you have asked of Him."

יז וַיַּעַן עֵלִי וַיֹּאמֶר לְכִי לְשָׁלוֹם וֵאלֹהֵי
יִשְׂרָאֵל יִתֵּן אֶת־שֵׁלָתֵךְ אֲשֶׁר שָׁאַלְתְּ
מֵעִמּוֹ׃

18 She answered, "You are most kind to your handmaid." So the woman left, and she ate, and was no longer downcast.

יח וַתֹּאמֶר תִּמְצָא שִׁפְחָתְךָ חֵן בְּעֵינֶיךָ
וַתֵּלֶךְ הָאִשָּׁה לְדַרְכָּהּ וַתֹּאכַל וּפָנֶיהָ לֹא־
הָיוּ־לָהּ עוֹד׃

19 Early next morning they bowed low before *Hashem*, and they went back home to *Rama*. *Elkana* knew his wife *Chana* and *Hashem* remembered her.

יט וַיַּשְׁכִּמוּ בַבֹּקֶר וַיִּשְׁתַּחֲווּ לִפְנֵי יְהֹוָה
וַיָּשֻׁבוּ וַיָּבֹאוּ אֶל־בֵּיתָם הָרָמָתָה וַיֵּדַע
אֶלְקָנָה אֶת־חַנָּה אִשְׁתּוֹ וַיִּזְכְּרֶהָ יְהֹוָה׃

20 *Chana* conceived, and at the turn of the year bore a son. She named him *Shmuel*, meaning, "I asked *Hashem* for him."

כ וַיְהִי לִתְקֻפוֹת הַיָּמִים וַתַּהַר חַנָּה וַתֵּלֶד
בֵּן וַתִּקְרָא אֶת־שְׁמוֹ שְׁמוּאֵל כִּי מֵיְהֹוָה
שְׁאִלְתִּיו׃

21 And when the man *Elkana* and all his household were going up to offer to *Hashem* the annual sacrifice and his votive sacrifice,

כא וַיַּעַל הָאִישׁ אֶלְקָנָה וְכָל־בֵּיתוֹ לִזְבֹּחַ
לַיהֹוָה אֶת־זֶבַח הַיָּמִים וְאֶת־נִדְרוֹ׃

22 *Chana* did not go up. She said to her husband, "When the child is weaned, I will bring him. For when he has appeared before *Hashem*, he must remain there for good."

כב וְחַנָּה לֹא עָלָתָה כִּי־אָמְרָה לְאִישָׁהּ עַד
יִגָּמֵל הַנַּעַר וַהֲבִאֹתִיו וְנִרְאָה אֶת־פְּנֵי
יְהֹוָה וְיָשַׁב שָׁם עַד־עוֹלָם׃

23 Her husband *Elkana* said to her, "Do as you think best. Stay home until you have weaned him. May *Hashem* fulfill His word." So the woman stayed home and nursed her son until she weaned him.

כג וַיֹּאמֶר לָהּ אֶלְקָנָה אִישָׁהּ עֲשִׂי הַטּוֹב בְּעֵינַיִךְ שְׁבִי עַד־גָּמְלֵךְ אֹתוֹ אַךְ יָקֵם יְהֹוָה אֶת־דְּבָרוֹ וַתֵּשֶׁב הָאִשָּׁה וַתֵּינֶק אֶת־בְּנָהּ עַד־גָמְלָהּ אֹתוֹ׃

24 When she had weaned him, she took him up with her, along with three bulls, one *efah* of flour, and a jar of wine. And though the boy was still very young, she brought him to the House of *Hashem* at *Shilo*.

כד וַתַּעֲלֵהוּ עִמָּהּ כַּאֲשֶׁר גְּמָלַתּוּ בְּפָרִים שְׁלֹשָׁה וְאֵיפָה אַחַת קֶמַח וְנֵבֶל יַיִן וַתְּבִאֵהוּ בֵית־יְהֹוָה שִׁלוֹ וְהַנַּעַר נָעַר׃

25 After slaughtering the bull, they brought the boy to *Eli*.

כה וַיִּשְׁחֲטוּ אֶת־הַפָּר וַיָּבִיאוּ אֶת־הַנַּעַר אֶל־עֵלִי׃

26 She said, "Please, my lord! As you live, my lord, I am the woman who stood here beside you and prayed to *Hashem*.

כו וַתֹּאמֶר בִּי אֲדֹנִי חֵי נַפְשְׁךָ אֲדֹנִי אֲנִי הָאִשָּׁה הַנִּצֶּבֶת עִמְּכָה בָּזֶה לְהִתְפַּלֵּל אֶל־יְהֹוָה׃

27 It was this boy I prayed for; and *Hashem* has granted me what I asked of Him.

כז אֶל־הַנַּעַר הַזֶּה הִתְפַּלָּלְתִּי וַיִּתֵּן יְהֹוָה לִי אֶת־שְׁאֵלָתִי אֲשֶׁר שָׁאַלְתִּי מֵעִמּוֹ׃

28 I, in turn, hereby lend him to *Hashem*. For as long as he lives he is lent to *Hashem*." And they bowed low there before *Hashem*.

כח וְגַם אָנֹכִי הִשְׁאִלְתִּהוּ לַיהֹוָה כָּל־הַיָּמִים אֲשֶׁר הָיָה הוּא שָׁאוּל לַיהֹוָה וַיִּשְׁתַּחוּ שָׁם לַיהֹוָה׃

2 1 And *Chana* prayed: My heart exults in *Hashem*; I have triumphed through *Hashem*. I gloat over my enemies; I rejoice in Your deliverance.

ב א וַתִּתְפַּלֵּל חַנָּה וַתֹּאמַר עָלַץ לִבִּי בַּיהֹוָה רָמָה קַרְנִי בַּיהֹוָה רָחַב פִּי עַל־אוֹיְבַי כִּי שָׂמַחְתִּי בִּישׁוּעָתֶךָ׃

va-tit-pa-LAYL kha-NAH va-to-MAR a-LATZ li-BEE ba-do-NAI RA-mah kar-NEE ba-do-NAI RA-khav pee al o-y'-VAI kee sa-MAKH-tee bee-shu-a-TE-kha

2 There is no holy one like *Hashem*, Truly, there is none beside You; There is no rock like our God.

ב אֵין־קָדוֹשׁ כַּיהֹוָה כִּי אֵין בִּלְתֶּךָ וְאֵין צוּר כֵּאלֹהֵינוּ׃

3 Talk no more with lofty pride, Let no arrogance cross your lips! For *Hashem* is an all-knowing *Hashem*; By Him actions are measured.

ג אַל־תַּרְבּוּ תְדַבְּרוּ גְּבֹהָה גְבֹהָה יֵצֵא עָתָק מִפִּיכֶם כִּי אֵל דֵּעוֹת יְהֹוָה ולא [וְלוֹ] נִתְכְּנוּ עֲלִלוֹת׃

Chana Senesh (1921–1944)

2:1 And *Chana* prayed *Chana's* prayer of thanksgiving, recorded in this chapter, is considered a model prayer. In her time, there was still no established liturgy, and there was not yet any concept of organized prayer among the Israelites. *Chana's* prayer was a spontaneous expression of her deep spirit, after finally being blessed with the child for whom she had desperately longed. Over 3,000 years later, another Jewish heroine with the same first name would be born – Chana Senesh. Born in Hungary in 1921, she fulfilled her Zionist dream and immigrated to the Land of Israel. During World War II, she daringly volunteered to parachute into Nazi-occupied Europe to assist the British army and the Hungarian Jewish community. Tragically, she was caught, tortured and executed. Throughout her life, Senesh composed beautiful poetry; the most prominent one for which she is remembered is *Eli* (אלי) – 'My God', which she wrote on the shores of Caesarea. Like her biblical namesake *Chana*, the deepest expression of Senesh's soul is her prayer: "My God, My God, may these things never end, the sand and the sea, the rustle of the waters, the lightning of the heavens, the prayer of Man."

4 The bows of the mighty are broken, And the faltering are girded with strength.

ד קֶשֶׁת גִּבֹּרִים חַתִּים וְנִכְשָׁלִים אָזְרוּ חָיִל׃

5 Men once sated must hire out for bread; Men once hungry hunger no more. While the barren woman bears seven, The mother of many is forlorn.

ה שְׂבֵעִים בַּלֶּחֶם נִשְׂכָּרוּ וּרְעֵבִים חָדֵלּוּ עַד־עֲקָרָה יָלְדָה שִׁבְעָה וְרַבַּת בָּנִים אֻמְלָלָה׃

6 *Hashem* deals death and gives life, Casts down into Sheol and raises up.

ו יְהֹוָה מֵמִית וּמְחַיֶּה מוֹרִיד שְׁאוֹל וַיָּעַל׃

7 *Hashem* makes poor and makes rich; He casts down, He also lifts high.

ז יְהֹוָה מוֹרִישׁ וּמַעֲשִׁיר מַשְׁפִּיל אַף־מְרוֹמֵם׃

8 He raises the poor from the dust, Lifts up the needy from the dunghill, Setting them with nobles, Granting them seats of honor. For the pillars of the earth are *Hashem*'s; He has set the world upon them.

ח מֵקִים מֵעָפָר דָּל מֵאַשְׁפֹּת יָרִים אֶבְיוֹן לְהוֹשִׁיב עִם־נְדִיבִים וְכִסֵּא כָבוֹד יַנְחִלֵם כִּי לַיהֹוָה מְצֻקֵי אֶרֶץ וַיָּשֶׁת עֲלֵיהֶם תֵּבֵל׃

9 He guards the steps of His faithful, But the wicked perish in darkness – For not by strength shall man prevail.

ט רַגְלֵי חסידו [חֲסִידָיו] יִשְׁמֹר וּרְשָׁעִים בַּחֹשֶׁךְ יִדָּמּוּ כִּי־לֹא בְכֹחַ יִגְבַּר־אִישׁ׃

10 The foes of *Hashem* shall be shattered; He will thunder against them in the heavens. *Hashem* will judge the ends of the earth. He will give power to His king, And triumph to His anointed one.

י יְהֹוָה יֵחַתּוּ מריבו [מְרִיבָיו] עלו [עָלָיו] בַּשָּׁמַיִם יַרְעֵם יְהֹוָה יָדִין אַפְסֵי־אָרֶץ וְיִתֶּן־עֹז לְמַלְכּוֹ וְיָרֵם קֶרֶן מְשִׁיחוֹ׃

a-do-NAI yay-KHA-tu m'-ree-VAV a-LAV ba-sha-MA-yim yar-AYM a-do-NAI ya-DEEN af-say A-retz v'-yi-ten OZ l'-mal-KO v'-ya-RAYM KE-ren m'-shee-KHO

11 Then *Elkana* [and *Chana*] went home to *Rama*; and the boy entered the service of *Hashem* under the *Kohen Eli*.

יא וַיֵּלֶךְ אֶלְקָנָה הָרָמָתָה עַל־בֵּיתוֹ וְהַנַּעַר הָיָה מְשָׁרֵת אֶת־יְהֹוָה אֶת־פְּנֵי עֵלִי הַכֹּהֵן׃

12 Now *Eli*'s sons were scoundrels; they paid no heed to *Hashem*.

יב וּבְנֵי עֵלִי בְּנֵי בְלִיָּעַל לֹא יָדְעוּ אֶת־יְהֹוָה׃

13 This is how the *Kohanim* used to deal with the people: When anyone brought a sacrifice, the *Kohen*'s boy would come along with a three-pronged fork while the meat was boiling,

יג וּמִשְׁפַּט הַכֹּהֲנִים אֶת־הָעָם כָּל־אִישׁ זֹבֵחַ זֶבַח וּבָא נַעַר הַכֹּהֵן כְּבַשֵּׁל הַבָּשָׂר וְהַמַּזְלֵג שְׁלֹשׁ־הַשִּׁנַּיִם בְּיָדוֹ׃

Women praying at the Western Wall

2:10 He will give power to His king, and triumph to His anointed one *Chana* is a prophetess, and so she prays not only for herself, but for the entire Nation of Israel. While thanking *Hashem* for her own child, she also prays for two separate leaders who will shape the nation: "His king" and "His anointed one." The famed commentator *Radak* notes that *Chana* knew that her son would be responsible for establishing the monarchy over the People of Israel. Thus, "His king" refers to *Shaul*, who would be the only king from his tribe of *Binyamin*, and "His anointed one" refers to *David*, from the tribe of *Yehuda*, who would establish the eternal monarchy that would span the generations. *Chana* is thus a role model, teaching us to look beyond our individual needs when we pray, and also to long for the reestablishment of the kingdom of *David* at the hands of his descendant, the *Mashiach*.

14 and he would thrust it into the cauldron, or the kettle, or the great pot, or the small cooking-pot; and whatever the fork brought up, the *Kohen* would take away on it. This was the practice at *Shilo* with all the Israelites who came there.

יד וְהִכָּה בַכִּיּוֹר אוֹ בַדּוּד אוֹ בַקַּלַּחַת אוֹ בַפָּרוּר כֹּל אֲשֶׁר יַעֲלֶה הַמַּזְלֵג יִקַּח הַכֹּהֵן בּוֹ כָּכָה יַעֲשׂוּ לְכׇל־יִשְׂרָאֵל הַבָּאִים שָׁם בְּשִׁלֹה׃

15 [But now] even before the suet was turned into smoke, the *Kohen*'s boy would come and say to the man who was sacrificing, "Hand over some meat to roast for the *Kohen*; for he won't accept boiled meat from you, only raw."

טו גַּם בְּטֶרֶם יַקְטִרוּן אֶת־הַחֵלֶב וּבָא נַעַר הַכֹּהֵן וְאָמַר לָאִישׁ הַזֹּבֵחַ תְּנָה בָשָׂר לִצְלוֹת לַכֹּהֵן וְלֹא־יִקַּח מִמְּךָ בָּשָׂר מְבֻשָּׁל כִּי אִם־חָי׃

16 And if the man said to him, "Let them first turn the suet into smoke, and then take as much as you want," he would reply, "No, hand it over at once or I'll take it by force."

טז וַיֹּאמֶר אֵלָיו הָאִישׁ קַטֵּר יַקְטִירוּן כַּיּוֹם הַחֵלֶב וְקַח־לְךָ כַּאֲשֶׁר תְּאַוֶּה נַפְשֶׁךָ וְאָמַר לוֹ [לֹא] כִּי עַתָּה תִתֵּן וְאִם־לֹא לָקַחְתִּי בְחׇזְקָה׃

17 The sin of the young men against *Hashem* was very great, for the men treated *Hashem*'s offerings impiously.

יז וַתְּהִי חַטַּאת הַנְּעָרִים גְּדוֹלָה מְאֹד אֶת־פְּנֵי יְהֹוָה כִּי נִאֲצוּ הָאֲנָשִׁים אֵת מִנְחַת יְהֹוָה׃

18 *Shmuel* was engaged in the service of *Hashem* as an attendant, girded with a linen ephod.

יח וּשְׁמוּאֵל מְשָׁרֵת אֶת־פְּנֵי יְהֹוָה נַעַר חָגוּר אֵפוֹד בָּד׃

19 His mother would also make a little robe for him and bring it up to him every year, when she made the pilgrimage with her husband to offer the annual sacrifice.

יט וּמְעִיל קָטֹן תַּעֲשֶׂה־לּוֹ אִמּוֹ וְהַעַלְתָה לוֹ מִיָּמִים יָמִימָה בַּעֲלוֹתָהּ אֶת־אִישָׁהּ לִזְבֹּחַ אֶת־זֶבַח הַיָּמִים׃

20 *Eli* would bless *Elkana* and his wife, and say, "May *Hashem* grant you offspring by this woman in place of the loan she made to *Hashem*." Then they would return home.

כ וּבֵרַךְ עֵלִי אֶת־אֶלְקָנָה וְאֶת־אִשְׁתּוֹ וְאָמַר יָשֵׂם יְהֹוָה לְךָ זֶרַע מִן־הָאִשָּׁה הַזֹּאת תַּחַת הַשְּׁאֵלָה אֲשֶׁר שָׁאַל לַיהֹוָה וְהָלְכוּ לִמְקֹמוֹ׃

21 For *Hashem* took note of *Chana*; she conceived and bore three sons and two daughters. Young *Shmuel* meanwhile grew up in the service of *Hashem*.

כא כִּי־פָקַד יְהֹוָה אֶת־חַנָּה וַתַּהַר וַתֵּלֶד שְׁלֹשָׁה־בָנִים וּשְׁתֵּי בָנוֹת וַיִּגְדַּל הַנַּעַר שְׁמוּאֵל עִם־יְהֹוָה׃

22 Now *Eli* was very old. When he heard all that his sons were doing to all *Yisrael*, and how they lay with the women who performed tasks at the entrance of the Tent of Meeting,

כב וְעֵלִי זָקֵן מְאֹד וְשָׁמַע אֵת כׇּל־אֲשֶׁר יַעֲשׂוּן בָּנָיו לְכׇל־יִשְׂרָאֵל וְאֵת אֲשֶׁר־יִשְׁכְּבוּן אֶת־הַנָּשִׁים הַצֹּבְאוֹת פֶּתַח אֹהֶל מוֹעֵד׃

23 he said to them, "Why do you do such things? I get evil reports about you from the people on all hands.

כג וַיֹּאמֶר לָהֶם לָמָּה תַעֲשׂוּן כַּדְּבָרִים הָאֵלֶּה אֲשֶׁר אָנֹכִי שֹׁמֵעַ אֶת־דִּבְרֵיכֶם רָעִים מֵאֵת כׇּל־הָעָם אֵלֶּה׃

24 Don't, my sons! It is no favorable report I hear the people of *Hashem* spreading about.

כד אַל בָּנָי כִּי לוֹא־טוֹבָה הַשְּׁמֻעָה אֲשֶׁר אָנֹכִי שֹׁמֵעַ מַעֲבִרִים עַם־יְהֹוָה׃

25 If a man sins against a man, *Hashem* may pardon him; but if a man offends against *Hashem*, who can obtain pardon for him?" But they ignored their father's plea; for *Hashem* was resolved that they should die.

כה אִם־יֶחֱטָא אִישׁ לְאִישׁ וּפִלְלוֹ אֱלֹהִים וְאִם לַיהֹוָה יֶחֱטָא־אִישׁ מִי יִתְפַּלֶּל־לוֹ וְלֹא יִשְׁמְעוּ לְקוֹל אֲבִיהֶם כִּי־חָפֵץ יְהֹוָה לַהֲמִיתָם׃

26 Young *Shmuel*, meanwhile, grew in esteem and favor both with *Hashem* and with men.

כו וְהַנַּעַר שְׁמוּאֵל הֹלֵךְ וְגָדֵל וָטוֹב גַּם עִם־יְהֹוָה וְגַם עִם־אֲנָשִׁים׃

27 A man of *Hashem* came to *Eli* and said to him, "Thus said *Hashem*: Lo, I revealed Myself to your father's house in Egypt when they were subject to the House of Pharaoh,

כז וַיָּבֹא אִישׁ־אֱלֹהִים אֶל־עֵלִי וַיֹּאמֶר אֵלָיו כֹּה אָמַר יְהֹוָה הֲנִגְלֹה נִגְלֵיתִי אֶל־בֵּית אָבִיךָ בִּהְיוֹתָם בְּמִצְרַיִם לְבֵית פַּרְעֹה׃

28 and I chose them from among all the tribes of *Yisrael* to be My *Kohanim* – to ascend My *Mizbayach*, to burn incense, [and] to carry an ephod before Me – and I assigned to your father's house all offerings by fire of the Israelites.

כח וּבָחֹר אֹתוֹ מִכָּל־שִׁבְטֵי יִשְׂרָאֵל לִי לְכֹהֵן לַעֲלוֹת עַל־מִזְבְּחִי לְהַקְטִיר קְטֹרֶת לָשֵׂאת אֵפוֹד לְפָנָי וָאֶתְּנָה לְבֵית אָבִיךָ אֶת־כָּל־אִשֵּׁי בְּנֵי יִשְׂרָאֵל׃

29 Why, then, do you maliciously trample upon the sacrifices and offerings that I have commanded? You have honored your sons more than Me, feeding on the first portions of every offering of My people *Yisrael*.

כט לָמָּה תִבְעֲטוּ בְּזִבְחִי וּבְמִנְחָתִי אֲשֶׁר צִוִּיתִי מָעוֹן וַתְּכַבֵּד אֶת־בָּנֶיךָ מִמֶּנִּי לְהַבְרִיאֲכֶם מֵרֵאשִׁית כָּל־מִנְחַת יִשְׂרָאֵל לְעַמִּי׃

30 Assuredly – declares *Hashem*, the God of *Yisrael* – I intended for you and your father's house to remain in My service forever. But now – declares *Hashem* – far be it from Me! For I honor those who honor Me, but those who spurn Me shall be dishonored.

ל לָכֵן נְאֻם־יְהֹוָה אֱלֹהֵי יִשְׂרָאֵל אָמוֹר אָמַרְתִּי בֵּיתְךָ וּבֵית אָבִיךָ יִתְהַלְּכוּ לְפָנַי עַד־עוֹלָם וְעַתָּה נְאֻם־יְהֹוָה חָלִילָה לִּי כִּי־מְכַבְּדַי אֲכַבֵּד וּבֹזַי יֵקָלּוּ׃

31 A time is coming when I will break your power and that of your father's house, and there shall be no elder in your house.

לא הִנֵּה יָמִים בָּאִים וְגָדַעְתִּי אֶת־זְרֹעֲךָ וְאֶת־זְרֹעַ בֵּית אָבִיךָ מִהְיוֹת זָקֵן בְּבֵיתֶךָ׃

32 You will gaze grudgingly at all the bounty that will be bestowed on *Yisrael*, but there shall never be an elder in your house.

לב וְהִבַּטְתָּ צַר מָעוֹן בְּכֹל אֲשֶׁר־יֵיטִיב אֶת־יִשְׂרָאֵל וְלֹא־יִהְיֶה זָקֵן בְּבֵיתְךָ כָּל־הַיָּמִים׃

33 I shall not cut off all your offspring from My *Mizbayach*; [but,] to make your eyes pine and your spirit languish, all the increase in your house shall die as [ordinary] men.

לג וְאִישׁ לֹא־אַכְרִית לְךָ מֵעִם מִזְבְּחִי לְכַלּוֹת אֶת־עֵינֶיךָ וְלַאֲדִיב אֶת־נַפְשֶׁךָ וְכָל־מַרְבִּית בֵּיתְךָ יָמוּתוּ אֲנָשִׁים׃

34 And this shall be a sign for you: The fate of your two sons *Chofni* and *Pinchas* – they shall both die on the same day.

לד וְזֶה־לְּךָ הָאוֹת אֲשֶׁר יָבֹא אֶל־שְׁנֵי בָנֶיךָ אֶל־חָפְנִי וּפִינְחָס בְּיוֹם אֶחָד יָמוּתוּ שְׁנֵיהֶם׃

35 And I will raise up for Myself a faithful *Kohen*, who will act in accordance with My wishes and My purposes. I will build for him an enduring house, and he shall walk before My anointed evermore.

לה וַהֲקִימֹתִי לִי כֹּהֵן נֶאֱמָן כַּאֲשֶׁר בִּלְבָבִי וּבְנַפְשִׁי יַעֲשֶׂה וּבָנִיתִי לוֹ בַּיִת נֶאֱמָן וְהִתְהַלֵּךְ לִפְנֵי־מְשִׁיחִי כָּל־הַיָּמִים׃

36 And all the survivors of your house shall come and bow low to him for the sake of a money fee and a loaf of bread, and shall say, 'Please, assign me to one of the priestly duties, that I may have a morsel of bread to eat.'"

לו וְהָיָה כָּל־הַנּוֹתָר בְּבֵיתְךָ יָבוֹא לְהִשְׁתַּחֲוֺת לוֹ לַאֲגוֹרַת כֶּסֶף וְכִכַּר־לָחֶם וְאָמַר סְפָחֵנִי נָא אֶל־אַחַת הַכְּהֻנּוֹת לֶאֱכֹל פַּת־לָחֶם׃

3

1 Young *Shmuel* was in the service of *Hashem* under *Eli*. In those days the word of *Hashem* was rare; prophecy was not widespread.

ג א וְהַנַּעַר שְׁמוּאֵל מְשָׁרֵת אֶת־יְהֹוָה לִפְנֵי עֵלִי וּדְבַר־יְהֹוָה הָיָה יָקָר בַּיָּמִים הָהֵם אֵין חָזוֹן נִפְרָץ׃

2 One day, *Eli* was asleep in his usual place; his eyes had begun to fail and he could barely see.

ב וַיְהִי בַּיּוֹם הַהוּא וְעֵלִי שֹׁכֵב בִּמְקֹמוֹ ועינו [וְעֵינָיו] הֵחֵלּוּ כֵהוֹת לֹא יוּכַל לִרְאוֹת׃

3 The lamp of *Hashem* had not yet gone out, and *Shmuel* was sleeping in the temple of *Hashem* where the *Aron* of *Hashem* was.

ג וְנֵר אֱלֹהִים טֶרֶם יִכְבֶּה וּשְׁמוּאֵל שֹׁכֵב בְּהֵיכַל יְהֹוָה אֲשֶׁר־שָׁם אֲרוֹן אֱלֹהִים׃

4 *Hashem* called out to *Shmuel*, and he answered, "I'm coming."

ד וַיִּקְרָא יְהֹוָה אֶל־שְׁמוּאֵל וַיֹּאמֶר הִנֵּנִי׃

5 He ran to *Eli* and said, "Here I am; you called me." But he replied, "I didn't call you; go back to sleep." So he went back and lay down.

ה וַיָּרָץ אֶל־עֵלִי וַיֹּאמֶר הִנְנִי כִּי־קָרָאתָ לִּי וַיֹּאמֶר לֹא־קָרָאתִי שׁוּב שְׁכָב וַיֵּלֶךְ וַיִּשְׁכָּב׃

6 Again *Hashem* called, "*Shmuel*!" *Shmuel* rose and went to *Eli* and said, "Here I am; you called me." But he replied, "I didn't call, my son; go back to sleep." –

ו וַיֹּסֶף יְהֹוָה קְרֹא עוֹד שְׁמוּאֵל וַיָּקָם שְׁמוּאֵל וַיֵּלֶךְ אֶל־עֵלִי וַיֹּאמֶר הִנְנִי כִּי קָרָאתָ לִי וַיֹּאמֶר לֹא־קָרָאתִי בְנִי שׁוּב שְׁכָב׃

7 Now *Shmuel* had not yet experienced *Hashem*; the word of *Hashem* had not yet been revealed to him. –

ז וּשְׁמוּאֵל טֶרֶם יָדַע אֶת־יְהֹוָה וְטֶרֶם יִגָּלֶה אֵלָיו דְּבַר־יְהֹוָה׃

8 *Hashem* called *Shmuel* again, a third time, and he rose and went to *Eli* and said, "Here I am; you called me." Then *Eli* understood that *Hashem* was calling the boy.

ח וַיֹּסֶף יְהֹוָה קְרֹא־שְׁמוּאֵל בַּשְּׁלִשִׁית וַיָּקָם וַיֵּלֶךְ אֶל־עֵלִי וַיֹּאמֶר הִנְנִי כִּי קָרָאתָ לִי וַיָּבֶן עֵלִי כִּי יְהֹוָה קֹרֵא לַנָּעַר׃

9 And *Eli* said to *Shmuel*, "Go lie down. If you are called again, say, 'Speak, *Hashem*, for Your servant is listening.'" And *Shmuel* went to his place and lay down.

ט וַיֹּאמֶר עֵלִי לִשְׁמוּאֵל לֵךְ שְׁכָב וְהָיָה אִם־יִקְרָא אֵלֶיךָ וְאָמַרְתָּ דַּבֵּר יְהֹוָה כִּי שֹׁמֵעַ עַבְדֶּךָ וַיֵּלֶךְ שְׁמוּאֵל וַיִּשְׁכַּב בִּמְקוֹמוֹ׃

10 *Hashem* came, and stood there, and He called as before: "*Shmuel*! *Shmuel*!" And *Shmuel* answered, "Speak, for Your servant is listening."

י וַיָּבֹא יְהֹוָה וַיִּתְיַצַּב וַיִּקְרָא כְפַעַם־בְּפַעַם שְׁמוּאֵל שְׁמוּאֵל וַיֹּאמֶר שְׁמוּאֵל דַּבֵּר כִּי שֹׁמֵעַ עַבְדֶּךָ׃

11 *Hashem* said to *Shmuel*: "I am going to do in *Yisrael* such a thing that both ears of anyone who hears about it will tingle.

יא וַיֹּאמֶר יְהֹוָה אֶל־שְׁמוּאֵל הִנֵּה אָנֹכִי עֹשֶׂה דָבָר בְּיִשְׂרָאֵל אֲשֶׁר כָּל־שֹׁמְעוֹ תְּצִלֶּינָה שְׁתֵּי אָזְנָיו׃

12 In that day I will fulfill against *Eli* all that I spoke concerning his house, from beginning to end.

יב בַּיּוֹם הַהוּא אָקִים אֶל־עֵלִי אֵת כָּל־אֲשֶׁר דִּבַּרְתִּי אֶל־בֵּיתוֹ הָחֵל וְכַלֵּה׃

Samuel

13 And I declare to him that I sentence his house to endless punishment for the iniquity he knew about – how his sons committed sacrilege at will – and he did not rebuke them.

יג וְהִגַּדְתִּי לוֹ כִּי־שֹׁפֵט אֲנִי אֶת־בֵּיתוֹ עַד־עוֹלָם בַּעֲוֺן אֲשֶׁר־יָדַע כִּי־מְקַלְלִים לָהֶם בָּנָיו וְלֹא כִהָה בָּם:

v'-hi-GAD-tee LO kee sho-FAYT a-NEE et bay-TO ad o-LAM ba-a-VON
a-sher ya-DA kee m'-ka-l'-LEEM la-HEM ba-NAV v'-LO khi-HAH BAM

14 Assuredly, I swear concerning the house of *Eli* that the iniquity of the house of *Eli* will never be expiated by sacrifice or offering."

יד וְלָכֵן נִשְׁבַּעְתִּי לְבֵית עֵלִי אִם־יִתְכַּפֵּר עֲוֺן בֵּית־עֵלִי בְּזֶבַח וּבְמִנְחָה עַד־עוֹלָם:

15 *Shmuel* lay there until morning; and then he opened the doors of the House of *Hashem*. *Shmuel* was afraid to report the vision to *Eli*,

טו וַיִּשְׁכַּב שְׁמוּאֵל עַד־הַבֹּקֶר וַיִּפְתַּח אֶת־דַּלְתוֹת בֵּית־יְהֹוָה וּשְׁמוּאֵל יָרֵא מֵהַגִּיד אֶת־הַמַּרְאָה אֶל־עֵלִי:

16 but *Eli* summoned *Shmuel* and said, "*Shmuel*, my son"; and he answered, "Here."

טז וַיִּקְרָא עֵלִי אֶת־שְׁמוּאֵל וַיֹּאמֶר שְׁמוּאֵל בְּנִי וַיֹּאמֶר הִנֵּנִי:

17 And [*Eli*] asked, "What did He say to you? Keep nothing from me. Thus and more may *Hashem* do to you if you keep from me a single word of all that He said to you!"

יז וַיֹּאמֶר מָה הַדָּבָר אֲשֶׁר דִּבֶּר אֵלֶיךָ אַל־נָא תְכַחֵד מִמֶּנִּי כֹּה יַעֲשֶׂה־לְּךָ אֱלֹהִים וְכֹה יוֹסִיף אִם־תְּכַחֵד מִמֶּנִּי דָּבָר מִכָּל־הַדָּבָר אֲשֶׁר־דִּבֶּר אֵלֶיךָ:

18 *Shmuel* then told him everything, withholding nothing from him. And [*Eli*] said, "He is *Hashem*; He will do what He deems right."

יח וַיַּגֶּד־לוֹ שְׁמוּאֵל אֶת־כָּל־הַדְּבָרִים וְלֹא כִחֵד מִמֶּנּוּ וַיֹּאמַר יְהֹוָה הוּא הַטּוֹב בְּעֵינָו יַעֲשֶׂה:

19 *Shmuel* grew up and *Hashem* was with him: He did not leave any of *Shmuel*'s predictions unfulfilled.

יט וַיִּגְדַּל שְׁמוּאֵל וַיהֹוָה הָיָה עִמּוֹ וְלֹא־הִפִּיל מִכָּל־דְּבָרָיו אָרְצָה:

20 All *Yisrael*, from *Dan* to *Be'er Sheva*, knew that *Shmuel* was trustworthy as a *Navi* of *Hashem*.

כ וַיֵּדַע כָּל־יִשְׂרָאֵל מִדָּן וְעַד־בְּאֵר שָׁבַע כִּי נֶאֱמָן שְׁמוּאֵל לְנָבִיא לַיהֹוָה:

21 And *Hashem* continued to appear at *Shilo*: *Hashem* revealed Himself to *Shmuel* at *Shilo* with the word of *Hashem*;

כא וַיֹּסֶף יְהֹוָה לְהֵרָאֹה בְשִׁלֹה כִּי־נִגְלָה יְהֹוָה אֶל־שְׁמוּאֵל בְּשִׁלוֹ בִּדְבַר יְהֹוָה:

4 ¹ and *Shmuel*'s word went forth to all *Yisrael*. *Yisrael* marched out to engage the Philistines in battle; they encamped near *Even Ha-Ezer*, while the Philistines encamped at Aphek.

ד א וַיְהִי דְבַר־שְׁמוּאֵל לְכָל־יִשְׂרָאֵל וַיֵּצֵא יִשְׂרָאֵל לִקְרַאת פְּלִשְׁתִּים לַמִּלְחָמָה וַיַּחֲנוּ עַל־הָאֶבֶן הָעֵזֶר וּפְלִשְׁתִּים חָנוּ בַאֲפֵק:

Synagogue in modern *Shilo* built as a replica of the *Mishkan*

3:13 I sentence his house to endless punishment God tells *Shmuel* that He will punish *Eli* for failing to rebuke his sons, *Chofni* and *Pinchas*, for their immoral behavior while serving in their leadership roles at the *Mishkan* in *Shilo*. Through their actions, they profane the *Mishkan* and discourage people from making pilgrimages there. Consequently, *Eli*'s sons will be killed and there will be no one left to continue his family's mantle of leadership. Instead, *Shmuel* will become the new prophet and leader of the people. He will act the way a true leader should, travelling among the people as an inspiring role model, bringing them closer to *Hashem*.

² The Philistines arrayed themselves against *Yisrael*; and when the battle was fought, *Yisrael* was routed by the Philistines, who slew about four thousand men on the field of battle.

³ When the [Israelite] troops returned to the camp, the elders of *Yisrael* asked, "Why did *Hashem* put us to rout today before the Philistines? Let us fetch the *Aron Brit Hashem* from *Shilo*; thus He will be present among us and will deliver us from the hands of our enemies."

⁴ So the troops sent men to *Shilo*; there *Eli*'s two sons, *Chofni* and *Pinchas*, were in charge of the *Aron Brit Hashem*, and they brought down from there the *Aron Habrit* of the LORD of Hosts Enthroned on the *Keruvim*.

⁵ When the *Aron Brit Hashem* entered the camp, all *Yisrael* burst into a great shout, so that the earth resounded.

⁶ The Philistines heard the noise of the shouting and they wondered, "Why is there such a loud shouting in the camp of the Hebrews?" And when they learned that the *Aron* of *Hashem* had come to the camp,

⁷ the Philistines were frightened; for they said, "*Hashem* has come to the camp." And they cried, "Woe to us! Nothing like this has ever happened before.

⁸ Woe to us! Who will save us from the power of this mighty *Hashem*? He is the same *Hashem* who struck the Egyptians with every kind of plague in the wilderness!

⁹ Brace yourselves and be men, O Philistines! Or you will become slaves to the Hebrews as they were slaves to you. Be men and fight!"

¹⁰ The Philistines fought; *Yisrael* was routed, and they all fled to their homes. The defeat was very great, thirty thousand foot soldiers of *Yisrael* fell there.

¹¹ The *Aron* of *Hashem* was captured, and *Eli*'s two sons, *Chofni* and *Pinchas*, were slain.

¹² A *Binyaminite* ran from the battlefield and reached *Shilo* the same day; his clothes were rent and there was earth on his head.

ב וַיַּעַרְכוּ פְלִשְׁתִּים לִקְרַאת יִשְׂרָאֵל וַתִּטֹּשׁ הַמִּלְחָמָה וַיִּנָּגֶף יִשְׂרָאֵל לִפְנֵי פְלִשְׁתִּים וַיַּכּוּ בַמַּעֲרָכָה בַּשָּׂדֶה כְּאַרְבַּעַת אֲלָפִים אִישׁ:

ג וַיָּבֹא הָעָם אֶל־הַמַּחֲנֶה וַיֹּאמְרוּ זִקְנֵי יִשְׂרָאֵל לָמָּה נְגָפָנוּ יְהֹוָה הַיּוֹם לִפְנֵי פְלִשְׁתִּים נִקְחָה אֵלֵינוּ מִשִּׁלֹה אֶת־אֲרוֹן בְּרִית יְהֹוָה וְיָבֹא בְקִרְבֵּנוּ וְיֹשִׁעֵנוּ מִכַּף אֹיְבֵינוּ:

ד וַיִּשְׁלַח הָעָם שִׁלֹה וַיִּשְׂאוּ מִשָּׁם אֵת אֲרוֹן בְּרִית־יְהֹוָה צְבָאוֹת יֹשֵׁב הַכְּרֻבִים וְשָׁם שְׁנֵי בְנֵי־עֵלִי עִם־אֲרוֹן בְּרִית הָאֱלֹהִים חָפְנִי וּפִינְחָס:

ה וַיְהִי כְּבוֹא אֲרוֹן בְּרִית־יְהֹוָה אֶל־הַמַּחֲנֶה וַיָּרִעוּ כָל־יִשְׂרָאֵל תְּרוּעָה גְדוֹלָה וַתֵּהֹם הָאָרֶץ:

ו וַיִּשְׁמְעוּ פְלִשְׁתִּים אֶת־קוֹל הַתְּרוּעָה וַיֹּאמְרוּ מֶה קוֹל הַתְּרוּעָה הַגְּדוֹלָה הַזֹּאת בְּמַחֲנֵה הָעִבְרִים וַיֵּדְעוּ כִּי אֲרוֹן יְהֹוָה בָּא אֶל־הַמַּחֲנֶה:

ז וַיִּרְאוּ הַפְּלִשְׁתִּים כִּי אָמְרוּ בָּא אֱלֹהִים אֶל־הַמַּחֲנֶה וַיֹּאמְרוּ אוֹי לָנוּ כִּי לֹא הָיְתָה כָּזֹאת אֶתְמוֹל שִׁלְשֹׁם:

ח אוֹי לָנוּ מִי יַצִּילֵנוּ מִיַּד הָאֱלֹהִים הָאַדִּירִים הָאֵלֶּה אֵלֶּה הֵם הָאֱלֹהִים הַמַּכִּים אֶת־מִצְרַיִם בְּכָל־מַכָּה בַּמִּדְבָּר:

ט הִתְחַזְּקוּ וִהְיוּ לַאֲנָשִׁים פְּלִשְׁתִּים פֶּן תַּעַבְדוּ לָעִבְרִים כַּאֲשֶׁר עָבְדוּ לָכֶם וִהְיִיתֶם לַאֲנָשִׁים וְנִלְחַמְתֶּם:

י וַיִּלָּחֲמוּ פְלִשְׁתִּים וַיִּנָּגֶף יִשְׂרָאֵל וַיָּנֻסוּ אִישׁ לְאֹהָלָיו וַתְּהִי הַמַּכָּה גְּדוֹלָה מְאֹד וַיִּפֹּל מִיִּשְׂרָאֵל שְׁלֹשִׁים אֶלֶף רַגְלִי:

יא וַאֲרוֹן אֱלֹהִים נִלְקָח וּשְׁנֵי בְנֵי־עֵלִי מֵתוּ חָפְנִי וּפִינְחָס:

יב וַיָּרָץ אִישׁ־בִּנְיָמִן מֵהַמַּעֲרָכָה וַיָּבֹא שִׁלֹה בַּיּוֹם הַהוּא וּמַדָּיו קְרֻעִים וַאֲדָמָה עַל־רֹאשׁוֹ:

13 When he arrived, he found *Eli* sitting on a seat, waiting beside the road – his heart trembling for the *Aron* of *Hashem*. The man entered the city to spread the news, and the whole city broke out in a cry.

יג וַיָּבוֹא וְהִנֵּה עֵלִי יֹשֵׁב עַל־הַכִּסֵּא יך [יַד] דֶּרֶךְ מְצַפֶּה כִּי־הָיָה לִבּוֹ חָרֵד עַל אֲרוֹן הָאֱלֹהִים וְהָאִישׁ בָּא לְהַגִּיד בָּעִיר וַתִּזְעַק כָּל־הָעִיר׃

va-ya-VO v'-hi-NAY ay-LEE yo-SHAYV al ha-ki-SAY YAD DE-rekh m'-tza-PEH kee ha-YAH li-BO kha-RAYD AL a-RON ha-e-lo-HEEM v'-ha-EESH BA l'-ha-GEED ba-EER va-tiz-AK kol ha-EER

14 And when *Eli* heard the sound of the outcry and asked, "What is the meaning of this uproar?" the man rushed over to tell *Eli*.

יד וַיִּשְׁמַע עֵלִי אֶת־קוֹל הַצְּעָקָה וַיֹּאמֶר מֶה קוֹל הֶהָמוֹן הַזֶּה וְהָאִישׁ מִהַר וַיָּבֹא וַיַּגֵּד לְעֵלִי׃

15 Now *Eli* was ninety-eight years old; his eyes were fixed in a blind stare.

טו וְעֵלִי בֶּן־תִּשְׁעִים וּשְׁמֹנֶה שָׁנָה וְעֵינָיו קָמָה וְלֹא יָכוֹל לִרְאוֹת׃

16 The man said to *Eli*, "I am the one who came from the battlefield; I have just fled from the battlefield." [*Eli*] asked, "What happened, my son?"

טז וַיֹּאמֶר הָאִישׁ אֶל־עֵלִי אָנֹכִי הַבָּא מִן־הַמַּעֲרָכָה וַאֲנִי מִן־הַמַּעֲרָכָה נַסְתִּי הַיּוֹם וַיֹּאמֶר מֶה־הָיָה הַדָּבָר בְּנִי׃

17 The bearer of the news replied, "*Yisrael* fled before the Philistines and the troops also suffered a great slaughter. Your two sons, *Chofni* and *Pinchas*, are dead, and the *Aron* of *Hashem* has been captured."

יז וַיַּעַן הַמְבַשֵּׂר וַיֹּאמֶר נָס יִשְׂרָאֵל לִפְנֵי פְלִשְׁתִּים וְגַם מַגֵּפָה גְדוֹלָה הָיְתָה בָעָם וְגַם־שְׁנֵי בָנֶיךָ מֵתוּ חָפְנִי וּפִינְחָס וַאֲרוֹן הָאֱלֹהִים נִלְקָחָה׃

18 When he mentioned the *Aron* of *Hashem*, [*Eli*] fell backward off the seat beside the gate, broke his neck and died; for he was an old man and heavy. He had been a chieftain of *Yisrael* for forty years.

יח וַיְהִי כְּהַזְכִּירוֹ אֶת־אֲרוֹן הָאֱלֹהִים וַיִּפֹּל מֵעַל־הַכִּסֵּא אֲחֹרַנִּית בְּעַד יַד הַשַּׁעַר וַתִּשָּׁבֵר מַפְרַקְתּוֹ וַיָּמֹת כִּי־זָקֵן הָאִישׁ וְכָבֵד וְהוּא שָׁפַט אֶת־יִשְׂרָאֵל אַרְבָּעִים שָׁנָה׃

19 His daughter-in-law, the wife of *Pinchas*, was with child, about to give birth. When she heard the report that the *Aron* of *Hashem* was captured and that her father-in-law and her husband were dead, she was seized with labor pains, and she crouched down and gave birth.

יט וְכַלָּתוֹ אֵשֶׁת־פִּינְחָס הָרָה לָלַת וַתִּשְׁמַע אֶת־הַשְּׁמֻעָה אֶל־הִלָּקַח אֲרוֹן הָאֱלֹהִים וּמֵת חָמִיהָ וְאִישָׁהּ וַתִּכְרַע וַתֵּלֶד כִּי־נֶהֶפְכוּ עָלֶיהָ צִרֶיהָ׃

20 As she lay dying, the women attending her said, "Do not be afraid, for you have borne a son." But she did not respond or pay heed.

כ וּכְעֵת מוּתָהּ וַתְּדַבֵּרְנָה הַנִּצָּבוֹת עָלֶיהָ אַל־תִּירְאִי כִּי בֵן יָלָדְתְּ וְלֹא עָנְתָה וְלֹא־שָׁתָה לִבָּהּ׃

4:13 The whole city broke out in a cry After the terrible battlefield loss to the Philistines, a man from the tribe of *Binyamin* runs to *Shilo* to deliver the news to *Eli*. *Rashi* reports a tradition that this man was none other than *Shaul*, who would later be selected as the first king of Israel. This is significant, as leaders of Israel are often military men. For example, *Avraham* (see Genesis 14, which describes the war he fought to save his nephew Lot), *Moshe* (see Numbers 21, where he leads Israel in battle against *Sihon* and Og) and *Yehoshua* were all spiritual and military figures. Fighting just wars is an imperative, and it is the responsibility of the Israelite leader to lead his troops into battle. Therefore, it's not surprising that the first king of Israel is also a soldier.

Ariel Sharon greets Moshe Dayan during the Yom Kippur war

21 She named the boy Ichabod, meaning, "The glory has departed from *Yisrael*" – referring to the capture of the *Aron* of *Hashem* and to [the death of] her father-in-law and her husband.

כא וַתִּקְרָא לַנַּעַר אִי־כָבוֹד לֵאמֹר גָּלָה כָבוֹד מִיִּשְׂרָאֵל אֶל־הִלָּקַח אֲרוֹן הָאֱלֹהִים וְאֶל־חָמִיהָ וְאִישָׁהּ׃

22 "The glory is gone from *Yisrael*," she said, "for the *Aron* of *Hashem* has been captured."

כב וַתֹּאמֶר גָּלָה כָבוֹד מִיִּשְׂרָאֵל כִּי נִלְקַח אֲרוֹן הָאֱלֹהִים׃

5

1 When the Philistines captured the *Aron* of *Hashem*, they brought it from *Even Ha-Ezer* to *Ashdod*.

ה

א וּפְלִשְׁתִּים לָקְחוּ אֵת אֲרוֹן הָאֱלֹהִים וַיְבִאֻהוּ מֵאֶבֶן הָעֵזֶר אַשְׁדּוֹדָה׃

uf-lish-TEEM la-k'-KHU AYT a-RON ha-e-lo-HEEM
vai-vi-U-hu may-E-ven ha-E-zer ash-DO-dah

2 The Philistines took the *Aron* of *Hashem* and brought it into the temple of Dagon and they set it up beside Dagon.

ב וַיִּקְחוּ פְלִשְׁתִּים אֶת־אֲרוֹן הָאֱלֹהִים וַיָּבִיאוּ אֹתוֹ בֵּית דָּגוֹן וַיַּצִּיגוּ אֹתוֹ אֵצֶל דָּגוֹן׃

3 Early the next day, the Ashdodites found Dagon lying face down on the ground in front of the *Aron* of *Hashem*. They picked Dagon up and put him back in his place;

ג וַיַּשְׁכִּמוּ אַשְׁדּוֹדִים מִמָּחֳרָת וְהִנֵּה דָגוֹן נֹפֵל לְפָנָיו אַרְצָה לִפְנֵי אֲרוֹן יְהוָה וַיִּקְחוּ אֶת־דָּגוֹן וַיָּשִׁבוּ אֹתוֹ לִמְקוֹמוֹ׃

4 but early the next morning, Dagon was again lying prone on the ground in front of the *Aron* of *Hashem*. The head and both hands of Dagon were cut off, lying on the threshold; only Dagon's trunk was left intact.

ד וַיַּשְׁכִּמוּ בַבֹּקֶר מִמָּחֳרָת וְהִנֵּה דָגוֹן נֹפֵל לְפָנָיו אַרְצָה לִפְנֵי אֲרוֹן יְהוָה וְרֹאשׁ דָּגוֹן וּשְׁתֵּי כַּפּוֹת יָדָיו כְּרֻתוֹת אֶל־הַמִּפְתָּן רַק דָּגוֹן נִשְׁאַר עָלָיו׃

5 That is why, to this day, the priests of Dagon and all who enter the temple of Dagon do not tread on the threshold of Dagon in *Ashdod*.

ה עַל־כֵּן לֹא־יִדְרְכוּ כֹהֲנֵי דָגוֹן וְכָל־הַבָּאִים בֵּית־דָּגוֹן עַל־מִפְתַּן דָּגוֹן בְּאַשְׁדּוֹד עַד הַיּוֹם הַזֶּה׃

6 The hand of *Hashem* lay heavy upon the Ashdodites, and He wrought havoc among them: He struck *Ashdod* and its territory with hemorrhoids.

ו וַתִּכְבַּד יַד־יְהוָה אֶל־הָאַשְׁדּוֹדִים וַיְשִׁמֵּם וַיַּךְ אֹתָם בעפלים [בַּטְּחֹרִים] אֶת־אַשְׁדּוֹד וְאֶת־גְּבוּלֶיהָ׃

7 When the men of *Ashdod* saw how matters stood, they said, "The *Aron* of the God of *Yisrael* must not remain with us, for His hand has dealt harshly with us and with our god Dagon."

ז וַיִּרְאוּ אַנְשֵׁי־אַשְׁדּוֹד כִּי־כֵן וְאָמְרוּ לֹא־יֵשֵׁב אֲרוֹן אֱלֹהֵי יִשְׂרָאֵל עִמָּנוּ כִּי־קָשְׁתָה יָדוֹ עָלֵינוּ וְעַל דָּגוֹן אֱלֹהֵינוּ׃

Coastal city of *Ashdod*

5:1 To *Ashdod* The coastal city of *Ashdod* is located in the land allocated to the tribe of *Yehuda*. However, it is conquered by the invading Philistines, and becomes one of their strongholds. Modern *Ashdod* was built on the same site in 1956. One of the largest cities in Israel, it welcomes tourists from around the world who come both for its commerce and its beaches. It is truly a miracle that the city once conquered by Philistines in ships now hosts the largest port of the State of Israel, thus providing tremendous economic support to the entire nation.

8 They sent messengers and assembled all the lords of the Philistines and asked, "What shall we do with the *Aron* of the God of *Yisrael*?" They answered, "Let the *Aron* of the God of *Yisrael* be removed to Gath." So they moved the *Aron* of the God of *Yisrael* [to Gath].

ח וַיִּשְׁלְחוּ וַיַּאַסְפוּ אֶת־כׇּל־סַרְנֵי פְלִשְׁתִּים אֲלֵיהֶם וַיֹּאמְרוּ מַה־נַּעֲשֶׂה לַאֲרוֹן אֱלֹהֵי יִשְׂרָאֵל וַיֹּאמְרוּ גַּת יִסֹּב אֲרוֹן אֱלֹהֵי יִשְׂרָאֵל וַיַּסֵּבּוּ אֶת־אֲרוֹן אֱלֹהֵי יִשְׂרָאֵל׃

9 And after they had moved it, the hand of *Hashem* came against the city, causing great panic; He struck the people of the city, young and old, so that hemorrhoids broke out among them.

ט וַיְהִי אַחֲרֵי הֵסַבּוּ אֹתוֹ וַתְּהִי יַד־יְהֹוָה בָּעִיר מְהוּמָה גְּדוֹלָה מְאֹד וַיַּךְ אֶת־אַנְשֵׁי הָעִיר מִקָּטֹן וְעַד־גָּדוֹל וַיִּשָּׂתְרוּ לָהֶם עפלים [טְחֹרִים׃]

10 Then they sent the *Aron* of *Hashem* to Ekron. But when the *Aron* of *Hashem* came to Ekron, the Ekronites cried out, "They have moved the *Aron* of the God of *Yisrael* to us to slay us and our kindred."

י וַיְשַׁלְּחוּ אֶת־אֲרוֹן הָאֱלֹהִים עֶקְרוֹן וַיְהִי כְּבוֹא אֲרוֹן הָאֱלֹהִים עֶקְרוֹן וַיִּזְעֲקוּ הָעֶקְרֹנִים לֵאמֹר הֵסַבּוּ אֵלַי אֶת־אֲרוֹן אֱלֹהֵי יִשְׂרָאֵל לַהֲמִיתֵנִי וְאֶת־עַמִּי׃

11 They too sent messengers and assembled all the lords of the Philistines and said, "Send the *Aron* of the God of *Yisrael* away, and let it return to its own place, that it may not slay us and our kindred." For the panic of death pervaded the whole city, so heavily had the hand of *Hashem* fallen there;

יא וַיִּשְׁלְחוּ וַיַּאַסְפוּ אֶת־כׇּל־סַרְנֵי פְלִשְׁתִּים וַיֹּאמְרוּ שַׁלְּחוּ אֶת־אֲרוֹן אֱלֹהֵי יִשְׂרָאֵל וְיָשֹׁב לִמְקֹמוֹ וְלֹא־יָמִית אֹתִי וְאֶת־עַמִּי כִּי־הָיְתָה מְהוּמַת־מָוֶת בְּכׇל־הָעִיר כָּבְדָה מְאֹד יַד הָאֱלֹהִים שָׁם׃

12 and the men who did not die were stricken with hemorrhoids. The outcry of the city went up to heaven.

יב וְהָאֲנָשִׁים אֲשֶׁר לֹא־מֵתוּ הֻכּוּ בעפלים [בַּטְּחֹרִים] וַתַּעַל שַׁוְעַת הָעִיר הַשָּׁמָיִם׃

6 1 The *Aron* of *Hashem* remained in the territory of the Philistines seven months.

ו א וַיְהִי אֲרוֹן־יְהֹוָה בִּשְׂדֵה פְלִשְׁתִּים שִׁבְעָה חֳדָשִׁים׃

2 Then the Philistines summoned the priests and the diviners and asked, "What shall we do about the *Aron* of *Hashem*? Tell us with what we shall send it off to its own place."

ב וַיִּקְרְאוּ פְלִשְׁתִּים לַכֹּהֲנִים וְלַקֹּסְמִים לֵאמֹר מַה־נַּעֲשֶׂה לַאֲרוֹן יְהֹוָה הוֹדִעֻנוּ בַּמֶּה נְשַׁלְּחֶנּוּ לִמְקוֹמוֹ׃

3 They answered, "If you are going to send the *Aron* of the God of *Yisrael* away, do not send it away without anything; you must also pay an indemnity to Him. Then you will be healed, and He will make Himself known to you; otherwise His hand will not turn away from you."

ג וַיֹּאמְרוּ אִם־מְשַׁלְּחִים אֶת־אֲרוֹן אֱלֹהֵי יִשְׂרָאֵל אַל־תְּשַׁלְּחוּ אֹתוֹ רֵיקָם כִּי־הָשֵׁב תָּשִׁיבוּ לוֹ אָשָׁם אָז תֵּרָפְאוּ וְנוֹדַע לָכֶם לָמָּה לֹא־תָסוּר יָדוֹ מִכֶּם׃

4 They asked, "What is the indemnity that we should pay to Him?" They answered, "Five golden hemorrhoids and five golden mice, corresponding to the number of lords of the Philistines; for the same plague struck all of you and your lords.

ד וַיֹּאמְרוּ מָה הָאָשָׁם אֲשֶׁר נָשִׁיב לוֹ וַיֹּאמְרוּ מִסְפַּר סַרְנֵי פְלִשְׁתִּים חֲמִשָּׁה עפלי [טְחֹרֵי] זָהָב וַחֲמִשָּׁה עַכְבְּרֵי זָהָב כִּי־מַגֵּפָה אַחַת לְכֻלָּם וּלְסַרְנֵיכֶם׃

5 You shall make figures of your hemorrhoids and of the mice that are ravaging your land; thus you shall honor the God of *Yisrael*, and perhaps He will lighten the weight of His hand upon you and your gods and your land.

ה וַעֲשִׂיתֶם צַלְמֵי עפליכם [טְחֹרֵיכֶם] וְצַלְמֵי עַכְבְּרֵיכֶם הַמַּשְׁחִיתִם אֶת־הָאָרֶץ וּנְתַתֶּם לֵאלֹהֵי יִשְׂרָאֵל כָּבוֹד אוּלַי יָקֵל אֶת־יָדוֹ מֵעֲלֵיכֶם וּמֵעַל אֱלֹהֵיכֶם וּמֵעַל אַרְצְכֶם׃

6 Don't harden your hearts as the Egyptians and Pharaoh hardened their hearts. As you know, when He made a mockery of them, they had to let *Yisrael* go, and they departed.

ו וְלָמָּה תְכַבְּדוּ אֶת־לְבַבְכֶם כַּאֲשֶׁר כִּבְּדוּ מִצְרַיִם וּפַרְעֹה אֶת־לִבָּם הֲלוֹא כַּאֲשֶׁר הִתְעַלֵּל בָּהֶם וַיְשַׁלְּחוּם וַיֵּלֵכוּ:

7 Therefore, get a new cart ready and two milch cows that have not borne a yoke; harness the cows to the cart, but take back indoors the calves that follow them.

ז וְעַתָּה קְחוּ וַעֲשׂוּ עֲגָלָה חֲדָשָׁה אֶחָת וּשְׁתֵּי פָרוֹת עָלוֹת אֲשֶׁר לֹא־עָלָה עֲלֵיהֶם עֹל וַאֲסַרְתֶּם אֶת־הַפָּרוֹת בָּעֲגָלָה וַהֲשֵׁיבֹתֶם בְּנֵיהֶם מֵאַחֲרֵיהֶם הַבָּיְתָה:

8 Take the *Aron* of *Hashem* and place it on the cart; and put next to it in a chest the gold objects you are paying Him as indemnity. Send it off, and let it go its own way.

ח וּלְקַחְתֶּם אֶת־אֲרוֹן יְהוָה וּנְתַתֶּם אֹתוֹ אֶל־הָעֲגָלָה וְאֵת כְּלֵי הַזָּהָב אֲשֶׁר הֲשֵׁבֹתֶם לוֹ אָשָׁם תָּשִׂימוּ בָאַרְגַּז מִצִּדּוֹ וְשִׁלַּחְתֶּם אֹתוֹ וְהָלָךְ:

9 Then watch: If it goes up the road to *Beit Shemesh*, to His own territory, it was He who has inflicted this great harm on us. But if not, we shall know that it was not His hand that struck us; it just happened to us by chance."

ט וּרְאִיתֶם אִם־דֶּרֶךְ גְּבוּלוֹ יַעֲלֶה בֵּית שֶׁמֶשׁ הוּא עָשָׂה לָנוּ אֶת־הָרָעָה הַגְּדוֹלָה הַזֹּאת וְאִם־לֹא וְיָדַעְנוּ כִּי לֹא יָדוֹ נָגְעָה בָּנוּ מִקְרֶה הוּא הָיָה לָנוּ:

> *ur-ee-TEM im DE-rekh g'-vu-LO ya-a-LEH BAYT SHE-mesh HU*
> *A-sah LA-nu et ha-ra-AH ha-g'-do-LAH ha-ZOT v'-im LO v'-ya-DA-nu*
> *KEE LO ya-DO na-g'-AH BA-nu mik-REH HU HA-yah LA-nu*

10 The men did so. They took two milch cows and harnessed them to the cart, and shut up their calves indoors.

י וַיַּעֲשׂוּ הָאֲנָשִׁים כֵּן וַיִּקְחוּ שְׁתֵּי פָרוֹת עָלוֹת וַיַּאַסְרוּם בָּעֲגָלָה וְאֶת־בְּנֵיהֶם כָּלוּ בַבָּיִת:

11 They placed the *Aron* of *Hashem* on the cart together with the chest, the golden mice, and the figures of their hemorrhoids.

יא וַיָּשִׂמוּ אֶת־אֲרוֹן יְהוָה אֶל־הָעֲגָלָה וְאֵת הָאַרְגַּז וְאֵת עַכְבְּרֵי הַזָּהָב וְאֵת צַלְמֵי טְחֹרֵיהֶם:

12 The cows went straight ahead along the road to *Beit Shemesh*. They went along a single highroad, lowing as they went, and turning off neither to the right nor to the left; and the lords of the Philistines walked behind them as far as the border of *Beit Shemesh*.

יב וַיִּשַּׁרְנָה הַפָּרוֹת בַּדֶּרֶךְ עַל־דֶּרֶךְ בֵּית שֶׁמֶשׁ בִּמְסִלָּה אַחַת הָלְכוּ הָלֹךְ וְגָעוֹ וְלֹא־סָרוּ יָמִין וּשְׂמֹאול וְסַרְנֵי פְלִשְׁתִּים הֹלְכִים אַחֲרֵיהֶם עַד־גְּבוּל בֵּית שָׁמֶשׁ:

13 The people of *Beit Shemesh* were reaping their wheat harvest in the valley. They looked up and saw the *Aron*, and they rejoiced when they saw [it].

יג וּבֵית שֶׁמֶשׁ קֹצְרִים קְצִיר־חִטִּים בָּעֵמֶק וַיִּשְׂאוּ אֶת־עֵינֵיהֶם וַיִּרְאוּ אֶת־הָאָרוֹן וַיִּשְׂמְחוּ לִרְאוֹת:

Beit Shemesh

6:9 To *Beit Shemesh* *Beit Shemesh*, west of *Yerushalayim*, is in the territory of *Yehuda* (Joshua 15) and is one of the cities set aside for the *Leviim*. In 1948, the area was significant in the fighting between Arabs and Jews. It was from this area that thirty-five fighters set off to try to rescue the besieged Jewish communities in *Gush Etzion*. They were discovered and massacred by Arabs before completing their mission. Shortly after the War of Independence, a new Jewish community was built in *Beit Shemesh*. It was first settled by immigrants from Iran, Iraq and Morocco, and later by a large Russian and Ethiopian population. In more recent years, many North American Jews have made their home in the biblical city of *Beit Shemesh*.

14 The cart came into the field of *Yehoshua* of *Beit Shemesh* and it stopped there. They split up the wood of the cart and presented the cows as a burnt offering to *Hashem*. A large stone was there;

יד וְהָעֲגָלָה בָּאָה אֶל־שְׂדֵה יְהוֹשֻׁעַ בֵּית־הַשִּׁמְשִׁי וַתַּעֲמֹד שָׁם וְשָׁם אֶבֶן גְּדוֹלָה וַיְבַקְּעוּ אֶת־עֲצֵי הָעֲגָלָה וְאֶת־הַפָּרוֹת הֶעֱלוּ עֹלָה לַיהוָה:

15 and the *Leviim* took down the *Aron* of *Hashem* and the chest beside it containing the gold objects and placed them on the large stone. Then the men of *Beit Shemesh* presented burnt offerings and other sacrifices to *Hashem* that day.

טו וְהַלְוִיִּם הוֹרִידוּ אֶת־אֲרוֹן יְהוָה וְאֶת־הָאַרְגַּז אֲשֶׁר־אִתּוֹ אֲשֶׁר־בּוֹ כְלֵי־זָהָב וַיָּשִׂמוּ אֶל־הָאֶבֶן הַגְּדוֹלָה וְאַנְשֵׁי בֵית־שֶׁמֶשׁ הֶעֱלוּ עֹלוֹת וַיִּזְבְּחוּ זְבָחִים בַּיּוֹם הַהוּא לַיהוָה:

16 The five lords of the Philistines saw this and returned the same day to Ekron.

טז וַחֲמִשָּׁה סַרְנֵי־פְלִשְׁתִּים רָאוּ וַיָּשֻׁבוּ עֶקְרוֹן בַּיּוֹם הַהוּא:

17 The following were the golden hemorrhoids that the Philistines paid as an indemnity to *Hashem*: For *Ashdod*, one; for *Azza*, one; for *Ashkelon*, one; for Gath, one; for Ekron, one.

יז וְאֵלֶּה טְחֹרֵי הַזָּהָב אֲשֶׁר הֵשִׁיבוּ פְלִשְׁתִּים אָשָׁם לַיהוָה לְאַשְׁדּוֹד אֶחָד לְעַזָּה אֶחָד לְאַשְׁקְלוֹן אֶחָד לְגַת אֶחָד לְעֶקְרוֹן אֶחָד:

18 As for the golden mice, their number accorded with all the Philistine towns that belonged to the five lords – both fortified towns and unwalled villages, as far as the great stone on which the *Aron* of *Hashem* was set down, to this day, in the field of *Yehoshua* of *Beit Shemesh*.

יח וְעַכְבְּרֵי הַזָּהָב מִסְפַּר כָּל־עָרֵי פְלִשְׁתִּים לַחֲמֵשֶׁת הַסְּרָנִים מֵעִיר מִבְצָר וְעַד כֹּפֶר הַפְּרָזִי וְעַד אָבֵל הַגְּדוֹלָה אֲשֶׁר הִנִּיחוּ עָלֶיהָ אֵת אֲרוֹן יְהוָה עַד הַיּוֹם הַזֶּה בִּשְׂדֵה יְהוֹשֻׁעַ בֵּית־הַשִּׁמְשִׁי:

19 [*Hashem*] struck at the men of *Beit Shemesh* because they looked into the *Aron* of *Hashem*; He struck down seventy men among the people [and] fifty thousand men. The people mourned, for He had inflicted a great slaughter upon the population.

יט וַיַּךְ בְּאַנְשֵׁי בֵית־שֶׁמֶשׁ כִּי רָאוּ בַּאֲרוֹן יְהוָה וַיַּךְ בָּעָם שִׁבְעִים אִישׁ חֲמִשִּׁים אֶלֶף אִישׁ וַיִּתְאַבְּלוּ הָעָם כִּי־הִכָּה יְהוָה בָּעָם מַכָּה גְדוֹלָה:

20 And the men of *Beit Shemesh* asked, "Who can stand in attendance on *Hashem*, this holy *Hashem*? And to whom shall He go up from us?"

כ וַיֹּאמְרוּ אַנְשֵׁי בֵית־שֶׁמֶשׁ מִי יוּכַל לַעֲמֹד לִפְנֵי יְהוָה הָאֱלֹהִים הַקָּדוֹשׁ הַזֶּה וְאֶל־מִי יַעֲלֶה מֵעָלֵינוּ:

21 They sent messengers to the inhabitants of *Kiryat Ye'arim* to say, "The Philistines have sent back the *Aron* of *Hashem*. Come down and take it into your keeping."

כא וַיִּשְׁלְחוּ מַלְאָכִים אֶל־יוֹשְׁבֵי קִרְיַת־יְעָרִים לֵאמֹר הֵשִׁבוּ פְלִשְׁתִּים אֶת־אֲרוֹן יְהוָה רְדוּ הַעֲלוּ אֹתוֹ אֲלֵיכֶם:

7 1 The men of *Kiryat Ye'arim* came and took up the *Aron* of *Hashem* and brought it into the house of *Avinadav* on the hill; and they consecrated his son *Elazar* to have charge of the *Aron* of *Hashem*.

ז א וַיָּבֹאוּ אַנְשֵׁי קִרְיַת יְעָרִים וַיַּעֲלוּ אֶת־אֲרוֹן יְהוָה וַיָּבִאוּ אֹתוֹ אֶל־בֵּית אֲבִינָדָב בַּגִּבְעָה וְאֶת־אֶלְעָזָר בְּנוֹ קִדְּשׁוּ לִשְׁמֹר אֶת־אֲרוֹן יְהוָה:

2 A long time elapsed from the day that the *Aron* was housed in *Kiryat Ye'arim*, twenty years in all; and all the House of *Yisrael* yearned after *Hashem*.

ב וַיְהִי מִיּוֹם שֶׁבֶת הָאָרוֹן בְּקִרְיַת יְעָרִים וַיִּרְבּוּ הַיָּמִים וַיִּהְיוּ עֶשְׂרִים שָׁנָה וַיִּנָּהוּ כָּל־בֵּית יִשְׂרָאֵל אַחֲרֵי יְהוָה:

Samuel

3 And *Shmuel* said to all the House of *Yisrael*, "If you mean to return to *Hashem* with all your heart, you must remove the alien gods and the Ashtaroth from your midst and direct your heart to *Hashem* and serve Him alone. Then He will deliver you from the hands of the Philistines."

ג וַיֹּאמֶר שְׁמוּאֵל אֶל־כׇּל־בֵּית יִשְׂרָאֵל לֵאמֹר אִם־בְּכׇל־לְבַבְכֶם אַתֶּם שָׁבִים אֶל־יְהֹוָה הָסִירוּ אֶת־אֱלֹהֵי הַנֵּכָר מִתּוֹכְכֶם וְהָעַשְׁתָּרוֹת וְהָכִינוּ לְבַבְכֶם אֶל־יְהֹוָה וְעִבְדֻהוּ לְבַדּוֹ וְיַצֵּל אֶתְכֶם מִיַּד פְּלִשְׁתִּים׃

4 And the Israelites removed the Baalim and Ashtaroth and they served *Hashem* alone.

ד וַיָּסִירוּ בְּנֵי יִשְׂרָאֵל אֶת־הַבְּעָלִים וְאֶת־הָעַשְׁתָּרֹת וַיַּעַבְדוּ אֶת־יְהֹוָה לְבַדּוֹ׃

5 *Shmuel* said, "Assemble all *Yisrael* at *Mitzpa*, and I will pray to *Hashem* for you."

ה וַיֹּאמֶר שְׁמוּאֵל קִבְצוּ אֶת־כׇּל־יִשְׂרָאֵל הַמִּצְפָּתָה וְאֶתְפַּלֵּל בַּעַדְכֶם אֶל־יְהֹוָה׃

6 They assembled at *Mitzpa*, and they drew water and poured it out before *Hashem*; they fasted that day, and there they confessed that they had sinned against *Hashem*. And *Shmuel* acted as chieftain of the Israelites at *Mitzpa*.

ו וַיִּקָּבְצוּ הַמִּצְפָּתָה וַיִּשְׁאֲבוּ־מַיִם וַיִּשְׁפְּכוּ לִפְנֵי יְהֹוָה וַיָּצוּמוּ בַּיּוֹם הַהוּא וַיֹּאמְרוּ שָׁם חָטָאנוּ לַיהֹוָה וַיִּשְׁפֹּט שְׁמוּאֵל אֶת־בְּנֵי יִשְׂרָאֵל בַּמִּצְפָּה׃

7 When the Philistines heard that the Israelites had assembled at *Mitzpa*, the lords of the Philistines marched out against *Yisrael*. Hearing of this, the Israelites were terrified of the Philistines

ז וַיִּשְׁמְעוּ פְלִשְׁתִּים כִּי־הִתְקַבְּצוּ בְנֵי־יִשְׂרָאֵל הַמִּצְפָּתָה וַיַּעֲלוּ סַרְנֵי־פְלִשְׁתִּים אֶל־יִשְׂרָאֵל וַיִּשְׁמְעוּ בְּנֵי יִשְׂרָאֵל וַיִּרְאוּ מִפְּנֵי פְלִשְׁתִּים׃

8 and they implored *Shmuel*, "Do not neglect us and do not refrain from crying out to *Hashem* our God to save us from the hands of the Philistines."

ח וַיֹּאמְרוּ בְנֵי־יִשְׂרָאֵל אֶל־שְׁמוּאֵל אַל־תַּחֲרֵשׁ מִמֶּנּוּ מִזְּעֹק אֶל־יְהֹוָה אֱלֹהֵינוּ וְיֹשִׁעֵנוּ מִיַּד פְּלִשְׁתִּים׃

9 Thereupon *Shmuel* took a suckling lamb and sacrificed it as a whole burnt offering to *Hashem*; and *Shmuel* cried out to *Hashem* in behalf of *Yisrael*, and *Hashem* responded to him.

ט וַיִּקַּח שְׁמוּאֵל טְלֵה חָלָב אֶחָד ויעלה [וַיַּעֲלֵהוּ] עוֹלָה כָּלִיל לַיהֹוָה וַיִּזְעַק שְׁמוּאֵל אֶל־יְהֹוָה בְּעַד יִשְׂרָאֵל וַיַּעֲנֵהוּ יְהֹוָה׃

10 For as *Shmuel* was presenting the burnt offering and the Philistines advanced to attack *Yisrael*, *Hashem* thundered mightily against the Philistines that day. He threw them into confusion, and they were routed by *Yisrael*.

י וַיְהִי שְׁמוּאֵל מַעֲלֶה הָעוֹלָה וּפְלִשְׁתִּים נִגְּשׁוּ לַמִּלְחָמָה בְּיִשְׂרָאֵל וַיַּרְעֵם יְהֹוָה בְּקוֹל־גָּדוֹל בַּיּוֹם הַהוּא עַל־פְּלִשְׁתִּים וַיְהֻמֵּם וַיִּנָּגְפוּ לִפְנֵי יִשְׂרָאֵל׃

11 The men of *Yisrael* sallied out of *Mitzpa* and pursued the Philistines, striking them down to a point below Beth-car.

יא וַיֵּצְאוּ אַנְשֵׁי יִשְׂרָאֵל מִן־הַמִּצְפָּה וַיִּרְדְּפוּ אֶת־פְּלִשְׁתִּים וַיַּכּוּם עַד־מִתַּחַת לְבֵית כָּר׃

12 *Shmuel* took a stone and set it up between *Mitzpa* and Shen, and named it *Even Ha-Ezer*: "For up to now," he said, "*Hashem* has helped us."

יב וַיִּקַּח שְׁמוּאֵל אֶבֶן אַחַת וַיָּשֶׂם בֵּין־הַמִּצְפָּה וּבֵין הַשֵּׁן וַיִּקְרָא אֶת־שְׁמָהּ אֶבֶן הָעָזֶר וַיֹּאמַר עַד־הֵנָּה עֲזָרָנוּ יְהֹוָה׃

13 The Philistines were humbled and did not invade the territory of *Yisrael* again; and the hand of *Hashem* was set against the Philistines as long as *Shmuel* lived.

יג וַיִּכָּנְעוּ הַפְּלִשְׁתִּים וְלֹא־יָסְפוּ עוֹד לָבוֹא בִּגְבוּל יִשְׂרָאֵל וַתְּהִי יַד־יְהֹוָה בַּפְּלִשְׁתִּים כֹּל יְמֵי שְׁמוּאֵל׃

14 The towns which the Philistines had taken from *Yisrael*, from Ekron to Gath, were restored to *Yisrael*; *Yisrael* recovered all her territory from the Philistines. There was also peace between *Yisrael* and the Amorites.

יד וַתָּשֹׁבְנָה הֶעָרִים אֲשֶׁר לָקְחוּ־פְלִשְׁתִּים מֵאֵת יִשְׂרָאֵל לְיִשְׂרָאֵל מֵעֶקְרוֹן וְעַד־גַּת וְאֶת־גְּבוּלָן הִצִּיל יִשְׂרָאֵל מִיַּד פְּלִשְׁתִּים וַיְהִי שָׁלוֹם בֵּין יִשְׂרָאֵל וּבֵין הָאֱמֹרִי:

15 *Shmuel* judged *Yisrael* as long as he lived.

טו וַיִּשְׁפֹּט שְׁמוּאֵל אֶת־יִשְׂרָאֵל כֹּל יְמֵי חַיָּיו:

16 Each year he made the rounds of *Beit El*, *Gilgal*, and *Mitzpa*, and acted as judge over *Yisrael* at all those places.

טז וְהָלַךְ מִדֵּי שָׁנָה בְּשָׁנָה וְסָבַב בֵּית־אֵל וְהַגִּלְגָּל וְהַמִּצְפָּה וְשָׁפַט אֶת־יִשְׂרָאֵל אֵת כָּל־הַמְּקוֹמוֹת הָאֵלֶּה:

v'-ha-LAKH mi-DAY sha-NAH b'-sha-NAH v'-sa-VAV bayt AYL v'-ha-gil-GAL v'-ha-mitz-PAH v'-sha-FAT et yis-ra-AYL AYT kol ha-m'-ko-MOT ha-AY-leh

17 Then he would return to *Rama*, for his home was there, and there too he would judge *Yisrael*. He built a *Mizbayach* there to *Hashem*.

יז וּתְשֻׁבָתוֹ הָרָמָתָה כִּי־שָׁם בֵּיתוֹ וְשָׁם שָׁפַט אֶת־יִשְׂרָאֵל וַיִּבֶן־שָׁם מִזְבֵּחַ לַיהוָה:

8 1 When *Shmuel* grew old, he appointed his sons judges over *Yisrael*.

ח א וַיְהִי כַּאֲשֶׁר זָקֵן שְׁמוּאֵל וַיָּשֶׂם אֶת־בָּנָיו שֹׁפְטִים לְיִשְׂרָאֵל:

2 The name of his first-born son was *Yoel*, and his second son's name was *Aviya*; they sat as judges in *Be'er Sheva*.

ב וַיְהִי שֶׁם־בְּנוֹ הַבְּכוֹר יוֹאֵל וְשֵׁם מִשְׁנֵהוּ אֲבִיָּה שֹׁפְטִים בִּבְאֵר שָׁבַע:

3 But his sons did not follow in his ways; they were bent on gain, they accepted bribes, and they subverted justice.

ג וְלֹא־הָלְכוּ בָנָיו בדרכו [בִּדְרָכָיו] וַיִּטּוּ אַחֲרֵי הַבָּצַע וַיִּקְחוּ־שֹׁחַד וַיַּטּוּ מִשְׁפָּט:

4 All the elders of *Yisrael* assembled and came to *Shmuel* at *Rama*,

ד וַיִּתְקַבְּצוּ כֹּל זִקְנֵי יִשְׂרָאֵל וַיָּבֹאוּ אֶל־שְׁמוּאֵל הָרָמָתָה:

5 and they said to him, "You have grown old, and your sons have not followed your ways. Therefore appoint a king for us, to govern us like all other nations."

ה וַיֹּאמְרוּ אֵלָיו הִנֵּה אַתָּה זָקַנְתָּ וּבָנֶיךָ לֹא הָלְכוּ בִּדְרָכֶיךָ עַתָּה שִׂימָה־לָּנוּ מֶלֶךְ לְשָׁפְטֵנוּ כְּכָל־הַגּוֹיִם:

7:16 Each year he made the rounds As the prophet and judge of the People of Israel, *Shmuel* could follow *Eli*'s example and require that the people come to him. However, he does not wish to live in an ivory tower. *Shmuel* becomes a different type of leader, who goes to the people in order to meet with them, inspire and serve them. Thus, he travels to the major cities of Israel on an annual basis. He serves as a role model for future leaders who would travel throughout the land to the homes and communities of their followers to offer inspiration. This has long been the practice of Israel's chief rabbis, whose mission includes traveling throughout Israel to reach and teach the people they serve. One of the most famous examples was when Rabbi Abraham Isaac Kook and nine other prominent rabbis visited early Jewish agricultural settlements in the Galilee region in 1913–14. Many of the residents of these settlements were not religiously observant, but Rabbi Kook and his colleagues felt obligated to teach them, and show their love to them all.

Rabbi Abraham Isaac Kook (1865–1935)

6 *Shmuel* was displeased that they said "Give us a king to govern us." *Shmuel* prayed to *Hashem*,

ו וַיֵּרַע הַדָּבָר בְּעֵינֵי שְׁמוּאֵל כַּאֲשֶׁר אָמְרוּ תְּנָה־לָּנוּ מֶלֶךְ לְשָׁפְטֵנוּ וַיִּתְפַּלֵּל שְׁמוּאֵל אֶל־יְהֹוָה:

va-YAY-ra ha-da-VAR b'-ay-NAY sh'-mu-AYL ka-a-SHER a-m'-RU t'-nah LA-nu ME-lekh l'-shof-TAY-nu va-yit-pa-LAYL sh'-mu-AYL el a-do-NAI

7 and *Hashem* replied to *Shmuel*, "Heed the demand of the people in everything they say to you. For it is not you that they have rejected; it is Me they have rejected as their king.

ז וַיֹּאמֶר יְהֹוָה אֶל־שְׁמוּאֵל שְׁמַע בְּקוֹל הָעָם לְכֹל אֲשֶׁר־יֹאמְרוּ אֵלֶיךָ כִּי לֹא אֹתְךָ מָאָסוּ כִּי־אֹתִי מָאֲסוּ מִמְּלֹךְ עֲלֵיהֶם:

8 Like everything else they have done ever since I brought them out of Egypt to this day – forsaking Me and worshiping other gods – so they are doing to you.

ח כְּכָל־הַמַּעֲשִׂים אֲשֶׁר־עָשׂוּ מִיּוֹם הַעֲלֹתִי אֹתָם מִמִּצְרַיִם וְעַד־הַיּוֹם הַזֶּה וַיַּעַזְבֻנִי וַיַּעַבְדוּ אֱלֹהִים אֲחֵרִים כֵּן הֵמָּה עֹשִׂים גַּם־לָךְ:

9 Heed their demand; but warn them solemnly, and tell them about the practices of any king who will rule over them."

ט וְעַתָּה שְׁמַע בְּקוֹלָם אַךְ כִּי־הָעֵד תָּעִיד בָּהֶם וְהִגַּדְתָּ לָהֶם מִשְׁפַּט הַמֶּלֶךְ אֲשֶׁר יִמְלֹךְ עֲלֵיהֶם:

10 *Shmuel* reported all the words of *Hashem* to the people, who were asking him for a king.

י וַיֹּאמֶר שְׁמוּאֵל אֵת כָּל־דִּבְרֵי יְהֹוָה אֶל־הָעָם הַשֹּׁאֲלִים מֵאִתּוֹ מֶלֶךְ:

11 He said, "This will be the practice of the king who will rule over you: He will take your sons and appoint them as his charioteers and horsemen, and they will serve as outrunners for his chariots.

יא וַיֹּאמֶר זֶה יִהְיֶה מִשְׁפַּט הַמֶּלֶךְ אֲשֶׁר יִמְלֹךְ עֲלֵיכֶם אֶת־בְּנֵיכֶם יִקָּח וְשָׂם לוֹ בְּמֶרְכַּבְתּוֹ וּבְפָרָשָׁיו וְרָצוּ לִפְנֵי מֶרְכַּבְתּוֹ:

12 He will appoint them as his chiefs of thousands and of fifties; or they will have to plow his fields, reap his harvest, and make his weapons and the equipment for his chariots.

יב וְלָשׂוּם לוֹ שָׂרֵי אֲלָפִים וְשָׂרֵי חֲמִשִּׁים וְלַחֲרֹשׁ חֲרִישׁוֹ וְלִקְצֹר קְצִירוֹ וְלַעֲשׂוֹת כְּלֵי־מִלְחַמְתּוֹ וּכְלֵי רִכְבּוֹ:

13 He will take your daughters as perfumers, cooks, and bakers.

יג וְאֶת־בְּנוֹתֵיכֶם יִקָּח לְרַקָּחוֹת וּלְטַבָּחוֹת וּלְאֹפוֹת:

8:6 Shmuel was displeased While *Shmuel* expressed his displeasure with the people's request, it was not their actual request for a king that troubled him. In fact, the *Torah* includes a commandment requiring the people to appoint a king (Deuteronomy 17:15). The problem, *Rashi* notes, was that they wanted a king "like all the other nations" (verse 5). This request ignores the uniqueness of the People of Israel, and the unusual type of leader their king should be, a very different model than that followed by "all the other nations." Rabbi Shlomo Aviner notes that because

Men in prayer at sunset

of their request, this is exactly the kind of king they receive. King *Shaul* is a righteous individual who is very successful in uniting and organizing the people. But a king of Israel is required to be even more than that. He is to meant lift the people spiritually, to bring them closer to *Hashem* so that they can serve as a "light unto the nations" (Isaiah 42:6). King *Shaul* is unable to do this. For example, as detailed in Chapter 15, he does not completely destroy Amalek and their animals, thereby defying God's will in order to please the people. By contrast, King *David* constantly seeks to elevate the nation, even at the expense of his own honor. For example, he dances before the Holy Ark when it was brought to *Yerushalayim*, even though this conduct could be deemed unseemly for a king. Therefore, *Shaul*'s kingship is of a temporary nature, while *David*'s dynasty becomes the eternal monarchy of the Jewish People.

14 He will seize your choice fields, vineyards, and olive groves, and give them to his courtiers.

יד וְאֶת־שְׂדֽוֹתֵיכֶם וְאֶת־כַּרְמֵיכֶם וְזֵיתֵיכֶם הַטּוֹבִים יִקָּח וְנָתַן לַעֲבָדָיו:

15 He will take a tenth part of your grain and vintage and give it to his eunuchs and courtiers.

טו וְזַרְעֵיכֶם וְכַרְמֵיכֶם יַעְשֹׂר וְנָתַן לְסָרִיסָיו וְלַעֲבָדָיו:

16 He will take your male and female slaves, your choice young men, and your asses, and put them to work for him.

טז וְאֶת־עַבְדֵיכֶם וְאֶת־שִׁפְחֽוֹתֵיכֶם וְאֶת־בַּחוּרֵיכֶם הַטּוֹבִים וְאֶת־חֲמוֹרֵיכֶם יִקָּח וְעָשָׂה לִמְלַאכְתּֽוֹ:

17 He will take a tenth part of your flocks, and you shall become his slaves.

יז צֹאנְכֶם יַעְשֹׂר וְאַתֶּם תִּהְיוּ־לוֹ לַעֲבָדִֽים:

18 The day will come when you cry out because of the king whom you yourselves have chosen; and *Hashem* will not answer you on that day."

יח וּזְעַקְתֶּם בַּיּוֹם הַהוּא מִלִּפְנֵי מַלְכְּכֶם אֲשֶׁר בְּחַרְתֶּם לָכֶם וְלֹא־יַעֲנֶה יְהֹוָה אֶתְכֶם בַּיּוֹם הַהֽוּא:

19 But the people would not listen to *Shmuel's* warning. "No," they said. "We must have a king over us,

יט וַיְמָאֲנוּ הָעָם לִשְׁמֹעַ בְּקוֹל שְׁמוּאֵל וַיֹּאמְרוּ לֹא כִּי אִם־מֶלֶךְ יִהְיֶה עָלֵֽינוּ:

20 that we may be like all the other nations: Let our king rule over us and go out at our head and fight our battles."

כ וְהָיִינוּ גַם־אֲנַחְנוּ כְּכָל־הַגּוֹיִם וּשְׁפָטָנוּ מַלְכֵּנוּ וְיָצָא לְפָנֵינוּ וְנִלְחַם אֶת־מִלְחֲמֹתֵֽנוּ:

21 When *Shmuel* heard all that the people said, he reported it to *Hashem.*

כא וַיִּשְׁמַע שְׁמוּאֵל אֵת כָּל־דִּבְרֵי הָעָם וַיְדַבְּרֵם בְּאָזְנֵי יְהֹוָֽה:

22 And *Hashem* said to *Shmuel,* "Heed their demands and appoint a king for them." *Shmuel* then said to the men of *Yisrael,* "All of you go home."

כב וַיֹּאמֶר יְהֹוָה אֶל־שְׁמוּאֵל שְׁמַע בְּקוֹלָם וְהִמְלַכְתָּ לָהֶם מֶלֶךְ וַיֹּאמֶר שְׁמוּאֵל אֶל־אַנְשֵׁי יִשְׂרָאֵל לְכוּ אִישׁ לְעִירֽוֹ:

9 1 There was a man of *Binyamin* whose name was *Keesh* son of Abiel son of Zeror son of Becorath son of Aphiah, a *Binyaminite,* a man of substance.

ט א וַיְהִי־אִישׁ מבן־ימין [מִבִּנְיָמִין] וּשְׁמוֹ קִישׁ בֶּן־אֲבִיאֵל בֶּן־צְרוֹר בֶּן־בְּכוֹרַת בֶּן־אֲפִיחַ בֶּן־אִישׁ יְמִינִי גִּבּוֹר חָֽיִל:

2 He had a son whose name was *Shaul,* an excellent young man; no one among the Israelites was handsomer than he; he was a head taller than any of the people.

ב וְלוֹ־הָיָה בֵן וּשְׁמוֹ שָׁאוּל בָּחוּר וָטוֹב וְאֵין אִישׁ מִבְּנֵי יִשְׂרָאֵל טוֹב מִמֶּנּוּ מִשִּׁכְמוֹ וָמַעְלָה גָּבֹהַּ מִכָּל־הָעָֽם:

3 Once the asses of *Shaul's* father *Keesh* went astray, and *Keesh* said to his son *Shaul,* "Take along one of the servants and go out and look for the asses."

ג וַתֹּאבַדְנָה הָאֲתֹנוֹת לְקִישׁ אֲבִי שָׁאוּל וַיֹּאמֶר קִישׁ אֶל־שָׁאוּל בְּנוֹ קַח־נָא אִתְּךָ אֶת־אַחַד מֵהַנְּעָרִים וְקוּם לֵךְ בַּקֵּשׁ אֶת־הָאֲתֹנֹֽת:

4 He passed into the hill country of *Efraim.* He crossed the district of Shalishah, but they did not find them. They passed through the district of Shaalim, but they were not there. They traversed the [entire] territory of *Binyamin,* and still they did not find them.

ד וַיַּעֲבֹר בְּהַר־אֶפְרַיִם וַיַּעֲבֹר בְּאֶרֶץ־שָׁלִשָׁה וְלֹא מָצָאוּ וַיַּעַבְרוּ בְאֶרֶץ־שַׁעֲלִים וָאַיִן וַיַּעֲבֹר בְּאֶרֶץ־יְמִינִי וְלֹא מָצָֽאוּ:

5 When they reached the district of Zuph, *Shaul* said to the servant who was with him, "Let us turn back, or my father will stop worrying about the asses and begin to worry about us."

ה הֵמָּה בָּאוּ בְּאֶרֶץ צוּף וְשָׁאוּל אָמַר לְנַעֲרוֹ אֲשֶׁר־עִמּוֹ לְכָה וְנָשׁוּבָה פֶּן־יֶחְדַּל אָבִי מִן־הָאֲתֹנוֹת וְדָאַג לָֽנוּ:

6 But he replied, "There is a man of *Hashem* in that town, and the man is highly esteemed; everything that he says comes true. Let us go there; perhaps he will tell us about the errand on which we set out."

ו וַיֹּאמֶר לוֹ הִנֵּה־נָא אִישׁ־אֱלֹהִים בָּעִיר הַזֹּאת וְהָאִישׁ נִכְבָּד כֹּל אֲשֶׁר־יְדַבֵּר בּוֹא יָבוֹא עַתָּה נֵלֲכָה שָּׁם אוּלַי יַגִּיד לָנוּ אֶת־דַּרְכֵּנוּ אֲשֶׁר־הָלַכְנוּ עָלֶיהָ׃

7 "But if we go," *Shaul* said to his servant, "what can we bring the man? For the food in our bags is all gone, and there is nothing we can bring to the man of *Hashem* as a present. What have we got?"

ז וַיֹּאמֶר שָׁאוּל לְנַעֲרוֹ וְהִנֵּה נֵלֵךְ וּמַה־נָּבִיא לָאִישׁ כִּי הַלֶּחֶם אָזַל מִכֵּלֵינוּ וּתְשׁוּרָה אֵין־לְהָבִיא לְאִישׁ הָאֱלֹהִים מָה אִתָּנוּ׃

8 The servant answered *Shaul* again, "I happen to have a quarter-*shekel* of silver. I can give that to the man of *Hashem* and he will tell us about our errand." –

ח וַיֹּסֶף הַנַּעַר לַעֲנוֹת אֶת־שָׁאוּל וַיֹּאמֶר הִנֵּה נִמְצָא בְיָדִי רֶבַע שֶׁקֶל כָּסֶף וְנָתַתִּי לְאִישׁ הָאֱלֹהִים וְהִגִּיד לָנוּ אֶת־דַּרְכֵּנוּ׃

9 Formerly in *Yisrael*, when a man went to inquire of *Hashem*, he would say, "Come, let us go to the seer," for the *Navi* of today was formerly called a seer. –

ט לְפָנִים בְּיִשְׂרָאֵל כֹּה־אָמַר הָאִישׁ בְּלֶכְתּוֹ לִדְרוֹשׁ אֱלֹהִים לְכוּ וְנֵלְכָה עַד־הָרֹאֶה כִּי לַנָּבִיא הַיּוֹם יִקָּרֵא לְפָנִים הָרֹאֶה׃

10 *Shaul* said to his servant, "A good idea; let us go." And they went to the town where the man of *Hashem* lived.

י וַיֹּאמֶר שָׁאוּל לְנַעֲרוֹ טוֹב דְּבָרְךָ לְכָה נֵלֵכָה וַיֵּלְכוּ אֶל־הָעִיר אֲשֶׁר־שָׁם אִישׁ הָאֱלֹהִים׃

11 As they were climbing the ascent to the town, they met some girls coming out to draw water, and they asked them, "Is the seer in town?"

יא הֵמָּה עֹלִים בְּמַעֲלֵה הָעִיר וְהֵמָּה מָצְאוּ נְעָרוֹת יֹצְאוֹת לִשְׁאֹב מָיִם וַיֹּאמְרוּ לָהֶן הֲיֵשׁ בָּזֶה הָרֹאֶה׃

12 "Yes," they replied. "He is up there ahead of you. Hurry, for he has just come to the town because the people have a sacrifice at the shrine today.

יב וַתַּעֲנֶינָה אוֹתָם וַתֹּאמַרְנָה יֵּשׁ הִנֵּה לְפָנֶיךָ מַהֵר עַתָּה כִּי הַיּוֹם בָּא לָעִיר כִּי זֶבַח הַיּוֹם לָעָם בַּבָּמָה׃

13 As soon as you enter the town, you will find him before he goes up to the shrine to eat; the people will not eat until he comes; for he must first bless the sacrifice and only then will the guests eat. Go up at once, for you will find him right away."

יג כְּבֹאֲכֶם הָעִיר כֵּן תִּמְצְאוּן אֹתוֹ בְּטֶרֶם יַעֲלֶה הַבָּמָתָה לֶאֱכֹל כִּי לֹא־יֹאכַל הָעָם עַד־בֹּאוֹ כִּי־הוּא יְבָרֵךְ הַזֶּבַח אַחֲרֵי־כֵן יֹאכְלוּ הַקְּרֻאִים וְעַתָּה עֲלוּ כִּי־אֹתוֹ כְהַיּוֹם תִּמְצְאוּן אֹתוֹ׃

k'-vo-a-KHEM ha-EER KAYN tim-tz'-UN o-TO b'-TE-rem ya-a-LEH ha-ba-MA-tah le-e-KHOL KEE lo yo-KHAL ha-AM ad bo-O kee HU y'-va-RAYKH ha-ZE-vakh a-kha-ray KHAYN yo-kh'-LU ha-k'-ru-EEM v'-a-TAH a-LU kee o-TO kh'-ha-YOM tim-tz'-UN o-TO

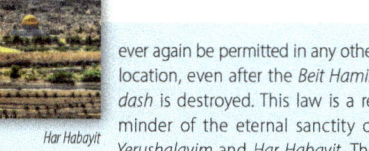

Har Habayit

9:13 for he must first bless the sacrifice *Rashi* notes that since the *Mishkan* at *Shilo* lies in ruins, the People of Israel are allowed to offer sacrifices to *Hashem* in other places. However, once the *Beit Hamikdash* would be established in *Yerushalayim*, no further sacrifices would ever again be permitted in any other location, even after the *Beit Hamikdash* is destroyed. This law is a reminder of the eternal sanctity of *Yerushalayim* and *Har Habayit*. The holiness of *Har Habayit* is everlasting, and one day, the third Temple will be built there.

14 So they went up to the town; and as they were entering the town, *Shmuel* came out toward them, on his way up to the shrine.

יד וַיַּעֲלוּ הָעִיר הֵמָּה בָּאִים בְּתוֹךְ הָעִיר
וְהִנֵּה שְׁמוּאֵל יֹצֵא לִקְרָאתָם לַעֲלוֹת
הַבָּמָה׃

15 Now the day before *Shaul* came, *Hashem* had revealed the following to *Shmuel*:

טו וַיהוָה גָּלָה אֶת־אֹזֶן שְׁמוּאֵל יוֹם אֶחָד
לִפְנֵי בוֹא־שָׁאוּל לֵאמֹר׃

16 "At this time tomorrow, I will send a man to you from the territory of *Binyamin*, and you shall anoint him ruler of My people *Yisrael*. He will deliver My people from the hands of the Philistines; for I have taken note of My people, their outcry has come to Me."

טז כָּעֵת מָחָר אֶשְׁלַח אֵלֶיךָ אִישׁ מֵאֶרֶץ
בִּנְיָמִן וּמְשַׁחְתּוֹ לְנָגִיד עַל־עַמִּי יִשְׂרָאֵל
וְהוֹשִׁיעַ אֶת־עַמִּי מִיַּד פְּלִשְׁתִּים כִּי
רָאִיתִי אֶת־עַמִּי כִּי בָּאָה צַעֲקָתוֹ אֵלָי׃

17 As soon as *Shmuel* saw *Shaul*, *Hashem* declared to him, "This is the man that I told you would govern My people."

יז וּשְׁמוּאֵל רָאָה אֶת־שָׁאוּל וַיהוָה עָנָהוּ
הִנֵּה הָאִישׁ אֲשֶׁר אָמַרְתִּי אֵלֶיךָ זֶה
יַעְצֹר בְּעַמִּי׃

18 *Shaul* approached *Shmuel* inside the gate and said to him, "Tell me, please, where is the house of the seer?"

יח וַיִּגַּשׁ שָׁאוּל אֶת־שְׁמוּאֵל בְּתוֹךְ הַשָּׁעַר
וַיֹּאמֶר הַגִּידָה־נָּא לִי אֵי־זֶה בֵּית הָרֹאֶה׃

19 And *Shmuel* answered *Shaul*, "I am the seer. Go up ahead of me to the shrine, for you shall eat with me today; and in the morning I will let you go, after telling you whatever may be on your mind.

יט וַיַּעַן שְׁמוּאֵל אֶת־שָׁאוּל וַיֹּאמֶר אָנֹכִי
הָרֹאֶה עֲלֵה לְפָנַי הַבָּמָה וַאֲכַלְתֶּם עִמִּי
הַיּוֹם וְשִׁלַּחְתִּיךָ בַבֹּקֶר וְכֹל אֲשֶׁר בִּלְבָבְךָ
אַגִּיד לָךְ׃

20 As for your asses that strayed three days ago, do not concern yourself about them, for they have been found. And for whom is all *Yisrael* yearning, if not for you and all your ancestral house?"

כ וְלָאֲתֹנוֹת הָאֹבְדוֹת לְךָ הַיּוֹם שְׁלֹשֶׁת
הַיָּמִים אַל־תָּשֶׂם אֶת־לִבְּךָ לָהֶם כִּי
נִמְצָאוּ וּלְמִי כָּל־חֶמְדַּת יִשְׂרָאֵל הֲלוֹא
לְךָ וּלְכֹל בֵּית אָבִיךָ׃

21 *Shaul* replied, "But I am only a *Binyamin*ite, from the smallest of the tribes of *Yisrael*, and my clan is the least of all the clans of the tribe of *Binyamin*! Why do you say such things to me?"

כא וַיַּעַן שָׁאוּל וַיֹּאמֶר הֲלוֹא בֶן־יְמִינִי
אָנֹכִי מִקַּטַנֵּי שִׁבְטֵי יִשְׂרָאֵל וּמִשְׁפַּחְתִּי
הַצְּעִרָה מִכָּל־מִשְׁפְּחוֹת שִׁבְטֵי בִנְיָמִן
וְלָמָּה דִּבַּרְתָּ אֵלַי כַּדָּבָר הַזֶּה׃

22 *Shmuel* took *Shaul* and his servant and brought them into the hall, and gave them a place at the head of the guests, who numbered about thirty.

כב וַיִּקַּח שְׁמוּאֵל אֶת־שָׁאוּל וְאֶת־נַעֲרוֹ
וַיְבִיאֵם לִשְׁכָּתָה וַיִּתֵּן לָהֶם מָקוֹם
בְּרֹאשׁ הַקְּרוּאִים וְהֵמָּה כִּשְׁלֹשִׁים אִישׁ׃

23 And *Shmuel* said to the cook, "Bring the portion which I gave you and told you to set aside."

כג וַיֹּאמֶר שְׁמוּאֵל לַטַּבָּח תְּנָה אֶת־הַמָּנָה
אֲשֶׁר נָתַתִּי לָךְ אֲשֶׁר אָמַרְתִּי אֵלֶיךָ שִׂים
אֹתָהּ עִמָּךְ׃

24 The cook lifted up the thigh and what was on it, and set it before *Shaul*. And [*Shmuel*] said, "What has been reserved is set before you. Eat; it has been kept for you for this occasion, when I said I was inviting the people." So *Shaul* ate with *Shmuel* that day.

כד וַיָּרֶם הַטַּבָּח אֶת־הַשּׁוֹק וְהֶעָלֶיהָ וַיָּשֶׂם
לִפְנֵי שָׁאוּל וַיֹּאמֶר הִנֵּה הַנִּשְׁאָר שִׂים־
לְפָנֶיךָ אֱכֹל כִּי לַמּוֹעֵד שָׁמוּר־לְךָ לֵאמֹר
הָעָם קָרָאתִי וַיֹּאכַל שָׁאוּל עִם־שְׁמוּאֵל
בַּיּוֹם הַהוּא׃

25 They then descended from the shrine to the town, and [*Shmuel*] talked with *Shaul* on the roof.

כה וַיֵּרְדוּ מֵהַבָּמָה הָעִיר וַיְדַבֵּר עִם־שָׁאוּל
עַל־הַגָּג׃

26 Early, at the break of day, *Shmuel* called to *Shaul* on the roof. He said, "Get up, and I will send you off." *Shaul* arose, and the two of them, *Shmuel* and he, went outside.

כו וַיַּשְׁכִּמוּ וַיְהִי כַּעֲלוֹת הַשַּׁחַר וַיִּקְרָא שְׁמוּאֵל אֶל־שָׁאוּל הגג [הַגָּגָה] לֵאמֹר קוּמָה וַאֲשַׁלְּחֶךָּ וַיָּקָם שָׁאוּל וַיֵּצְאוּ שְׁנֵיהֶם הוּא וּשְׁמוּאֵל הַחוּצָה:

27 As they were walking toward the end of the town, *Shmuel* said to *Shaul*, "Tell the servant to walk ahead of us" – and he walked ahead – "but you stop here a moment and I will make known to you the word of *Hashem*."

כז הֵמָּה יוֹרְדִים בִּקְצֵה הָעִיר וּשְׁמוּאֵל אָמַר אֶל־שָׁאוּל אֱמֹר לַנַּעַר וְיַעֲבֹר לְפָנֵינוּ וַיַּעֲבֹר וְאַתָּה עֲמֹד כַּיּוֹם וְאַשְׁמִיעֲךָ אֶת־דְּבַר אֱלֹהִים:

10 1 *Shmuel* took a flask of oil and poured some on *Shaul*'s head and kissed him, and said, "*Hashem* herewith anoints you ruler over His own people.

י א וַיִּקַּח שְׁמוּאֵל אֶת־פַּךְ הַשֶּׁמֶן וַיִּצֹק עַל־רֹאשׁוֹ וַיִּשָּׁקֵהוּ וַיֹּאמֶר הֲלוֹא כִּי־מְשָׁחֲךָ יְהֹוָה עַל־נַחֲלָתוֹ לְנָגִיד:

2 When you leave me today, you will meet two men near the tomb of *Rachel* in the territory of *Binyamin*, at Zelzah, and they will tell you that the asses you set out to look for have been found, and that your father has stopped being concerned about the asses and is worrying about you, saying: 'What shall I do about my son?'

ב בְּלֶכְתְּךָ הַיּוֹם מֵעִמָּדִי וּמָצָאתָ שְׁנֵי אֲנָשִׁים עִם־קְבֻרַת רָחֵל בִּגְבוּל בִּנְיָמִן בְּצֶלְצַח וְאָמְרוּ אֵלֶיךָ נִמְצְאוּ הָאֲתֹנוֹת אֲשֶׁר הָלַכְתָּ לְבַקֵּשׁ וְהִנֵּה נָטַשׁ אָבִיךָ אֶת־דִּבְרֵי הָאֲתֹנוֹת וְדָאַג לָכֶם לֵאמֹר מָה אֶעֱשֶׂה לִבְנִי:

b'-lekh-t'-KHA ha-YOM may-i-ma-DEE u-ma-TZA-ta sh'-NAY
a-na-SHEEM im k'-vu-RAT ra-KHAYL big-VUL bin-ya-MIN
b'-tzel-TZAKH v'-a-m'-RU ay-LE-kha nim-tz'-U ha-a-to-NOT a-SHER
ha-LAKH-ta l'-va-KAYSH v'-hi-NAY na-TASH a-VEE-kha et div-RAY
ha-a-to-NOT v'-da-AG la-KHEM lay-MOR MAH e-e-SEH liv-NEE

3 You shall pass on from there until you come to the terebinth of *Tavor*. There you will be met by three men making a pilgrimage to *Hashem* at *Beit El*. One will be carrying three kids, another will be carrying three loaves of bread, and the third will be carrying a jar of wine.

ג וְחָלַפְתָּ מִשָּׁם וָהָלְאָה וּבָאתָ עַד־אֵלוֹן תָּבוֹר וּמְצָאוּךָ שָּׁם שְׁלֹשָׁה אֲנָשִׁים עֹלִים אֶל־הָאֱלֹהִים בֵּית־אֵל אֶחָד נֹשֵׂא שְׁלֹשָׁה גְדָיִים וְאֶחָד נֹשֵׂא שְׁלֹשֶׁת כִּכְּרוֹת לֶחֶם וְאֶחָד נֹשֵׂא נֵבֶל־יָיִן:

4 They will greet you and offer you two loaves of bread, which you shall accept.

ד וְשָׁאֲלוּ לְךָ לְשָׁלוֹם וְנָתְנוּ לְךָ שְׁתֵּי־לֶחֶם וְלָקַחְתָּ מִיָּדָם:

Rachel's Tomb in Beit Lechem

10:2 You will meet two men near the tomb of *Rachel* Already in biblical times, the tomb of *Rachel* was a well-known landmark for the Israelites. Ever since *Yaakov* buried his beloved wife *Rachel* (Genesis 35:19), the Children of Israel have prayed at this holy site. According to the Sages, *Yosef* stopped to pray at his mother's grave on his way down to Egypt, and when the Children of Israel were exiled from the land, they also passed by *Rachel*'s tomb and she cried to God on their behalf, saving them from complete destruction. During the period of Turkish rule over the Land of Israel, Sir Moses Montefiore renovated the tomb and constructed the domed building that covers the site in Bethlehem until today. *Rachel*'s Tomb was one of the holy places liberated by Israel in the Six Day War, and is again a site of prayer for the Jewish people.

ה אַחַר כֵּן תָּבוֹא גִּבְעַת הָאֱלֹהִים אֲשֶׁר־
שָׁם נְצִבֵי פְלִשְׁתִּים וִיהִי כְבֹאֲךָ שָׁם
הָעִיר וּפָגַעְתָּ חֶבֶל נְבִיאִים יֹרְדִים
מֵהַבָּמָה וְלִפְנֵיהֶם נֵבֶל וְתֹף וְחָלִיל וְכִנּוֹר
וְהֵמָּה מִתְנַבְּאִים:

ו וְצָלְחָה עָלֶיךָ רוּחַ יְהֹוָה וְהִתְנַבִּיתָ עִמָּם
וְנֶהְפַּכְתָּ לְאִישׁ אַחֵר:

ז וְהָיָה כִּי תבאינה [תָבֹאנָה] הָאֹתוֹת
הָאֵלֶּה לָךְ עֲשֵׂה לְךָ אֲשֶׁר תִּמְצָא יָדֶךָ כִּי
הָאֱלֹהִים עִמָּךְ:

ח וְיָרַדְתָּ לְפָנַי הַגִּלְגָּל וְהִנֵּה אָנֹכִי יֹרֵד
אֵלֶיךָ לְהַעֲלוֹת עֹלוֹת לִזְבֹּחַ זִבְחֵי
שְׁלָמִים שִׁבְעַת יָמִים תּוֹחֵל עַד־בּוֹאִי
אֵלֶיךָ וְהוֹדַעְתִּי לְךָ אֵת אֲשֶׁר תַּעֲשֶׂה:

ט וְהָיָה כְּהַפְנֹתוֹ שִׁכְמוֹ לָלֶכֶת מֵעִם
שְׁמוּאֵל וַיַּהֲפָךְ־לוֹ אֱלֹהִים לֵב אַחֵר
וַיָּבֹאוּ כָּל־הָאֹתוֹת הָאֵלֶּה בַּיּוֹם הַהוּא:

י וַיָּבֹאוּ שָׁם הַגִּבְעָתָה וְהִנֵּה חֶבֶל־נְבִאִים
לִקְרָאתוֹ וַתִּצְלַח עָלָיו רוּחַ אֱלֹהִים
וַיִּתְנַבֵּא בְּתוֹכָם:

יא וַיְהִי כָּל־יוֹדְעוֹ מֵאִתְּמוֹל שִׁלְשׁוֹם וַיִּרְאוּ
וְהִנֵּה עִם־נְבִאִים נִבָּא וַיֹּאמֶר הָעָם אִישׁ
אֶל־רֵעֵהוּ מַה־זֶּה הָיָה לְבֶן־קִישׁ הֲגַם
שָׁאוּל בַּנְּבִיאִים:

יב וַיַּעַן אִישׁ מִשָּׁם וַיֹּאמֶר וּמִי אֲבִיהֶם עַל־
כֵּן הָיְתָה לְמָשָׁל הֲגַם שָׁאוּל בַּנְּבִאִים:

יג וַיְכַל מֵהִתְנַבּוֹת וַיָּבֹא הַבָּמָה:

יד וַיֹּאמֶר דּוֹד שָׁאוּל אֵלָיו וְאֶל־נַעֲרוֹ אָן
הֲלַכְתֶּם וַיֹּאמֶר לְבַקֵּשׁ אֶת־הָאֲתֹנוֹת
וַנִּרְאֶה כִי־אַיִן וַנָּבוֹא אֶל־שְׁמוּאֵל:

טו וַיֹּאמֶר דּוֹד שָׁאוּל הַגִּידָה־נָּא לִי מָה־
אָמַר לָכֶם שְׁמוּאֵל:

טז וַיֹּאמֶר שָׁאוּל אֶל־דּוֹדוֹ הַגֵּד הִגִּיד לָנוּ
כִּי נִמְצְאוּ הָאֲתֹנוֹת וְאֶת־דְּבַר הַמְּלוּכָה
לֹא־הִגִּיד לוֹ אֲשֶׁר אָמַר שְׁמוּאֵל:

5 After that, you are to go on to the Hill of *Hashem*, where the Philistine prefects reside. There, as you enter the town, you will encounter a band of *Neviim* coming down from the shrine, preceded by lyres, timbrels, flutes, and harps, and they will be speaking in ecstasy.

6 The spirit of *Hashem* will grip you, and you will speak in ecstasy along with them; you will become another man.

7 And once these signs have happened to you, act when the occasion arises, for *Hashem* is with you.

8 After that, you are to go down to *Gilgal* ahead of me, and I will come down to you to present burnt offerings and offer sacrifices of well-being. Wait seven days until I come to you and instruct you what you are to do next."

9 As [*Shaul*] turned around to leave *Shmuel*, *Hashem* gave him another heart; and all those signs were fulfilled that same day.

10 And when they came there, to the Hill, he saw a band of *Neviim* coming toward him. Thereupon the spirit of *Hashem* gripped him, and he spoke in ecstasy among them.

11 When all who knew him previously saw him speaking in ecstasy together with the *Neviim*, the people said to one another, "What's happened to the son of *Keesh*? Is *Shaul* too among the *Neviim*?"

12 But another person there spoke up and said, "And who are their fathers?" Thus the proverb arose: "Is *Shaul* too among the *Neviim*?"

13 And when he stopped speaking in ecstasy, he entered the shrine.

14 *Shaul*'s uncle asked him and his servant, "Where did you go?" "To look for the asses," he replied. "And when we saw that they were not to be found, we went to *Shmuel*."

15 "Tell me," said *Shaul*'s uncle, "what did *Shmuel* say to you?"

16 *Shaul* answered his uncle, "He just told us that the asses had been found." But he did not tell him anything of what *Shmuel* had said about the kingship.

17 *Shmuel* summoned the people to *Hashem* at *Mitzpa*

יז וַיַּצְעֵק שְׁמוּאֵל אֶת־הָעָם אֶל־יְהֹוָה הַמִּצְפָּה׃

18 and said to them, "Thus said *Hashem*, the God of *Yisrael*: 'I brought *Yisrael* out of Egypt, and I delivered you from the hands of the Egyptians and of all the kingdoms that oppressed you.'

יח וַיֹּאמֶר אֶל־בְּנֵי יִשְׂרָאֵל כֹּה־אָמַר יְהֹוָה אֱלֹהֵי יִשְׂרָאֵל אָנֹכִי הֶעֱלֵיתִי אֶת־יִשְׂרָאֵל מִמִּצְרָיִם וָאַצִּיל אֶתְכֶם מִיַּד מִצְרַיִם וּמִיַּד כָּל־הַמַּמְלָכוֹת הַלֹּחֲצִים אֶתְכֶם׃

19 But today you have rejected your God who delivered you from all your troubles and calamities. For you said, 'No, set up a king over us!' Now station yourselves before *Hashem*, by your tribes and clans."

יט וְאַתֶּם הַיּוֹם מְאַסְתֶּם אֶת־אֱלֹהֵיכֶם אֲשֶׁר־הוּא מוֹשִׁיעַ לָכֶם מִכָּל־רָעוֹתֵיכֶם וְצָרֹתֵיכֶם וַתֹּאמְרוּ לוֹ כִּי־מֶלֶךְ תָּשִׂים עָלֵינוּ וְעַתָּה הִתְיַצְּבוּ לִפְנֵי יְהֹוָה לְשִׁבְטֵיכֶם וּלְאַלְפֵיכֶם׃

20 *Shmuel* brought forward each of the tribes of *Yisrael*, and the lot indicated the tribe of *Binyamin*.

כ וַיַּקְרֵב שְׁמוּאֵל אֵת כָּל־שִׁבְטֵי יִשְׂרָאֵל וַיִּלָּכֵד שֵׁבֶט בִּנְיָמִן׃

21 Then *Shmuel* brought forward the tribe of *Binyamin* by its clans, and the clan of the Matrites was indicated; and then *Shaul* son of *Keesh* was indicated. But when they looked for him, he was not to be found.

כא וַיַּקְרֵב אֶת־שֵׁבֶט בִּנְיָמִן למשפחתו [לְמִשְׁפְּחֹתָיו] וַתִּלָּכֵד מִשְׁפַּחַת הַמַּטְרִי וַיִּלָּכֵד שָׁאוּל בֶּן־קִישׁ וַיְבַקְשֻׁהוּ וְלֹא נִמְצָא׃

22 They inquired of *Hashem* again, "Has anyone else come here?" And *Hashem* replied, "Yes; he is hiding among the baggage."

כב וַיִּשְׁאֲלוּ־עוֹד בַּיהֹוָה הֲבָא עוֹד הֲלֹם אִישׁ וַיֹּאמֶר יְהֹוָה הִנֵּה־הוּא נֶחְבָּא אֶל־הַכֵּלִים׃

23 So they ran over and brought him from there; and when he took his place among the people, he stood a head taller than all the people.

כג וַיָּרֻצוּ וַיִּקָּחֻהוּ מִשָּׁם וַיִּתְיַצֵּב בְּתוֹךְ הָעָם וַיִּגְבַּהּ מִכָּל־הָעָם מִשִּׁכְמוֹ וָמָעְלָה׃

24 And *Shmuel* said to the people, "Do you see the one whom *Hashem* has chosen? There is none like him among all the people." And all the people acclaimed him, shouting, "Long live the king!"

כד וַיֹּאמֶר שְׁמוּאֵל אֶל־כָּל־הָעָם הַרְּאִיתֶם אֲשֶׁר בָּחַר־בּוֹ יְהֹוָה כִּי אֵין כָּמֹהוּ בְּכָל־הָעָם וַיָּרִעוּ כָל־הָעָם וַיֹּאמְרוּ יְחִי הַמֶּלֶךְ׃

25 *Shmuel* expounded to the people the rules of the monarchy, and recorded them in a document which he deposited before *Hashem*. *Shmuel* then sent the people back to their homes.

כה וַיְדַבֵּר שְׁמוּאֵל אֶל־הָעָם אֵת מִשְׁפַּט הַמְּלֻכָה וַיִּכְתֹּב בַּסֵּפֶר וַיַּנַּח לִפְנֵי יְהֹוָה וַיְשַׁלַּח שְׁמוּאֵל אֶת־כָּל־הָעָם אִישׁ לְבֵיתוֹ׃

26 *Shaul* also went home to *Giva*, accompanied by upstanding men whose hearts *Hashem* had touched.

כו וְגַם־שָׁאוּל הָלַךְ לְבֵיתוֹ גִּבְעָתָה וַיֵּלְכוּ עִמּוֹ הַחַיִל אֲשֶׁר־נָגַע אֱלֹהִים בְּלִבָּם׃

27 But some scoundrels said, "How can this fellow save us?" So they scorned him and brought him no gift. But he pretended not to mind.

כז וּבְנֵי בְלִיַּעַל אָמְרוּ מַה־יֹּשִׁעֵנוּ זֶה וַיִּבְזֻהוּ וְלֹא־הֵבִיאוּ לוֹ מִנְחָה וַיְהִי כְּמַחֲרִישׁ׃

11

1 Nahash the Ammonite marched up and besieged Jabesh-gilead. All the men of Jabesh-gilead said to Nahash, "Make a pact with us, and we will serve you."

יא

א וַיַּעַל נָחָשׁ הָעַמּוֹנִי וַיִּחַן עַל־יָבֵשׁ גִּלְעָד וַיֹּאמְרוּ כָּל־אַנְשֵׁי יָבֵישׁ אֶל־נָחָשׁ כְּרָת־לָנוּ בְרִית וְנַעַבְדֶךָּ׃

2 But Nahash the Ammonite answered them, "I will make a pact with you on this condition, that everyone's right eye be gouged out; I will make this a humiliation for all *Yisrael*."

ב וַיֹּאמֶר אֲלֵיהֶם נָחָשׁ הָעַמּוֹנִי בְּזֹאת אֶכְרֹת לָכֶם בִּנְקוֹר לָכֶם כָּל־עֵין יָמִין וְשַׂמְתִּיהָ חֶרְפָּה עַל־כָּל־יִשְׂרָאֵל׃

3 The elders of Jabesh said to him, "Give us seven days' respite, so that we may send messengers throughout the territory of *Yisrael*; if no one comes to our aid, we will surrender to you."

ג וַיֹּאמְרוּ אֵלָיו זִקְנֵי יָבֵישׁ הֶרֶף לָנוּ שִׁבְעַת יָמִים וְנִשְׁלְחָה מַלְאָכִים בְּכֹל גְּבוּל יִשְׂרָאֵל וְאִם־אֵין מוֹשִׁיעַ אֹתָנוּ וְיָצָאנוּ אֵלֶיךָ׃

4 When the messengers came to *Giva* of *Shaul* and gave this report in the hearing of the people, all the people broke into weeping.

ד וַיָּבֹאוּ הַמַּלְאָכִים גִּבְעַת שָׁאוּל וַיְדַבְּרוּ הַדְּבָרִים בְּאָזְנֵי הָעָם וַיִּשְׂאוּ כָל־הָעָם אֶת־קוֹלָם וַיִּבְכּוּ׃

5 *Shaul* was just coming from the field driving the cattle; and *Shaul* asked, "Why are the people crying?" And they told him about the situation of the men of Jabesh.

ה וְהִנֵּה שָׁאוּל בָּא אַחֲרֵי הַבָּקָר מִן־הַשָּׂדֶה וַיֹּאמֶר שָׁאוּל מַה־לָּעָם כִּי יִבְכּוּ וַיְסַפְּרוּ־לוֹ אֶת־דִּבְרֵי אַנְשֵׁי יָבֵישׁ׃

6 When he heard these things, the spirit of *Hashem* gripped *Shaul* and his anger blazed up.

ו וַתִּצְלַח רוּחַ־אֱלֹהִים עַל־שָׁאוּל בשמעו [כְּשָׁמְעוֹ] אֶת־הַדְּבָרִים הָאֵלֶּה וַיִּחַר אַפּוֹ מְאֹד׃

7 He took a yoke of oxen and cut them into pieces, which he sent by messengers throughout the territory of *Yisrael*, with the warning, "Thus shall be done to the cattle of anyone who does not follow *Shaul* and *Shmuel* into battle!" Terror from *Hashem* fell upon the people, and they came out as one man.

ז וַיִּקַּח צֶמֶד בָּקָר וַיְנַתְּחֵהוּ וַיְשַׁלַּח בְּכָל־גְּבוּל יִשְׂרָאֵל בְּיַד הַמַּלְאָכִים לֵאמֹר אֲשֶׁר אֵינֶנּוּ יֹצֵא אַחֲרֵי שָׁאוּל וְאַחַר שְׁמוּאֵל כֹּה יֵעָשֶׂה לִבְקָרוֹ וַיִּפֹּל פַּחַד־יְהֹוָה עַל־הָעָם וַיֵּצְאוּ כְּאִישׁ אֶחָד׃

8 [*Shaul*] mustered them in Bezek, and the Israelites numbered 300,000, the men of *Yehuda* 30,000.

ח וַיִּפְקְדֵם בְּבָזֶק וַיִּהְיוּ בְנֵי־יִשְׂרָאֵל שְׁלֹשׁ מֵאוֹת אֶלֶף וְאִישׁ יְהוּדָה שְׁלֹשִׁים אָלֶף׃

9 The messengers who had come were told, "Thus shall you speak to the men of Jabesh-gilead: Tomorrow, when the sun grows hot, you shall be saved." When the messengers came and told this to the men of Jabesh-gilead, they rejoiced.

ט וַיֹּאמְרוּ לַמַּלְאָכִים הַבָּאִים כֹּה תֹאמְרוּן לְאִישׁ יָבֵישׁ גִּלְעָד מָחָר תִּהְיֶה־לָכֶם תְּשׁוּעָה בחם [כְּחֹם] הַשָּׁמֶשׁ וַיָּבֹאוּ הַמַּלְאָכִים וַיַּגִּידוּ לְאַנְשֵׁי יָבֵישׁ וַיִּשְׂמָחוּ׃

10 The men of Jabesh then told [the Ammonites], "Tomorrow we will surrender to you, and you can do to us whatever you please."

י וַיֹּאמְרוּ אַנְשֵׁי יָבֵישׁ מָחָר נֵצֵא אֲלֵיכֶם וַעֲשִׂיתֶם לָּנוּ כְּכָל־הַטּוֹב בְּעֵינֵיכֶם׃

11 The next day, *Shaul* divided the troops into three columns; at the morning watch they entered the camp and struck down the Ammonites until the day grew hot. The survivors scattered; no two were left together.

יא וַיְהִי מִמָּחֳרָת וַיָּשֶׂם שָׁאוּל אֶת־הָעָם שְׁלֹשָׁה רָאשִׁים וַיָּבֹאוּ בְתוֹךְ־הַמַּחֲנֶה בְּאַשְׁמֹרֶת הַבֹּקֶר וַיַּכּוּ אֶת־עַמּוֹן עַד־חֹם הַיּוֹם וַיְהִי הַנִּשְׁאָרִים וַיָּפֻצוּ וְלֹא נִשְׁאֲרוּ־בָם שְׁנַיִם יָחַד׃

12 The people then said to *Shmuel*, "Who was it said, 'Shall *Shaul* be king over us?' Hand the men over and we will put them to death!"

יב וַיֹּאמֶר הָעָם אֶל־שְׁמוּאֵל מִי הָאֹמֵר שָׁאוּל יִמְלֹךְ עָלֵינוּ תְּנוּ הָאֲנָשִׁים וּנְמִיתֵם׃

13 But *Shaul* replied, "No man shall be put to death this day! For this day *Hashem* has brought victory to *Yisrael*."

יג וַיֹּאמֶר שָׁאוּל לֹא־יוּמַת אִישׁ בַּיּוֹם הַזֶּה כִּי הַיּוֹם עָשָׂה־יְהֹוָה תְּשׁוּעָה בְּיִשְׂרָאֵל׃

14 *Shmuel* said to the people, "Come, let us go to *Gilgal* and there inaugurate the monarchy."

יד וַיֹּאמֶר שְׁמוּאֵל אֶל־הָעָם לְכוּ וְנֵלְכָה הַגִּלְגָּל וּנְחַדֵּשׁ שָׁם הַמְּלוּכָה׃

va-YO-mer sh'-mu-AYL el ha-AM l'-KHU v'-nay-l'-KHAH
ha-gil-GAL un-kha-DAYSH SHAM ha-m'-lu-KHAH

15 So all the people went to *Gilgal*, and there at *Gilgal* they declared *Shaul* king before *Hashem*. They offered sacrifices of well-being there before *Hashem*; and *Shaul* and all the men of *Yisrael* held a great celebration there.

טו וַיֵּלְכוּ כָל־הָעָם הַגִּלְגָּל וַיַּמְלִכוּ שָׁם אֶת־שָׁאוּל לִפְנֵי יְהֹוָה בַּגִּלְגָּל וַיִּזְבְּחוּ־שָׁם זְבָחִים שְׁלָמִים לִפְנֵי יְהֹוָה וַיִּשְׂמַח שָׁם שָׁאוּל וְכָל־אַנְשֵׁי יִשְׂרָאֵל עַד־מְאֹד׃

12

1 Then *Shmuel* said to all *Yisrael*, "I have yielded to you in all you have asked of me and have set a king over you.

יב

א וַיֹּאמֶר שְׁמוּאֵל אֶל־כָּל־יִשְׂרָאֵל הִנֵּה שָׁמַעְתִּי בְקֹלְכֶם לְכֹל אֲשֶׁר־אֲמַרְתֶּם לִי וָאַמְלִיךְ עֲלֵיכֶם מֶלֶךְ׃

2 Henceforth the king will be your leader. "As for me, I have grown old and gray – but my sons are still with you – and I have been your leader from my youth to this day.

ב וְעַתָּה הִנֵּה הַמֶּלֶךְ מִתְהַלֵּךְ לִפְנֵיכֶם וַאֲנִי זָקַנְתִּי וָשַׂבְתִּי וּבָנַי הִנָּם אִתְּכֶם וַאֲנִי הִתְהַלַּכְתִּי לִפְנֵיכֶם מִנְּעֻרַי עַד־הַיּוֹם הַזֶּה׃

3 Here I am! Testify against me, in the presence of *Hashem* and in the presence of His anointed one: Whose ox have I taken, or whose ass have I taken? Whom have I defrauded or whom have I robbed? From whom have I taken a bribe to look the other way? I will return it to you."

ג הִנְנִי עֲנוּ בִי נֶגֶד יְהֹוָה וְנֶגֶד מְשִׁיחוֹ אֶת־שׁוֹר מִי לָקַחְתִּי וַחֲמוֹר מִי לָקַחְתִּי וְאֶת־מִי עָשַׁקְתִּי אֶת־מִי רַצּוֹתִי וּמִיַּד־מִי לָקַחְתִּי כֹפֶר וְאַעְלִים עֵינַי בּוֹ וְאָשִׁיב לָכֶם׃

4 They responded, "You have not defrauded us, and you have not robbed us, and you have taken nothing from anyone."

ד וַיֹּאמְרוּ לֹא עֲשַׁקְתָּנוּ וְלֹא רַצּוֹתָנוּ וְלֹא־לָקַחְתָּ מִיַּד־אִישׁ מְאוּמָה׃

5 He said to them, "*Hashem* then is witness, and His anointed is witness, to your admission this day that you have found nothing in my possession." They responded, "He is!"

ה וַיֹּאמֶר אֲלֵיהֶם עֵד יְהֹוָה בָּכֶם וְעֵד מְשִׁיחוֹ הַיּוֹם הַזֶּה כִּי לֹא מְצָאתֶם בְּיָדִי מְאוּמָה וַיֹּאמֶר עֵד׃

6 *Shmuel* said to the people, "*Hashem* [is witness], He who appointed *Moshe* and *Aharon* and who brought your fathers out of the land of Egypt.

ו וַיֹּאמֶר שְׁמוּאֵל אֶל־הָעָם יְהֹוָה אֲשֶׁר עָשָׂה אֶת־מֹשֶׁה וְאֶת־אַהֲרֹן וַאֲשֶׁר הֶעֱלָה אֶת־אֲבֹתֵיכֶם מֵאֶרֶץ מִצְרָיִם׃

11:14 *Shmuel* said to the people *Shmuel* tells the people it is time to renew the monarchy, which leads to a second coronation of King *Shaul* and great rejoicing. *Rashi* explains the need for this renewal: Previously, not everyone had acquiesced to *Shaul*'s appointment. At this point, though, the entire nation willingly agrees. Monarchy, like all just forms of governments, requires the consent of the governed. Therefore, it is not surprising that Israel's government in the contemporary pre-messianic era is a democracy. In fact, it is the only democracy in a region of autocracies and theocracies.

Aerial view of the Knesset building

7 Come, stand before *Hashem* while I cite against you all the kindnesses that *Hashem* has done to you and your fathers.

ז וְעַתָּה הִתְיַצְּבוּ וְאִשָּׁפְטָה אִתְּכֶם לִפְנֵי יְהֹוָה אֵת כׇּל־צִדְקוֹת יְהֹוָה אֲשֶׁר־עָשָׂה אִתְּכֶם וְאֶת־אֲבוֹתֵיכֶם׃

8 "When *Yaakov* came to Egypt, your fathers cried out to *Hashem*, and *Hashem* sent *Moshe* and *Aharon*, who brought your fathers out of Egypt and settled them in this place.

ח כַּאֲשֶׁר־בָּא יַעֲקֹב מִצְרָיִם וַיִּזְעֲקוּ אֲבוֹתֵיכֶם אֶל־יְהֹוָה וַיִּשְׁלַח יְהֹוָה אֶת־מֹשֶׁה וְאֶת־אַהֲרֹן וַיּוֹצִיאוּ אֶת־אֲבֹתֵיכֶם מִמִּצְרַיִם וַיֹּשִׁבוּם בַּמָּקוֹם הַזֶּה׃

9 But they forgot *Hashem* their God; so He delivered them into the hands of Sisera the military commander of Hazor, into the hands of the Philistines, and into the hands of the kind of Moab; and these made war upon them.

ט וַיִּשְׁכְּחוּ אֶת־יְהֹוָה אֱלֹהֵיהֶם וַיִּמְכֹּר אֹתָם בְּיַד סִיסְרָא שַׂר־צְבָא חָצוֹר וּבְיַד־פְּלִשְׁתִּים וּבְיַד מֶלֶךְ מוֹאָב וַיִּלָּחֲמוּ בָּם׃

10 They cried to *Hashem*, 'We are guilty, for we have forsaken *Hashem* and worshiped the Baalim and Ashtaroth. Oh, deliver us from our enemies and we will serve You.'

י וַיִּזְעֲקוּ אֶל־יְהֹוָה ויאמר [וַיֹּאמְרוּ] חָטָאנוּ כִּי עָזַבְנוּ אֶת־יְהֹוָה וַנַּעֲבֹד אֶת־הַבְּעָלִים וְאֶת־הָעַשְׁתָּרוֹת וְעַתָּה הַצִּילֵנוּ מִיַּד אֹיְבֵינוּ וְנַעַבְדֶךָּ׃

11 And *Hashem* sent *Yerubaal* and Bedan and *Yiftach* and *Shmuel*, and delivered you from the enemies around you; and you dwelt in security.

יא וַיִּשְׁלַח יְהֹוָה אֶת־יְרֻבַּעַל וְאֶת־בְּדָן וְאֶת־יִפְתָּח וְאֶת־שְׁמוּאֵל וַיַּצֵּל אֶתְכֶם מִיַּד אֹיְבֵיכֶם מִסָּבִיב וַתֵּשְׁבוּ בֶּטַח׃

12 But when you saw that Nahash king of the Ammonites was advancing against you, you said to me, 'No, we must have a king reigning over us' – though *Hashem* your God is your King.

יב וַתִּרְאוּ כִּי־נָחָשׁ מֶלֶךְ בְּנֵי־עַמּוֹן בָּא עֲלֵיכֶם וַתֹּאמְרוּ לִי לֹא כִּי־מֶלֶךְ יִמְלֹךְ עָלֵינוּ וַיהֹוָה אֱלֹהֵיכֶם מַלְכְּכֶם׃

13 "Well, *Hashem* has set a king over you! Here is the king that you have chosen, that you have asked for.

יג וְעַתָּה הִנֵּה הַמֶּלֶךְ אֲשֶׁר בְּחַרְתֶּם אֲשֶׁר שְׁאֶלְתֶּם וְהִנֵּה נָתַן יְהֹוָה עֲלֵיכֶם מֶלֶךְ׃

14 "If you will revere *Hashem*, worship Him, and obey Him, and will not flout *Hashem*'s command, if both you and the king who reigns over you will follow *Hashem* your God, [well and good].

יד אִם־תִּירְאוּ אֶת־יְהֹוָה וַעֲבַדְתֶּם אֹתוֹ וּשְׁמַעְתֶּם בְּקֹלוֹ וְלֹא תַמְרוּ אֶת־פִּי יְהֹוָה וִהְיִתֶם גַּם־אַתֶּם וְגַם־הַמֶּלֶךְ אֲשֶׁר מָלַךְ עֲלֵיכֶם אַחַר יְהֹוָה אֱלֹהֵיכֶם׃

im tee-r'-U et a-do-NAI va-a-vad-TEM o-TO u-sh'-ma-TEM b'-ko-LO v'-LO tam-RU et PEE a-do-NAI vih-yi-TEM gam a-TEM v'-GAM ha-ME-lekh a-sher ma-LAKH a-lay-KHEM a-KHAR a-do-NAI e-lo-hay-KHEM

Man holding a *Torah* scroll at the Western Wall

12:14 If you will revere *Hashem*, worship Him, and obey Him The prophet *Shmuel* clarifies to the people that the key to their success will not be their king, but rather their observance of *Hashem*'s commandments. As *Rashi* explains, observance of the laws will mean that the People of Israel and its king all live to ripe, old ages. This theme is repeated frequently in the *Tanakh*. In order for the Children of Israel to be able to live as a free nation in the Land of Israel, they must observe God's *Torah*. This is a reminder that their goal is not merely to be free, but rather to be a holy and free nation in *Eretz Yisrael*. If they do not aspire to this objective, the land will not tolerate their sins and will eventually spit them out (Leviticus 18:26–30).

¹⁵ But if you do not obey *Hashem* and you flout *Hashem*'s command, the hand of *Hashem* will strike you as it did your fathers.

טו וְאִם־לֹא תִשְׁמְעוּ בְּקוֹל יְהֹוָה וּמְרִיתֶם אֶת־פִּי יְהֹוָה וְהָיְתָה יַד־יְהֹוָה בָּכֶם וּבַאֲבֹתֵיכֶם׃

¹⁶ "Now stand by and see the marvelous thing that *Hashem* will do before your eyes.

טז גַּם־עַתָּה הִתְיַצְּבוּ וּרְאוּ אֶת־הַדָּבָר הַגָּדוֹל הַזֶּה אֲשֶׁר יְהֹוָה עֹשֶׂה לְעֵינֵיכֶם׃

¹⁷ It is the season of the wheat harvest. I will pray to *Hashem* and He will send thunder and rain; then you will take thought and realize what a wicked thing you did in the sight of *Hashem* when you asked for a king."

יז הֲלוֹא קְצִיר־חִטִּים הַיּוֹם אֶקְרָא אֶל־יְהֹוָה וְיִתֵּן קֹלוֹת וּמָטָר וּדְעוּ וּרְאוּ כִּי־רָעַתְכֶם רַבָּה אֲשֶׁר עֲשִׂיתֶם בְּעֵינֵי יְהֹוָה לִשְׁאוֹל לָכֶם מֶלֶךְ׃

¹⁸ *Shmuel* prayed to *Hashem*, and *Hashem* sent thunder and rain that day, and the people stood in awe of *Hashem* and of *Shmuel*.

יח וַיִּקְרָא שְׁמוּאֵל אֶל־יְהֹוָה וַיִּתֵּן יְהֹוָה קֹלֹת וּמָטָר בַּיּוֹם הַהוּא וַיִּירָא כָל־הָעָם מְאֹד אֶת־יְהֹוָה וְאֶת־שְׁמוּאֵל׃

¹⁹ The people all said to *Shmuel*, "Intercede for your servants with *Hashem* your God that we may not die, for we have added to all our sins the wickedness of asking for a king."

יט וַיֹּאמְרוּ כָל־הָעָם אֶל־שְׁמוּאֵל הִתְפַּלֵּל בְּעַד־עֲבָדֶיךָ אֶל־יְהֹוָה אֱלֹהֶיךָ וְאַל־נָמוּת כִּי־יָסַפְנוּ עַל־כָּל־חַטֹּאתֵינוּ רָעָה לִשְׁאֹל לָנוּ מֶלֶךְ׃

²⁰ But *Shmuel* said to the people, "Have no fear. You have, indeed, done all those wicked things. Do not, however, turn away from *Hashem*, but serve *Hashem* with all your heart.

כ וַיֹּאמֶר שְׁמוּאֵל אֶל־הָעָם אַל־תִּירָאוּ אַתֶּם עֲשִׂיתֶם אֵת כָּל־הָרָעָה הַזֹּאת אַךְ אַל־תָּסוּרוּ מֵאַחֲרֵי יְהֹוָה וַעֲבַדְתֶּם אֶת־יְהֹוָה בְּכָל־לְבַבְכֶם׃

²¹ Do not turn away to follow worthless things, which can neither profit nor save but are worthless.

כא וְלֹא תָּסוּרוּ כִּי אַחֲרֵי הַתֹּהוּ אֲשֶׁר לֹא־יוֹעִילוּ וְלֹא יַצִּילוּ כִּי־תֹהוּ הֵמָּה׃

²² For the sake of His great name, *Hashem* will never abandon His people, seeing that *Hashem* undertook to make you His people.

כב כִּי לֹא־יִטֹּשׁ יְהֹוָה אֶת־עַמּוֹ בַּעֲבוּר שְׁמוֹ הַגָּדוֹל כִּי הוֹאִיל יְהֹוָה לַעֲשׂוֹת אֶתְכֶם לוֹ לְעָם׃

²³ "As for me, far be it from me to sin against *Hashem* and refrain from praying for you; and I will continue to instruct you in the practice of what is good and right.

כג גַּם אָנֹכִי חָלִילָה לִּי מֵחֲטֹא לַיהֹוָה מֵחֲדֹל לְהִתְפַּלֵּל בַּעַדְכֶם וְהוֹרֵיתִי אֶתְכֶם בְּדֶרֶךְ הַטּוֹבָה וְהַיְשָׁרָה׃

²⁴ Above all, you must revere *Hashem* and serve Him faithfully with all your heart; and consider how grandly He has dealt with you.

כד אַךְ יְראוּ אֶת־יְהֹוָה וַעֲבַדְתֶּם אֹתוֹ בֶּאֱמֶת בְּכָל־לְבַבְכֶם כִּי רְאוּ אֵת אֲשֶׁר־הִגְדִּל עִמָּכֶם׃

²⁵ For if you persist in your wrongdoing, both you and your king shall be swept away."

כה וְאִם־הָרֵעַ תָּרֵעוּ גַּם־אַתֶּם גַּם־מַלְכְּכֶם תִּסָּפוּ׃

13 ¹ *Shaul* was… years old when he became king, and he reigned over *Yisrael* two years.

יג א בֶּן־שָׁנָה שָׁאוּל בְּמָלְכוֹ וּשְׁתֵּי שָׁנִים מָלַךְ עַל־יִשְׂרָאֵל׃

² *Shaul* picked 3,000 Israelites, of whom 2,000 were with *Shaul* in Michmas and in the hill country of *Beit El*, and 1,000 with *Yonatan* in *Giva* of *Binyamin*; the rest of the troops he sent back to their homes.

ב וַיִּבְחַר־לוֹ שָׁאוּל שְׁלֹשֶׁת אֲלָפִים מִיִּשְׂרָאֵל וַיִּהְיוּ עִם־שָׁאוּל אַלְפַּיִם בְּמִכְמָשׂ וּבְהַר בֵּית־אֵל וְאֶלֶף הָיוּ עִם־יוֹנָתָן בְּגִבְעַת בִּנְיָמִין וְיֶתֶר הָעָם שִׁלַּח אִישׁ לְאֹהָלָיו׃

Samuel

3 *Yonatan* struck down the Philistine prefect in Geba; and the Philistines heard about it. *Shaul* had the *shofar* sounded throughout the land, saying, "Let the Hebrews hear."

ג וַיַּךְ יוֹנָתָן אֵת נְצִיב פְּלִשְׁתִּים אֲשֶׁר בְּגֶבַע וַיִּשְׁמְעוּ פְּלִשְׁתִּים וְשָׁאוּל תָּקַע בַּשּׁוֹפָר בְּכָל־הָאָרֶץ לֵאמֹר יִשְׁמְעוּ הָעִבְרִים׃

4 When all *Yisrael* heard that *Shaul* had struck down the Philistine prefect, and that *Yisrael* had incurred the wrath of the Philistines, all the people rallied to *Shaul* at *Gilgal.*

ד וְכָל־יִשְׂרָאֵל שָׁמְעוּ לֵאמֹר הִכָּה שָׁאוּל אֶת־נְצִיב פְּלִשְׁתִּים וְגַם־נִבְאַשׁ יִשְׂרָאֵל בַּפְּלִשְׁתִּים וַיִּצָּעֲקוּ הָעָם אַחֲרֵי שָׁאוּל הַגִּלְגָּל׃

5 The Philistines, in turn, gathered to attack *Yisrael*: 30,000 chariots and 6,000 horsemen, and troops as numerous as the sands of the seashore. They marched up and encamped at Michmas, east of *Beit Aven.*

ה וּפְלִשְׁתִּים נֶאֶסְפוּ לְהִלָּחֵם עִם־יִשְׂרָאֵל שְׁלֹשִׁים אֶלֶף רֶכֶב וְשֵׁשֶׁת אֲלָפִים פָּרָשִׁים וְעָם כַּחוֹל אֲשֶׁר עַל־שְׂפַת־הַיָּם לָרֹב וַיַּעֲלוּ וַיַּחֲנוּ בְמִכְמָשׂ קִדְמַת בֵּית אָוֶן׃

6 When the men of *Yisrael* saw that they were in trouble – for the troops were hard pressed – the people hid in caves, among thorns, among rocks, in tunnels, and in cisterns.

ו וְאִישׁ יִשְׂרָאֵל רָאוּ כִּי צַר־לוֹ כִּי נִגַּשׂ הָעָם וַיִּתְחַבְּאוּ הָעָם בַּמְּעָרוֹת וּבַחֲוָחִים וּבַסְּלָעִים וּבַצְּרִחִים וּבַבֹּרוֹת׃

7 Some Hebrews crossed the *Yarden*, [to] the territory of *Gad* and *Gilad*. *Shaul* was still at *Gilgal*, and the rest of the people rallied to him in alarm.

ז וְעִבְרִים עָבְרוּ אֶת־הַיַּרְדֵּן אֶרֶץ גָּד וְגִלְעָד וְשָׁאוּל עוֹדֶנּוּ בַגִּלְגָּל וְכָל־הָעָם חָרְדוּ אַחֲרָיו׃

8 He waited seven days, the time that *Shmuel* [had set]. But when *Shmuel* failed to come to *Gilgal*, and the people began to scatter,

ח וייחל [וַיּוֹחֶל] שִׁבְעַת יָמִים לַמּוֹעֵד אֲשֶׁר שְׁמוּאֵל וְלֹא־בָא שְׁמוּאֵל הַגִּלְגָּל וַיָּפֶץ הָעָם מֵעָלָיו׃

9 *Shaul* said, "Bring me the burnt offering and the sacrifice of well-being"; and he presented the burnt offering.

ט וַיֹּאמֶר שָׁאוּל הַגִּשׁוּ אֵלַי הָעֹלָה וְהַשְּׁלָמִים וַיַּעַל הָעֹלָה׃

10 He had just finished presenting the burnt offering when *Shmuel* arrived; and *Shaul* went out to meet him and welcome him.

י וַיְהִי כְּכַלֹּתוֹ לְהַעֲלוֹת הָעֹלָה וְהִנֵּה שְׁמוּאֵל בָּא וַיֵּצֵא שָׁאוּל לִקְרָאתוֹ לְבָרֲכוֹ׃

11 But *Shmuel* said, "What have you done?" *Shaul* replied, "I saw the people leaving me and scattering; you had not come at the appointed time, and the Philistines had gathered at Michmas.

יא וַיֹּאמֶר שְׁמוּאֵל מֶה עָשִׂיתָ וַיֹּאמֶר שָׁאוּל כִּי־רָאִיתִי כִי־נָפַץ הָעָם מֵעָלַי וְאַתָּה לֹא־בָאתָ לְמוֹעֵד הַיָּמִים וּפְלִשְׁתִּים נֶאֱסָפִים מִכְמָשׂ׃

12 I thought the Philistines would march down against me at *Gilgal* before I had entreated *Hashem*, so I forced myself to present the burnt offering."

יב וָאֹמַר עַתָּה יֵרְדוּ פְלִשְׁתִּים אֵלַי הַגִּלְגָּל וּפְנֵי יְהֹוָה לֹא חִלִּיתִי וָאֶתְאַפַּק וָאַעֲלֶה הָעֹלָה׃

13 *Shmuel* answered *Shaul*, "You acted foolishly in not keeping the commandments that *Hashem* your God laid upon you! Otherwise *Hashem* would have established your dynasty over *Yisrael* forever.

יג וַיֹּאמֶר שְׁמוּאֵל אֶל־שָׁאוּל נִסְכָּלְתָּ לֹא שָׁמַרְתָּ אֶת־מִצְוַת יְהֹוָה אֱלֹהֶיךָ אֲשֶׁר צִוָּךְ כִּי עַתָּה הֵכִין יְהֹוָה אֶת־מַמְלַכְתְּךָ אֶל־יִשְׂרָאֵל עַד־עוֹלָם׃

14 But now your dynasty will not endure. *Hashem* will seek out a man after His own heart, and *Hashem* will appoint him ruler over His people, because you did not abide by what *Hashem* had commanded you."

יד וְעַתָּה מַמְלַכְתְּךָ לֹא־תָקוּם בִּקֵּשׁ יְהֹוָה לוֹ אִישׁ כִּלְבָבוֹ וַיְצַוֵּהוּ יְהֹוָה לְנָגִיד עַל־עַמּוֹ כִּי לֹא שָׁמַרְתָּ אֵת אֲשֶׁר־צִוְּךָ יְהֹוָה׃

15 *Shmuel* arose and went up from *Gilgal* to *Giva* of *Binyamin*. *Shaul* numbered the troops who remained with him – about 600 strong.

טו וַיָּקָם שְׁמוּאֵל וַיַּעַל מִן־הַגִּלְגָּל גִּבְעַת בִּנְיָמִן וַיִּפְקֹד שָׁאוּל אֶת־הָעָם הַנִּמְצְאִים עִמּוֹ כְּשֵׁשׁ מֵאוֹת אִישׁ׃

16 *Shaul* and his son *Yonatan*, and the troops who remained with them, stayed in Geba of *Binyamin*, while the Philistines were encamped at Michmas.

טז וְשָׁאוּל וְיוֹנָתָן בְּנוֹ וְהָעָם הַנִּמְצָא עִמָּם יֹשְׁבִים בְּגֶבַע בִּנְיָמִן וּפְלִשְׁתִּים חָנוּ בְמִכְמָשׂ׃

17 The raiders came out of the Philistine camp in three columns: One column headed for the Ophrah road that leads to the district of Shual,

יז וַיֵּצֵא הַמַּשְׁחִית מִמַּחֲנֵה פְלִשְׁתִּים שְׁלֹשָׁה רָאשִׁים הָרֹאשׁ אֶחָד יִפְנֶה אֶל־דֶּרֶךְ עָפְרָה אֶל־אֶרֶץ שׁוּעָל׃

18 another column headed for the Beth-horon road, and the third column headed for the border road that overlooks the valley of Zeboim toward the desert.

יח וְהָרֹאשׁ אֶחָד יִפְנֶה דֶּרֶךְ בֵּית חֹרוֹן וְהָרֹאשׁ אֶחָד יִפְנֶה דֶּרֶךְ הַגְּבוּל הַנִּשְׁקָף עַל־גֵּי הַצְּבֹעִים הַמִּדְבָּרָה׃

19 No smith was to be found in all the land of *Yisrael*, for the Philistines were afraid that the Hebrews would make swords or spears.

יט וְחָרָשׁ לֹא יִמָּצֵא בְּכֹל אֶרֶץ יִשְׂרָאֵל כִּי־אמר [אָמְרוּ] פְלִשְׁתִּים פֶּן יַעֲשׂוּ הָעִבְרִים חֶרֶב אוֹ חֲנִית׃

v'- kha-RASH LO yi-ma-TZAY b'-KHOL E-retz yis-ra-AYL kee a-m'-RU f'-lish-TEEM PEN ya-a-SU ha-iv-REEM KHE-rev O kha-NEET

20 So all the Israelites had to go down to the Philistines to have their plowshares, their mattocks, axes, and colters sharpened.

כ וַיֵּרְדוּ כָל־יִשְׂרָאֵל הַפְּלִשְׁתִּים לִלְטוֹשׁ אִישׁ אֶת־מַחֲרַשְׁתּוֹ וְאֶת־אֵתוֹ וְאֶת־קַרְדֻּמּוֹ וְאֵת מַחֲרֵשָׁתוֹ׃

21 The charge for sharpening was a *pim* for plowshares, mattocks, three-pronged forks, and axes, and for setting the goads.

כא וְהָיְתָה הַפְּצִירָה פִים לַמַּחֲרֵשֹׁת וְלָאֵתִים וְלִשְׁלֹשׁ קִלְּשׁוֹן וּלְהַקַּרְדֻּמִּים וּלְהַצִּיב הַדָּרְבָן׃

13:19 No smith was to be found in all the land of *Yisrael* Under Philistine rule, the People of Israel are not allowed to engage in metal work, as the Philistines are afraid they will use these workshops to make weapons. Therefore, any time the Israelites need metal work, such as for sharpening plows, they have to travel and pay exorbitant prices to have the work done by Philistine craftsmen. Later, this becomes a model for oppressors of the Jews, who would control access to weapons and minimize economic opportunities. During British rule over the Land of Israel, Jews were similarly not allowed to maintain weapons. Like *Shaul* and *Yonatan* who made secret weapons to defend their people, there were brave Jews who secretly imported weapons and made bullets that later became critical in the War of Independence. For example, the Ayalon Institute near Rehovot was the site of a secret bullet factory, hidden under what was officially a *kibbutz* training center. Despite harsh conditions and life-threatening risks in the pre-State days, young Jews worked underground making bullets that would later be used to defend the newborn State of Israel against its enemies.

Ayalon Institute underground bullet factory

22 Thus on the day of the battle, no sword or spear was to be found in the possession of any of the troops with *Shaul* and *Yonatan*; only *Shaul* and *Yonatan* had them.

כב וְהָיָה בְּיוֹם מִלְחֶמֶת וְלֹא נִמְצָא חֶרֶב וַחֲנִית בְּיַד כָּל־הָעָם אֲשֶׁר אֶת־שָׁאוּל וְאֶת־יוֹנָתָן וַתִּמָּצֵא לְשָׁאוּל וּלְיוֹנָתָן בְּנוֹ׃

23 Now the Philistine garrison had marched out to the pass of Michmas.

כג וַיֵּצֵא מַצַּב פְּלִשְׁתִּים אֶל־מַעֲבַר מִכְמָשׂ׃

14

1 One day, *Yonatan* son of *Shaul* said to the attendant who carried his arms, "Come, let us cross over to the Philistine garrison on the other side"; but he did not tell his father.

יד

א וַיְהִי הַיּוֹם וַיֹּאמֶר יוֹנָתָן בֶּן־שָׁאוּל אֶל־הַנַּעַר נֹשֵׂא כֵלָיו לְכָה וְנַעְבְּרָה אֶל־מַצַּב פְּלִשְׁתִּים אֲשֶׁר מֵעֵבֶר הַלָּז וּלְאָבִיו לֹא הִגִּיד׃

2 Now *Shaul* was staying on the outskirts of *Giva*, under the pomegranate tree at Migron, and the troops with him numbered about 600.

ב וְשָׁאוּל יוֹשֵׁב בִּקְצֵה הַגִּבְעָה תַּחַת הָרִמּוֹן אֲשֶׁר בְּמִגְרוֹן וְהָעָם אֲשֶׁר עִמּוֹ כְּשֵׁשׁ מֵאוֹת אִישׁ׃

3 *Achiya* son of *Achituv* brother of Ichabod son of *Pinchas* son of *Eli*, the *Kohen* of *Hashem* at *Shilo*, was there bearing an ephod. – The troops did not know that *Yonatan* had gone.

ג וַאֲחִיָּה בֶן־אֲחִטוּב אֲחִי אִיכָבוֹד בֶּן־פִּינְחָס בֶּן־עֵלִי כֹּהֵן יְהֹוָה בְּשִׁלוֹ נֹשֵׂא אֵפוֹד וְהָעָם לֹא יָדַע כִּי הָלַךְ יוֹנָתָן׃

4 At the crossing by which *Yonatan* sought to reach the Philistine garrison, there was a rocky crag on one side, and another rocky crag on the other, the one called Bozez and the other Seneh.

ד וּבֵין הַמַּעְבְּרוֹת אֲשֶׁר בִּקֵּשׁ יוֹנָתָן לַעֲבֹר עַל־מַצַּב פְּלִשְׁתִּים שֵׁן־הַסֶּלַע מֵהָעֵבֶר מִזֶּה וְשֵׁן־הַסֶּלַע מֵהָעֵבֶר מִזֶּה וְשֵׁם הָאֶחָד בּוֹצֵץ וְשֵׁם הָאֶחָד סֶנֶּה׃

5 One crag was located on the north, near Michmas, and the other on the south, near Geba.

ה הַשֵּׁן הָאֶחָד מָצוּק מִצָּפוֹן מוּל מִכְמָשׂ וְהָאֶחָד מִנֶּגֶב מוּל גָּבַע׃

6 *Yehonatan* said to the attendant who carried his arms, "Come, let us cross over to the outpost of those uncircumcised fellows. Perhaps *Hashem* will act in our behalf, for nothing prevents *Hashem* from winning a victory by many or by few."

ו וַיֹּאמֶר יְהוֹנָתָן אֶל־הַנַּעַר נֹשֵׂא כֵלָיו לְכָה וְנַעְבְּרָה אֶל־מַצַּב הָעֲרֵלִים הָאֵלֶּה אוּלַי יַעֲשֶׂה יְהֹוָה לָנוּ כִּי אֵין לַיהֹוָה מַעְצוֹר לְהוֹשִׁיעַ בְּרַב אוֹ בִמְעָט׃

7 His arms-bearer answered him, "Do whatever you like. You go first, I am with you, whatever you decide."

ז וַיֹּאמֶר לוֹ נֹשֵׂא כֵלָיו עֲשֵׂה כָּל־אֲשֶׁר בִּלְבָבֶךָ נְטֵה לָךְ הִנְנִי עִמְּךָ כִּלְבָבֶךָ׃

8 *Yehonatan* said, "We'll cross over to those men and let them see us.

ח וַיֹּאמֶר יְהוֹנָתָן הִנֵּה אֲנַחְנוּ עֹבְרִים אֶל־הָאֲנָשִׁים וְנִגְלֵינוּ אֲלֵיהֶם׃

9 If they say to us, 'Wait until we get to you,' then we'll stay where we are, and not go up to them.

ט אִם־כֹּה יֹאמְרוּ אֵלֵינוּ דֹּמּוּ עַד־הַגִּיעֵנוּ אֲלֵיכֶם וְעָמַדְנוּ תַחְתֵּינוּ וְלֹא נַעֲלֶה אֲלֵיהֶם׃

10 But if they say, 'Come up to us,' then we will go up, for *Hashem* is delivering them into our hands. That shall be our sign."

י וְאִם־כֹּה יֹאמְרוּ עֲלוּ עָלֵינוּ וְעָלִינוּ כִּי־נְתָנָם יְהֹוָה בְּיָדֵנוּ וְזֶה־לָּנוּ הָאוֹת׃

11 They both showed themselves to the Philistine outpost and the Philistines said, "Look, some Hebrews are coming out of the holes where they have been hiding."

יא וַיִּגָּלוּ שְׁנֵיהֶם אֶל־מַצַּב פְּלִשְׁתִּים וַיֹּאמְרוּ פְלִשְׁתִּים הִנֵּה עִבְרִים יֹצְאִים מִן־הַחֹרִים אֲשֶׁר הִתְחַבְּאוּ־שָׁם׃

12 The men of the outpost shouted to *Yonatan* and his arms-bearer, "Come up to us, and we'll teach you a lesson." Then *Yonatan* said to his arms-bearer, "Follow me, for *Hashem* will deliver them into the hands of *Yisrael*."

יב וַיַּעֲנוּ אַנְשֵׁי הַמַּצָּבָה אֶת־יוֹנָתָן וְאֶת־נֹשֵׂא כֵלָיו וַיֹּאמְרוּ עֲלוּ אֵלֵינוּ וְנוֹדִיעָה אֶתְכֶם דָּבָר וַיֹּאמֶר יוֹנָתָן אֶל־נֹשֵׂא כֵלָיו עֲלֵה אַחֲרַי כִּי־נְתָנָם יְהֹוָה בְּיַד יִשְׂרָאֵל׃

13 And *Yonatan* clambered up on his hands and feet, his arms-bearer behind him; [the Philistines] fell before *Yonatan*, and his arms-bearer finished them off behind him.

יג וַיַּעַל יוֹנָתָן עַל־יָדָיו וְעַל־רַגְלָיו וְנֹשֵׂא כֵלָיו אַחֲרָיו וַיִּפְּלוּ לִפְנֵי יוֹנָתָן וְנֹשֵׂא כֵלָיו מְמוֹתֵת אַחֲרָיו׃

14 The initial attack that *Yonatan* and his arms-bearer made accounted for some twenty men, within a space about half a furrow long [in] an acre of land.

יד וַתְּהִי הַמַּכָּה הָרִאשֹׁנָה אֲשֶׁר הִכָּה יוֹנָתָן וְנֹשֵׂא כֵלָיו כְּעֶשְׂרִים אִישׁ כְּבַחֲצִי מַעֲנָה צֶמֶד שָׂדֶה׃

15 Terror broke out among all the troops both in the camp [and] in the field; the outposts and the raiders were also terrified. The very earth quaked, and a terror from *Hashem* ensued.

טו וַתְּהִי חֲרָדָה בַמַּחֲנֶה בַשָּׂדֶה וּבְכָל־הָעָם הַמַּצָּב וְהַמַּשְׁחִית חָרְדוּ גַּם־הֵמָּה וַתִּרְגַּז הָאָרֶץ וַתְּהִי לְחֶרְדַּת אֱלֹהִים׃

16 *Shaul*'s scouts in *Giva* of *Binyamin* saw that the multitude was scattering in all directions.

טז וַיִּרְאוּ הַצֹּפִים לְשָׁאוּל בְּגִבְעַת בִּנְיָמִן וְהִנֵּה הֶהָמוֹן נָמוֹג וַיֵּלֶךְ וַהֲלֹם׃

17 And *Shaul* said to the troops with him, "Take a count and see who has left us." They took a count and found that *Yonatan* and his arms-bearer were missing.

יז וַיֹּאמֶר שָׁאוּל לָעָם אֲשֶׁר אִתּוֹ פִּקְדוּ־נָא וּרְאוּ מִי הָלַךְ מֵעִמָּנוּ וַיִּפְקְדוּ וְהִנֵּה אֵין יוֹנָתָן וְנֹשֵׂא כֵלָיו׃

18 Thereupon *Shaul* said to *Achiya*, "Bring the *Aron* of *Hashem* here"; for the *Aron* of *Hashem* was at the time among the Israelites.

יח וַיֹּאמֶר שָׁאוּל לַאֲחִיָּה הַגִּישָׁה אֲרוֹן הָאֱלֹהִים כִּי־הָיָה אֲרוֹן הָאֱלֹהִים בַּיּוֹם הַהוּא וּבְנֵי יִשְׂרָאֵל׃

19 But while *Shaul* was speaking to the *Kohen*, the confusion in the Philistine camp kept increasing; and *Shaul* said to the *Kohen*, "Withdraw your hand."

יט וַיְהִי עַד דִּבֶּר שָׁאוּל אֶל־הַכֹּהֵן וְהֶהָמוֹן אֲשֶׁר בְּמַחֲנֵה פְלִשְׁתִּים וַיֵּלֶךְ הָלוֹךְ וָרָב וַיֹּאמֶר שָׁאוּל אֶל־הַכֹּהֵן אֱסֹף יָדֶךָ׃

20 *Shaul* and the troops with him assembled and rushed into battle; they found [the Philistines] in very great confusion, every man's sword turned against his fellow.

כ וַיִּזָּעֵק שָׁאוּל וְכָל־הָעָם אֲשֶׁר אִתּוֹ וַיָּבֹאוּ עַד־הַמִּלְחָמָה וְהִנֵּה הָיְתָה חֶרֶב אִישׁ בְּרֵעֵהוּ מְהוּמָה גְּדוֹלָה מְאֹד׃

21 And the Hebrews who had previously sided with the Philistines, who had come up with them in the army [from] round about – they too joined the Israelites who were with *Shaul* and *Yonatan*.

כא וְהָעִבְרִים הָיוּ לַפְּלִשְׁתִּים כְּאֶתְמוֹל שִׁלְשׁוֹם אֲשֶׁר עָלוּ עִמָּם בַּמַּחֲנֶה סָבִיב וְגַם־הֵמָּה לִהְיוֹת עִם־יִשְׂרָאֵל אֲשֶׁר עִם־שָׁאוּל וְיוֹנָתָן׃

22 When all the men of *Yisrael* who were hiding in the hill country of *Efraim* heard that the Philistines were fleeing, they too pursued them in battle.

כב וְכֹל אִישׁ יִשְׂרָאֵל הַמִּתְחַבְּאִים בְּהַר־אֶפְרַיִם שָׁמְעוּ כִּי־נָסוּ פְּלִשְׁתִּים וַיַּדְבְּקוּ גַם־הֵמָּה אַחֲרֵיהֶם בַּמִּלְחָמָה׃

23 Thus *Hashem* brought victory to *Yisrael* that day. The fighting passed beyond *Beit Aven*.

כג וַיּוֹשַׁע יְהֹוָה בַּיּוֹם הַהוּא אֶת־יִשְׂרָאֵל וְהַמִּלְחָמָה עָבְרָה אֶת־בֵּית אָוֶן׃

24 The men of *Yisrael* were distressed that day. For *Shaul* had laid an oath upon the troops: "Cursed be the man who eats any food before night falls and I take revenge on my enemies." So none of the troops ate anything.

כד וְאִישׁ־יִשְׂרָאֵל נִגַּשׂ בַּיּוֹם הַהוּא וַיֹּאֶל שָׁאוּל אֶת־הָעָם לֵאמֹר אָרוּר הָאִישׁ אֲשֶׁר־יֹאכַל לֶחֶם עַד־הָעֶרֶב וְנִקַּמְתִּי מֵאֹיְבַי וְלֹא טָעַם כָּל־הָעָם לָחֶם׃

25 Everybody came to a stack of beehives where some honey had spilled on the ground.

כה וְכָל־הָאָרֶץ בָּאוּ בַיָּעַר וַיְהִי דְבַשׁ עַל־פְּנֵי הַשָּׂדֶה׃

26 When the troops came to the beehives and found the flow of honey there, no one put his hand to his mouth, for the troops feared the oath.

כו וַיָּבֹא הָעָם אֶל־הַיַּעַר וְהִנֵּה הֵלֶךְ דְּבָשׁ וְאֵין־מַשִּׂיג יָדוֹ אֶל־פִּיו כִּי־יָרֵא הָעָם אֶת־הַשְּׁבֻעָה׃

27 *Yonatan*, however, had not heard his father adjure the troops. So he put out the stick he had with him, dipped it into the beehive of honey, and brought his hand back to his mouth; and his eyes lit up.

כז וְיוֹנָתָן לֹא־שָׁמַע בְּהַשְׁבִּיעַ אָבִיו אֶת־הָעָם וַיִּשְׁלַח אֶת־קְצֵה הַמַּטֶּה אֲשֶׁר בְּיָדוֹ וַיִּטְבֹּל אוֹתָהּ בְּיַעְרַת הַדְּבָשׁ וַיָּשֶׁב יָדוֹ אֶל־פִּיו ותראנה [וַתָּאֹרְנָה] עֵינָיו׃

28 At this one of the soldiers spoke up, "Your father adjured the troops: 'Cursed be the man who eats anything this day.' And so the troops are faint."

כח וַיַּעַן אִישׁ מֵהָעָם וַיֹּאמֶר הַשְׁבֵּעַ הִשְׁבִּיעַ אָבִיךָ אֶת־הָעָם לֵאמֹר אָרוּר הָאִישׁ אֲשֶׁר־יֹאכַל לֶחֶם הַיּוֹם וַיָּעַף הָעָם׃

29 *Yonatan* answered, "My father has brought trouble on the people. See for yourselves how my eyes lit up when I tasted that bit of honey.

כט וַיֹּאמֶר יוֹנָתָן עָכַר אָבִי אֶת־הָאָרֶץ רְאוּ־נָא כִּי־אֹרוּ עֵינַי כִּי טָעַמְתִּי מְעַט דְּבַשׁ הַזֶּה׃

va-YO-mer yo-na-TAN a-KHAR a-VEE et ha-A-retz r'-u NA kee O-ru ay-NAI KEE ta-AM-tee m'-AT d'-VASH ha-ZEH

30 If only the troops had eaten today of spoil captured from the enemy, the defeat of the Philistines would have been greater still!"

ל אַף כִּי לוּא אָכֹל אָכַל הַיּוֹם הָעָם מִשְּׁלַל אֹיְבָיו אֲשֶׁר מָצָא כִּי עַתָּה לֹא־רָבְתָה מַכָּה בַּפְּלִשְׁתִּים׃

31 They struck down the Philistines that day from Michmas to Aijalon, and the troops were famished.

לא וַיַּכּוּ בַּיּוֹם הַהוּא בַּפְּלִשְׁתִּים מִמִּכְמָשׂ אַיָּלֹנָה וַיָּעַף הָעָם מְאֹד׃

32 The troops pounced on the spoil; they took the sheep and cows and calves and slaughtered them on the ground, and the troops ate with the blood.

לב ויעש [וַיַּעַט] הָעָם אֶל־שלל [הַשָּׁלָל] וַיִּקְחוּ צֹאן וּבָקָר וּבְנֵי בָקָר וַיִּשְׁחֲטוּ־אָרְצָה וַיֹּאכַל הָעָם עַל־הַדָּם׃

14:29 *Yonatan* **answered, "My father has brought trouble on the people** Though King *Shaul* had instructed the soldiers of Israel not to eat, his son *Yehonatan* eats honey, and declares that his father erred by issuing such an order. Rabbi Shlomo Aviner notes that although righteous individuals like King *Shaul* may be able to fast in battle, soldiers need to eat and drink in order to maintain their physical and emotional strength. Armies need to make sure that their soldiers have high morale so that they can succeed. Today, there are organizations that assist the Israeli Defense Forces by providing soldiers not only with essential items they need for battle, but also with extra amenities, to demonstrate that the IDF has many supporters from around the world who pray and work for their success. This raises the morale of Israel's soldiers and contributes to the success of their holy mission.

Rabbi Tuly Weisz delivering Purim baskets to Israeli soldiers

33 When it was reported to *Shaul* that the troops were sinning against *Hashem*, eating with the blood, he said, "You have acted faithlessly. Roll a large stone over to me today."

34 And *Shaul* ordered, "Spread out among the troops and tell them that everyone must bring me his ox or his sheep and slaughter it here, and then eat. You must not sin against *Hashem* and eat with the blood." Every one of the troops brought his own ox with him that night and slaughtered it there.

35 Thus *Shaul* set up a *Mizbayach* to *Hashem*; it was the first *Mizbayach* he erected to *Hashem*.

36 *Shaul* said, "Let us go down after the Philistines by night and plunder among them until the light of morning; and let us not leave a single survivor among them." "Do whatever you please," they replied. But the *Kohen* said, "Let us approach *Hashem* here."

37 So *Shaul* inquired of *Hashem*, "Shall I go down after the Philistines? Will You deliver them into the hands of *Yisrael*?" But this time He did not respond to him.

38 Then *Shaul* said, "Come forward, all chief officers of the troops, and find out how this guilt was incurred today.

39 For as *Hashem* lives who brings victory to *Yisrael*, even if it was through my son *Yonatan*, he shall be put to death!" Not one soldier answered him.

40 And he said to all the Israelites, "You stand on one side, and my son *Yonatan* and I shall stand on the other." The troops said to *Shaul*, "Do as you please."

41 *Shaul* then said to *Hashem*, the God of *Yisrael*, "Show Thammim." *Yonatan* and *Shaul* were indicated by lot, and the troops were cleared.

42 And *Shaul* said, "Cast the lots between my son and me"; and *Yonatan* was indicated.

43 *Shaul* said to *Yonatan*, "Tell me, what have you done?" And *Yonatan* told him, "I only tasted a bit of honey with the tip of the stick in my hand. I am ready to die."

44 *Shaul* said, "Thus and more may *Hashem* do: You shall be put to death, *Yonatan*!"

לג וַיַּגִּידוּ לְשָׁאוּל לֵאמֹר הִנֵּה הָעָם חֹטִאים לַיהוָה לֶאֱכֹל עַל־הַדָּם וַיֹּאמֶר בְּגַדְתֶּם גֹּלּוּ־אֵלַי הַיּוֹם אֶבֶן גְּדוֹלָה:

לד וַיֹּאמֶר שָׁאוּל פֻּצוּ בָעָם וַאֲמַרְתֶּם לָהֶם הַגִּישׁוּ אֵלַי אִישׁ שׁוֹרוֹ וְאִישׁ שְׂיֵהוּ וּשְׁחַטְתֶּם בָּזֶה וַאֲכַלְתֶּם וְלֹא־תֶחֶטְאוּ לַיהוָה לֶאֱכֹל אֶל־הַדָּם וַיַּגִּשׁוּ כָל־הָעָם אִישׁ שׁוֹרוֹ בְיָדוֹ הַלַּיְלָה וַיִּשְׁחֲטוּ־שָׁם:

לה וַיִּבֶן שָׁאוּל מִזְבֵּחַ לַיהוָה אֹתוֹ הֵחֵל לִבְנוֹת מִזְבֵּחַ לַיהוָה:

לו וַיֹּאמֶר שָׁאוּל נֵרְדָה אַחֲרֵי פְלִשְׁתִּים לַיְלָה וְנָבֹזָה בָהֶם עַד־אוֹר הַבֹּקֶר וְלֹא־ נַשְׁאֵר בָּהֶם אִישׁ וַיֹּאמְרוּ כָּל־הַטּוֹב בְּעֵינֶיךָ עֲשֵׂה וַיֹּאמֶר הַכֹּהֵן נִקְרְבָה הֲלֹם אֶל־הָאֱלֹהִים:

לז וַיִּשְׁאַל שָׁאוּל בֵּאלֹהִים הַאֵרֵד אַחֲרֵי פְלִשְׁתִּים הֲתִתְּנֵם בְּיַד יִשְׂרָאֵל וְלֹא עָנָהוּ בַּיּוֹם הַהוּא:

לח וַיֹּאמֶר שָׁאוּל גֹּשׁוּ הֲלֹם כֹּל פִּנּוֹת הָעָם וּדְעוּ וּרְאוּ בַּמָּה הָיְתָה הַחַטָּאת הַזֹּאת הַיּוֹם:

לט כִּי חַי־יְהוָה הַמּוֹשִׁיעַ אֶת־יִשְׂרָאֵל כִּי אִם־יֶשְׁנוֹ בְּיוֹנָתָן בְּנִי כִּי מוֹת יָמוּת וְאֵין עֹנֵהוּ מִכָּל־הָעָם:

מ וַיֹּאמֶר אֶל־כָּל־יִשְׂרָאֵל אַתֶּם תִּהְיוּ לְעֵבֶר אֶחָד וַאֲנִי וְיוֹנָתָן בְּנִי נִהְיֶה לְעֵבֶר אֶחָד וַיֹּאמְרוּ הָעָם אֶל־שָׁאוּל הַטּוֹב בְּעֵינֶיךָ עֲשֵׂה:

מא וַיֹּאמֶר שָׁאוּל אֶל־יְהוָה אֱלֹהֵי יִשְׂרָאֵל הָבָה תָמִים וַיִּלָּכֵד יוֹנָתָן וְשָׁאוּל וְהָעָם יָצָאוּ:

מב וַיֹּאמֶר שָׁאוּל הַפִּילוּ בֵּינִי וּבֵין יוֹנָתָן בְּנִי וַיִּלָּכֵד יוֹנָתָן:

מג וַיֹּאמֶר שָׁאוּל אֶל־יוֹנָתָן הַגִּידָה לִּי מֶה עָשִׂיתָה וַיַּגֶּד־לוֹ יוֹנָתָן וַיֹּאמֶר טָעֹם טָעַמְתִּי בִּקְצֵה הַמַּטֶּה אֲשֶׁר־בְּיָדִי מְעַט דְּבַשׁ הִנְנִי אָמוּת:

מד וַיֹּאמֶר שָׁאוּל כֹּה־יַעֲשֶׂה אֱלֹהִים וְכֹה יוֹסִף כִּי־מוֹת תָּמוּת יוֹנָתָן:

45 But the troops said to *Shaul*, "Shall *Yonatan* die, after bringing this great victory to *Yisrael*? Never! As *Hashem* lives, not a hair of his head shall fall to the ground! For he brought this day to pass with the help of *Hashem*." Thus the troops saved *Yonatan* and he did not die.

מה וַיֹּאמֶר הָעָם אֶל־שָׁאוּל הֲיוֹנָתָן יָמוּת אֲשֶׁר עָשָׂה הַיְשׁוּעָה הַגְּדוֹלָה הַזֹּאת בְּיִשְׂרָאֵל חָלִילָה חַי־יְהֹוָה אִם־יִפֹּל מִשַּׂעֲרַת רֹאשׁוֹ אַרְצָה כִּי־עִם־אֱלֹהִים עָשָׂה הַיּוֹם הַזֶּה וַיִּפְדּוּ הָעָם אֶת־יוֹנָתָן וְלֹא־מֵת׃

46 *Shaul* broke off his pursuit of the Philistines, and the Philistines returned to their homes.

מו וַיַּעַל שָׁאוּל מֵאַחֲרֵי פְּלִשְׁתִּים וּפְלִשְׁתִּים הָלְכוּ לִמְקוֹמָם׃

47 After *Shaul* had secured his kingship over *Yisrael*, he waged war on every side against all his enemies: against the Moabites, Ammonites, Edomites, the Philistines, and the kings of Zobah; and wherever he turned he worsted [them].

מז וְשָׁאוּל לָכַד הַמְּלוּכָה עַל־יִשְׂרָאֵל וַיִּלָּחֶם סָבִיב בְּכָל־אֹיְבָיו בְּמוֹאָב וּבִבְנֵי־עַמּוֹן וּבֶאֱדוֹם וּבְמַלְכֵי צוֹבָה וּבַפְּלִשְׁתִּים וּבְכֹל אֲשֶׁר־יִפְנֶה יַרְשִׁיעַ׃

48 He was triumphant, defeating the Amalekites and saving *Yisrael* from those who plundered it.

מח וַיַּעַשׂ חַיִל וַיַּךְ אֶת־עֲמָלֵק וַיַּצֵּל אֶת־יִשְׂרָאֵל מִיַּד שֹׁסֵהוּ׃

49 *Shaul*'s sons were: *Yonatan*, Ishvi, and Malchishua; and the names of his two daughters were Merab, the older, and *Michal*, the younger.

מט וַיִּהְיוּ בְּנֵי שָׁאוּל יוֹנָתָן וְיִשְׁוִי וּמַלְכִּי־שׁוּעַ וְשֵׁם שְׁתֵּי בְנֹתָיו שֵׁם הַבְּכִירָה מֵרַב וְשֵׁם הַקְּטַנָּה מִיכַל׃

50 The name of *Shaul*'s wife was Ahinoam daughter of Ahimaaz; and the name of his army commander was Abiner son of *Shaul*'s uncle Ner.

נ וְשֵׁם אֵשֶׁת שָׁאוּל אֲחִינֹעַם בַּת־אֲחִימָעַץ וְשֵׁם שַׂר־צְבָאוֹ אֲבִינֵר בֶּן־נֵר דּוֹד שָׁאוּל׃

51 *Keesh*, *Shaul*'s father, and Ner, *Avner*'s father, were sons of Abiel.

נא וְקִישׁ אֲבִי־שָׁאוּל וְנֵר אֲבִי־אַבְנֵר בֶּן־אֲבִיאֵל׃

52 There was bitter war against the Philistines all the days of *Shaul*; and whenever *Shaul* noticed any stalwart man or warrior, he would take him into his service.

נב וַתְּהִי הַמִּלְחָמָה חֲזָקָה עַל־פְּלִשְׁתִּים כֹּל יְמֵי שָׁאוּל וְרָאָה שָׁאוּל כָּל־אִישׁ גִּבּוֹר וְכָל־בֶּן־חַיִל וַיַּאַסְפֵהוּ אֵלָיו׃

15

1 *Shmuel* said to *Shaul*, "I am the one *Hashem* sent to anoint you king over His people *Yisrael*. Therefore, listen to *Hashem*'s command!

טו

א וַיֹּאמֶר שְׁמוּאֵל אֶל־שָׁאוּל אֹתִי שָׁלַח יְהֹוָה לִמְשָׁחֳךָ לְמֶלֶךְ עַל־עַמּוֹ עַל־יִשְׂרָאֵל וְעַתָּה שְׁמַע לְקוֹל דִּבְרֵי יְהֹוָה׃

2 "Thus said the LORD of Hosts: I am exacting the penalty for what Amalek did to *Yisrael*, for the assault he made upon them on the road, on their way up from Egypt.

ב כֹּה אָמַר יְהֹוָה צְבָאוֹת פָּקַדְתִּי אֵת אֲשֶׁר־עָשָׂה עֲמָלֵק לְיִשְׂרָאֵל אֲשֶׁר־שָׂם לוֹ בַּדֶּרֶךְ בַּעֲלֹתוֹ מִמִּצְרָיִם׃

3 Now go, attack Amalek, and proscribe all that belongs to him. Spare no one, but kill alike men and women, infants and sucklings, oxen and sheep, camels and asses!"

ג עַתָּה לֵךְ וְהִכִּיתָה אֶת־עֲמָלֵק וְהַחֲרַמְתֶּם אֶת־כָּל־אֲשֶׁר־לוֹ וְלֹא תַחְמֹל עָלָיו וְהֵמַתָּה מֵאִישׁ עַד־אִשָּׁה מֵעֹלֵל וְעַד־יוֹנֵק מִשּׁוֹר וְעַד־שֶׂה מִגָּמָל וְעַד־חֲמוֹר׃

4 *Shaul* mustered the troops and enrolled them at Telaim: 200,000 men on foot, and 10,000 men of *Yehuda*.

ד וַיְשַׁמַּע שָׁאוּל אֶת־הָעָם וַיִּפְקְדֵם בַּטְּלָאִים מָאתַיִם אֶלֶף רַגְלִי וַעֲשֶׂרֶת אֲלָפִים אֶת־אִישׁ יְהוּדָה׃

5 Then *Shaul* advanced as far as the city of Amalek and lay in wait in the wadi.

ה וַיָּבֹא שָׁאוּל עַד־עִיר עֲמָלֵק וַיָּרֶב בַּנָּחַל׃

6 *Shaul* said to the Kenites, "Come, withdraw at once from among the Amalekites, that I may not destroy you along with them; for you showed kindness to all the Israelites when they left Egypt." So the Kenites withdrew from among the Amalekites.

ו וַיֹּאמֶר שָׁאוּל אֶל־הַקֵּינִי לְכוּ סֻּרוּ רְדוּ מִתּוֹךְ עֲמָלֵקִי פֶּן־אֹסִפְךָ עִמּוֹ וְאַתָּה עָשִׂיתָה חֶסֶד עִם־כׇּל־בְּנֵי יִשְׂרָאֵל בַּעֲלוֹתָם מִמִּצְרָיִם וַיָּסַר קֵינִי מִתּוֹךְ עֲמָלֵק׃

7 *Shaul* destroyed Amalek from Havilah all the way to Shur, which is close to Egypt,

ז וַיַּךְ שָׁאוּל אֶת־עֲמָלֵק מֵחֲוִילָה בּוֹאֲךָ שׁוּר אֲשֶׁר עַל־פְּנֵי מִצְרָיִם׃

8 and he captured King Agag of Amalek alive. He proscribed all the people, putting them to the sword;

ח וַיִּתְפֹּשׂ אֶת־אֲגַג מֶלֶךְ־עֲמָלֵק חָי וְאֶת־כׇּל־הָעָם הֶחֱרִים לְפִי־חָרֶב׃

9 but *Shaul* and the troops spared Agag and the best of the sheep, the oxen, the second-born, the lambs, and all else that was of value. They would not proscribe them; they proscribed only what was cheap and worthless.

ט וַיַּחְמֹל שָׁאוּל וְהָעָם עַל־אֲגָג וְעַל־מֵיטַב הַצֹּאן וְהַבָּקָר וְהַמִּשְׁנִים וְעַל־הַכָּרִים וְעַל־כׇּל־הַטּוֹב וְלֹא אָבוּ הַחֲרִימָם וְכׇל־הַמְּלָאכָה נְמִבְזָה וְנָמֵס אֹתָהּ הֶחֱרִימוּ׃

10 The word of *Hashem* then came to *Shmuel*:

י וַיְהִי דְּבַר־יְהֹוָה אֶל־שְׁמוּאֵל לֵאמֹר׃

11 "I regret that I made *Shaul* king, for he has turned away from Me and has not carried out My commands." *Shmuel* was distressed and he entreated *Hashem* all night long.

יא נִחַמְתִּי כִּי־הִמְלַכְתִּי אֶת־שָׁאוּל לְמֶלֶךְ כִּי־שָׁב מֵאַחֲרַי וְאֶת־דְּבָרַי לֹא הֵקִים וַיִּחַר לִשְׁמוּאֵל וַיִּזְעַק אֶל־יְהֹוָה כׇּל־הַלָּיְלָה׃

ni-KHAM-tee kee him-LAKH-tee et sha-UL l'-ME-lekh kee SHAV may-a-kha-RAI v'-et d'-va-RAI lo hay-KEEM va-YI-khar lish-mu-AYL va-yiz-AK el a-do-NAI kol ha-LAI-la

12 Early in the morning *Shmuel* went to meet *Shaul*. *Shmuel* was told, "*Shaul* went to *Carmel*, where he erected a monument for himself; then he left and went on down to *Gilgal*."

יב וַיַּשְׁכֵּם שְׁמוּאֵל לִקְרַאת שָׁאוּל בַּבֹּקֶר וַיֻּגַּד לִשְׁמוּאֵל לֵאמֹר בָּא־שָׁאוּל הַכַּרְמֶלָה וְהִנֵּה מַצִּיב לוֹ יָד וַיִּסֹּב וַיַּעֲבֹר וַיֵּרֶד הַגִּלְגָּל׃

13 When *Shmuel* came to *Shaul*, *Shaul* said to him, "Blessed are you of *Hashem*! I have fulfilled *Hashem*'s command."

יג וַיָּבֹא שְׁמוּאֵל אֶל־שָׁאוּל וַיֹּאמֶר לוֹ שָׁאוּל בָּרוּךְ אַתָּה לַיהֹוָה הֲקִימֹתִי אֶת־דְּבַר יְהֹוָה׃

14 "Then what," demanded *Shmuel*, "is this bleating of sheep in my ears, and the lowing of oxen that I hear?"

יד וַיֹּאמֶר שְׁמוּאֵל וּמֶה קוֹל־הַצֹּאן הַזֶּה בְּאׇזְנָי וְקוֹל הַבָּקָר אֲשֶׁר אָנֹכִי שֹׁמֵעַ׃

15:11 I regret that I made *Shaul* king *Shaul*'s error of not completely eradicating the evil Amalek costs him his kingdom. Yet, King *David*'s sin with *Batsheva* (II Samuel 11–12) does not have a similar result. In his *Book of the Principles*, Rabbi Yosef Albo, a philosopher in fifteenth century Spain, notes that King *David's* sin, though grave, is a personal one. Therefore, his punishment only impacts him and his family. However, King *Shaul's* transgression was of a national scope, impacting the future of the nation. In fact, the Rabbis of the *Midrash* teach that the evil Haman mentioned in *Megillat Esther* descends from Amalek's King *Agag*, whom *Shaul* kept alive long enough to father a child. Thus, the punishment has to be one that impacts his rule over the whole nation.

The Negev desert, home to biblical Amalek

15 *Shaul* answered, "They were brought from the Amalekites, for the troops spared the choicest of the sheep and oxen for sacrificing to *Hashem* your God. And we proscribed the rest."

טו וַיֹּאמֶר שָׁאוּל מֵעֲמָלֵקִי הֱבִיאוּם אֲשֶׁר חָמַל הָעָם עַל־מֵיטַב הַצֹּאן וְהַבָּקָר לְמַעַן זְבֹחַ לַיהֹוָה אֱלֹהֶיךָ וְאֶת־הַיּוֹתֵר הֶחֱרַמְנוּ׃

16 *Shmuel* said to *Shaul*, "Stop! Let me tell you what *Hashem* said to me last night!" "Speak," he replied.

טז וַיֹּאמֶר שְׁמוּאֵל אֶל־שָׁאוּל הֶרֶף וְאַגִּידָה לְּךָ אֵת אֲשֶׁר דִּבֶּר יְהֹוָה אֵלַי הַלָּיְלָה ויאמרו [וַיֹּאמֶר] לוֹ דַּבֵּר׃

17 And *Shmuel* said, "You may look small to yourself, but you are the head of the tribes of *Yisrael*. *Hashem* anointed you king over *Yisrael*,

יז וַיֹּאמֶר שְׁמוּאֵל הֲלוֹא אִם־קָטֹן אַתָּה בְּעֵינֶיךָ רֹאשׁ שִׁבְטֵי יִשְׂרָאֵל אָתָּה וַיִּמְשָׁחֲךָ יְהֹוָה לְמֶלֶךְ עַל־יִשְׂרָאֵל׃

18 and *Hashem* sent you on a mission, saying, 'Go and proscribe the sinful Amalekites; make war on them until you have exterminated them.'

יח וַיִּשְׁלָחֲךָ יְהֹוָה בְּדָרֶךְ וַיֹּאמֶר לֵךְ וְהַחֲרַמְתָּה אֶת־הַחַטָּאִים אֶת־עֲמָלֵק וְנִלְחַמְתָּ בוֹ עַד כַּלּוֹתָם אֹתָם׃

19 Why did you disobey *Hashem* and swoop down on the spoil in defiance of *Hashem*'s will?"

יט וְלָמָּה לֹא־שָׁמַעְתָּ בְּקוֹל יְהֹוָה וַתַּעַט אֶל־הַשָּׁלָל וַתַּעַשׂ הָרַע בְּעֵינֵי יְהֹוָה׃

20 *Shaul* said to *Shmuel*, "But I did obey *Hashem*! I performed the mission on which *Hashem* sent me: I captured King Agag of Amalek, and I proscribed Amalek,

כ וַיֹּאמֶר שָׁאוּל אֶל־שְׁמוּאֵל אֲשֶׁר שָׁמַעְתִּי בְּקוֹל יְהֹוָה וָאֵלֵךְ בַּדֶּרֶךְ אֲשֶׁר־שְׁלָחַנִי יְהֹוָה וָאָבִיא אֶת־אֲגַג מֶלֶךְ עֲמָלֵק וְאֶת־עֲמָלֵק הֶחֱרַמְתִּי׃

21 and the troops took from the spoil some sheep and oxen – the best of what had been proscribed – to sacrifice to *Hashem* your God at *Gilgal*."

כא וַיִּקַּח הָעָם מֵהַשָּׁלָל צֹאן וּבָקָר רֵאשִׁית הַחֵרֶם לִזְבֹּחַ לַיהֹוָה אֱלֹהֶיךָ בַּגִּלְגָּל׃

22 But *Shmuel* said: "Does *Hashem* delight in burnt offerings and sacrifices As much as in obedience to *Hashem*'s command? Surely, obedience is better than sacrifice, Compliance than the fat of rams.

כב וַיֹּאמֶר שְׁמוּאֵל הַחֵפֶץ לַיהֹוָה בְּעֹלוֹת וּזְבָחִים כִּשְׁמֹעַ בְּקוֹל יְהֹוָה הִנֵּה שְׁמֹעַ מִזֶּבַח טוֹב לְהַקְשִׁיב מֵחֵלֶב אֵילִים׃

23 For rebellion is like the sin of divination, Defiance, like the iniquity of teraphim. Because you rejected *Hashem*'s command, He has rejected you as king."

כג כִּי חַטַּאת־קֶסֶם מֶרִי וְאָוֶן וּתְרָפִים הַפְצַר יַעַן מָאַסְתָּ אֶת־דְּבַר יְהֹוָה וַיִּמְאָסְךָ מִמֶּלֶךְ׃

24 *Shaul* said to *Shmuel*, "I did wrong to transgress *Hashem*'s command and your instructions; but I was afraid of the troops and I yielded to them.

כד וַיֹּאמֶר שָׁאוּל אֶל־שְׁמוּאֵל חָטָאתִי כִּי־עָבַרְתִּי אֶת־פִּי־יְהֹוָה וְאֶת־דְּבָרֶיךָ כִּי יָרֵאתִי אֶת־הָעָם וָאֶשְׁמַע בְּקוֹלָם׃

25 Please, forgive my offense and come back with me, and I will bow low to *Hashem*."

כה וְעַתָּה שָׂא נָא אֶת־חַטָּאתִי וְשׁוּב עִמִּי וְאֶשְׁתַּחֲוֶה לַיהֹוָה׃

26 But *Shmuel* said to *Shaul*, "I will not go back with you; for you have rejected *Hashem*'s command, and *Hashem* has rejected you as king over *Yisrael*."

כו וַיֹּאמֶר שְׁמוּאֵל אֶל־שָׁאוּל לֹא אָשׁוּב עִמָּךְ כִּי מָאַסְתָּה אֶת־דְּבַר יְהֹוָה וַיִּמְאָסְךָ יְהֹוָה מִהְיוֹת מֶלֶךְ עַל־יִשְׂרָאֵל׃

27 As *Shmuel* turned to leave, *Shaul* seized the corner of his robe, and it tore.

כז וַיִּסֹּב שְׁמוּאֵל לָלֶכֶת וַיַּחֲזֵק בִּכְנַף־מְעִילוֹ וַיִּקָּרַע׃

28 And *Shmuel* said to him, "*Hashem* has this day torn the kingship over *Yisrael* away from you and has given it to another who is worthier than you.

כח וַיֹּאמֶר אֵלָיו שְׁמוּאֵל קָרַע יְהֹוָה אֶת־מַמְלְכוּת יִשְׂרָאֵל מֵעָלֶיךָ הַיּוֹם וּנְתָנָהּ לְרֵעֲךָ הַטּוֹב מִמֶּךָּ:

va-YO-mer ay-LAV sh'-mu-EL ka-RA a-do-NAI et mam-l'-KHUT yis-ra-AYL
may-a-LE-kha ha-YOM un-ta-NAH l'-ray-a-KHA ha-TOV mi-ME-ka

29 Moreover, the Glory of *Yisrael* does not deceive or change His mind, for He is not human that He should change His mind."

כט וְגַם נֵצַח יִשְׂרָאֵל לֹא יְשַׁקֵּר וְלֹא יִנָּחֵם כִּי לֹא אָדָם הוּא לְהִנָּחֵם:

v'-GAM NAY-tzakh yis-ra-AYL LO y'-sha-KAYR v'-LO
y'-na-KHAYM KEE LO a-DAM hu l'-hi-na-KHAYM

30 But [*Shaul*] pleaded, "I did wrong. Please, honor me in the presence of the elders of my people and in the presence of *Yisrael*, and come back with me until I have bowed low to *Hashem* your God."

ל וַיֹּאמֶר חָטָאתִי עַתָּה כַּבְּדֵנִי נָא נֶגֶד זִקְנֵי־עַמִּי וְנֶגֶד יִשְׂרָאֵל וְשׁוּב עִמִּי וְהִשְׁתַּחֲוֵיתִי לַיהֹוָה אֱלֹהֶיךָ:

31 So *Shmuel* followed *Shaul* back, and *Shaul* bowed low to *Hashem*.

לא וַיָּשָׁב שְׁמוּאֵל אַחֲרֵי שָׁאוּל וַיִּשְׁתַּחוּ שָׁאוּל לַיהֹוָה:

32 *Shmuel* said, "Bring forward to me King Agag of Amalek." Agag approached him with faltering steps; and Agag said, "Ah, bitter death is at hand!"

לב וַיֹּאמֶר שְׁמוּאֵל הַגִּישׁוּ אֵלַי אֶת־אֲגַג מֶלֶךְ עֲמָלֵק וַיֵּלֶךְ אֵלָיו אֲגַג מַעֲדַנֹּת וַיֹּאמֶר אֲגַג אָכֵן סָר מַר־הַמָּוֶת:

33 *Shmuel* said: "As your sword has bereaved women, So shall your mother be bereaved among women." And *Shmuel* cut Agag down before *Hashem* at *Gilgal*.

לג וַיֹּאמֶר שְׁמוּאֵל כַּאֲשֶׁר שִׁכְּלָה נָשִׁים חַרְבֶּךָ כֵּן־תִּשְׁכַּל מִנָּשִׁים אִמֶּךָ וַיְשַׁסֵּף שְׁמוּאֵל אֶת־אֲגַג לִפְנֵי יְהֹוָה בַּגִּלְגָּל:

34 *Shmuel* then departed for *Rama*, and *Shaul* went up to his home at *Giva* of *Shaul*.

לד וַיֵּלֶךְ שְׁמוּאֵל הָרָמָתָה וְשָׁאוּל עָלָה אֶל־בֵּיתוֹ גִּבְעַת שָׁאוּל:

35 *Shmuel* never saw *Shaul* again to the day of his death. But *Shmuel* grieved over *Shaul*, because *Hashem* regretted that He had made *Shaul* king over *Yisrael*.

לה וְלֹא־יָסַף שְׁמוּאֵל לִרְאוֹת אֶת־שָׁאוּל עַד־יוֹם מוֹתוֹ כִּי־הִתְאַבֵּל שְׁמוּאֵל אֶל־שָׁאוּל וַיהֹוָה נִחָם כִּי־הִמְלִיךְ אֶת־שָׁאוּל עַל־יִשְׂרָאֵל:

15:29 The Glory of *Yisrael* does not deceive When World War I broke out in 1914, many young Zionists perceived the crisis as an opportunity through which the political landscape of Palestine could be transformed to advance the dream of Jewish self-determination in their homeland. Sarah Aaronsohn, one of the first generation of native-born Zionists, was born in 1890 in Zichron Yaakov. With Aaronsohn at the helm, a young group of idealists formed a clandestine organization they called "NILI," which was a Hebrew acronym based on the phrase in this verse verse, *Netzach Yisrael Lo Yishaker* (נצח ישראל לא ישקר), 'The Glory of Israel does not deceive.'

NILI conducted espionage against the Ottoman authorities on behalf of the Allies. They hoped that with their assistance, the British would come to power and reward the Jews with an independent state in Palestine. In 1917, however, the Turks discovered Sarah Aaronsohn's espionage and arrested her. Despite interrogations and torture, she refused to disclose any information about NILI's efforts, taking her own life instead. She sacrificed her life for the millenia-old dream to promote the independence of the Jewish people. Sarah Aaronsohn is remembered to this day as a national hero of Israel.

Sarah Aaronsohn
(1890–1917)

16 1 And *Hashem* said to *Shmuel*, "How long will you grieve over *Shaul*, since I have rejected him as king over *Yisrael*? Fill your horn with oil and set out; I am sending you to *Yishai* the Bethlehemite, for I have decided on one of his sons to be king."

טז א וַיֹּאמֶר יְהֹוָה אֶל־שְׁמוּאֵל עַד־מָתַי אַתָּה מִתְאַבֵּל אֶל־שָׁאוּל וַאֲנִי מְאַסְתִּיו מִמְּלֹךְ עַל־יִשְׂרָאֵל מַלֵּא קַרְנְךָ שֶׁמֶן וְלֵךְ אֶשְׁלָחֲךָ אֶל־יִשַׁי בֵּית־הַלַּחְמִי כִּי־רָאִיתִי בְּבָנָיו לִי מֶלֶךְ׃

2 *Shmuel* replied, "How can I go? If *Shaul* hears of it, he will kill me." *Hashem* answered, "Take a heifer with you, and say, 'I have come to sacrifice to *Hashem*.'

ב וַיֹּאמֶר שְׁמוּאֵל אֵיךְ אֵלֵךְ וְשָׁמַע שָׁאוּל וַהֲרָגָנִי וַיֹּאמֶר יְהֹוָה עֶגְלַת בָּקָר תִּקַּח בְּיָדֶךָ וְאָמַרְתָּ לִזְבֹּחַ לַיהֹוָה בָּאתִי׃

3 Invite *Yishai* to the sacrificial feast, and then I will make known to you what you shall do; you shall anoint for Me the one I point out to you."

ג וְקָרָאתָ לְיִשַׁי בַּזָּבַח וְאָנֹכִי אוֹדִיעֲךָ אֵת אֲשֶׁר־תַּעֲשֶׂה וּמָשַׁחְתָּ לִי אֵת אֲשֶׁר־אֹמַר אֵלֶיךָ׃

4 *Shmuel* did what *Hashem* commanded. When he came to *Beit Lechem*, the elders of the city went out in alarm to meet him and said, "Do you come on a peaceful errand?"

ד וַיַּעַשׂ שְׁמוּאֵל אֵת אֲשֶׁר דִּבֶּר יְהֹוָה וַיָּבֹא בֵּית לָחֶם וַיֶּחֶרְדוּ זִקְנֵי הָעִיר לִקְרָאתוֹ וַיֹּאמֶר שָׁלֹם בּוֹאֶךָ׃

5 "Yes," he replied, "I have come to sacrifice to *Hashem*. Purify yourselves and join me in the sacrificial feast." He also instructed *Yishai* and his sons to purify themselves and invited them to the sacrificial feast.

ה וַיֹּאמֶר שָׁלוֹם לִזְבֹּחַ לַיהֹוָה בָּאתִי הִתְקַדְּשׁוּ וּבָאתֶם אִתִּי בַּזָּבַח וַיְקַדֵּשׁ אֶת־יִשַׁי וְאֶת־בָּנָיו וַיִּקְרָא לָהֶם לַזָּבַח׃

6 When they arrived and he saw *Eliav*, he thought: "Surely *Hashem*'s anointed stands before Him."

ו וַיְהִי בְּבוֹאָם וַיַּרְא אֶת־אֱלִיאָב וַיֹּאמֶר אַךְ נֶגֶד יְהֹוָה מְשִׁיחוֹ׃

7 But *Hashem* said to *Shmuel*, "Pay no attention to his appearance or his stature, for I have rejected him. For not as man sees [does *Hashem* see]; man sees only what is visible, but *Hashem* sees into the heart."

ז וַיֹּאמֶר יְהֹוָה אֶל־שְׁמוּאֵל אַל־תַּבֵּט אֶל־מַרְאֵהוּ וְאֶל־גְּבֹהַּ קוֹמָתוֹ כִּי מְאַסְתִּיהוּ כִּי לֹא אֲשֶׁר יִרְאֶה הָאָדָם כִּי הָאָדָם יִרְאֶה לַעֵינַיִם וַיהֹוָה יִרְאֶה לַלֵּבָב׃

8 Then *Yishai* called *Avinadav* and had him pass before *Shmuel*; but he said, "*Hashem* has not chosen this one either."

ח וַיִּקְרָא יִשַׁי אֶל־אֲבִינָדָב וַיַּעֲבִרֵהוּ לִפְנֵי שְׁמוּאֵל וַיֹּאמֶר גַּם־בָּזֶה לֹא־בָחַר יְהֹוָה׃

9 Next *Yishai* presented Shammah; and again he said, "*Hashem* has not chosen this one either."

ט וַיַּעֲבֵר יִשַׁי שַׁמָּה וַיֹּאמֶר גַּם־בָּזֶה לֹא־בָחַר יְהֹוָה׃

10 Thus *Yishai* presented seven of his sons before *Shmuel*, and *Shmuel* said to *Yishai*, "*Hashem* has not chosen any of these."

י וַיַּעֲבֵר יִשַׁי שִׁבְעַת בָּנָיו לִפְנֵי שְׁמוּאֵל וַיֹּאמֶר שְׁמוּאֵל אֶל־יִשַׁי לֹא־בָחַר יְהֹוָה בָּאֵלֶּה׃

11 Then *Shmuel* asked *Yishai*, "Are these all the boys you have?" He replied, "There is still the youngest; he is tending the flock." And *Shmuel* said to *Yishai*, "Send someone to bring him, for we will not sit down to eat until he gets here."

יא וַיֹּאמֶר שְׁמוּאֵל אֶל־יִשַׁי הֲתַמּוּ הַנְּעָרִים וַיֹּאמֶר עוֹד שָׁאַר הַקָּטָן וְהִנֵּה רֹעֶה בַּצֹּאן וַיֹּאמֶר שְׁמוּאֵל אֶל־יִשַׁי שִׁלְחָה וְקָחֶנּוּ כִּי לֹא־נָסֹב עַד־בֹּאוֹ פֹה׃

va-YO-mer sh'-mu-AYL el yi-SHAI ha-TA-mu ha-n'-a-REEM va-YO-mer OD sha-AR ha-ka-TAN v'-hi-NAY ro-EH ba-TZON va-YO-mer sh'-mu-EL el yi-SHAI shil-KHAH v'-ka-KHE-nu kee LO na-SOV ad bo-O FOH

12 So they sent and brought him. He was ruddy-cheeked, bright-eyed, and handsome. And *Hashem* said, "Rise and anoint him, for this is the one."

יב וַיִּשְׁלַח וַיְבִיאֵהוּ וְהוּא אַדְמוֹנִי עִם־יְפֵה עֵינַיִם וְטוֹב רֹאִי וַיֹּאמֶר יְהֹוָה קוּם מְשָׁחֵהוּ כִּי־זֶה הוּא׃

13 *Shmuel* took the horn of oil and anointed him in the presence of his brothers; and the spirit of *Hashem* gripped *David* from that day on. *Shmuel* then set out for *Rama*.

יג וַיִּקַּח שְׁמוּאֵל אֶת־קֶרֶן הַשֶּׁמֶן וַיִּמְשַׁח אֹתוֹ בְּקֶרֶב אֶחָיו וַתִּצְלַח רוּחַ־יְהֹוָה אֶל־דָּוִד מֵהַיּוֹם הַהוּא וָמָעְלָה וַיָּקָם שְׁמוּאֵל וַיֵּלֶךְ הָרָמָתָה׃

14 Now the spirit of *Hashem* had departed from *Shaul*, and an evil spirit from *Hashem* began to terrify him.

יד וְרוּחַ יְהֹוָה סָרָה מֵעִם שָׁאוּל וּבִעֲתַתּוּ רוּחַ־רָעָה מֵאֵת יְהֹוָה׃

15 *Shaul*'s courtiers said to him, "An evil spirit of *Hashem* is terrifying you.

טו וַיֹּאמְרוּ עַבְדֵי־שָׁאוּל אֵלָיו הִנֵּה־נָא רוּחַ־אֱלֹהִים רָעָה מְבַעִתֶּךָ׃

16 Let our lord give the order [and] the courtiers in attendance on you will look for someone who is skilled at playing the lyre; whenever the evil spirit of *Hashem* comes over you, he will play it and you will feel better."

טז יֹאמַר־נָא אֲדֹנֵנוּ עֲבָדֶיךָ לְפָנֶיךָ יְבַקְשׁוּ אִישׁ יֹדֵעַ מְנַגֵּן בַּכִּנּוֹר וְהָיָה בִּהְיוֹת עָלֶיךָ רוּחַ־אֱלֹהִים רָעָה וְנִגֵּן בְּיָדוֹ וְטוֹב לָךְ׃

17 So *Shaul* said to his courtiers, "Find me someone who can play well and bring him to me."

יז וַיֹּאמֶר שָׁאוּל אֶל־עֲבָדָיו רְאוּ־נָא לִי אִישׁ מֵיטִיב לְנַגֵּן וַהֲבִיאוֹתֶם אֵלָי׃

18 One of the attendants spoke up, "I have observed a son of *Yishai* the Bethlehemite who is skilled in music; he is a stalwart fellow and a warrior, sensible in speech, and handsome in appearance, and *Hashem* is with him."

יח וַיַּעַן אֶחָד מֵהַנְּעָרִים וַיֹּאמֶר הִנֵּה רָאִיתִי בֵּן לְיִשַׁי בֵּית הַלַּחְמִי יֹדֵעַ נַגֵּן וְגִבּוֹר חַיִל וְאִישׁ מִלְחָמָה וּנְבוֹן דָּבָר וְאִישׁ תֹּאַר וַיהֹוָה עִמּוֹ׃

19 Whereupon *Shaul* sent messengers to *Yishai* to say, "Send me your son *David*, who is with the flock."

יט וַיִּשְׁלַח שָׁאוּל מַלְאָכִים אֶל־יִשָׁי וַיֹּאמֶר שִׁלְחָה אֵלַי אֶת־דָּוִד בִּנְךָ אֲשֶׁר בַּצֹּאן׃

20 *Yishai* took an ass [laden with] bread, a skin of wine, and a kid, and sent them to *Shaul* by his son *David*.

כ וַיִּקַּח יִשַׁי חֲמוֹר לֶחֶם וְנֹאד יַיִן וּגְדִי עִזִּים אֶחָד וַיִּשְׁלַח בְּיַד־דָּוִד בְּנוֹ אֶל־שָׁאוּל׃

21 So *David* came to *Shaul* and entered his service; [*Shaul*] took a strong liking to him and made him one of his arms-bearers.

כא וַיָּבֹא דָוִד אֶל־שָׁאוּל וַיַּעֲמֹד לְפָנָיו וַיֶּאֱהָבֵהוּ מְאֹד וַיְהִי־לוֹ נֹשֵׂא כֵלִים׃

22 *Shaul* sent word to *Yishai*, "Let *David* remain in my service, for I am pleased with him."

כב וַיִּשְׁלַח שָׁאוּל אֶל־יִשַׁי לֵאמֹר יַעֲמָד־נָא דָוִד לְפָנַי כִּי־מָצָא חֵן בְּעֵינָי׃

Shepherd in the Kidron Valley

16:11 There is still the youngest; he is tending the flock Young *David* is not the only great leader of the Children of Israel who was a shepherd before *Hashem* called him to a leadership role. For example, *Moshe* was also a shepherd. Shepherds bear great responsibility for the flock as a whole, and also for each individual sheep. Each one must be cared for, and must be counted as part of the flock for tithing. This is perfect training for leaders, who must lead the nation as a whole, and also maintain concern and compassion for each individual.

23 Whenever the [evil] spirit of *Hashem* came upon *Shaul*, *David* would take the lyre and play it; *Shaul* would find relief and feel better, and the evil spirit would leave him.

כג וְהָיָה בִּהְיוֹת רוּחַ־אֱלֹהִים אֶל־שָׁאוּל וְלָקַח דָּוִד אֶת־הַכִּנּוֹר וְנִגֵּן בְּיָדוֹ וְרָוַח לְשָׁאוּל וְטוֹב לוֹ וְסָרָה מֵעָלָיו רוּחַ הָרָעָה:

17 1 The Philistines assembled their forces for battle; they massed at Socoh of *Yehuda*, and encamped at Ephes-dammim, between Socoh and *Azeika*.

יז א וַיַּאַסְפוּ פְלִשְׁתִּים אֶת־מַחֲנֵיהֶם לַמִּלְחָמָה וַיֵּאָסְפוּ שֹׂכֹה אֲשֶׁר לִיהוּדָה וַיַּחֲנוּ בֵּין־שׂוֹכֹה וּבֵין־עֲזֵקָה בְּאֶפֶס דַּמִּים:

2 *Shaul* and the men of *Yisrael* massed and encamped in the valley of Elah. They drew up their line of battle against the Philistines,

ב וְשָׁאוּל וְאִישׁ־יִשְׂרָאֵל נֶאֶסְפוּ וַיַּחֲנוּ בְּעֵמֶק הָאֵלָה וַיַּעַרְכוּ מִלְחָמָה לִקְרַאת פְּלִשְׁתִּים:

3 with the Philistines stationed on one hill and *Yisrael* stationed on the opposite hill; the ravine was between them.

ג וּפְלִשְׁתִּים עֹמְדִים אֶל־הָהָר מִזֶּה וְיִשְׂרָאֵל עֹמְדִים אֶל־הָהָר מִזֶּה וְהַגַּיְא בֵּינֵיהֶם:

4 A champion of the Philistine forces stepped forward; his name was Goliath of Gath, and he was six *amot* and a *zeret* tall.

ד וַיֵּצֵא אִישׁ־הַבֵּנַיִם מִמַּחֲנוֹת פְּלִשְׁתִּים גָּלְיָת שְׁמוֹ מִגַּת גָּבְהוֹ שֵׁשׁ אַמּוֹת וָזָרֶת:

5 He had a bronze helmet on his head, and wore a breastplate of scale armor, a bronze breastplate weighing five thousand *shekalim*.

ה וְכוֹבַע נְחֹשֶׁת עַל־רֹאשׁוֹ וְשִׁרְיוֹן קַשְׂקַשִּׂים הוּא לָבוּשׁ וּמִשְׁקַל הַשִּׁרְיוֹן חֲמֵשֶׁת־אֲלָפִים שְׁקָלִים נְחֹשֶׁת:

6 He had bronze greaves on his legs, and a bronze javelin [slung] from his shoulders.

ו וּמִצְחַת נְחֹשֶׁת עַל־רַגְלָיו וְכִידוֹן נְחֹשֶׁת בֵּין כְּתֵפָיו:

7 The shaft of his spear was like a weaver's bar, and the iron head of his spear weighed six hundred *shekalim*; and the shield-bearer marched in front of him.

ז וחץ [וְעֵץ] חֲנִיתוֹ כִּמְנוֹר אֹרְגִים וְלַהֶבֶת חֲנִיתוֹ שֵׁשׁ־מֵאוֹת שְׁקָלִים בַּרְזֶל וְנֹשֵׂא הַצִּנָּה הֹלֵךְ לְפָנָיו:

8 He stopped and called out to the ranks of *Yisrael* and he said to them, "Why should you come out to engage in battle? I am the Philistine [champion], and you are *Shaul*'s servants. Choose one of your men and let him come down against me.

ח וַיַּעֲמֹד וַיִּקְרָא אֶל־מַעַרְכֹת יִשְׂרָאֵל וַיֹּאמֶר לָהֶם לָמָּה תֵצְאוּ לַעֲרֹךְ מִלְחָמָה הֲלוֹא אָנֹכִי הַפְּלִשְׁתִּי וְאַתֶּם עֲבָדִים לְשָׁאוּל בְּרוּ־לָכֶם אִישׁ וְיֵרֵד אֵלָי:

9 If he bests me in combat and kills me, we will become your slaves; but if I best him and kill him, you shall be our slaves and serve us."

ט אִם־יוּכַל לְהִלָּחֵם אִתִּי וְהִכָּנִי וְהָיִינוּ לָכֶם לַעֲבָדִים וְאִם־אֲנִי אוּכַל־לוֹ וְהִכִּיתִיו וִהְיִיתֶם לָנוּ לַעֲבָדִים וַעֲבַדְתֶּם אֹתָנוּ:

10 And the Philistine ended, "I herewith defy the ranks of *Yisrael*. Get me a man and let's fight it out!"

י וַיֹּאמֶר הַפְּלִשְׁתִּי אֲנִי חֵרַפְתִּי אֶת־מַעַרְכוֹת יִשְׂרָאֵל הַיּוֹם הַזֶּה תְּנוּ־לִי אִישׁ וְנִלָּחֲמָה יָחַד:

11 When *Shaul* and all *Yisrael* heard these words of the Philistine, they were dismayed and terror-stricken.

יא וַיִּשְׁמַע שָׁאוּל וְכָל־יִשְׂרָאֵל אֶת־דִּבְרֵי הַפְּלִשְׁתִּי הָאֵלֶּה וַיֵּחַתּוּ וַיִּרְאוּ מְאֹד:

12 *David* was the son of a certain Ephrathite of *Beit Lechem* in *Yehuda* whose name was *Yishai*. He had eight sons, and in the days of *Shaul* the man was already old, advanced in years.

יב וְדָוִד בֶּן־אִישׁ אֶפְרָתִי הַזֶּה מִבֵּית לֶחֶם יְהוּדָה וּשְׁמוֹ יִשַׁי וְלוֹ שְׁמֹנָה בָנִים וְהָאִישׁ בִּימֵי שָׁאוּל זָקֵן בָּא בַאֲנָשִׁים:

13 The three oldest sons of *Yishai* had left and gone with *Shaul* to the war. The names of his three sons who had gone to the war were *Eliav* the first-born, the next *Avinadav*, and the third Shammah;

יג וַיֵּלְכוּ שְׁלֹשֶׁת בְּנֵי־יִשַׁי הַגְּדֹלִים הָלְכוּ אַחֲרֵי־שָׁאוּל לַמִּלְחָמָה וְשֵׁם שְׁלֹשֶׁת בָּנָיו אֲשֶׁר הָלְכוּ בַּמִּלְחָמָה אֱלִיאָב הַבְּכוֹר וּמִשְׁנֵהוּ אֲבִינָדָב וְהַשְּׁלִשִׁי שַׁמָּה:

14 and *David* was the youngest. The three oldest had followed *Shaul*,

יד וְדָוִד הוּא הַקָּטָן וּשְׁלֹשָׁה הַגְּדֹלִים הָלְכוּ אַחֲרֵי שָׁאוּל:

15 and *David* would go back and forth from attending on *Shaul* to shepherd his father's flock at *Beit Lechem*.

טו וְדָוִד הֹלֵךְ וָשָׁב מֵעַל שָׁאוּל לִרְעוֹת אֶת־צֹאן אָבִיו בֵּית־לָחֶם:

16 The Philistine stepped forward morning and evening and took his stand for forty days.

טז וַיִּגַּשׁ הַפְּלִשְׁתִּי הַשְׁכֵּם וְהַעֲרֵב וַיִּתְיַצֵּב אַרְבָּעִים יוֹם:

17 *Yishai* said to his son *David*, "Take an *efah* of this parched corn and these ten loaves of bread for your brothers, and carry them quickly to your brothers in camp.

יז וַיֹּאמֶר יִשַׁי לְדָוִד בְּנוֹ קַח־נָא לְאַחֶיךָ אֵיפַת הַקָּלִיא הַזֶּה וַעֲשָׂרָה לֶחֶם הַזֶּה וְהָרֵץ הַמַּחֲנֶה לְאַחֶיךָ:

18 Take these ten cheeses to the captain of their thousand. Find out how your brothers are and bring some token from them."

יח וְאֵת עֲשֶׂרֶת חֲרִצֵי הֶחָלָב הָאֵלֶּה תָּבִיא לְשַׂר־הָאָלֶף וְאֶת־אַחֶיךָ תִּפְקֹד לְשָׁלוֹם וְאֶת־עֲרֻבָּתָם תִּקָּח:

19 *Shaul* and the brothers and all the men of *Yisrael* were in the valley of Elah, in the war against the Philistines.

יט וְשָׁאוּל וְהֵמָּה וְכָל־אִישׁ יִשְׂרָאֵל בְּעֵמֶק הָאֵלָה נִלְחָמִים עִם־פְּלִשְׁתִּים:

20 Early next morning, *David* left someone in charge of the flock, took [the provisions], and set out, as his father *Yishai* had instructed him. He reached the barricade as the army was going out to the battle lines shouting the war cry.

כ וַיַּשְׁכֵּם דָּוִד בַּבֹּקֶר וַיִּטֹּשׁ אֶת־הַצֹּאן עַל־שֹׁמֵר וַיִּשָּׂא וַיֵּלֶךְ כַּאֲשֶׁר צִוָּהוּ יִשָׁי וַיָּבֹא הַמַּעְגָּלָה וְהַחַיִל הַיֹּצֵא אֶל־הַמַּעֲרָכָה וְהֵרֵעוּ בַּמִּלְחָמָה:

21 *Yisrael* and the Philistines drew up their battle lines opposite each other.

כא וַתַּעֲרֹךְ יִשְׂרָאֵל וּפְלִשְׁתִּים מַעֲרָכָה לִקְרַאת מַעֲרָכָה:

22 *David* left his baggage with the man in charge of the baggage and ran toward the battle line and went to greet his brothers.

כב וַיִּטֹּשׁ דָּוִד אֶת־הַכֵּלִים מֵעָלָיו עַל־יַד שׁוֹמֵר הַכֵּלִים וַיָּרָץ הַמַּעֲרָכָה וַיָּבֹא וַיִּשְׁאַל לְאֶחָיו לְשָׁלוֹם:

23 While he was talking to them, the champion, whose name was Goliath, the Philistine of Gath, stepped forward from the Philistine ranks and spoke the same words as before; and *David* heard him.

כג וְהוּא מְדַבֵּר עִמָּם וְהִנֵּה אִישׁ הַבֵּנַיִם עוֹלֶה גָּלְיָת הַפְּלִשְׁתִּי שְׁמוֹ מִגַּת ממערות [מִמַּעַרְכוֹת] פְּלִשְׁתִּים וַיְדַבֵּר כַּדְּבָרִים הָאֵלֶּה וַיִּשְׁמַע דָּוִד:

24 When the men of *Yisrael* saw the man, they fled in terror.

כד וְכֹל אִישׁ יִשְׂרָאֵל בִּרְאוֹתָם אֶת־הָאִישׁ וַיָּנֻסוּ מִפָּנָיו וַיִּירְאוּ מְאֹד:

41

²⁵ And the men of *Yisrael* were saying [among themselves], "Do you see that man coming out? He comes out to defy *Yisrael*! The man who kills him will be rewarded by the king with great riches; he will also give him his daughter in marriage and grant exemption to his father's house in *Yisrael*."

וַיֹּאמֶר אִישׁ יִשְׂרָאֵל הַרְּאִיתֶם הָאִישׁ הָעֹלֶה הַזֶּה כִּי לְחָרֵף אֶת־יִשְׂרָאֵל עֹלֶה וְהָיָה הָאִישׁ אֲשֶׁר־יַכֶּנּוּ יַעְשְׁרֶנּוּ הַמֶּלֶךְ עֹשֶׁר גָּדוֹל וְאֶת־בִּתּוֹ יִתֶּן־לוֹ וְאֵת בֵּית אָבִיו יַעֲשֶׂה חָפְשִׁי בְּיִשְׂרָאֵל: כה

²⁶ *David* asked the men standing near him, "What will be done for the man who kills that Philistine and removes the disgrace from *Yisrael*? Who is that uncircumcised Philistine that he dares defy the ranks of the living God?"

וַיֹּאמֶר דָּוִד אֶל־הָאֲנָשִׁים הָעֹמְדִים עִמּוֹ לֵאמֹר מַה־יֵּעָשֶׂה לָאִישׁ אֲשֶׁר יַכֶּה אֶת־הַפְּלִשְׁתִּי הַלָּז וְהֵסִיר חֶרְפָּה מֵעַל יִשְׂרָאֵל כִּי מִי הַפְּלִשְׁתִּי הֶעָרֵל הַזֶּה כִּי חֵרֵף מַעַרְכוֹת אֱלֹהִים חַיִּים: כו

va-YO-mer da-VID el ha-a-na-SHEEM ha-o-m'-DEEM i-MO lay-MOR
mah yay-a-SEH la-EESH a-SHER ya-KEH et ha-p'-lish-TEE ha-LAZ
v'-hay-SEER kher-PAH may-AL yis-ra-AYL KEE MEE ha-p'-lish-TEE
he-a-RAYL ha-ZEH KEE khay-RAYF ma-ar-KHOT e-lo-HEEM kha-YEEM

²⁷ The troops told him in the same words what would be done for the man who killed him.

וַיֹּאמֶר לוֹ הָעָם כַּדָּבָר הַזֶּה לֵאמֹר כֹּה יֵעָשֶׂה לָאִישׁ אֲשֶׁר יַכֶּנּוּ: כז

²⁸ When *Eliav*, his oldest brother, heard him speaking to the men, *Eliav* became angry with *David* and said, "Why did you come down here, and with whom did you leave those few sheep in the wilderness? I know your impudence and your impertinence: you came down to watch the fighting!"

וַיִּשְׁמַע אֱלִיאָב אָחִיו הַגָּדוֹל בְּדַבְּרוֹ אֶל־הָאֲנָשִׁים וַיִּחַר־אַף אֱלִיאָב בְּדָוִד וַיֹּאמֶר לָמָּה־זֶּה יָרַדְתָּ וְעַל־מִי נָטַשְׁתָּ מְעַט הַצֹּאן הָהֵנָּה בַּמִּדְבָּר אֲנִי יָדַעְתִּי אֶת־זְדֹנְךָ וְאֵת רֹעַ לְבָבֶךָ כִּי לְמַעַן רְאוֹת הַמִּלְחָמָה יָרָדְתָּ: כח

²⁹ But *David* replied, "What have I done now? I was only asking!"

וַיֹּאמֶר דָּוִד מֶה עָשִׂיתִי עָתָּה הֲלוֹא דָּבָר הוּא: כט

³⁰ And he turned away from him toward someone else; he asked the same question, and the troops gave him the same answer as before.

וַיִּסֹּב מֵאֶצְלוֹ אֶל־מוּל אַחֵר וַיֹּאמֶר כַּדָּבָר הַזֶּה וַיְשִׁבֻהוּ הָעָם דָּבָר כַּדָּבָר הָרִאשׁוֹן: ל

³¹ The things *David* said were overheard and were reported to *Shaul*, who had him brought over.

וַיִּשָּׁמְעוּ הַדְּבָרִים אֲשֶׁר דִּבֶּר דָּוִד וַיַּגִּדוּ לִפְנֵי־שָׁאוּל וַיִּקָּחֵהוּ: לא

³² *David* said to *Shaul*, "Let no man's courage fail him. Your servant will go and fight that Philistine!"

וַיֹּאמֶר דָּוִד אֶל־שָׁאוּל אַל־יִפֹּל לֵב־אָדָם עָלָיו עַבְדְּךָ יֵלֵךְ וְנִלְחַם עִם־הַפְּלִשְׁתִּי הַזֶּה: לב

17:26 That he dares defy the ranks of the living God? *David* expresses his conviction that the battle against Goliath and the Philistines is far more than an ordinary military affair. Goliath taunts the entire Nation of Israel, and thus by extension, the God of Israel. Defeating him is therefore not only a military necessity, but also a spiritual imperative. *David* understands that an attack on the People of Israel is always an attack on God Himself, and is prepared to risk his life to defeat Goliath in order to defend the nation and God's honor. *Hashem* responds by granting the nation a miraculous victory at the hands of the young *David*. We see similar stories in our own generation, when the small Nation of Israel has miraculously defeated armies far larger than their own, and whose citizens have frequently seen the hand of God intervening to save Jews from peril.

Valley of Elah where *David* fought Goliath

33 But *Shaul* said to *David*, "You cannot go to that Philistine and fight him; you are only a boy, and he has been a warrior from his youth!"	לג וַיֹּאמֶר שָׁאוּל אֶל־דָּוִד לֹא תוּכַל לָלֶכֶת אֶל־הַפְּלִשְׁתִּי הַזֶּה לְהִלָּחֵם עִמּוֹ כִּי־נַעַר אַתָּה וְהוּא אִישׁ מִלְחָמָה מִנְּעֻרָיו׃
34 *David* replied to *Shaul*, "Your servant has been tending his father's sheep, and if a lion or a bear came and carried off an animal from the flock,	לד וַיֹּאמֶר דָּוִד אֶל־שָׁאוּל רֹעֶה הָיָה עַבְדְּךָ לְאָבִיו בַּצֹּאן וּבָא הָאֲרִי וְאֶת־הַדּוֹב וְנָשָׂא שֶׂה מֵהָעֵדֶר׃
35 I would go after it and fight it and rescue it from its mouth. And if it attacked me, I would seize it by the beard and strike it down and kill it.	לה וְיָצָאתִי אַחֲרָיו וְהִכִּתִיו וְהִצַּלְתִּי מִפִּיו וַיָּקָם עָלַי וְהֶחֱזַקְתִּי בִּזְקָנוֹ וְהִכִּתִיו וַהֲמִיתִּיו׃
36 Your servant has killed both lion and bear; and that uncircumcised Philistine shall end up like one of them, for he has defied the ranks of the living *Hashem*.	לו גַּם אֶת־הָאֲרִי גַּם־הַדּוֹב הִכָּה עַבְדֶּךָ וְהָיָה הַפְּלִשְׁתִּי הֶעָרֵל הַזֶּה כְּאַחַד מֵהֶם כִּי חֵרֵף מַעַרְכֹת אֱלֹהִים חַיִּים׃
37 *Hashem*," *David* went on, "who saved me from lion and bear will also save me from that Philistine." "Then go," *Shaul* said to *David*, "and may *Hashem* be with you!"	לז וַיֹּאמֶר דָּוִד יְהֹוָה אֲשֶׁר הִצִּלַנִי מִיַּד הָאֲרִי וּמִיַּד הַדֹּב הוּא יַצִּילֵנִי מִיַּד הַפְּלִשְׁתִּי הַזֶּה וַיֹּאמֶר שָׁאוּל אֶל־דָּוִד לֵךְ וַיהֹוָה יִהְיֶה עִמָּךְ׃
38 *Shaul* clothed *David* in his own garment; he placed a bronze helmet on his head and fastened a breastplate on him.	לח וַיַּלְבֵּשׁ שָׁאוּל אֶת־דָּוִד מַדָּיו וְנָתַן קוֹבַע נְחֹשֶׁת עַל־רֹאשׁוֹ וַיַּלְבֵּשׁ אֹתוֹ שִׁרְיוֹן׃
39 *David* girded his sword over his garment. Then he tried to walk; but he was not used to it. And *David* said to *Shaul*, "I cannot walk in these, for I am not used to them." So *David* took them off.	לט וַיַּחְגֹּר דָּוִד אֶת־חַרְבּוֹ מֵעַל לְמַדָּיו וַיֹּאֶל לָלֶכֶת כִּי לֹא־נִסָּה וַיֹּאמֶר דָּוִד אֶל־שָׁאוּל לֹא אוּכַל לָלֶכֶת בָּאֵלֶּה כִּי לֹא נִסִּיתִי וַיְסִרֵם דָּוִד מֵעָלָיו׃
40 He took his stick, picked a few smooth stones from the wadi, put them in the pocket of his shepherd's bag and, sling in hand, he went toward the Philistine.	מ וַיִּקַּח מַקְלוֹ בְּיָדוֹ וַיִּבְחַר־לוֹ חֲמִשָּׁה חַלֻּקֵי־אֲבָנִים מִן־הַנַּחַל וַיָּשֶׂם אֹתָם בִּכְלִי הָרֹעִים אֲשֶׁר־לוֹ וּבַיַּלְקוּט וְקַלְעוֹ בְיָדוֹ וַיִּגַּשׁ אֶל־הַפְּלִשְׁתִּי׃
41 The Philistine, meanwhile, was coming closer to *David*, preceded by his shield-bearer.	מא וַיֵּלֶךְ הַפְּלִשְׁתִּי הֹלֵךְ וְקָרֵב אֶל־דָּוִד וְהָאִישׁ נֹשֵׂא הַצִּנָּה לְפָנָיו׃
42 When the Philistine caught sight of *David*, he scorned him, for he was but a boy, ruddy and handsome.	מב וַיַּבֵּט הַפְּלִשְׁתִּי וַיִּרְאֶה אֶת־דָּוִד וַיִּבְזֵהוּ כִּי־הָיָה נַעַר וְאַדְמֹנִי עִם־יְפֵה מַרְאֶה׃
43 And the Philistine called out to *David*, "Am I a dog that you come against me with sticks?" The Philistine cursed *David* by his gods;	מג וַיֹּאמֶר הַפְּלִשְׁתִּי אֶל־דָּוִד הֲכֶלֶב אָנֹכִי כִּי־אַתָּה בָא־אֵלַי בַּמַּקְלוֹת וַיְקַלֵּל הַפְּלִשְׁתִּי אֶת־דָּוִד בֵּאלֹהָיו׃
44 and the Philistine said to *David*, "Come here, and I will give your flesh to the birds of the sky and the beasts of the field."	מד וַיֹּאמֶר הַפְּלִשְׁתִּי אֶל־דָּוִד לְכָה אֵלַי וְאֶתְּנָה אֶת־בְּשָׂרְךָ לְעוֹף הַשָּׁמַיִם וּלְבֶהֱמַת הַשָּׂדֶה׃
45 *David* replied to the Philistine, "You come against me with sword and spear and javelin; but I come against you in the name of the LORD of Hosts, the God of the ranks of *Yisrael*, whom you have defied.	מה וַיֹּאמֶר דָּוִד אֶל־הַפְּלִשְׁתִּי אַתָּה בָּא אֵלַי בְּחֶרֶב וּבַחֲנִית וּבְכִידוֹן וְאָנֹכִי בָא־אֵלֶיךָ בְּשֵׁם יְהֹוָה צְבָאוֹת אֱלֹהֵי מַעַרְכוֹת יִשְׂרָאֵל אֲשֶׁר חֵרַפְתָּ׃

46 This very day *Hashem* will deliver you into my hands. I will kill you and cut off your head; and I will give the carcasses of the Philistine camp to the birds of the sky and the beasts of the earth. All the earth shall know that there is a *Hashem* in *Yisrael*.

מו הַיּוֹם הַזֶּה יְסַגֶּרְךָ יְהוָה בְּיָדִי וְהִכִּיתִךָ וַהֲסִרֹתִי אֶת־רֹאשְׁךָ מֵעָלֶיךָ וְנָתַתִּי פֶּגֶר מַחֲנֵה פְלִשְׁתִּים הַיּוֹם הַזֶּה לְעוֹף הַשָּׁמַיִם וּלְחַיַּת הָאָרֶץ וְיֵדְעוּ כָּל־הָאָרֶץ כִּי יֵשׁ אֱלֹהִים לְיִשְׂרָאֵל:

47 And this whole assembly shall know that *Hashem* can give victory without sword or spear. For the battle is *Hashem*'s, and He will deliver you into our hands."

מז וְיֵדְעוּ כָּל־הַקָּהָל הַזֶּה כִּי־לֹא בְּחֶרֶב וּבַחֲנִית יְהוֹשִׁיעַ יְהוָה כִּי לַיהוָה הַמִּלְחָמָה וְנָתַן אֶתְכֶם בְּיָדֵנוּ:

48 When the Philistine began to advance toward him again, *David* quickly ran up to the battle line to face the Philistine.

מח וְהָיָה כִּי־קָם הַפְּלִשְׁתִּי וַיֵּלֶךְ וַיִּקְרַב לִקְרַאת דָּוִד וַיְמַהֵר דָּוִד וַיָּרָץ הַמַּעֲרָכָה לִקְרַאת הַפְּלִשְׁתִּי:

49 *David* put his hand into the bag; he took out a stone and slung it. It struck the Philistine in the forehead; the stone sank into his forehead, and he fell face down on the ground.

מט וַיִּשְׁלַח דָּוִד אֶת־יָדוֹ אֶל־הַכֶּלִי וַיִּקַּח מִשָּׁם אֶבֶן וַיְקַלַּע וַיַּךְ אֶת־הַפְּלִשְׁתִּי אֶל־מִצְחוֹ וַתִּטְבַּע הָאֶבֶן בְּמִצְחוֹ וַיִּפֹּל עַל־פָּנָיו אָרְצָה:

50 Thus *David* bested the Philistine with sling and stone; he struck him down and killed him. *David* had no sword;

נ וַיֶּחֱזַק דָּוִד מִן־הַפְּלִשְׁתִּי בַּקֶּלַע וּבָאֶבֶן וַיַּךְ אֶת־הַפְּלִשְׁתִּי וַיְמִיתֵהוּ וְחֶרֶב אֵין בְּיַד־דָּוִד:

51 so *David* ran up and stood over the Philistine, grasped his sword and pulled it from its sheath; and with it he dispatched him and cut off his head. When the Philistines saw that their warrior was dead, they ran.

נא וַיָּרָץ דָּוִד וַיַּעֲמֹד אֶל־הַפְּלִשְׁתִּי וַיִּקַּח אֶת־חַרְבּוֹ וַיִּשְׁלְפָהּ מִתַּעְרָהּ וַיְמֹתְתֵהוּ וַיִּכְרָת־בָּהּ אֶת־רֹאשׁוֹ וַיִּרְאוּ הַפְּלִשְׁתִּים כִּי־מֵת גִּבּוֹרָם וַיָּנֻסוּ:

52 The men of *Yisrael* and *Yehuda* rose up with a war cry and they pursued the Philistines all the way to Gai and up to the gates of Ekron; the Philistines fell mortally wounded along the road to Shaarim up to Gath and Ekron.

נב וַיָּקֻמוּ אַנְשֵׁי יִשְׂרָאֵל וִיהוּדָה וַיָּרִעוּ וַיִּרְדְּפוּ אֶת־הַפְּלִשְׁתִּים עַד־בּוֹאֲךָ גַיְא וְעַד שַׁעֲרֵי עֶקְרוֹן וַיִּפְּלוּ חַלְלֵי פְלִשְׁתִּים בְּדֶרֶךְ שַׁעֲרַיִם וְעַד־גַּת וְעַד־עֶקְרוֹן:

53 Then the Israelites returned from chasing the Philistines and looted their camp.

נג וַיָּשֻׁבוּ בְּנֵי יִשְׂרָאֵל מִדְּלֹק אַחֲרֵי פְּלִשְׁתִּים וַיָּשֹׁסּוּ אֶת־מַחֲנֵיהֶם:

54 *David* took the head of the Philistine and brought it to *Yerushalayim*; and he put his weapons in his own tent.

נד וַיִּקַּח דָּוִד אֶת־רֹאשׁ הַפְּלִשְׁתִּי וַיְבִאֵהוּ יְרוּשָׁלָם וְאֶת־כֵּלָיו שָׂם בְּאָהֳלוֹ:

55 When *Shaul* saw *David* going out to assault the Philistine, he asked his army commander *Avner*, "Whose son is that boy, *Avner*?" And *Avner* replied, "By your life, Your Majesty, I do not know."

נה וְכִרְאוֹת שָׁאוּל אֶת־דָּוִד יֹצֵא לִקְרַאת הַפְּלִשְׁתִּי אָמַר אֶל־אַבְנֵר שַׂר הַצָּבָא בֶּן־מִי־זֶה הַנַּעַר אַבְנֵר וַיֹּאמֶר אַבְנֵר חֵי־נַפְשְׁךָ הַמֶּלֶךְ אִם־יָדָעְתִּי:

56 "Then find out whose son that young fellow is," the king ordered.

נו וַיֹּאמֶר הַמֶּלֶךְ שְׁאַל אַתָּה בֶּן־מִי־זֶה הָעָלֶם:

57 So when *David* returned after killing the Philistine, *Avner* took him and brought him to *Shaul*, with the head of the Philistine still in his hand.

נז וּכְשׁוּב דָּוִד מֵהַכּוֹת אֶת־הַפְּלִשְׁתִּי וַיִּקַּח אֹתוֹ אַבְנֵר וַיְבִאֵהוּ לִפְנֵי שָׁאוּל וְרֹאשׁ הַפְּלִשְׁתִּי בְּיָדוֹ:

58 *Shaul* said to him, "Whose son are you, my boy?" And *David* answered, "The son of your servant *Yishai* the Bethlehemite."

נח וַיֹּאמֶר אֵלָיו שָׁאוּל בֶּן־מִי אַתָּה הַנָּעַר וַיֹּאמֶר דָּוִד בֶּן־עַבְדְּךָ יִשַׁי בֵּית הַלַּחְמִי׃

18 יח

1 When [*David*] finished speaking with *Shaul*, *Yehonatan*'s soul became bound up with the soul of *David*; *Yehonatan* loved *David* as himself.

א וַיְהִי כְּכַלֹּתוֹ לְדַבֵּר אֶל־שָׁאוּל וְנֶפֶשׁ יְהוֹנָתָן נִקְשְׁרָה בְּנֶפֶשׁ דָּוִד ויאהבו [וַיֶּאֱהָבֵהוּ] יְהוֹנָתָן כְּנַפְשׁוֹ׃

2 *Shaul* took him [into his service] that day and would not let him return to his father's house. –

ב וַיִּקָּחֵהוּ שָׁאוּל בַּיּוֹם הַהוּא וְלֹא נְתָנוֹ לָשׁוּב בֵּית אָבִיו׃

3 *Yehonatan* and *David* made a pact, because [*Yehonatan*] loved him as himself.

ג וַיִּכְרֹת יְהוֹנָתָן וְדָוִד בְּרִית בְּאַהֲבָתוֹ אֹתוֹ כְּנַפְשׁוֹ׃

4 *Yehonatan* took off the cloak and tunic he was wearing and gave them to *David*, together with his sword, bow, and belt.

ד וַיִּתְפַּשֵּׁט יְהוֹנָתָן אֶת־הַמְּעִיל אֲשֶׁר עָלָיו וַיִּתְּנֵהוּ לְדָוִד וּמַדָּיו וְעַד־חַרְבּוֹ וְעַד־קַשְׁתּוֹ וְעַד־חֲגֹרוֹ׃

va-yit-pa-SHAYT y'-ho-na-TAN et ha-m'-EEL a-SHER a-LAV va-yi-t'-NAY-hu l'-da-VID u-ma-DAV v'-ad khar-BO v'-ad kash-TO v'-ad kha-go-RO

5 *David* went out [with the troops], and he was successful in every mission on which *Shaul* sent him, and *Shaul* put him in command of all the soldiers; this pleased all the troops and *Shaul*'s courtiers as well.

ה וַיֵּצֵא דָוִד בְּכֹל אֲשֶׁר יִשְׁלָחֶנּוּ שָׁאוּל יַשְׂכִּיל וַיְשִׂמֵהוּ שָׁאוּל עַל אַנְשֵׁי הַמִּלְחָמָה וַיִּיטַב בְּעֵינֵי כָל־הָעָם וְגַם בְּעֵינֵי עַבְדֵי שָׁאוּל׃

6 When the [troops] came home [and] *David* returned from killing the Philistine, the women of all the towns of *Yisrael* came out singing and dancing to greet King *Shaul* with timbrels, shouting, and sistrums.

ו וַיְהִי בְּבוֹאָם בְּשׁוּב דָּוִד מֵהַכּוֹת אֶת־הַפְּלִשְׁתִּי וַתֵּצֶאנָה הַנָּשִׁים מִכָּל־עָרֵי יִשְׂרָאֵל לשור [לָשִׁיר] וְהַמְּחֹלוֹת לִקְרַאת שָׁאוּל הַמֶּלֶךְ בְּתֻפִּים בְּשִׂמְחָה וּבְשָׁלִשִׁים׃

7 The women sang as they danced, and they chanted: *Shaul* has slain his thousands; *David*, his tens of thousands!

ז וַתַּעֲנֶינָה הַנָּשִׁים הַמְשַׂחֲקוֹת וַתֹּאמַרְןָ הִכָּה שָׁאוּל באלפו [בַּאֲלָפָיו] וְדָוִד בְּרִבְבֹתָיו׃

8 *Shaul* was much distressed and greatly vexed about the matter. For he said, "To *David* they have given tens of thousands, and to me they have given thousands. All that he lacks is the kingship!"

ח וַיִּחַר לְשָׁאוּל מְאֹד וַיֵּרַע בְּעֵינָיו הַדָּבָר הַזֶּה וַיֹּאמֶר נָתְנוּ לְדָוִד רְבָבוֹת וְלִי נָתְנוּ הָאֲלָפִים וְעוֹד לוֹ אַךְ הַמְּלוּכָה׃

9 From that day on *Shaul* kept a jealous eye on *David*.

ט וַיְהִי שָׁאוּל עון [עוֹיֵן] אֶת־דָּוִד מֵהַיּוֹם הַהוּא וָהָלְאָה׃

18:4 *Yehonatan* took off the cloak and tunic he was wearing and gave them to *David* The Sages view the mutual affection shared by *Yehonatan* and *David* as the epitome of true love between friends, as neither has any ulterior motives (*Ethics of the Fathers* 5:16). Indeed, as the heir apparent, *Yehonatan* has every reason to be jealous of *David* who was destined to be the new king of Israel. But instead, *Yehonatan* accepts the decree. He not only protects *David* from his father, King *Shaul*, but also gives him the symbol of his position as heir to the throne. *Yehonatan* recognizes that *David* is to be the founder of the eternal dynasty of Israel.

Friends in northern Israel near the Syrian border

10 The next day an evil spirit of *Hashem* gripped *Shaul* and he began to rave in the house, while *David* was playing [the lyre], as he did daily. *Shaul* had a spear in his hand,

י וַיְהִי מִמָּחֳרָת וַתִּצְלַח רוּחַ אֱלֹהִים רָעָה אֶל־שָׁאוּל וַיִּתְנַבֵּא בְתוֹךְ־הַבַּיִת וְדָוִד מְנַגֵּן בְּיָדוֹ כְּיוֹם בְּיוֹם וְהַחֲנִית בְּיַד־שָׁאוּל׃

11 and *Shaul* threw the spear, thinking to pin *David* to the wall. But *David* eluded him twice.

יא וַיָּטֶל שָׁאוּל אֶת־הַחֲנִית וַיֹּאמֶר אַכֶּה בְדָוִד וּבַקִּיר וַיִּסֹּב דָּוִד מִפָּנָיו פַּעֲמָיִם׃

12 *Shaul* was afraid of *David*, for *Hashem* was with him and had turned away from *Shaul*.

יב וַיִּרָא שָׁאוּל מִלִּפְנֵי דָוִד כִּי־הָיָה יְהֹוָה עִמּוֹ וּמֵעִם שָׁאוּל סָר׃

13 So *Shaul* removed him from his presence and appointed him chief of a thousand, to march at the head of the troops.

יג וַיְסִרֵהוּ שָׁאוּל מֵעִמּוֹ וַיְשִׂמֵהוּ לוֹ שַׂר־אָלֶף וַיֵּצֵא וַיָּבֹא לִפְנֵי הָעָם׃

14 *David* was successful in all his undertakings, for *Hashem* was with him;

יד וַיְהִי דָוִד לְכָל־דְּרָכָו מַשְׂכִּיל וַיהֹוָה עִמּוֹ׃

15 and when *Shaul* saw that he was successful, he dreaded him.

טו וַיַּרְא שָׁאוּל אֲשֶׁר־הוּא מַשְׂכִּיל מְאֹד וַיָּגָר מִפָּנָיו׃

16 All *Yisrael* and *Yehuda* loved *David*, for he marched at their head.

טז וְכָל־יִשְׂרָאֵל וִיהוּדָה אֹהֵב אֶת־דָּוִד כִּי־הוּא יוֹצֵא וָבָא לִפְנֵיהֶם׃

17 *Shaul* said to *David*, "Here is my older daughter, Merab; I will give her to you in marriage; in return, you be my warrior and fight the battles of *Hashem*." *Shaul* thought: "Let not my hand strike him; let the hand of the Philistines strike him."

יז וַיֹּאמֶר שָׁאוּל אֶל־דָּוִד הִנֵּה בִתִּי הַגְּדוֹלָה מֵרַב אֹתָהּ אֶתֶּן־לְךָ לְאִשָּׁה אַךְ הֱיֵה־לִּי לְבֶן־חַיִל וְהִלָּחֵם מִלְחֲמוֹת יְהֹוָה וְשָׁאוּל אָמַר אַל־תְּהִי יָדִי בּוֹ וּתְהִי־בוֹ יַד־פְּלִשְׁתִּים׃

18 *David* replied to *Shaul*, "Who am I and what is my life – my father's family in *Yisrael* – that I should become Your Majesty's son-in-law?"

יח וַיֹּאמֶר דָּוִד אֶל־שָׁאוּל מִי אָנֹכִי וּמִי חַיַּי מִשְׁפַּחַת אָבִי בְּיִשְׂרָאֵל כִּי־אֶהְיֶה חָתָן לַמֶּלֶךְ׃

19 But at the time that Merab, daughter of *Shaul*, should have been given to *David*, she was given in marriage to Adriel the Meholathite.

יט וַיְהִי בְּעֵת תֵּת אֶת־מֵרַב בַּת־שָׁאוּל לְדָוִד וְהִיא נִתְּנָה לְעַדְרִיאֵל הַמְּחֹלָתִי לְאִשָּׁה׃

20 Now *Michal* daughter of *Shaul* had fallen in love with *David*; and when this was reported to *Shaul*, he was pleased.

כ וַתֶּאֱהַב מִיכַל בַּת־שָׁאוּל אֶת־דָּוִד וַיַּגִּדוּ לְשָׁאוּל וַיִּשַׁר הַדָּבָר בְּעֵינָיו׃

21 *Shaul* thought: "I will give her to him, and she can serve as a snare for him, so that the Philistines may kill him." So *Shaul* said to *David*, "You can become my son-in-law even now through the second one."

כא וַיֹּאמֶר שָׁאוּל אֶתְּנֶנָּה לּוֹ וּתְהִי־לוֹ לְמוֹקֵשׁ וּתְהִי־בוֹ יַד־פְּלִשְׁתִּים וַיֹּאמֶר שָׁאוּל אֶל־דָּוִד בִּשְׁתַּיִם תִּתְחַתֵּן בִּי הַיּוֹם׃

22 And *Shaul* instructed his courtiers to say to *David* privately, "The king is fond of you and all his courtiers like you. So why not become the king's son-in-law?"

כב וַיְצַו שָׁאוּל אֶת־עֲבָדָו דַּבְּרוּ אֶל־דָּוִד בַּלָּט לֵאמֹר הִנֵּה חָפֵץ בְּךָ הַמֶּלֶךְ וְכָל־עֲבָדָיו אֲהֵבוּךָ וְעַתָּה הִתְחַתֵּן בַּמֶּלֶךְ׃

23 When the king's courtiers repeated these words to *David, David* replied, "Do you think that becoming the son-in-law of a king is a small matter, when I am but a poor man of no consequence?"

כג וַיְדַבְּרוּ עַבְדֵי שָׁאוּל בְּאָזְנֵי דָוִד אֶת־הַדְּבָרִים הָאֵלֶּה וַיֹּאמֶר דָּוִד הֲנְקַלָּה בְעֵינֵיכֶם הִתְחַתֵּן בַּמֶּלֶךְ וְאָנֹכִי אִישׁ־רָשׁ וְנִקְלֶה:

24 *Shaul*'s courtiers reported to him, "This is what *David* answered."

כד וַיַּגִּדוּ עַבְדֵי שָׁאוּל לוֹ לֵאמֹר כַּדְּבָרִים הָאֵלֶּה דִּבֶּר דָּוִד:

25 And *Shaul* said, "Say this to *David*: 'The king desires no other bride-price than the foreskins of a hundred Philistines, as vengeance on the king's enemies.'" – *Shaul* intended to bring about *David*'s death at the hands of the Philistines. –

כה וַיֹּאמֶר שָׁאוּל כֹּה־תֹאמְרוּ לְדָוִד אֵין־חֵפֶץ לַמֶּלֶךְ בְּמֹהַר כִּי בְּמֵאָה עָרְלוֹת פְּלִשְׁתִּים לְהִנָּקֵם בְּאֹיְבֵי הַמֶּלֶךְ וְשָׁאוּל חָשַׁב לְהַפִּיל אֶת־דָּוִד בְּיַד־פְּלִשְׁתִּים:

26 When his courtiers told this to *David, David* was pleased with the idea of becoming the king's son-in-law. Before the time had expired,

כו וַיַּגִּדוּ עֲבָדָיו לְדָוִד אֶת־הַדְּבָרִים הָאֵלֶּה וַיִּשַׁר הַדָּבָר בְּעֵינֵי דָוִד לְהִתְחַתֵּן בַּמֶּלֶךְ וְלֹא מָלְאוּ הַיָּמִים:

27 *David* went out with his men and killed two hundred Philistines; *David* brought their foreskins and they were counted out for the king, that he might become the king's son-in-law. *Shaul* then gave him his daughter *Michal* in marriage.

כז וַיָּקָם דָּוִד וַיֵּלֶךְ הוּא וַאֲנָשָׁיו וַיַּךְ בַּפְּלִשְׁתִּים מָאתַיִם אִישׁ וַיָּבֵא דָוִד אֶת־עָרְלֹתֵיהֶם וַיְמַלְאוּם לַמֶּלֶךְ לְהִתְחַתֵּן בַּמֶּלֶךְ וַיִּתֶּן־לוֹ שָׁאוּל אֶת־מִיכַל בִּתּוֹ לְאִשָּׁה:

28 When *Shaul* realized that *Hashem* was with *David* and that *Michal* daughter of *Shaul* loved him,

כח וַיַּרְא שָׁאוּל וַיֵּדַע כִּי יְהֹוָה עִם־דָּוִד וּמִיכַל בַּת־שָׁאוּל אֲהֵבַתְהוּ:

29 *Shaul* grew still more afraid of *David*; and *Shaul* was *David*'s enemy ever after.

כט וַיֹּאסֶף שָׁאוּל לֵרֹא מִפְּנֵי דָוִד עוֹד וַיְהִי שָׁאוּל אֹיֵב אֶת־דָּוִד כָּל־הַיָּמִים:

30 The Philistine chiefs marched out [to battle]; and every time they marched out, *David* was more successful than all the other officers of *Shaul*. His reputation soared.

ל וַיֵּצְאוּ שָׂרֵי פְלִשְׁתִּים וַיְהִי מִדֵּי צֵאתָם שָׂכַל דָּוִד מִכֹּל עַבְדֵי שָׁאוּל וַיִּיקַר שְׁמוֹ מְאֹד:

19 1 *Shaul* urged his son *Yonatan* and all his courtiers to kill *David*. But *Shaul*'s son *Yehonatan* was very fond of *David*,

יט א וַיְדַבֵּר שָׁאוּל אֶל־יוֹנָתָן בְּנוֹ וְאֶל־כָּל־עֲבָדָיו לְהָמִית אֶת־דָּוִד וִיהוֹנָתָן בֶּן־שָׁאוּל חָפֵץ בְּדָוִד מְאֹד:

2 and *Yehonatan* told *David*, "My father *Shaul* is bent on killing you. Be on your guard tomorrow morning; get to a secret place and remain in hiding.

ב וַיַּגֵּד יְהוֹנָתָן לְדָוִד לֵאמֹר מְבַקֵּשׁ שָׁאוּל אָבִי לַהֲמִיתֶךָ וְעַתָּה הִשָּׁמֶר־נָא בַבֹּקֶר וְיָשַׁבְתָּ בַסֵּתֶר וְנַחְבֵּאתָ:

3 I will go out and stand next to my father in the field where you will be, and I will speak to my father about you. If I learn anything, I will tell you."

ג וַאֲנִי אֵצֵא וְעָמַדְתִּי לְיַד־אָבִי בַּשָּׂדֶה אֲשֶׁר אַתָּה שָׁם וַאֲנִי אֲדַבֵּר בְּךָ אֶל־אָבִי וְרָאִיתִי מָה וְהִגַּדְתִּי לָךְ:

4 So *Yehonatan* spoke well of *David* to his father *Shaul*. He said to him, "Let not Your Majesty wrong his servant *David*, for he has not wronged you; indeed, all his actions have been very much to your advantage.

ד וַיְדַבֵּר יְהוֹנָתָן בְּדָוִד טוֹב אֶל־שָׁאוּל אָבִיו וַיֹּאמֶר אֵלָיו אַל־יֶחֱטָא הַמֶּלֶךְ בְּעַבְדּוֹ בְדָוִד כִּי לוֹא חָטָא לָךְ וְכִי מַעֲשָׂיו טוֹב־לְךָ מְאֹד:

5 He took his life in his hands and killed the Philistine, and *Hashem* wrought a great victory for all *Yisrael*. You saw it and rejoiced. Why then should you incur the guilt of shedding the blood of an innocent man, killing *David* without cause?"

ה וַיָּשֶׂם אֶת־נַפְשׁוֹ בְכַפּוֹ וַיַּךְ אֶת־הַפְּלִשְׁתִּי וַיַּעַשׂ יְהֹוָה תְּשׁוּעָה גְדוֹלָה לְכָל־יִשְׂרָאֵל רָאִיתָ וַתִּשְׂמָח וְלָמָּה תֶחֱטָא בְּדָם נָקִי לְהָמִית אֶת־דָּוִד חִנָּם:

6 *Shaul* heeded *Yehonatan's* plea, and *Shaul* swore, "As *Hashem* lives, he shall not be put to death!"

ו וַיִּשְׁמַע שָׁאוּל בְּקוֹל יְהוֹנָתָן וַיִּשָּׁבַע שָׁאוּל חַי־יְהֹוָה אִם־יוּמָת:

7 *Yehonatan* called *David*, and *Yehonatan* told him all this. Then *Yehonatan* brought *David* to *Shaul*, and he served him as before.

ז וַיִּקְרָא יְהוֹנָתָן לְדָוִד וַיַּגֶּד־לוֹ יְהוֹנָתָן אֵת כָּל־הַדְּבָרִים הָאֵלֶּה וַיָּבֵא יְהוֹנָתָן אֶת־דָּוִד אֶל־שָׁאוּל וַיְהִי לְפָנָיו כְּאֶתְמוֹל שִׁלְשׁוֹם:

8 Fighting broke out again. *David* went out and fought the Philistines. He inflicted a great defeat upon them and they fled before him.

ח וַתּוֹסֶף הַמִּלְחָמָה לִהְיוֹת וַיֵּצֵא דָוִד וַיִּלָּחֶם בַּפְּלִשְׁתִּים וַיַּךְ בָּהֶם מַכָּה גְדוֹלָה וַיָּנֻסוּ מִפָּנָיו:

9 Then an evil spirit of *Hashem* came upon *Shaul* while he was sitting in his house with his spear in his hand, and *David* was playing [the lyre].

ט וַתְּהִי רוּחַ יְהֹוָה רָעָה אֶל־שָׁאוּל וְהוּא בְּבֵיתוֹ יוֹשֵׁב וַחֲנִיתוֹ בְּיָדוֹ וְדָוִד מְנַגֵּן בְּיָד:

10 *Shaul* tried to pin *David* to the wall with the spear, but he eluded *Shaul*, so that he drove the spear into the wall. *David* fled and got away. That night

י וַיְבַקֵּשׁ שָׁאוּל לְהַכּוֹת בַּחֲנִית בְּדָוִד וּבַקִּיר וַיִּפְטַר מִפְּנֵי שָׁאוּל וַיַּךְ אֶת־הַחֲנִית בַּקִּיר וְדָוִד נָס וַיִּמָּלֵט בַּלַּיְלָה הוּא:

11 *Shaul* sent messengers to *David's* home to keep watch on him and to kill him in the morning. But *David's* wife *Michal* told him, "Unless you run for your life tonight, you will be killed tomorrow."

יא וַיִּשְׁלַח שָׁאוּל מַלְאָכִים אֶל־בֵּית דָּוִד לְשָׁמְרוֹ וְלַהֲמִיתוֹ בַּבֹּקֶר וַתַּגֵּד לְדָוִד מִיכַל אִשְׁתּוֹ לֵאמֹר אִם־אֵינְךָ מְמַלֵּט אֶת־נַפְשְׁךָ הַלַּיְלָה מָחָר אַתָּה מוּמָת:

12 *Michal* let *David* down from the window and he escaped and fled.

יב וַתֹּרֶד מִיכַל אֶת־דָּוִד בְּעַד הַחַלּוֹן וַיֵּלֶךְ וַיִּבְרַח וַיִּמָּלֵט:

va-TO-red mi-KHAL et da-VID b'-AD ha-kha-LON
va-YAY-lekh va-yiv-RAKH va-yi-ma-LAYT

13 *Michal* then took the household idol, laid it on the bed, and covered it with a cloth; and at its head she put a net of goat's hair.

יג וַתִּקַּח מִיכַל אֶת־הַתְּרָפִים וַתָּשֶׂם אֶל־הַמִּטָּה וְאֵת כְּבִיר הָעִזִּים שָׂמָה מְרַאֲשֹׁתָיו וַתְּכַס בַּבָּגֶד:

14 *Shaul* sent messengers to seize *David*; but she said, "He is sick."

יד וַיִּשְׁלַח שָׁאוּל מַלְאָכִים לָקַחַת אֶת־דָּוִד וַתֹּאמֶר חֹלֶה הוּא:

Evrona nature reserve in southern Israel

19:12 *Michal* let *David* down from the window *Michal*, daughter of King *Shaul*, is *David's* wife. *Shaul* had thought that she would be loyal to her father and surrender *David* to him. However, like her brother *Yehonatan*, *Michal* recognizes that *David* and his descendants are destined to be the eternal kings of Israel. She risks her life to help her beloved husband escape. According to the Sages (*Sanhedrin* 19b), when *Shaul* later gives her as a wife to another man (25:44), they heroically refrain from all contact with each other, as they both understand that she is still married to *David*. Her loyalty to *Hashem's* will, despite the risks involved, forever serves as an inspiration to those who seek to overcome all challenges to do the will of God.

15 *Shaul*, however, sent back the messengers to see *David* for themselves. "Bring him up to me in the bed," he ordered, "that he may be put to death."

טו וַיִּשְׁלַח שָׁאוּל אֶת־הַמַּלְאָכִים לִרְאוֹת אֶת־דָּוִד לֵאמֹר הַעֲלוּ אֹתוֹ בַמִּטָּה אֵלַי לַהֲמִתוֹ׃

16 When the messengers came, they found the household idol in the bed, with the net of goat's hair at its head.

טז וַיָּבֹאוּ הַמַּלְאָכִים וְהִנֵּה הַתְּרָפִים אֶל־הַמִּטָּה וּכְבִיר הָעִזִּים מְרַאֲשֹׁתָיו׃

17 *Shaul* said to *Michal*, "Why did you play that trick on me and let my enemy get away safely?" "Because," *Michal* answered *Shaul*, "he said to me: 'Help me get away or I'll kill you.'"

יז וַיֹּאמֶר שָׁאוּל אֶל־מִיכַל לָמָּה כָּכָה רִמִּיתִנִי וַתְּשַׁלְּחִי אֶת־אֹיְבִי וַיִּמָּלֵט וַתֹּאמֶר מִיכַל אֶל־שָׁאוּל הוּא־אָמַר אֵלַי שַׁלְּחִנִי לָמָה אֲמִיתֵךְ׃

18 *David* made good his escape, and he came to *Shmuel* at *Rama* and told him all that *Shaul* had done to him. He and *Shmuel* went and stayed at Naioth.

יח וְדָוִד בָּרַח וַיִּמָּלֵט וַיָּבֹא אֶל־שְׁמוּאֵל הָרָמָתָה וַיַּגֶּד־לוֹ אֵת כָּל־אֲשֶׁר עָשָׂה־לוֹ שָׁאוּל וַיֵּלֶךְ הוּא וּשְׁמוּאֵל וַיֵּשְׁבוּ בנוית [בְּנָיוֹת׃]

19 *Shaul* was told that *David* was at Naioth in *Rama*,

יט וַיֻּגַּד לְשָׁאוּל לֵאמֹר הִנֵּה דָוִד בנוית [בְּנָיוֹת] בָּרָמָה׃

20 and *Shaul* sent messengers to seize *David*. They saw a band of *Neviim* speaking in ecstasy, with *Shmuel* standing by as their leader; and the spirit of *Hashem* came upon *Shaul*'s messengers and they too began to speak in ecstasy.

כ וַיִּשְׁלַח שָׁאוּל מַלְאָכִים לָקַחַת אֶת־דָּוִד וַיַּרְא אֶת־לַהֲקַת הַנְּבִיאִים נִבְּאִים וּשְׁמוּאֵל עֹמֵד נִצָּב עֲלֵיהֶם וַתְּהִי עַל־מַלְאֲכֵי שָׁאוּל רוּחַ אֱלֹהִים וַיִּתְנַבְּאוּ גַּם־הֵמָּה׃

21 When *Shaul* was told about this, he sent other messengers; but they too spoke in ecstasy. *Shaul* sent a third group of messengers; and they also spoke in ecstasy.

כא וַיַּגִּדוּ לְשָׁאוּל וַיִּשְׁלַח מַלְאָכִים אֲחֵרִים וַיִּתְנַבְּאוּ גַּם־הֵמָּה וַיֹּסֶף שָׁאוּל וַיִּשְׁלַח מַלְאָכִים שְׁלִשִׁים וַיִּתְנַבְּאוּ גַּם־הֵמָּה׃

22 So he himself went to *Rama*. When he came to the great cistern at Secu, he asked, "Where are *Shmuel* and *David*?" and was told that they were at Naioth in *Rama*.

כב וַיֵּלֶךְ גַּם־הוּא הָרָמָתָה וַיָּבֹא עַד־בּוֹר הַגָּדוֹל אֲשֶׁר בַּשֶּׂכוּ וַיִּשְׁאַל וַיֹּאמֶר אֵיפֹה שְׁמוּאֵל וְדָוִד וַיֹּאמֶר הִנֵּה בנוית [בְּנָיוֹת] בָּרָמָה׃

23 He was on his way there, to Naioth in *Rama*, when the spirit of *Hashem* came upon him too; and he walked on, speaking in ecstasy, until he reached Naioth in *Rama*.

כג וַיֵּלֶךְ שָׁם אֶל־נוית [נָיוֹת] בָּרָמָה וַתְּהִי עָלָיו גַּם־הוּא רוּחַ אֱלֹהִים וַיֵּלֶךְ הָלוֹךְ וַיִּתְנַבֵּא עַד־בֹּאוֹ בנוית [בְּנָיוֹת] בָּרָמָה׃

24 Then he too stripped off his clothes and he too spoke in ecstasy before *Shmuel*; and he lay naked all that day and all night. That is why people say, "Is *Shaul* too among the *Neviim*?"

כד וַיִּפְשַׁט גַּם־הוּא בְּגָדָיו וַיִּתְנַבֵּא גַם־הוּא לִפְנֵי שְׁמוּאֵל וַיִּפֹּל עָרֹם כָּל־הַיּוֹם הַהוּא וְכָל־הַלָּיְלָה עַל־כֵּן יֹאמְרוּ הֲגַם שָׁאוּל בַּנְּבִיאִם׃

20 1 *David* fled from Naioth in *Rama*; he came to *Yehonatan* and said, "What have I done, what is my crime and my guilt against your father, that he seeks my life?"

כ א וַיִּבְרַח דָּוִד מנוות [מִנָּיוֹת] בָּרָמָה וַיָּבֹא וַיֹּאמֶר לִפְנֵי יְהוֹנָתָן מֶה עָשִׂיתִי מֶה־עֲוֺנִי וּמֶה־חַטָּאתִי לִפְנֵי אָבִיךָ כִּי מְבַקֵּשׁ אֶת־נַפְשִׁי׃

2 He replied, "Heaven forbid! You shall not die. My father does not do anything, great or small, without disclosing it to me; why should my father conceal this matter from me? It cannot be!"

ב וַיֹּאמֶר לוֹ חָלִילָה לֹא תָמוּת הִנֵּה לוֹ־עשה [לֹא־] [יַעֲשֶׂה] אָבִי דָּבָר גָּדוֹל אוֹ דָּבָר קָטֹן וְלֹא יִגְלֶה אֶת־אׇזְנִי וּמַדּוּעַ יַסְתִּיר אָבִי מִמֶּנִּי אֶת־הַדָּבָר הַזֶּה אֵין זֹאת׃

3 *David* swore further, "Your father knows well that you are fond of me and has decided: *Yehonatan* must not learn of this or he will be grieved. But, as *Hashem* lives and as you live, there is only a step between me and death."

ג וַיִּשָּׁבַע עוֹד דָּוִד וַיֹּאמֶר יָדֹעַ יָדַע אָבִיךָ כִּי־מָצָאתִי חֵן בְּעֵינֶיךָ וַיֹּאמֶר אַל־יֵדַע־זֹאת יְהוֹנָתָן פֶּן־יֵעָצֵב וְאוּלָם חַי־יְהֹוָה וְחֵי נַפְשֶׁךָ כִּי כְפֶשַׂע בֵּינִי וּבֵין הַמָּוֶת׃

4 *Yehonatan* said to *David*, "Whatever you want, I will do it for you."

ד וַיֹּאמֶר יְהוֹנָתָן אֶל־דָּוִד מַה־תֹּאמַר נַפְשְׁךָ וְאֶעֱשֶׂה־לָּךְ׃

5 *David* said to *Yehonatan*, "Tomorrow is the new moon, and I am to sit with the king at the meal. Instead, let me go and I will hide in the countryside until the third evening.

ה וַיֹּאמֶר דָּוִד אֶל־יְהוֹנָתָן הִנֵּה־חֹדֶשׁ מָחָר וְאָנֹכִי יָשֹׁב־אֵשֵׁב עִם־הַמֶּלֶךְ לֶאֱכוֹל וְשִׁלַּחְתַּנִי וְנִסְתַּרְתִּי בַשָּׂדֶה עַד הָעֶרֶב הַשְּׁלִשִׁית׃

6 If your father notes my absence, you say, '*David* asked my permission to run down to his home town, *Beit Lechem*, for the whole family has its annual sacrifice there.'

ו אִם־פָּקֹד יִפְקְדֵנִי אָבִיךָ וְאָמַרְתָּ נִשְׁאֹל נִשְׁאַל מִמֶּנִּי דָוִד לָרוּץ בֵּית־לֶחֶם עִירוֹ כִּי זֶבַח הַיָּמִים שָׁם לְכׇל־הַמִּשְׁפָּחָה׃

7 If he says 'Good,' your servant is safe; but if his anger flares up, know that he is resolved to do [me] harm.

ז אִם־כֹּה יֹאמַר טוֹב שָׁלוֹם לְעַבְדֶּךָ וְאִם־חָרֹה יֶחֱרֶה לוֹ דַּע כִּי־כָלְתָה הָרָעָה מֵעִמּוֹ׃

8 Deal faithfully with your servant, since you have taken your servant into a covenant of *Hashem* with you. And if I am guilty, kill me yourself, but don't make me go back to your father."

ח וְעָשִׂיתָ חֶסֶד עַל־עַבְדֶּךָ כִּי בִּבְרִית יְהֹוָה הֵבֵאתָ אֶת־עַבְדְּךָ עִמָּךְ וְאִם־יֶשׁ־בִּי עָוֺן הֲמִיתֵנִי אַתָּה וְעַד־אָבִיךָ לָמָּה־זֶּה תְבִיאֵנִי׃

9 *Yehonatan* replied, "Don't talk like that! If I learn that my father has resolved to kill you, I will surely tell you about it."

ט וַיֹּאמֶר יְהוֹנָתָן חָלִילָה לָּךְ כִּי אִם־יָדֹעַ אֵדַע כִּי־כָלְתָה הָרָעָה מֵעִם אָבִי לָבוֹא עָלֶיךָ וְלֹא אֹתָהּ אַגִּיד לָךְ׃

10 *David* said to *Yehonatan*, "Who will tell me if your father answers you harshly?"

י וַיֹּאמֶר דָּוִד אֶל־יְהוֹנָתָן מִי יַגִּיד לִי אוֹ מַה־יַּעַנְךָ אָבִיךָ קָשָׁה׃

11 *Yehonatan* said to *David*, "Let us go into the open"; and they both went out into the open.

יא וַיֹּאמֶר יְהוֹנָתָן אֶל־דָּוִד לְכָה וְנֵצֵא הַשָּׂדֶה וַיֵּצְאוּ שְׁנֵיהֶם הַשָּׂדֶה׃

12 Then *Yehonatan* said to *David*, "By *Hashem*, the God of *Yisrael*! I will sound out my father at this time tomorrow, [or] on the third day; and if [his response] is favorable for *David*, I will send a message to you at once and disclose it to you.

יב וַיֹּאמֶר יְהוֹנָתָן אֶל־דָּוִד יְהֹוָה אֱלֹהֵי יִשְׂרָאֵל כִּי־אֶחְקֹר אֶת־אָבִי כָּעֵת מָחָר הַשְּׁלִשִׁית וְהִנֵּה־טוֹב אֶל־דָּוִד וְלֹא־אָז אֶשְׁלַח אֵלֶיךָ וְגָלִיתִי אֶת־אׇזְנֶךָ׃

13 But if my father intends to do you harm, may *Hashem* do thus to *Yehonatan* and more if I do [not] disclose it to you and send you off to escape unharmed. May *Hashem* be with you, as He used to be with my father.

יג כֹּה־יַעֲשֶׂה יְהֹוָה לִיהוֹנָתָן וְכֹה יֹסִיף כִּי־יֵיטִב אֶל־אָבִי אֶת־הָרָעָה עָלֶיךָ וְגָלִיתִי אֶת־אׇזְנֶךָ וְשִׁלַּחְתִּיךָ וְהָלַכְתָּ לְשָׁלוֹם וִיהִי יְהֹוָה עִמָּךְ כַּאֲשֶׁר הָיָה עִם־אָבִי׃

14 Nor shall you fail to show me *Hashem*'s faithfulness, while I am alive; nor, when I am dead,

יד וְלֹא אִם־עוֹדֶנִּי חָי וְלֹא־תַעֲשֶׂה עִמָּדִי חֶסֶד יְהֹוָה וְלֹא אָמוּת׃

15 shall you ever discontinue your faithfulness to my house – not even after *Hashem* has wiped out every one of *David*'s enemies from the face of the earth.

טו וְלֹא־תַכְרִת אֶת־חַסְדְּךָ מֵעִם בֵּיתִי עַד־עוֹלָם וְלֹא בְּהַכְרִת יְהֹוָה אֶת־אֹיְבֵי דָוִד אִישׁ מֵעַל פְּנֵי הָאֲדָמָה׃

16 Thus has *Yehonatan* covenanted with the house of *David*; and may *Hashem* requite the enemies of *David*!"

טז וַיִּכְרֹת יְהוֹנָתָן עִם־בֵּית דָּוִד וּבִקֵּשׁ יְהֹוָה מִיַּד אֹיְבֵי דָוִד׃

17 *Yehonatan*, out of his love for *David*, adjured him again, for he loved him as himself.

יז וַיּוֹסֶף יְהוֹנָתָן לְהַשְׁבִּיעַ אֶת־דָּוִד בְּאַהֲבָתוֹ אֹתוֹ כִּי־אַהֲבַת נַפְשׁוֹ אֲהֵבוֹ׃

18 *Yehonatan* said to him, "Tomorrow will be the new moon; and you will be missed when your seat remains vacant.

יח וַיֹּאמֶר־לוֹ יְהוֹנָתָן מָחָר חֹדֶשׁ וְנִפְקַדְתָּ כִּי יִפָּקֵד מוֹשָׁבֶךָ׃

va-yo-mer LO y'-ho-na-TAN ma-KHAR KHO-desh
v'-NIF-kad-TA KEE yi-pa-KAYD mo-sha-VE-kha

19 So the day after tomorrow, go down all the way to the place where you hid the other time, and stay close to the Ezel stone.

יט וְשִׁלַּשְׁתָּ תֵּרֵד מְאֹד וּבָאתָ אֶל־הַמָּקוֹם אֲשֶׁר־נִסְתַּרְתָּ שָּׁם בְּיוֹם הַמַּעֲשֶׂה וְיָשַׁבְתָּ אֵצֶל הָאֶבֶן הָאָזֶל׃

20 Now I will shoot three arrows to one side of it, as though I were shooting at a mark,

כ וַאֲנִי שְׁלֹשֶׁת הַחִצִּים צִדָּה אוֹרֶה לְשַׁלַּח־לִי לְמַטָּרָה׃

21 and I will order the boy to go and find the arrows. If I call to the boy, 'Hey! the arrows are on this side of you,' be reassured and come, for you are safe and there is no danger – as *Hashem* lives!

כא וְהִנֵּה אֶשְׁלַח אֶת־הַנַּעַר לֵךְ מְצָא אֶת־הַחִצִּים אִם־אָמֹר אֹמַר לַנַּעַר הִנֵּה הַחִצִּים מִמְּךָ וָהֵנָּה קָחֶנּוּ וָבֹאָה כִּי־שָׁלוֹם לְךָ וְאֵין דָּבָר חַי־יְהֹוָה׃

22 But if, instead, I call to the lad, 'Hey! the arrows are beyond you,' then leave, for *Hashem* has sent you away.

כב וְאִם־כֹּה אֹמַר לָעֶלֶם הִנֵּה הַחִצִּים מִמְּךָ וָהָלְאָה לֵךְ כִּי שִׁלַּחֲךָ יְהֹוָה׃

23 As for the promise we made to each other, may *Hashem* be [witness] between you and me forever."

כג וְהַדָּבָר אֲשֶׁר דִּבַּרְנוּ אֲנִי וָאָתָּה הִנֵּה יְהֹוָה בֵּינִי וּבֵינְךָ עַד־עוֹלָם׃

24 *David* hid in the field. The new moon came, and the king sat down to partake of the meal.

כד וַיִּסָּתֵר דָּוִד בַּשָּׂדֶה וַיְהִי הַחֹדֶשׁ וַיֵּשֶׁב הַמֶּלֶךְ עַל־[אֶל־] הַלֶּחֶם לֶאֱכוֹל׃

25 When the king took his usual place on the seat by the wall, *Yehonatan* rose and *Avner* sat down at *Shaul*'s side; but *David*'s place remained vacant.

כה וַיֵּשֶׁב הַמֶּלֶךְ עַל־מוֹשָׁבוֹ כְּפַעַם בְּפַעַם אֶל־מוֹשַׁב הַקִּיר וַיָּקָם יְהוֹנָתָן וַיֵּשֶׁב אַבְנֵר מִצַּד שָׁאוּל וַיִּפָּקֵד מְקוֹם דָּוִד׃

20:18 Tomorrow will be the new moon The Sages teach that the moon is a symbol of the People of Israel. Just as the moon waxes and wanes, appearing tiny when it is new but large by the middle of the month, the Children of Israel follow a similar cycle. Though at times they are a small and downtrodden nation, they will again become great in the eyes of all. In our era, with the establishment of the State of Israel, we are beginning to see the truth of this statement. When the world is ultimately blessed with the *Mashiach*, from the house of *David*, the light from the People of Israel will shine its brightest, originating in the Land of Israel and illuminating the entire world.

Full moon over an aqueduct in Ceasarea

26 That day, however, *Shaul* said nothing. "It's accidental," he thought. "He must be unclean and not yet cleansed."

כו וְלֹא־דִבֶּר שָׁאוּל מְאוּמָה בַּיּוֹם הַהוּא כִּי אָמַר מִקְרֶה הוּא בִּלְתִּי טָהוֹר הוּא כִּי־לֹא טָהוֹר:

27 But on the day after the new moon, the second day, *David*'s place was vacant again. So *Shaul* said to his son *Yehonatan*, "Why didn't the son of *Yishai* come to the meal yesterday or today?"

כז וַיְהִי מִמָּחֳרַת הַחֹדֶשׁ הַשֵּׁנִי וַיִּפָּקֵד מְקוֹם דָּוִד וַיֹּאמֶר שָׁאוּל אֶל־יְהוֹנָתָן בְּנוֹ מַדּוּעַ לֹא־בָא בֶן־יִשַׁי גַּם־תְּמוֹל גַּם־הַיּוֹם אֶל־הַלָּחֶם:

28 *Yehonatan* answered *Shaul*, "*David* begged leave of me to go to *Beit Lechem*.

כח וַיַּעַן יְהוֹנָתָן אֶת־שָׁאוּל נִשְׁאֹל נִשְׁאַל דָּוִד מֵעִמָּדִי עַד־בֵּית לָחֶם:

29 He said, 'Please let me go, for we are going to have a family feast in our town and my brother has summoned me to it. Do me a favor, let me slip away to see my kinsmen.' That is why he has not come to the king's table."

כט וַיֹּאמֶר שַׁלְּחֵנִי נָא כִּי זֶבַח מִשְׁפָּחָה לָנוּ בָּעִיר וְהוּא צִוָּה־לִי אָחִי וְעַתָּה אִם־מָצָאתִי חֵן בְּעֵינֶיךָ אִמָּלְטָה נָּא וְאֶרְאֶה אֶת־אֶחָי עַל־כֵּן לֹא־בָא אֶל־שֻׁלְחַן הַמֶּלֶךְ:

30 *Shaul* flew into a rage against *Yehonatan*. "You son of a perverse, rebellious woman!" he shouted. "I know that you side with the son of *Yishai* – to your shame, and to the shame of your mother's nakedness!

ל וַיִּחַר־אַף שָׁאוּל בִּיהוֹנָתָן וַיֹּאמֶר לוֹ בֶּן־נַעֲוַת הַמַּרְדּוּת הֲלוֹא יָדַעְתִּי כִּי־בֹחֵר אַתָּה לְבֶן־יִשַׁי לְבָשְׁתְּךָ וּלְבֹשֶׁת עֶרְוַת אִמֶּךָ:

31 For as long as the son of *Yishai* lives on earth, neither you nor your kingship will be secure. Now then, have him brought to me, for he is marked for death."

לא כִּי כָל־הַיָּמִים אֲשֶׁר בֶּן־יִשַׁי חַי עַל־הָאֲדָמָה לֹא תִכּוֹן אַתָּה וּמַלְכוּתֶךָ וְעַתָּה שְׁלַח וְקַח אֹתוֹ אֵלַי כִּי בֶן־מָוֶת הוּא:

32 But *Yehonatan* spoke up and said to his father, "Why should he be put to death? What has he done?"

לב וַיַּעַן יְהוֹנָתָן אֶת־שָׁאוּל אָבִיו וַיֹּאמֶר אֵלָיו לָמָּה יוּמַת מֶה עָשָׂה:

33 At that, *Shaul* threw his spear at him to strike him down; and *Yehonatan* realized that his father was determined to do away with *David*.

לג וַיָּטֶל שָׁאוּל אֶת־הַחֲנִית עָלָיו לְהַכֹּתוֹ וַיֵּדַע יְהוֹנָתָן כִּי־כָלָה הִיא מֵעִם אָבִיו לְהָמִית אֶת־דָּוִד:

34 *Yehonatan* rose from the table in a rage. He ate no food on the second day of the new moon, because he was grieved about *David*, and because his father had humiliated him.

לד וַיָּקָם יְהוֹנָתָן מֵעִם הַשֻּׁלְחָן בָּחֳרִי־אָף וְלֹא־אָכַל בְּיוֹם־הַחֹדֶשׁ הַשֵּׁנִי לֶחֶם כִּי נֶעְצַב אֶל־דָּוִד כִּי הִכְלִמוֹ אָבִיו:

35 In the morning, *Yehonatan* went out into the open for the meeting with *David*, accompanied by a young boy.

לה וַיְהִי בַבֹּקֶר וַיֵּצֵא יְהוֹנָתָן הַשָּׂדֶה לְמוֹעֵד דָּוִד וְנַעַר קָטֹן עִמּוֹ:

36 He said to the boy, "Run ahead and find the arrows that I shoot." And as the boy ran, he shot the arrows past him.

לו וַיֹּאמֶר לְנַעֲרוֹ רֻץ מְצָא נָא אֶת־הַחִצִּים אֲשֶׁר אָנֹכִי מוֹרֶה הַנַּעַר רָץ וְהוּא־יָרָה הַחֵצִי לְהַעֲבִרוֹ:

37 When the boy came to the place where the arrows shot by *Yehonatan* had fallen, *Yehonatan* called out to the boy, "Hey, the arrows are beyond you!"

לז וַיָּבֹא הַנַּעַר עַד־מְקוֹם הַחֵצִי אֲשֶׁר יָרָה יְהוֹנָתָן וַיִּקְרָא יְהוֹנָתָן אַחֲרֵי הַנַּעַר וַיֹּאמֶר הֲלוֹא הַחֵצִי מִמְּךָ וָהָלְאָה:

לח וַיִּקְרָא יְהוֹנָתָן אַחֲרֵי הַנַּעַר מְהֵרָה חוּשָׁה אַל־תַּעֲמֹד וַיְלַקֵּט נַעַר יְהוֹנָתָן אֶת־הַחֵצִי [הַחִצִּים] וַיָּבֹא אֶל־אֲדֹנָיו:

לט וְהַנַּעַר לֹא־יָדַע מְאוּמָה אַךְ יְהוֹנָתָן וְדָוִד יָדְעוּ אֶת־הַדָּבָר:

מ וַיִּתֵּן יְהוֹנָתָן אֶת־כֵּלָיו אֶל־הַנַּעַר אֲשֶׁר־לוֹ וַיֹּאמֶר לוֹ לֵךְ הָבֵיא הָעִיר:

מא הַנַּעַר בָּא וְדָוִד קָם מֵאֵצֶל הַנֶּגֶב וַיִּפֹּל לְאַפָּיו אַרְצָה וַיִּשְׁתַּחוּ שָׁלֹשׁ פְּעָמִים וַיִּשְּׁקוּ אִישׁ אֶת־רֵעֵהוּ וַיִּבְכּוּ אִישׁ אֶת־רֵעֵהוּ עַד־דָּוִד הִגְדִּיל:

מב וַיֹּאמֶר יְהוֹנָתָן לְדָוִד לֵךְ לְשָׁלוֹם אֲשֶׁר נִשְׁבַּעְנוּ שְׁנֵינוּ אֲנַחְנוּ בְּשֵׁם יְהוָה לֵאמֹר יְהוָה יִהְיֶה בֵּינִי וּבֵינֶךָ וּבֵין זַרְעִי וּבֵין זַרְעֲךָ עַד־עוֹלָם:

כא א וַיָּקָם וַיֵּלַךְ וִיהוֹנָתָן בָּא הָעִיר:

ב וַיָּבֹא דָוִד נֹבֶה אֶל־אֲחִימֶלֶךְ הַכֹּהֵן וַיֶּחֱרַד אֲחִימֶלֶךְ לִקְרַאת דָּוִד וַיֹּאמֶר לוֹ מַדּוּעַ אַתָּה לְבַדֶּךָ וְאִישׁ אֵין אִתָּךְ:

ג וַיֹּאמֶר דָּוִד לַאֲחִימֶלֶךְ הַכֹּהֵן הַמֶּלֶךְ צִוַּנִי דָבָר וַיֹּאמֶר אֵלַי אִישׁ אַל־יֵדַע מְאוּמָה אֶת־הַדָּבָר אֲשֶׁר־אָנֹכִי שֹׁלֵחֲךָ וַאֲשֶׁר צִוִּיתִךָ וְאֶת־הַנְּעָרִים יוֹדַעְתִּי אֶל־מְקוֹם פְּלֹנִי אַלְמוֹנִי:

ד וְעַתָּה מַה־יֵּשׁ תַּחַת־יָדְךָ חֲמִשָּׁה־לֶחֶם תְּנָה בְיָדִי אוֹ הַנִּמְצָא:

ה וַיַּעַן הַכֹּהֵן אֶת־דָּוִד וַיֹּאמֶר אֵין־לֶחֶם חֹל אֶל־תַּחַת יָדִי כִּי־אִם־לֶחֶם קֹדֶשׁ יֵשׁ אִם־נִשְׁמְרוּ הַנְּעָרִים אַךְ מֵאִשָּׁה:

ו וַיַּעַן דָּוִד אֶת־הַכֹּהֵן וַיֹּאמֶר לוֹ כִּי אִם־אִשָּׁה עֲצֻרָה־לָנוּ כִּתְמוֹל שִׁלְשֹׁם בְּצֵאתִי וַיִּהְיוּ כְלֵי־הַנְּעָרִים קֹדֶשׁ וְהוּא דֶּרֶךְ חֹל וְאַף כִּי הַיּוֹם יִקְדַּשׁ בַּכֶּלִי:

38 And *Yehonatan* called after the boy, "Quick, hurry up. Don't stop!" So *Yehonatan's* boy gathered the arrows and came back to his master. –

39 The boy suspected nothing; only *Yehonatan* and *David* knew the arrangement. –

40 *Yehonatan* handed the gear to his boy and told him, "Take these back to the town."

41 When the boy got there, *David* emerged from his concealment at the *Negev*. He flung himself face down on the ground and bowed low three times. They kissed each other and wept together; *David* wept the longer.

42 *Yehonatan* said to *David*, "Go in peace! For we two have sworn to each other in the name of *Hashem*: 'May *Hashem* be [witness] between you and me, and between your offspring and mine, forever!'"

21 **1** *David* then went his way, and *Yehonatan* returned to the town.

2 *David* went to the *Kohen Achimelech* at *Nov*. *Achimelech* came out in alarm to meet *David*, and he said to him, "Why are you alone, and no one with you?"

3 *David* answered the *Kohen Achimelech*, "The king has ordered me on a mission, and he said to me, 'No one must know anything about the mission on which I am sending you and for which I have given you orders.' So I have directed [my] young men to such and such a place.

4 Now then, what have you got on hand? Any loaves of bread? Let me have them – or whatever is available."

5 The *Kohen* answered *David*, "I have no ordinary bread on hand; there is only consecrated bread – provided the young men have kept away from women."

6 In reply to the *Kohen*, *David* said, "I assure you that women have been kept from us, as always. Whenever I went on a mission, even if the journey was a common one, the vessels of the young men were consecrated; all the more then may consecrated food be put into their vessels today."

7 So the *Kohen* gave him consecrated bread, because there was none there except the bread of display, which had been removed from the presence of *Hashem*, to be replaced by warm bread as soon as it was taken away. –

ז וַיִּתֶּן־לוֹ הַכֹּהֵן קֹדֶשׁ כִּי לֹא־הָיָה שָׁם
לֶחֶם כִּי־אִם־לֶחֶם הַפָּנִים הַמּוּסָרִים
מִלִּפְנֵי יְהֹוָה לָשׂוּם לֶחֶם חֹם בְּיוֹם
הִלָּקְחוֹ׃

*va-yi-ten LO ha-ko-HAYN KO-desh KEE lo ha-YAH SHAM
LE-khem kee im LE-khem ha-pa-NEEM ha-mu-sa-REEM mi-lif-NAY
a-do-NAI la-SUM LE-khem KHOM b'-YOM hi-la-k'-KHO*

8 Now one of *Shaul*'s officials was there that day, detained before *Hashem*; his name was *Doeg Ha'adomi*, *Shaul*'s chief herdsman.

ח וְשָׁם אִישׁ מֵעַבְדֵי שָׁאוּל בַּיּוֹם הַהוּא
נֶעְצָר לִפְנֵי יְהֹוָה וּשְׁמוֹ דֹּאֵג הָאֲדֹמִי
אַבִּיר הָרֹעִים אֲשֶׁר לְשָׁאוּל׃

9 *David* said to *Achimelech*, "Haven't you got a spear or sword on hand? I didn't take my sword or any of my weapons with me, because the king's mission was urgent."

ט וַיֹּאמֶר דָּוִד לַאֲחִימֶלֶךְ וְאִין יֶשׁ־פֹּה
תַחַת־יָדְךָ חֲנִית אוֹ־חָרֶב כִּי גַם־חַרְבִּי
וְגַם־כֵּלַי לֹא־לָקַחְתִּי בְיָדִי כִּי־הָיָה דְבַר־
הַמֶּלֶךְ נָחוּץ׃

10 The *Kohen* said, "There is the sword of Goliath the Philistine whom you slew in the valley of Elah; it is over there, wrapped in a cloth, behind the ephod. If you want to take that one, take it, for there is none here but that one." *David* replied, "There is none like it; give it to me."

י וַיֹּאמֶר הַכֹּהֵן חֶרֶב גָּלְיָת הַפְּלִשְׁתִּי
אֲשֶׁר־הִכִּיתָ בְּעֵמֶק הָאֵלָה הִנֵּה־הִיא
לוּטָה בַשִּׂמְלָה אַחֲרֵי הָאֵפוֹד אִם־אֹתָהּ
תִּקַּח־לְךָ קָח כִּי אֵין אַחֶרֶת זוּלָתָהּ בָּזֶה
וַיֹּאמֶר דָּוִד אֵין כָּמוֹהָ תְּנֶנָּה לִּי׃

11 That day *David* continued on his flight from *Shaul* and he came to King Achish of Gath.

יא וַיָּקָם דָּוִד וַיִּבְרַח בַּיּוֹם־הַהוּא מִפְּנֵי
שָׁאוּל וַיָּבֹא אֶל־אָכִישׁ מֶלֶךְ גַּת׃

12 The courtiers of Achish said to him, "Why, that's *David*, king of the land! That's the one of whom they sing as they dance: *Shaul* has slain his thousands; *David*, his tens of thousands."

יב וַיֹּאמְרוּ עַבְדֵי אָכִישׁ אֵלָיו הֲלוֹא־זֶה דָוִד
מֶלֶךְ הָאָרֶץ הֲלוֹא לָזֶה יַעֲנוּ בַמְּחֹלוֹת
לֵאמֹר הִכָּה שָׁאוּל באלפו [בַּאֲלָפָיו]
וְדָוִד ברבבתו [בְּרִבְבֹתָיו׃]

13 These words worried *David* and he became very much afraid of King Achish of Gath.

יג וַיָּשֶׂם דָּוִד אֶת־הַדְּבָרִים הָאֵלֶּה בִּלְבָבוֹ
וַיִּרָא מְאֹד מִפְּנֵי אָכִישׁ מֶלֶךְ־גַּת׃

14 So he concealed his good sense from them; he feigned madness for their benefit. He scratched marks on the doors of the gate and let his saliva run down his beard.

יד וַיְשַׁנּוֹ אֶת־טַעְמוֹ בְּעֵינֵיהֶם וַיִּתְהֹלֵל
בְּיָדָם ויתו [וַיְתָיו] עַל־דַּלְתוֹת הַשַּׁעַר
וַיּוֹרֶד רִירוֹ אֶל־זְקָנוֹ׃

15 And Achish said to his courtiers, "You see the man is raving; why bring him to me?

טו וַיֹּאמֶר אָכִישׁ אֶל־עֲבָדָיו הִנֵּה תִרְאוּ
אִישׁ מִשְׁתַּגֵּעַ לָמָּה תָּבִיאוּ אֹתוֹ אֵלָי׃

21:7 Bread of display The term 'bread of display,' or 'shewbread,' refers to twelve special loaves that were placed on the Table, one of the vessels in the sanctuary of the *Mishkan*, and later in the *Beit Hamikdash*. Each loaf represents one tribe of Israel. Each week, the loaves are replaced and the old ones are then eaten by the *Kohanim*, priests. As *Rashi* notes, Jewish tradition teaches that a miracle surrounded the bread of display. When the priests received them a full week after being placed on the Table, the loaves were still as warm and fresh as they were when they were first baked. This was a reminder of *Hashem*'s constant watch over His sanctuary and His people.

Fresh *challah* bread at a bakery in Arad

16 Do I lack madmen that you have brought this fellow to rave for me? Should this fellow enter my house?"

טז חֲסַר מְשֻׁגָּעִים אָנִי כִּי־הֲבֵאתֶם אֶת־זֶה לְהִשְׁתַּגֵּעַ עָלָי הֲזֶה יָבוֹא אֶל־בֵּיתִי:

22

1 *David* departed from there and escaped to the cave of *Adulam*; and when his brothers and all his father's house heard, they joined him down there.

כב א וַיֵּלֶךְ דָּוִד מִשָּׁם וַיִּמָּלֵט אֶל־מְעָרַת עֲדֻלָּם וַיִּשְׁמְעוּ אֶחָיו וְכָל־בֵּית אָבִיו וַיֵּרְדוּ אֵלָיו שָׁמָּה:

2 Everyone who was in straits and everyone who was in debt and everyone who was desperate joined him, and he became their leader; there were about four hundred men with him.

ב וַיִּתְקַבְּצוּ אֵלָיו כָּל־אִישׁ מָצוֹק וְכָל־אִישׁ אֲשֶׁר־לוֹ נֹשֵׁא וְכָל־אִישׁ מַר־נֶפֶשׁ וַיְהִי עֲלֵיהֶם לְשָׂר וַיִּהְיוּ עִמּוֹ כְּאַרְבַּע מֵאוֹת אִישׁ:

3 *David* went from there to Mizpeh of Moab, and he said to the king of Moab, "Let my father and mother come [and stay] with you, until I know what *Hashem* will do for me."

ג וַיֵּלֶךְ דָּוִד מִשָּׁם מִצְפֵּה מוֹאָב וַיֹּאמֶר אֶל־מֶלֶךְ מוֹאָב יֵצֵא־נָא אָבִי וְאִמִּי אִתְּכֶם עַד אֲשֶׁר אֵדַע מַה־יַּעֲשֶׂה־לִּי אֱלֹהִים:

4 So he led them to the king of Moab, and they stayed with him as long as *David* remained in the stronghold.

ד וַיַּנְחֵם אֶת־פְּנֵי מֶלֶךְ מוֹאָב וַיֵּשְׁבוּ עִמּוֹ כָּל־יְמֵי הֱיוֹת־דָּוִד בַּמְּצוּדָה:

5 But the *Navi Gad* said to *David*, "Do not stay in the stronghold; go at once to the territory of *Yehuda*." So *David* left and went to the forest of Hereth.

ה וַיֹּאמֶר גָּד הַנָּבִיא אֶל־דָּוִד לֹא תֵשֵׁב בַּמְּצוּדָה לֵךְ וּבָאתָ־לְּךָ אֶרֶץ יְהוּדָה וַיֵּלֶךְ דָּוִד וַיָּבֹא יַעַר חָרֶת:

6 When *Shaul* heard that *David* and the men with him had been located – *Shaul* was then in *Giva*, sitting under the tamarisk tree on the height, spear in hand, with all his courtiers in attendance upon him –

ו וַיִּשְׁמַע שָׁאוּל כִּי נוֹדַע דָּוִד וַאֲנָשִׁים אֲשֶׁר אִתּוֹ וְשָׁאוּל יוֹשֵׁב בַּגִּבְעָה תַּחַת־הָאֶשֶׁל בָּרָמָה וַחֲנִיתוֹ בְיָדוֹ וְכָל־עֲבָדָיו נִצָּבִים עָלָיו:

7 *Shaul* said to the courtiers standing about him, "Listen, men of *Binyamin*! Will the son of *Yishai* give fields and vineyards to every one of you? And will he make all of you captains of thousands or captains of hundreds?

ז וַיֹּאמֶר שָׁאוּל לַעֲבָדָיו הַנִּצָּבִים עָלָיו שִׁמְעוּ־נָא בְּנֵי יְמִינִי גַּם־לְכֻלְּכֶם יִתֵּן בֶּן־יִשַׁי שָׂדוֹת וּכְרָמִים לְכֻלְּכֶם יָשִׂים שָׂרֵי אֲלָפִים וְשָׂרֵי מֵאוֹת:

8 Is that why all of you have conspired against me? For no one informs me when my own son makes a pact with the son of *Yishai*; no one is concerned for me and no one informs me when my own son has set my servant in ambush against me, as is now the case."

ח כִּי קְשַׁרְתֶּם כֻּלְּכֶם עָלַי וְאֵין־גֹּלֶה אֶת־אָזְנִי בִּכְרָת־בְּנִי עִם־בֶּן־יִשַׁי וְאֵין־חֹלֶה מִכֶּם עָלַי וְגֹלֶה אֶת־אָזְנִי כִּי הֵקִים בְּנִי אֶת־עַבְדִּי עָלַי לְאֹרֵב כַּיּוֹם הַזֶּה:

9 *Doeg Ha'adomi*, who was standing among the courtiers of *Shaul*, spoke up: "I saw the son of *Yishai* come to *Achimelech* son of *Achituv* at *Nov*.

ט וַיַּעַן דֹּאֵג הָאֲדֹמִי וְהוּא נִצָּב עַל־עַבְדֵי־שָׁאוּל וַיֹּאמַר רָאִיתִי אֶת־בֶּן־יִשַׁי בָּא נֹבֶה אֶל־אֲחִימֶלֶךְ בֶּן־אֲחִטוּב:

10 He inquired of *Hashem* on his behalf and gave him provisions; he also gave him the sword of Goliath the Philistine."

י וַיִּשְׁאַל־לוֹ בַּיהֹוָה וְצֵידָה נָתַן לוֹ וְאֵת חֶרֶב גָּלְיָת הַפְּלִשְׁתִּי נָתַן לוֹ:

11 Thereupon the king sent for the *Kohen Achimelech* son of *Achituv* and for all the *Kohanim* belonging to his father's house at *Nov*. They all came to the king,	יא וַיִּשְׁלַח הַמֶּלֶךְ לִקְרֹא אֶת־אֲחִימֶלֶךְ בֶּן־אֲחִיטוּב הַכֹּהֵן וְאֵת כָּל־בֵּית אָבִיו הַכֹּהֲנִים אֲשֶׁר בְּנֹב וַיָּבֹאוּ כֻלָּם אֶל־הַמֶּלֶךְ׃
12 and *Shaul* said, "Listen to me, son of *Achituv*." "Yes, my lord," he replied.	יב וַיֹּאמֶר שָׁאוּל שְׁמַע־נָא בֶּן־אֲחִיטוּב וַיֹּאמֶר הִנְנִי אֲדֹנִי׃
13 And *Shaul* said to him, "Why have you and the son of *Yishai* conspired against me? You gave him food and a sword, and inquired of *Hashem* for him – that he may rise in ambush against me, as is now the case."	יג וַיֹּאמֶר אלו [אֵלָיו] שָׁאוּל לָמָּה קְשַׁרְתֶּם עָלַי אַתָּה וּבֶן־יִשָׁי בְּתִתְּךָ לוֹ לֶחֶם וְחֶרֶב וְשָׁאוֹל לוֹ בֵּאלֹהִים לָקוּם אֵלַי לְאֹרֵב כַּיּוֹם הַזֶּה׃

va-YO-mer ay-LAV sha-UL LA-mah k'-shar-TEM a-LAI a-TAH
u-ven yi-SHAI b'-ti-t'-KHA LO LE-khem v'-KHE-rev v'-sha-OL LO
bay-lo-HEEM la-KUM ay-LAI l'-o-RAYV ka-YOM ha-ZEH

14 *Achimelech* replied to the king, "But who is there among all your courtiers as trusted as *David*, son-in-law of Your Majesty and obedient to your bidding, and esteemed in your household?	יד וַיַּעַן אֲחִימֶלֶךְ אֶת־הַמֶּלֶךְ וַיֹּאמַר וּמִי בְכָל־עֲבָדֶיךָ כְּדָוִד נֶאֱמָן וַחֲתַן הַמֶּלֶךְ וְסָר אֶל־מִשְׁמַעְתֶּךָ וְנִכְבָּד בְּבֵיתֶךָ׃
15 This is the first time that I inquired of *Hashem* for him; I have done no wrong. Let not Your Majesty find fault with his servant [or] with any of my father's house; for your servant knew nothing whatever about all this."	טו הַיּוֹם הַחִלֹּתִי לשאול־[לִשְׁאָל־] לוֹ בֵאלֹהִים חָלִילָה לִּי אַל־יָשֵׂם הַמֶּלֶךְ בְּעַבְדּוֹ דָבָר בְּכָל־בֵּית אָבִי כִּי לֹא־יָדַע עַבְדְּךָ בְּכָל־זֹאת דָּבָר קָטֹן אוֹ גָדוֹל׃
16 But the king said, "You shall die, *Achimelech*, you and all your father's house."	טז וַיֹּאמֶר הַמֶּלֶךְ מוֹת תָּמוּת אֲחִימֶלֶךְ אַתָּה וְכָל־בֵּית אָבִיךָ׃
17 And the king commanded the guards standing by, "Turn about and kill the *Kohanim* of *Hashem*, for they are in league with *David*; they knew he was running away and they did not inform me." But the king's servants would not raise a hand to strike down the *Kohanim* of *Hashem*.	יז וַיֹּאמֶר הַמֶּלֶךְ לָרָצִים הַנִּצָּבִים עָלָיו סֹבּוּ וְהָמִיתוּ כֹּהֲנֵי יְהֹוָה כִּי גַם־יָדָם עִם־דָּוִד וְכִי יָדְעוּ כִּי־בֹרֵחַ הוּא וְלֹא גָלוּ אֶת־אזנו [אָזְנִי] וְלֹא־אָבוּ עַבְדֵי הַמֶּלֶךְ לִשְׁלֹחַ אֶת־יָדָם לִפְגֹעַ בְּכֹהֲנֵי יְהֹוָה׃
18 Thereupon the king said to Doeg, "You, Doeg, go and strike down the *Kohanim*." And *Doeg Ha'adomi* went and struck down the *Kohanim* himself; that day, he killed eighty-five men who wore the linen ephod.	יח וַיֹּאמֶר הַמֶּלֶךְ לדויג [לְדוֹאֵג] סֹב אַתָּה וּפְגַע בַּכֹּהֲנִים וַיִּסֹּב דויג [דּוֹאֵג] הָאֲדֹמִי וַיִּפְגַּע־הוּא בַּכֹּהֲנִים וַיָּמֶת בַּיּוֹם הַהוּא שְׁמֹנִים וַחֲמִשָּׁה אִישׁ נֹשֵׂא אֵפוֹד בָּד׃

Replica of the breastplate, central Sephardic synagogue, Ramat Gan

22:13 And inquired of *Hashem* for him The *Urim Ve'Tumim*, mystical objects in the *Kohen Gadol's* breastplate, were used to receive communication from *Hashem*. Divine messages were transmitted through the illumination of the twelve stones on the breastplate, which represented the twelve tribes of Israel. *Rashi* explains that by using the *Urim Ve'Tumim* to ask *Hashem* to provide instruction to *David*, the *Kohanim* treated *David* as a king, since they are not allowed to inquire of the *Urim Ve'Tumim* for a regular citizen. Thus, King *Shaul* was angry not only that *Achimelech* had assisted *David*, but that he related to him as the king. The use of the *Urim Ve'Tumim* is another example of the high level of God's direct involvement in the lives of the Children of Israel, felt most acutely in *Eretz Yisrael*.

19 He put *Nov*, the town of the *Kohanim*, to the sword: men and women, children and infants, oxen, asses, and sheep – [all] to the sword.

יט וְאֵת נֹב עִיר־הַכֹּהֲנִים הִכָּה לְפִי־חֶרֶב מֵאִישׁ וְעַד־אִשָּׁה מֵעוֹלֵל וְעַד־יוֹנֵק וְשׁוֹר וַחֲמוֹר וָשֶׂה לְפִי־חָרֶב׃

20 But one son of *Achimelech* son of *Achituv* escaped – his name was *Evyatar* – and he fled to *David*.

כ וַיִּמָּלֵט בֵּן־אֶחָד לַאֲחִימֶלֶךְ בֶּן־אֲחִטוּב וּשְׁמוֹ אֶבְיָתָר וַיִּבְרַח אַחֲרֵי דָוִד׃

21 When *Evyatar* told *David* that *Shaul* had killed the *Kohanim* of *Hashem*,

כא וַיַּגֵּד אֶבְיָתָר לְדָוִד כִּי הָרַג שָׁאוּל אֵת כֹּהֲנֵי יְהוָה׃

22 *David* said to *Evyatar*, "I knew that day, when *Doeg Ha'adomi* was there, that he would tell *Shaul*. I am to blame for all the deaths in your father's house.

כב וַיֹּאמֶר דָּוִד לְאֶבְיָתָר יָדַעְתִּי בַּיּוֹם הַהוּא כִּי־שָׁם דויג [דּוֹאֵג] הָאֲדֹמִי כִּי־הַגֵּד יַגִּיד לְשָׁאוּל אָנֹכִי סַבֹּתִי בְּכָל־נֶפֶשׁ בֵּית אָבִיךָ׃

23 Stay with me; do not be afraid; for whoever seeks your life must seek my life also. It will be my care to guard you."

כג שְׁבָה אִתִּי אַל־תִּירָא כִּי אֲשֶׁר־יְבַקֵּשׁ אֶת־נַפְשִׁי יְבַקֵּשׁ אֶת־נַפְשֶׁךָ כִּי־מִשְׁמֶרֶת אַתָּה עִמָּדִי׃

23 כג

1 *David* was told: "The Philistines are raiding Keilah and plundering the threshing floors."

א וַיַּגִּדוּ לְדָוִד לֵאמֹר הִנֵּה פְלִשְׁתִּים נִלְחָמִים בִּקְעִילָה וְהֵמָּה שֹׁסִים אֶת־הַגֳּרָנוֹת׃

2 *David* consulted *Hashem*, "Shall I go and attack those Philistines?" And *Hashem* said to *David*, "Go; attack the Philistines and you will save Keilah."

ב וַיִּשְׁאַל דָּוִד בַּיהוָה לֵאמֹר הַאֵלֵךְ וְהִכֵּיתִי בַּפְּלִשְׁתִּים הָאֵלֶּה וַיֹּאמֶר יְהוָה אֶל־דָּוִד לֵךְ וְהִכִּיתָ בַפְּלִשְׁתִּים וְהוֹשַׁעְתָּ אֶת־קְעִילָה׃

3 But *David*'s men said to him, "Look, we are afraid here in *Yehuda*, how much more if we go to Keilah against the forces of the Philistines!"

ג וַיֹּאמְרוּ אַנְשֵׁי דָוִד אֵלָיו הִנֵּה אֲנַחְנוּ פֹה בִּיהוּדָה יְרֵאִים וְאַף כִּי־נֵלֵךְ קְעִלָה אֶל־מַעַרְכוֹת פְּלִשְׁתִּים׃

4 So *David* consulted *Hashem* again, and *Hashem* answered him, "March down at once to Keilah, for I am going to deliver the Philistines into your hands."

ד וַיּוֹסֶף עוֹד דָּוִד לִשְׁאֹל בַּיהוָה וַיַּעֲנֵהוּ יְהוָה וַיֹּאמֶר קוּם רֵד קְעִילָה כִּי־אֲנִי נֹתֵן אֶת־פְּלִשְׁתִּים בְּיָדֶךָ׃

5 *David* and his men went to Keilah and fought against the Philistines; he drove off their cattle and inflicted a severe defeat on them. Thus *David* saved the inhabitants of Keilah.

ה וַיֵּלֶךְ דָּוִד ואנשו [וַאֲנָשָׁיו] קְעִילָה וַיִּלָּחֶם בַּפְּלִשְׁתִּים וַיִּנְהַג אֶת־מִקְנֵיהֶם וַיַּךְ בָּהֶם מַכָּה גְדוֹלָה וַיֹּשַׁע דָּוִד אֵת יֹשְׁבֵי קְעִילָה׃

6 When *Evyatar* son of *Achimelech* fled to *David* at Keilah, he brought down an ephod with him.

ו וַיְהִי בִּבְרֹחַ אֶבְיָתָר בֶּן־אֲחִימֶלֶךְ אֶל־דָּוִד קְעִילָה אֵפוֹד יָרַד בְּיָדוֹ׃

7 *Shaul* was told that *David* had come to Keilah, and *Shaul* thought, "*Hashem* has delivered him into my hands, for he has shut himself in by entering a town with gates and bars."

ז וַיֻּגַּד לְשָׁאוּל כִּי־בָא דָוִד קְעִילָה וַיֹּאמֶר שָׁאוּל נִכַּר אֹתוֹ אֱלֹהִים בְּיָדִי כִּי נִסְגַּר לָבוֹא בְּעִיר דְּלָתַיִם וּבְרִיחַ׃

8 *Shaul* summoned all the troops for war, to go down to Keilah and besiege *David* and his men.

ח וַיְשַׁמַּע שָׁאוּל אֶת־כָּל־הָעָם לַמִּלְחָמָה לָרֶדֶת קְעִילָה לָצוּר אֶל־דָּוִד וְאֶל־אֲנָשָׁיו׃

Samuel

9 When *David* learned that *Shaul* was planning to harm him, he told the *Kohen Evyatar* to bring the ephod forward.

ט וַיֵּדַע דָּוִד כִּי עָלָיו שָׁאוּל מַחֲרִישׁ הָרָעָה וַיֹּאמֶר אֶל־אֶבְיָתָר הַכֹּהֵן הַגִּישָׁה הָאֵפוֹד:

10 And *David* said, "*Hashem*, God of *Yisrael*, Your servant has heard that *Shaul* intends to come to Keilah and destroy the town because of me.

י וַיֹּאמֶר דָּוִד יְהוָה אֱלֹהֵי יִשְׂרָאֵל שָׁמֹעַ שָׁמַע עַבְדְּךָ כִּי־מְבַקֵּשׁ שָׁאוּל לָבוֹא אֶל־קְעִילָה לְשַׁחֵת לָעִיר בַּעֲבוּרִי:

11 Will the citizens of Keilah deliver me into his hands? Will *Shaul* come down, as Your servant has heard? *Hashem*, God of *Yisrael*, tell Your servant!" And *Hashem* said, "He will."

יא הֲיַסְגִּרֻנִי בַעֲלֵי קְעִילָה בְיָדוֹ הֲיֵרֵד שָׁאוּל כַּאֲשֶׁר שָׁמַע עַבְדֶּךָ יְהוָה אֱלֹהֵי יִשְׂרָאֵל הַגֶּד־נָא לְעַבְדֶּךָ וַיֹּאמֶר יְהוָה יֵרֵד:

12 *David* continued, "Will the citizens of Keilah deliver me and my men into *Shaul*'s hands?" And *Hashem* answered, "They will."

יב וַיֹּאמֶר דָּוִד הֲיַסְגִּרוּ בַּעֲלֵי קְעִילָה אֹתִי וְאֶת־אֲנָשַׁי בְּיַד־שָׁאוּל וַיֹּאמֶר יְהוָה יַסְגִּירוּ:

13 So *David* and his men, about six hundred in number, left Keilah at once and moved about wherever they could. And when *Shaul* was told that *David* had got away from Keilah, he did not set out.

יג וַיָּקָם דָּוִד וַאֲנָשָׁיו כְּשֵׁשׁ־מֵאוֹת אִישׁ וַיֵּצְאוּ מִקְּעִלָה וַיִּתְהַלְּכוּ בַּאֲשֶׁר יִתְהַלָּכוּ וּלְשָׁאוּל הֻגַּד כִּי־נִמְלַט דָּוִד מִקְּעִילָה וַיֶּחְדַּל לָצֵאת:

14 *David* was staying in the strongholds of the wilderness [of *Yehuda*]; he stayed in the hill country, in the wilderness of Ziph. *Shaul* searched for him constantly, but *Hashem* did not deliver him into his hands.

יד וַיֵּשֶׁב דָּוִד בַּמִּדְבָּר בַּמְּצָדוֹת וַיֵּשֶׁב בָּהָר בְּמִדְבַּר־זִיף וַיְבַקְשֵׁהוּ שָׁאוּל כָּל־הַיָּמִים וְלֹא־נְתָנוֹ אֱלֹהִים בְּיָדוֹ:

15 *David* was once at Horesh in the wilderness of Ziph, when *David* learned that *Shaul* had come out to seek his life.

טו וַיַּרְא דָּוִד כִּי־יָצָא שָׁאוּל לְבַקֵּשׁ אֶת־נַפְשׁוֹ וְדָוִד בְּמִדְבַּר־זִיף בַּחֹרְשָׁה:

16 And *Shaul*'s son *Yehonatan* came to *David* at Horesh and encouraged him in [the name of] *Hashem*.

טז וַיָּקָם יְהוֹנָתָן בֶּן־שָׁאוּל וַיֵּלֶךְ אֶל־דָּוִד חֹרְשָׁה וַיְחַזֵּק אֶת־יָדוֹ בֵּאלֹהִים:

17 He said to him, "Do not be afraid: the hand of my father *Shaul* will never touch you. You are going to be king over *Yisrael* and I shall be second to you; and even my father *Shaul* knows this is so."

יז וַיֹּאמֶר אֵלָיו אַל־תִּירָא כִּי לֹא תִמְצָאֲךָ יַד שָׁאוּל אָבִי וְאַתָּה תִּמְלֹךְ עַל־יִשְׂרָאֵל וְאָנֹכִי אֶהְיֶה־לְּךָ לְמִשְׁנֶה וְגַם־שָׁאוּל אָבִי יֹדֵעַ כֵּן:

va-YO-mer ay-LAV al tee-RA KEE LO tim-tza-a-KHA yad sha-UL a-VEE v'-a-TAH tim-LOKH al yis-ra-AYL v'-a-no-KHEE eh-yeh l'-KHA l'-mish-NEH v'-GAM sha-UL a-VEE yo-DAY-a KAYN

23:17 Do not be afraid: the hand of my father *Shaul* will never touch you This verse again demonstrates *Yehonatan*'s selflessness and love for *David*. Despite his awareness that the consequence of *David* becoming king is that he will not succeed his father on the throne, *Yehonatan* recognizes that *Hashem* has designated his beloved friend *David* as the next king of Israel. Displaying great admiration for his friend and sacrifice for the sake of the nation as well as for *David*, *Yehonatan* expresses his desire to serve under *David*. *Yehonatan* is a powerful and inspiring model, not only of an elevated level of friendship, but also of an individual willing to make any sacrifice necessary to advance the will of God and the wellbeing of Israel.

IDF soldiers give a "thumbs up" after fitness competition

¹⁸ And the two of them entered into a pact before *Hashem*. *David* remained in Horesh, and *Yehonatan* went home.

¹⁹ Some Ziphites went up to *Shaul* in *Giva* and said, "*David* is hiding among us in the strongholds of Horesh, at the hill of Hachilah south of Jeshimon.

²⁰ So if Your Majesty has the desire to come down, come down, and it will be our task to deliver him into Your Majesty's hands."

²¹ And *Shaul* replied, "May you be blessed of *Hashem* for the compassion you have shown me!

²² Go now and prepare further. Look around and learn what places he sets foot on [and] who has seen him there, for I have been told he is a very cunning fellow.

²³ Look around and learn in which of all his hiding places he has been hiding, and return to me when you are certain. I will then go with you, and if he is in the region, I will search him out among all the clans of *Yehuda*."

²⁴ They left at once for Ziph, ahead of *Shaul*; *David* and his men were then in the wilderness of Maon, in the Arabah, to the south of Jeshimon.

²⁵ When *Shaul* and his men came to search, *David* was told about it; and he went down to the rocky region and stayed in the wilderness of Maon. On hearing this, *Shaul* pursued *David* in the wilderness of Maon.

²⁶ *Shaul* was making his way along one side of a hill, and *David* and his men were on the other side of the hill. *David* was trying hard to elude *Shaul*, and *Shaul* and his men were trying to encircle *David* and his men and capture them,

²⁷ when a messenger came and told *Shaul*, "Come quickly, for the Philistines have invaded the land."

²⁸ *Shaul* gave up his pursuit of *David* and went to meet the Philistines. That is why that place came to be called the Rock of Separation.

24 ¹ *David* went from there and stayed in the wildernesses of *Ein Gedi*.

² When *Shaul* returned from pursuing the Philistines, he was told that *David* was in the wilderness of *Ein Gedi*.

יח וַיִּכְרְתוּ שְׁנֵיהֶם בְּרִית לִפְנֵי יְהֹוָה וַיֵּשֶׁב דָּוִד בַּחֹרְשָׁה וִיהוֹנָתָן הָלַךְ לְבֵיתוֹ:

יט וַיַּעֲלוּ זִפִים אֶל־שָׁאוּל הַגִּבְעָתָה לֵאמֹר הֲלוֹא דָוִד מִסְתַּתֵּר עִמָּנוּ בַמְּצָדוֹת בַּחֹרְשָׁה בְּגִבְעַת הַחֲכִילָה אֲשֶׁר מִימִין הַיְשִׁימוֹן:

כ וְעַתָּה לְכָל־אַוַּת נַפְשְׁךָ הַמֶּלֶךְ לָרֶדֶת רֵד וְלָנוּ הַסְגִּירוֹ בְּיַד הַמֶּלֶךְ:

כא וַיֹּאמֶר שָׁאוּל בְּרוּכִים אַתֶּם לַיהוָֹה כִּי חֲמַלְתֶּם עָלָי:

כב לְכוּ־נָא הָכִינוּ עוֹד וּדְעוּ וּרְאוּ אֶת־מְקוֹמוֹ אֲשֶׁר תִּהְיֶה רַגְלוֹ מִי רָאָהוּ שָׁם כִּי אָמַר אֵלַי עָרוֹם יַעְרִם הוּא:

כג וּרְאוּ וּדְעוּ מִכֹּל הַמַּחֲבֹאִים אֲשֶׁר יִתְחַבֵּא שָׁם וְשַׁבְתֶּם אֵלַי אֶל־נָכוֹן וְהָלַכְתִּי אִתְּכֶם וְהָיָה אִם־יֶשְׁנוֹ בָאָרֶץ וְחִפַּשְׂתִּי אֹתוֹ בְּכֹל אַלְפֵי יְהוּדָה:

כד וַיָּקוּמוּ וַיֵּלְכוּ זִיפָה לִפְנֵי שָׁאוּל וְדָוִד וַאֲנָשָׁיו בְּמִדְבַּר מָעוֹן בָּעֲרָבָה אֶל יְמִין הַיְשִׁימוֹן:

כה וַיֵּלֶךְ שָׁאוּל וַאֲנָשָׁיו לְבַקֵּשׁ וַיַּגִּדוּ לְדָוִד וַיֵּרֶד הַסֶּלַע וַיֵּשֶׁב בְּמִדְבַּר מָעוֹן וַיִּשְׁמַע שָׁאוּל וַיִּרְדֹּף אַחֲרֵי דָוִד מִדְבַּר מָעוֹן:

כו וַיֵּלֶךְ שָׁאוּל מִצַּד הָהָר מִזֶּה וְדָוִד וַאֲנָשָׁיו מִצַּד הָהָר מִזֶּה וַיְהִי דָוִד נֶחְפָּז לָלֶכֶת מִפְּנֵי שָׁאוּל וְשָׁאוּל וַאֲנָשָׁיו עֹטְרִים אֶל־דָּוִד וְאֶל־אֲנָשָׁיו לְתָפְשָׂם:

כז וּמַלְאָךְ בָּא אֶל־שָׁאוּל לֵאמֹר מַהֲרָה וְלֵכָה כִּי־פָשְׁטוּ פְלִשְׁתִּים עַל־הָאָרֶץ:

כח וַיָּשָׁב שָׁאוּל מִרְדֹף אַחֲרֵי דָוִד וַיֵּלֶךְ לִקְרַאת פְּלִשְׁתִּים עַל־כֵּן קָרְאוּ לַמָּקוֹם הַהוּא סֶלַע הַמַּחְלְקוֹת:

כד א וַיַּעַל דָּוִד מִשָּׁם וַיֵּשֶׁב בִּמְצָדוֹת עֵין־גֶּדִי:

ב וַיְהִי כַּאֲשֶׁר שָׁב שָׁאוּל מֵאַחֲרֵי פְּלִשְׁתִּים וַיַּגִּדוּ לוֹ לֵאמֹר הִנֵּה דָוִד בְּמִדְבַּר עֵין גֶּדִי:

3 So *Shaul* took three thousand picked men from all *Yisrael* and went in search of *David* and his men in the direction of the rocks of the wild goats;

ג וַיִּקַּח שָׁאוּל שְׁלֹשֶׁת אֲלָפִים אִישׁ בָּחוּר מִכָּל־יִשְׂרָאֵל וַיֵּלֶךְ לְבַקֵּשׁ אֶת־דָּוִד וַאֲנָשָׁיו עַל־פְּנֵי צוּרֵי הַיְּעֵלִים׃

4 and he came to the sheepfolds along the way. There was a cave there, and *Shaul* went in to relieve himself. Now *David* and his men were sitting in the back of the cave.

ד וַיָּבֹא אֶל־גִּדְרוֹת הַצֹּאן עַל־הַדֶּרֶךְ וְשָׁם מְעָרָה וַיָּבֹא שָׁאוּל לְהָסֵךְ אֶת־רַגְלָיו וְדָוִד וַאֲנָשָׁיו בְּיַרְכְּתֵי הַמְּעָרָה יֹשְׁבִים׃

5 *David*'s men said to him, "This is the day of which *Hashem* said to you, 'I will deliver your enemy into your hands; you can do with him as you please.'" *David* went and stealthily cut off the corner of *Shaul*'s cloak.

ה וַיֹּאמְרוּ אַנְשֵׁי דָוִד אֵלָיו הִנֵּה הַיּוֹם אֲשֶׁר־אָמַר יְהֹוָה אֵלֶיךָ הִנֵּה אָנֹכִי נֹתֵן אֶת־איביך [אֹיִבְךָ] בְּיָדֶךָ וְעָשִׂיתָ לּוֹ כַּאֲשֶׁר יִטַב בְּעֵינֶיךָ וַיָּקָם דָּוִד וַיִּכְרֹת אֶת־כְּנַף־הַמְּעִיל אֲשֶׁר־לְשָׁאוּל בַּלָּט׃

6 But afterward *David* reproached himself for cutting off the corner of *Shaul*'s cloak.

ו וַיְהִי אַחֲרֵי־כֵן וַיַּךְ לֵב־דָּוִד אֹתוֹ עַל אֲשֶׁר כָּרַת אֶת־כָּנָף אֲשֶׁר לְשָׁאוּל׃

7 He said to his men, "*Hashem* forbid that I should do such a thing to my lord – *Hashem*'s anointed – that I should raise my hand against him; for he is *Hashem*'s anointed."

ז וַיֹּאמֶר לַאֲנָשָׁיו חָלִילָה לִּי מֵיְהֹוָה אִם־אֶעֱשֶׂה אֶת־הַדָּבָר הַזֶּה לַאדֹנִי לִמְשִׁיחַ יְהֹוָה לִשְׁלֹחַ יָדִי בּוֹ כִּי־מְשִׁיחַ יְהֹוָה הוּא׃

va-YO-mer l'-a-na-SHAV kha-LEE-lah LEE may-a-do-NAI im e-e-SEH et ha-da-VAR ha-ZEH la-do-NEE lim-SHEE-akh a-do-NAI lish-LO-akh ya-DEE BO kee m'-SHEE-akh a-do-NAI HU

8 *David* rebuked his men and did not permit them to attack *Shaul*. *Shaul* left the cave and started on his way.

ח וַיְשַׁסַּע דָּוִד אֶת־אֲנָשָׁיו בַּדְּבָרִים וְלֹא נְתָנָם לָקוּם אֶל־שָׁאוּל וְשָׁאוּל קָם מֵהַמְּעָרָה וַיֵּלֶךְ בַּדָּרֶךְ׃

9 Then *David* also went out of the cave and called after *Shaul*, "My lord king!" *Shaul* looked around and *David* bowed low in homage, with his face to the ground.

ט וַיָּקָם דָּוִד אַחֲרֵי־כֵן וַיֵּצֵא מִן־המערה [מֵהַמְּעָרָה] וַיִּקְרָא אַחֲרֵי־שָׁאוּל לֵאמֹר אֲדֹנִי הַמֶּלֶךְ וַיַּבֵּט שָׁאוּל אַחֲרָיו וַיִּקֹּד דָּוִד אַפַּיִם אַרְצָה וַיִּשְׁתָּחוּ׃

10 And *David* said to *Shaul*, "Why do you listen to the people who say, '*David* is out to do you harm?'

י וַיֹּאמֶר דָּוִד לְשָׁאוּל לָמָּה תִשְׁמַע אֶת־דִּבְרֵי אָדָם לֵאמֹר הִנֵּה דָוִד מְבַקֵּשׁ רָעָתֶךָ׃

Naftali Bennett, Israel's 13th Prime Minister

24:7 *Hashem* forbid that I Though *David* could have legitimately killed King *Shaul* in self-defense, he merely cuts his royal cloak, and refrains from harming him physically. However, despite this extreme restraint, after the fact *David* greatly regrets his act, feeling that he has shown disrespect to the king of Israel. Despite everything *Shaul* had done to him, *David* honors King *Shaul* and his position as the anointed king of Israel. This esteem continues until the very end, expressed in the beautiful eulogy he delivers for *Shaul* after his death (see II Samuel 1:17–27). The leaders of the nation must be respected by all, as they are chosen by *Hashem* and charged with the responsibility of leading His people and guiding them in their holy mission. *David* has the strength and wisdom to understand this, even while being pursued by the king whose throne he would later inherit.

11 You can see for yourself now that *Hashem* delivered you into my hands in the cave today. And though I was urged to kill you, I showed you pity; for I said, 'I will not raise a hand against my lord, since he is *Hashem*'s anointed.'

יא הִנֵּה הַיּוֹם הַזֶּה רָאוּ עֵינֶיךָ אֵת אֲשֶׁר־נְתָנְךָ יְהֹוָה הַיּוֹם בְּיָדִי בַּמְּעָרָה וְאָמַר לַהֲרָגְךָ וַתָּחָס עָלֶיךָ וָאֹמַר לֹא־אֶשְׁלַח יָדִי בַּאדֹנִי כִּי־מְשִׁיחַ יְהֹוָה הוּא׃

12 Please, sir, take a close look at the corner of your cloak in my hand; for when I cut off the corner of your cloak, I did not kill you. You must see plainly that I have done nothing evil or rebellious, and I have never wronged you. Yet you are bent on taking my life.

יב וְאָבִי רְאֵה גַּם רְאֵה אֶת־כְּנַף מְעִילְךָ בְּיָדִי כִּי בְּכָרְתִי אֶת־כְּנַף מְעִילְךָ וְלֹא הֲרַגְתִּיךָ דַּע וּרְאֵה כִּי אֵין בְּיָדִי רָעָה וָפֶשַׁע וְלֹא־חָטָאתִי לָךְ וְאַתָּה צֹדֶה אֶת־נַפְשִׁי לְקַחְתָּהּ׃

13 May *Hashem* judge between you and me! And may He take vengeance upon you for me, but my hand will never touch you.

יג יִשְׁפֹּט יְהֹוָה בֵּינִי וּבֵינֶךָ וּנְקָמַנִי יְהֹוָה מִמֶּךָּ וְיָדִי לֹא תִהְיֶה־בָּךְ׃

14 As the ancient proverb has it: 'Wicked deeds come from wicked men!' My hand will never touch you.

יד כַּאֲשֶׁר יֹאמַר מְשַׁל הַקַּדְמֹנִי מֵרְשָׁעִים יֵצֵא רֶשַׁע וְיָדִי לֹא תִהְיֶה־בָּךְ׃

15 Against whom has the king of *Yisrael* come out? Whom are you pursuing? A dead dog? A single flea?

טו אַחֲרֵי מִי יָצָא מֶלֶךְ יִשְׂרָאֵל אַחֲרֵי מִי אַתָּה רֹדֵף אַחֲרֵי כֶּלֶב מֵת אַחֲרֵי פַּרְעֹשׁ אֶחָד׃

16 May *Hashem* be arbiter and may He judge between you and me! May He take note and uphold my cause, and vindicate me against you."

טז וְהָיָה יְהֹוָה לְדַיָּן וְשָׁפַט בֵּינִי וּבֵינֶךָ וְיֵרֶא וְיָרֵב אֶת־רִיבִי וְיִשְׁפְּטֵנִי מִיָּדֶךָ׃

17 When *David* finished saying these things to *Shaul*, *Shaul* said, "Is that your voice, my son *David*?" And *Shaul* broke down and wept.

יז וַיְהִי כְּכַלּוֹת דָּוִד לְדַבֵּר אֶת־הַדְּבָרִים הָאֵלֶּה אֶל־שָׁאוּל וַיֹּאמֶר שָׁאוּל הֲקֹלְךָ זֶה בְּנִי דָוִד וַיִּשָּׂא שָׁאוּל קֹלוֹ וַיֵּבְךְּ׃

18 He said to *David*, "You are right, not I; for you have treated me generously, but I have treated you badly.

יח וַיֹּאמֶר אֶל־דָּוִד צַדִּיק אַתָּה מִמֶּנִּי כִּי אַתָּה גְּמַלְתַּנִי הַטּוֹבָה וַאֲנִי גְּמַלְתִּיךָ הָרָעָה׃

19 Yes, you have just revealed how generously you treated me, for *Hashem* delivered me into your hands and you did not kill me.

יט ואת [וְאַתָּה] הִגַּדְתָּ הַיּוֹם אֵת אֲשֶׁר־עָשִׂיתָה אִתִּי טוֹבָה אֵת אֲשֶׁר סִגְּרַנִי יְהֹוָה בְּיָדְךָ וְלֹא הֲרַגְתָּנִי׃

20 If a man meets his enemy, does he let him go his way unharmed? Surely, *Hashem* will reward you generously for what you have done for me this day.

כ וְכִי־יִמְצָא אִישׁ אֶת־אֹיְבוֹ וְשִׁלְּחוֹ בְּדֶרֶךְ טוֹבָה וַיהֹוָה יְשַׁלֶּמְךָ טוֹבָה תַּחַת הַיּוֹם הַזֶּה אֲשֶׁר עָשִׂיתָה לִי׃

21 I know now that you will become king, and that the kingship over *Yisrael* will remain in your hands.

כא וְעַתָּה הִנֵּה יָדַעְתִּי כִּי מָלֹךְ תִּמְלוֹךְ וְקָמָה בְּיָדְךָ מַמְלֶכֶת יִשְׂרָאֵל׃

22 So swear to me by *Hashem* that you will not destroy my descendants or wipe out my name from my father's house."

כב וְעַתָּה הִשָּׁבְעָה לִּי בַּיהֹוָה אִם־תַּכְרִית אֶת־זַרְעִי אַחֲרָי וְאִם־תַּשְׁמִיד אֶת־שְׁמִי מִבֵּית אָבִי׃

23 *David* swore to *Shaul*, *Shaul* went home, and *David* and his men went up to the strongholds.

כג וַיִּשָּׁבַע דָּוִד לְשָׁאוּל וַיֵּלֶךְ שָׁאוּל אֶל־בֵּיתוֹ וְדָוִד וַאֲנָשָׁיו עָלוּ עַל־הַמְּצוּדָה׃

25 כה

1 *Shmuel* died, and all *Yisrael* gathered and made lament for him; and they buried him in *Rama*, his home. *David* went down to the wilderness of Paran.

א וַיָּמָת שְׁמוּאֵל וַיִּקָּבְצוּ כָל־יִשְׂרָאֵל וַיִּסְפְּדוּ־לוֹ וַיִּקְבְּרֻהוּ בְּבֵיתוֹ בָּרָמָה וַיָּקָם דָּוִד וַיֵּרֶד אֶל־מִדְבַּר פָּארָן׃

2 There was a man in Maon whose possessions were in *Carmel*. The man was very wealthy; he owned three thousand sheep and a thousand goats. At the time, he was shearing his sheep in *Carmel*.

ב וְאִישׁ בְּמָעוֹן וּמַעֲשֵׂהוּ בַכַּרְמֶל וְהָאִישׁ גָּדוֹל מְאֹד וְלוֹ צֹאן שְׁלֹשֶׁת־אֲלָפִים וְאֶלֶף עִזִּים וַיְהִי בִּגְזֹז אֶת־צֹאנוֹ בַּכַּרְמֶל׃

3 The man's name was *Naval*, and his wife's name was *Avigail*. The woman was intelligent and beautiful, but the man, a Calebite, was a hard man and an evildoer.

ג וְשֵׁם הָאִישׁ נָבָל וְשֵׁם אִשְׁתּוֹ אֲבִגָיִל וְהָאִשָּׁה טוֹבַת־שֶׂכֶל וִיפַת תֹּאַר וְהָאִישׁ קָשֶׁה וְרַע מַעֲלָלִים וְהוּא כלבו [כָלִבִּי׃]

4 *David* was in the wilderness when he heard that *Naval* was shearing his sheep.

ד וַיִּשְׁמַע דָּוִד בַּמִּדְבָּר כִּי־גֹזֵז נָבָל אֶת־צֹאנוֹ׃

5 *David* dispatched ten young men, and *David* instructed the young men, "Go up to *Carmel*. When you come to *Naval*, greet him in my name.

ה וַיִּשְׁלַח דָּוִד עֲשָׂרָה נְעָרִים וַיֹּאמֶר דָּוִד לַנְּעָרִים עֲלוּ כַרְמֶלָה וּבָאתֶם אֶל־נָבָל וּשְׁאֶלְתֶּם־לוֹ בִשְׁמִי לְשָׁלוֹם׃

6 Say as follows: 'To life! Greetings to you and to your household and to all that is yours!

ו וַאֲמַרְתֶּם כֹּה לֶחָי וְאַתָּה שָׁלוֹם וּבֵיתְךָ שָׁלוֹם וְכֹל אֲשֶׁר־לְךָ שָׁלוֹם׃

7 I hear that you are now doing your shearing. As you know, your shepherds have been with us; we did not harm them, and nothing of theirs was missing all the time they were in *Carmel*.

ז וְעַתָּה שָׁמַעְתִּי כִּי גֹזְזִים לָךְ עַתָּה הָרֹעִים אֲשֶׁר־לְךָ הָיוּ עִמָּנוּ לֹא הֶכְלַמְנוּם וְלֹא־נִפְקַד לָהֶם מְאוּמָה כָּל־יְמֵי הֱיוֹתָם בַּכַּרְמֶל׃

8 Ask your young men and they will tell you. So receive these young men graciously, for we have come on a festive occasion. Please give your servants and your son *David* whatever you can.'"

ח שְׁאַל אֶת־נְעָרֶיךָ וְיַגִּידוּ לָךְ וְיִמְצְאוּ הַנְּעָרִים חֵן בְּעֵינֶיךָ כִּי־עַל־יוֹם טוֹב בָּנוּ תְּנָה־נָּא אֵת אֲשֶׁר תִּמְצָא יָדְךָ לַעֲבָדֶיךָ וּלְבִנְךָ לְדָוִד׃

9 *David*'s young men went and delivered this message to *Naval* in the name of *David*. When they stopped speaking,

ט וַיָּבֹאוּ נַעֲרֵי דָוִד וַיְדַבְּרוּ אֶל־נָבָל כְּכָל־הַדְּבָרִים הָאֵלֶּה בְּשֵׁם דָּוִד וַיָּנוּחוּ׃

10 *Naval* answered *David*'s servants, "Who is *David*? Who is the son of *Yishai*? There are many slaves nowadays who run away from their masters.

י וַיַּעַן נָבָל אֶת־עַבְדֵי דָוִד וַיֹּאמֶר מִי דָוִד וּמִי בֶן־יִשָׁי הַיּוֹם רַבּוּ עֲבָדִים הַמִּתְפָּרְצִים אִישׁ מִפְּנֵי אֲדֹנָיו׃

11 Should I then take my bread and my water, and the meat that I slaughtered for my own shearers, and give them to men who come from I don't know where?"

יא וְלָקַחְתִּי אֶת־לַחְמִי וְאֶת־מֵימַי וְאֵת טִבְחָתִי אֲשֶׁר טָבַחְתִּי לְגֹזְזָי וְנָתַתִּי לַאֲנָשִׁים אֲשֶׁר לֹא יָדַעְתִּי אֵי מִזֶּה הֵמָּה׃

12 Thereupon *David*'s young men retraced their steps; and when they got back, they told him all this.

יב וַיַּהַפְכוּ נַעֲרֵי־דָוִד לְדַרְכָּם וַיָּשֻׁבוּ וַיָּבֹאוּ וַיַּגִּדוּ לוֹ כְּכֹל הַדְּבָרִים הָאֵלֶּה׃

13 And *David* said to his men, "Gird on your swords." Each girded on his sword; *David* too girded on his sword. About four hundred men went up after *David*, while two hundred remained with the baggage.

יג וַיֹּאמֶר דָּוִד לַאֲנָשָׁיו חִגְרוּ אִישׁ אֶת־חַרְבּוֹ וַיַּחְגְּרוּ אִישׁ אֶת־חַרְבּוֹ וַיַּחְגֹּר גַּם־דָּוִד אֶת־חַרְבּוֹ וַיַּעֲלוּ אַחֲרֵי דָוִד כְּאַרְבַּע מֵאוֹת אִישׁ וּמָאתַיִם יָשְׁבוּ עַל־הַכֵּלִים׃

14 One of [Naval's] young men told Avigail, Naval's wife, that David had sent messengers from the wilderness to greet their master, and that he had spurned them.

15 "But the men had been very friendly to us; we were not harmed, nor did we miss anything all the time that we went about with them while we were in the open.

16 They were a wall about us both by night and by day all the time that we were with them tending the flocks.

17 So consider carefully what you should do, for harm threatens our master and all his household; he is such a nasty fellow that no one can speak to him."

18 Avigail quickly got together two hundred loaves of bread, two jars of wine, five dressed sheep, five se'eem of parched corn, one hundred cakes of raisin, and two hundred cakes of pressed figs. She loaded them on asses,

19 and she told her young men, "Go on ahead of me, and I'll follow you"; but she did not tell her husband Naval.

20 She was riding on the ass and going down a trail on the hill, when David and his men appeared, coming down toward her; and she met them. –

21 Now David had been saying, "It was all for nothing that I protected that fellow's possessions in the wilderness, and that nothing he owned is missing. He has paid me back evil for good.

22 May Hashem do thus and more to the enemies of David if, by the light of morning, I leave a single male of his." –

23 When Avigail saw David, she quickly dismounted from the ass and threw herself face down before David, bowing to the ground.

24 Prostrate at his feet, she pleaded, "Let the blame be mine, my lord, but let your handmaid speak to you; hear your maid's plea.

25 Please, my lord, pay no attention to that wretched fellow Naval. For he is just what his name says: His name means 'boor' and he is a boor. "Your handmaid did not see the young men whom my lord sent.

יד וְלַאֲבִיגַיִל אֵשֶׁת נָבָל הִגִּיד נַעַר־אֶחָד מֵהַנְּעָרִים לֵאמֹר הִנֵּה שָׁלַח דָּוִד מַלְאָכִים מֵהַמִּדְבָּר לְבָרֵךְ אֶת־אֲדֹנֵינוּ וַיָּעַט בָּהֶם:

טו וְהָאֲנָשִׁים טֹבִים לָנוּ מְאֹד וְלֹא הָכְלַמְנוּ וְלֹא־פָקַדְנוּ מְאוּמָה כָּל־יְמֵי הִתְהַלַּכְנוּ אִתָּם בִּהְיוֹתֵנוּ בַּשָּׂדֶה:

טז חוֹמָה הָיוּ עָלֵינוּ גַּם־לַיְלָה גַּם־יוֹמָם כָּל־יְמֵי הֱיוֹתֵנוּ עִמָּם רֹעִים הַצֹּאן:

יז וְעַתָּה דְּעִי וּרְאִי מַה־תַּעֲשִׂי כִּי־כָלְתָה הָרָעָה אֶל־אֲדֹנֵינוּ וְעַל כָּל־בֵּיתוֹ וְהוּא בֶּן־בְּלִיַּעַל מִדַּבֵּר אֵלָיו:

יח וַתְּמַהֵר אֲבוֹגִיל [אֲבִיגַיִל] וַתִּקַּח מָאתַיִם לֶחֶם וּשְׁנַיִם נִבְלֵי־יַיִן וְחָמֵשׁ צֹאן עשוות [עֲשׂוּיֹת] וְחָמֵשׁ סְאִים קָלִי וּמֵאָה צִמֻּקִים וּמָאתַיִם דְּבֵלִים וַתָּשֶׂם עַל־הַחֲמֹרִים:

יט וַתֹּאמֶר לִנְעָרֶיהָ עִבְרוּ לְפָנַי הִנְנִי אַחֲרֵיכֶם בָּאָה וּלְאִישָׁהּ נָבָל לֹא הִגִּידָה:

כ וְהָיָה הִיא רֹכֶבֶת עַל־הַחֲמוֹר וְיֹרֶדֶת בְּסֵתֶר הָהָר וְהִנֵּה דָוִד וַאֲנָשָׁיו יֹרְדִים לִקְרָאתָהּ וַתִּפְגֹּשׁ אֹתָם:

כא וְדָוִד אָמַר אַךְ לַשֶּׁקֶר שָׁמַרְתִּי אֶת־כָּל־אֲשֶׁר לָזֶה בַּמִּדְבָּר וְלֹא־נִפְקַד מִכָּל־אֲשֶׁר־לוֹ מְאוּמָה וַיָּשֶׁב־לִי רָעָה תַּחַת טוֹבָה:

כב כֹּה־יַעֲשֶׂה אֱלֹהִים לְאֹיְבֵי דָוִד וְכֹה יֹסִיף אִם־אַשְׁאִיר מִכָּל־אֲשֶׁר־לוֹ עַד־הַבֹּקֶר מַשְׁתִּין בְּקִיר:

כג וַתֵּרֶא אֲבִיגַיִל אֶת־דָּוִד וַתְּמַהֵר וַתֵּרֶד מֵעַל הַחֲמוֹר וַתִּפֹּל לְאַפֵּי דָוִד עַל־פָּנֶיהָ וַתִּשְׁתַּחוּ אָרֶץ:

כד וַתִּפֹּל עַל־רַגְלָיו וַתֹּאמֶר בִּי־אֲנִי אֲדֹנִי הֶעָוֹן וּתְדַבֶּר־נָא אֲמָתְךָ בְּאָזְנֶיךָ וּשְׁמַע אֵת דִּבְרֵי אֲמָתֶךָ:

כה אַל־נָא יָשִׂים אֲדֹנִי אֶת־לִבּוֹ אֶל־אִישׁ הַבְּלִיַּעַל הַזֶּה עַל־נָבָל כִּי כִשְׁמוֹ כֶּן־הוּא נָבָל שְׁמוֹ וּנְבָלָה עִמּוֹ וַאֲנִי אֲמָתְךָ לֹא רָאִיתִי אֶת־נַעֲרֵי אֲדֹנִי אֲשֶׁר שָׁלָחְתָּ:

26 I swear, my lord, as *Hashem* lives and as you live – *Hashem* who has kept you from seeking redress by blood with your own hands – let your enemies and all who would harm my lord fare like *Naval*!

כו וְעַתָּה אֲדֹנִי חַי־יְהֹוָה וְחֵי־נַפְשְׁךָ אֲשֶׁר מְנָעֲךָ יְהֹוָה מִבּוֹא בְדָמִים וְהוֹשֵׁעַ יָדְךָ לָךְ וְעַתָּה יִהְיוּ כְנָבָל אֹיְבֶיךָ וְהַמְבַקְשִׁים אֶל־אֲדֹנִי רָעָה:

27 Here is the present which your maidservant has brought to my lord; let it be given to the young men who are the followers of my lord.

כז וְעַתָּה הַבְּרָכָה הַזֹּאת אֲשֶׁר־הֵבִיא שִׁפְחָתְךָ לַאדֹנִי וְנִתְּנָה לַנְּעָרִים הַמִּתְהַלְּכִים בְּרַגְלֵי אֲדֹנִי:

28 Please pardon your maid's boldness. For *Hashem* will grant my lord an enduring house, because my lord is fighting the battles of *Hashem*, and no wrong is ever to be found in you.

כח שָׂא נָא לְפֶשַׁע אֲמָתֶךָ כִּי עָשֹׂה־יַעֲשֶׂה יְהֹוָה לַאדֹנִי בַּיִת נֶאֱמָן כִּי־מִלְחֲמוֹת יְהֹוָה אֲדֹנִי נִלְחָם וְרָעָה לֹא־תִמָּצֵא בְךָ מִיָּמֶיךָ:

SA NA l'-FE-sha a-ma-TE-kha KEE a-soh ya-a-SEH a-do-NAI la-do-NEE BA-yit ne-e-MAN kee mil-kha-MOT a-do-NAI a-do-NEE nil-KHAM v'-ra-AH lo ti-ma-TZAY v'-KHA mi-ya-ME-kha

29 And if anyone sets out to pursue you and seek your life, the life of my lord will be bound up in the bundle of life in the care of *Hashem*; but He will fling away the lives of your enemies as from the hollow of a sling.

כט וַיָּקָם אָדָם לִרְדָפְךָ וּלְבַקֵּשׁ אֶת־נַפְשֶׁךָ וְהָיְתָה נֶפֶשׁ אֲדֹנִי צְרוּרָה בִּצְרוֹר הַחַיִּים אֵת יְהֹוָה אֱלֹהֶיךָ וְאֵת נֶפֶשׁ אֹיְבֶיךָ יְקַלְּעֶנָּה בְּתוֹךְ כַּף הַקָּלַע:

30 And when *Hashem* has accomplished for my lord all the good He has promised you, and has appointed you ruler of *Yisrael*,

ל וְהָיָה כִּי־יַעֲשֶׂה יְהֹוָה לַאדֹנִי כְּכֹל אֲשֶׁר־דִּבֶּר אֶת־הַטּוֹבָה עָלֶיךָ וְצִוְּךָ לְנָגִיד עַל־יִשְׂרָאֵל:

31 do not let this be a cause of stumbling and of faltering courage to my lord that you have shed blood needlessly and that my lord sought redress with his own hands. And when *Hashem* has prospered my lord, remember your maid."

לא וְלֹא תִהְיֶה זֹאת לְךָ לְפוּקָה וּלְמִכְשׁוֹל לֵב לַאדֹנִי וְלִשְׁפָּךְ־דָּם חִנָּם וּלְהוֹשִׁיעַ אֲדֹנִי לוֹ וְהֵיטִב יְהֹוָה לַאדֹנִי וְזָכַרְתָּ אֶת־אֲמָתֶךָ:

32 *David* said to *Avigail*, "Praised be *Hashem*, the God of *Yisrael*, who sent you this day to meet me!

לב וַיֹּאמֶר דָּוִד לַאֲבִיגַל בָּרוּךְ יְהֹוָה אֱלֹהֵי יִשְׂרָאֵל אֲשֶׁר שְׁלָחֵךְ הַיּוֹם הַזֶּה לִקְרָאתִי:

33 And blessed be your prudence, and blessed be you yourself for restraining me from seeking redress in blood by my own hands.

לג וּבָרוּךְ טַעְמֵךְ וּבְרוּכָה אָתְּ אֲשֶׁר כְּלִתִנִי הַיּוֹם הַזֶּה מִבּוֹא בְדָמִים וְהֹשֵׁעַ יָדִי לִי:

34 For as sure as *Hashem*, the God of *Yisrael*, lives – who has kept me from harming you – had you not come quickly to meet me, not a single male of *Naval*'s line would have been left by daybreak."

לד וְאוּלָם חַי־יְהֹוָה אֱלֹהֵי יִשְׂרָאֵל אֲשֶׁר מְנָעַנִי מֵהָרַע אֹתָךְ כִּי לוּלֵי מִהַרְתְּ ותבאתי [וַתָּבֹאת] לִקְרָאתִי כִּי אִם־נוֹתַר לְנָבָל עַד־אוֹר הַבֹּקֶר מַשְׁתִּין בְּקִיר:

25:28 Because my lord is fighting the battles of *Hashem* *Metzudat David* explains that the prophetess *Avigail* is warning *David* that he should kill only if necessary as part of *Hashem*'s wars against enemies such as the Philistines, but not in order to exact revenge. This is one of the foundations of Jewish military ethics: The People of Israel are required to fight wars only to defend themselves and to strengthen the Promised Land. The State of Israel follows this biblical mandate, as can be seen even in the name given to the Israeli army: The Israel Defense Forces, or in Hebrew, *Tz'va HaHaganah L'Yisrael* (צבא ההגנה לישראל).

Israel Defense Forces insignia

35 *David* then accepted from her what she had brought him, and he said to her, "Go up to your home safely. See, I have heeded your plea and respected your wish."

לה וַיִּקַּח דָּוִד מִיָּדָהּ אֵת אֲשֶׁר־הֵבִיאָה לוֹ
וְלָהּ אָמַר עֲלִי לְשָׁלוֹם לְבֵיתֵךְ רְאִי
שָׁמַעְתִּי בְקוֹלֵךְ וָאֶשָּׂא פָּנָיִךְ׃

36 When *Avigail* came home to *Naval*, he was having a feast in his house, a feast fit for a king; *Naval* was in a merry mood and very drunk, so she did not tell him anything at all until daybreak.

לו וַתָּבֹא אֲבִיגַיִל אֶל־נָבָל וְהִנֵּה־לוֹ מִשְׁתֶּה
בְּבֵיתוֹ כְּמִשְׁתֵּה הַמֶּלֶךְ וְלֵב נָבָל טוֹב
עָלָיו וְהוּא שִׁכֹּר עַד־מְאֹד וְלֹא־הִגִּידָה
לּוֹ דָּבָר קָטֹן וְגָדוֹל עַד־אוֹר הַבֹּקֶר׃

37 The next morning, when *Naval* had slept off the wine, his wife told him everything that had happened; and his courage died within him, and he became like a stone.

לז וַיְהִי בַבֹּקֶר בְּצֵאת הַיַּיִן מִנָּבָל וַתַּגֶּד־לוֹ
אִשְׁתּוֹ אֶת־הַדְּבָרִים הָאֵלֶּה וַיָּמָת לִבּוֹ
בְּקִרְבּוֹ וְהוּא הָיָה לְאָבֶן׃

38 About ten days later *Hashem* struck *Naval* and he died.

לח וַיְהִי כַּעֲשֶׂרֶת הַיָּמִים וַיִּגֹּף יְהוָה אֶת־נָבָל
וַיָּמֹת׃

39 When *David* heard that *Naval* was dead, he said, "Praised be *Hashem* who championed my cause against the insults of *Naval* and held back His servant from wrongdoing; *Hashem* has brought *Naval*'s wrongdoing down on his own head." *David* sent messengers to propose marriage to *Avigail*, to take her as his wife.

לט וַיִּשְׁמַע דָּוִד כִּי מֵת נָבָל וַיֹּאמֶר בָּרוּךְ
יְהוָה אֲשֶׁר רָב אֶת־רִיב חֶרְפָּתִי מִיַּד נָבָל
וְאֶת־עַבְדּוֹ חָשַׂךְ מֵרָעָה וְאֵת רָעַת נָבָל
הֵשִׁיב יְהוָה בְּרֹאשׁוֹ וַיִּשְׁלַח דָּוִד וַיְדַבֵּר
בַּאֲבִיגַיִל לְקַחְתָּהּ לוֹ לְאִשָּׁה׃

40 When *David*'s servants came to *Avigail* at *Carmel* and told her that *David* had sent them to her to make her his wife,

מ וַיָּבֹאוּ עַבְדֵי דָוִד אֶל־אֲבִיגַיִל הַכַּרְמֶלָה
וַיְדַבְּרוּ אֵלֶיהָ לֵאמֹר דָּוִד שְׁלָחָנוּ אֵלַיִךְ
לְקַחְתֵּךְ לוֹ לְאִשָּׁה׃

41 she immediately bowed low with her face to the ground and said, "Your handmaid is ready to be your maidservant, to wash the feet of my lord's servants."

מא וַתָּקָם וַתִּשְׁתַּחוּ אַפַּיִם אָרְצָה וַתֹּאמֶר
הִנֵּה אֲמָתְךָ לְשִׁפְחָה לִרְחֹץ רַגְלֵי עַבְדֵי
אֲדֹנִי׃

42 Then *Avigail* rose quickly and mounted an ass, and with five of her maids in attendance she followed *David*'s messengers; and she became his wife.

מב וַתְּמַהֵר וַתָּקָם אֲבִיגַיִל וַתִּרְכַּב עַל־
הַחֲמוֹר וְחָמֵשׁ נַעֲרֹתֶיהָ הַהֹלְכוֹת לְרַגְלָהּ
וַתֵּלֶךְ אַחֲרֵי מַלְאֲכֵי דָוִד וַתְּהִי־לוֹ
לְאִשָּׁה׃

43 Now *David* had taken Ahinoam of *Yizrael*; so both of them became his wives.

מג וְאֶת־אֲחִינֹעַם לָקַח דָּוִד מִיִּזְרְעֶאל
וַתִּהְיֶיןָ גַּם־שְׁתֵּיהֶן לוֹ לְנָשִׁים׃

44 *Shaul* had given his daughter *Michal*, *David*'s wife, to Palti son of Laish from Gallim.

מד וְשָׁאוּל נָתַן אֶת־מִיכַל בִּתּוֹ אֵשֶׁת דָּוִד
לְפַלְטִי בֶן־לַיִשׁ אֲשֶׁר מִגַּלִּים׃

26

1 The Ziphites came to *Shaul* at *Giva* and said, "*David* is hiding in the hill of Hachilah facing Jeshimon."

כו

א וַיָּבֹאוּ הַזִּפִים אֶל־שָׁאוּל הַגִּבְעָתָה
לֵאמֹר הֲלוֹא דָוִד מִסְתַּתֵּר בְּגִבְעַת
הַחֲכִילָה עַל פְּנֵי הַיְשִׁימֹן׃

2 *Shaul* went down at once to the wilderness of Ziph, together with three thousand picked men of *Yisrael*, to search for *David* in the wilderness of Ziph,

ב וַיָּקָם שָׁאוּל וַיֵּרֶד אֶל־מִדְבַּר־זִיף וְאִתּוֹ
שְׁלֹשֶׁת־אֲלָפִים אִישׁ בְּחוּרֵי יִשְׂרָאֵל
לְבַקֵּשׁ אֶת־דָּוִד בְּמִדְבַּר־זִיף׃

3 and *Shaul* encamped on the hill of Hachilah which faces Jeshimon, by the road. When *David*, who was then living in the wilderness, learned that *Shaul* had come after him into the wilderness,

ג וַיִּחַן שָׁאוּל בְּגִבְעַת הַחֲכִילָה אֲשֶׁר עַל־פְּנֵי הַיְשִׁימֹן עַל־הַדָּרֶךְ וְדָוִד יֹשֵׁב בַּמִּדְבָּר וַיַּרְא כִּי בָא שָׁאוּל אַחֲרָיו הַמִּדְבָּרָה:

4 *David* sent out scouts and made sure that *Shaul* had come.

ד וַיִּשְׁלַח דָּוִד מְרַגְּלִים וַיֵּדַע כִּי־בָא שָׁאוּל אֶל־נָכוֹן:

5 *David* went at once to the place where *Shaul* had encamped, and *David* saw the spot where *Shaul* and his army commander, *Avner* son of Ner, lay asleep. *Shaul* lay asleep inside the barricade and the troops were posted around him.

ה וַיָּקָם דָּוִד וַיָּבֹא אֶל־הַמָּקוֹם אֲשֶׁר חָנָה־שָׁם שָׁאוּל וַיַּרְא דָּוִד אֶת־הַמָּקוֹם אֲשֶׁר שָׁכַב־שָׁם שָׁאוּל וְאַבְנֵר בֶּן־נֵר שַׂר־צְבָאוֹ וְשָׁאוּל שֹׁכֵב בַּמַּעְגָּל וְהָעָם חֹנִים סְבִיבֹתוֹ [סְבִיבֹתָיו]:

6 *David* spoke up and asked *Achimelech* the Hittite and *Avishai* son of *Tzeruya*, *Yoav*'s brother, "Who will go down with me into the camp to *Shaul*?" And *Avishai* answered, "I will go down with you."

ו וַיַּעַן דָּוִד וַיֹּאמֶר אֶל־אֲחִימֶלֶךְ הַחִתִּי וְאֶל־אֲבִישַׁי בֶּן־צְרוּיָה אֲחִי יוֹאָב לֵאמֹר מִי־יֵרֵד אִתִּי אֶל־שָׁאוּל אֶל־הַמַּחֲנֶה וַיֹּאמֶר אֲבִישַׁי אֲנִי אֵרֵד עִמָּךְ:

7 So *David* and *Avishai* approached the troops by night, and found *Shaul* fast asleep inside the barricade, his spear stuck in the ground at his head, and *Avner* and the troops sleeping around him.

ז וַיָּבֹא דָוִד וַאֲבִישַׁי אֶל־הָעָם לַיְלָה וְהִנֵּה שָׁאוּל שֹׁכֵב יָשֵׁן בַּמַּעְגָּל וַחֲנִיתוֹ מְעוּכָה־בָאָרֶץ מְרַאֲשֹׁתוֹ [מְרַאֲשֹׁתָיו] וְאַבְנֵר וְהָעָם שֹׁכְבִים סְבִיבֹתוֹ [סְבִיבֹתָיו]:

8 And *Avishai* said to *David*, "*Hashem* has delivered your enemy into your hands today. Let me pin him to the ground with a single thrust of the spear. I will not have to strike him twice."

ח וַיֹּאמֶר אֲבִישַׁי אֶל־דָּוִד סִגַּר אֱלֹהִים הַיּוֹם אֶת־אוֹיִבְךָ בְּיָדֶךָ וְעַתָּה אַכֶּנּוּ נָא בַּחֲנִית וּבָאָרֶץ פַּעַם אַחַת וְלֹא אֶשְׁנֶה לוֹ:

9 But *David* said to *Avishai*, "Don't do him violence! No one can lay hands on *Hashem*'s anointed with impunity."

ט וַיֹּאמֶר דָּוִד אֶל־אֲבִישַׁי אַל־תַּשְׁחִיתֵהוּ כִּי מִי שָׁלַח יָדוֹ בִּמְשִׁיחַ יְהֹוָה וְנִקָּה:

10 And *David* went on, "As *Hashem* lives, *Hashem* Himself will strike him down, or his time will come and he will die, or he will go down to battle and perish.

י וַיֹּאמֶר דָּוִד חַי־יְהֹוָה כִּי אִם־יְהֹוָה יִגָּפֶנּוּ אוֹ־יוֹמוֹ יָבוֹא וָמֵת אוֹ בַמִּלְחָמָה יֵרֵד וְנִסְפָּה:

11 But *Hashem* forbid that I should lay a hand on *Hashem*'s anointed! Just take the spear and the water jar at his head and let's be off."

יא חָלִילָה לִּי מֵיהֹוָה מִשְּׁלֹחַ יָדִי בִּמְשִׁיחַ יְהֹוָה וְעַתָּה קַח־נָא אֶת־הַחֲנִית אֲשֶׁר מְרַאֲשֹׁתוֹ [מְרַאֲשֹׁתָיו] וְאֶת־צַפַּחַת הַמַּיִם וְנֵלֲכָה לָּנוּ:

12 So *David* took away the spear and the water jar at *Shaul*'s head, and they left. No one saw or knew or woke up; all remained asleep; a deep sleep from *Hashem* had fallen upon them.

יב וַיִּקַּח דָּוִד אֶת־הַחֲנִית וְאֶת־צַפַּחַת הַמַּיִם מֵרַאֲשֹׁתֵי שָׁאוּל וַיֵּלְכוּ לָהֶם וְאֵין רֹאֶה וְאֵין יוֹדֵעַ וְאֵין מֵקִיץ כִּי כֻלָּם יְשֵׁנִים כִּי תַּרְדֵּמַת יְהֹוָה נָפְלָה עֲלֵיהֶם:

13 *David* crossed over to the other side and stood afar on top of a hill; there was considerable distance between them.

יג וַיַּעֲבֹר דָּוִד הָעֵבֶר וַיַּעֲמֹד עַל־רֹאשׁ־הָהָר מֵרָחֹק רַב הַמָּקוֹם בֵּינֵיהֶם:

14 And *David* shouted to the troops and to *Avner* son of Ner, "*Avner*, aren't you going to answer?" And *Avner* shouted back, "Who are you to shout at the king?"

יד וַיִּקְרָא דָוִד אֶל־הָעָם וְאֶל־אַבְנֵר בֶּן־נֵר לֵאמֹר הֲלוֹא תַעֲנֶה אַבְנֵר וַיַּעַן אַבְנֵר וַיֹּאמֶר מִי אַתָּה קָרָאתָ אֶל־הַמֶּלֶךְ׃

15 And *David* answered *Avner*, "You are a man, aren't you? And there is no one like you in *Yisrael*! So why didn't you keep watch over your lord the king? For one of [our] troops came to do violence to your lord the king.

טו וַיֹּאמֶר דָּוִד אֶל־אַבְנֵר הֲלוֹא־אִישׁ אַתָּה וּמִי כָמוֹךָ בְּיִשְׂרָאֵל וְלָמָּה לֹא שָׁמַרְתָּ אֶל־אֲדֹנֶיךָ הַמֶּלֶךְ כִּי־בָא אַחַד הָעָם לְהַשְׁחִית אֶת־הַמֶּלֶךְ אֲדֹנֶיךָ׃

16 You have not given a good account of yourself! As *Hashem* lives, [all of] you deserve to die, because you did not keep watch over your lord, *Hashem*'s anointed. Look around, where are the king's spear and the water jar that were at his head?"

טז לֹא־טוֹב הַדָּבָר הַזֶּה אֲשֶׁר עָשִׂיתָ חַי־יְהֹוָה כִּי בְנֵי־מָוֶת אַתֶּם אֲשֶׁר לֹא־שְׁמַרְתֶּם עַל־אֲדֹנֵיכֶם עַל־מְשִׁיחַ יְהֹוָה וְעַתָּה רְאֵה אֵי־חֲנִית הַמֶּלֶךְ וְאֶת־צַפַּחַת הַמַּיִם אֲשֶׁר מראשתו [מְרַאֲשֹׁתָיו׃]

17 *Shaul* recognized *David*'s voice, and he asked, "Is that your voice, my son *David*?" And *David* replied, "It is, my lord king."

יז וַיַּכֵּר שָׁאוּל אֶת־קוֹל דָּוִד וַיֹּאמֶר הֲקוֹלְךָ זֶה בְּנִי דָוִד וַיֹּאמֶר דָּוִד קוֹלִי אֲדֹנִי הַמֶּלֶךְ׃

18 And he went on, "But why does my lord continue to pursue his servant? What have I done, and what wrong am I guilty of?

יח וַיֹּאמֶר לָמָּה זֶּה אֲדֹנִי רֹדֵף אַחֲרֵי עַבְדּוֹ כִּי מֶה עָשִׂיתִי וּמַה־בְּיָדִי רָעָה׃

19 Now let my lord the king hear his servant out. If *Hashem* has incited you against me, let Him be appeased by an offering; but if it is men, may they be accursed of *Hashem*! For they have driven me out today, so that I cannot have a share in *Hashem*'s possession, but am told, 'Go and worship other gods.'

יט וְעַתָּה יִשְׁמַע־נָא אֲדֹנִי הַמֶּלֶךְ אֵת דִּבְרֵי עַבְדּוֹ אִם־יְהֹוָה הֱסִיתְךָ בִי יָרַח מִנְחָה וְאִם בְּנֵי הָאָדָם אֲרוּרִים הֵם לִפְנֵי יְהֹוָה כִּי־גֵרְשׁוּנִי הַיּוֹם מֵהִסְתַּפֵּחַ בְּנַחֲלַת יְהֹוָה לֵאמֹר לֵךְ עֲבֹד אֱלֹהִים אֲחֵרִים׃

v'-a-TAH yish-ma NA a-do-NEE ha-ME-lekh AYT div-RAY av-DO im a-do-NAI he-see-t'-KHA VEE ya-RAKH min-KHAH v'-IM b'-NAY ha-a-DAM a-ru-REEM HAYM lif-NAY a-do-NAI kee gay-r'-SHU-nee ha-YOM may-his-ta-PAY-akh b'-na-kha-LAT a-do-NAI lay-MOR LAYKH a-VOD e-lo-HEEM a-khay-REEM

20 Oh, let my blood not fall to the ground, away from the presence of *Hashem*! For the king of *Yisrael* has come out to seek a single flea – as if he were hunting a partridge in the hills."

כ וְעַתָּה אַל־יִפֹּל דָּמִי אַרְצָה מִנֶּגֶד פְּנֵי יְהֹוָה כִּי־יָצָא מֶלֶךְ יִשְׂרָאֵל לְבַקֵּשׁ אֶת־פַּרְעֹשׁ אֶחָד כַּאֲשֶׁר יִרְדֹּף הַקֹּרֵא בֶּהָרִים׃

26:19 Go and worship other gods As *Rashi* explains, *David* makes the surprising claim that God told him to go and worship other gods, because he was compelled to run away to the land of the Philistines, and in a certain sense, leaving the Land of Israel is tantamount to worshipping idols. This is reflected in the Talmudic statement (*Ketubot* 110a), "one who lives outside of *Eretz Yisrael* is like one who has no God." The Rabbis make this dramatic statement because the People of Israel are commanded to live in *Eretz Yisrael*, and it is the only place in the world where one can fulfill all of the commandments. It is also the place that *Hashem* has chosen to reveal Himself through awe inspiring miracles, from biblical through modern times. Hence, leaving the Land of Israel greatly reduces a person's relationship with God, and is somewhat similar to idolatry.

Ein Avdat in southern Israel

21 And *Shaul* answered, "I am in the wrong. Come back, my son *David*, for I will never harm you again, seeing how you have held my life precious this day. Yes, I have been a fool, and I have erred so very much."

כא וַיֹּאמֶר שָׁאוּל חָטָאתִי שׁוּב בְּנִי־דָוִד כִּי לֹא־אָרַע לְךָ עוֹד תַּחַת אֲשֶׁר יָקְרָה נַפְשִׁי בְּעֵינֶיךָ הַיּוֹם הַזֶּה הִנֵּה הִסְכַּלְתִּי וָאֶשְׁגֶּה הַרְבֵּה מְאֹד:

22 *David* replied, "Here is Your Majesty's spear. Let one of the young men come over and get it.

כב וַיַּעַן דָּוִד וַיֹּאמֶר הִנֵּה הַחֲנִית [חֲנִית] הַמֶּלֶךְ וְיַעֲבֹר אֶחָד מֵהַנְּעָרִים וְיִקָּחֶהָ:

23 And *Hashem* will requite every man for his right conduct and loyalty – for this day *Hashem* delivered you into my hands and I would not raise a hand against *Hashem*'s anointed.

כג וַיהֹוָה יָשִׁיב לָאִישׁ אֶת־צִדְקָתוֹ וְאֶת־אֱמֻנָתוֹ אֲשֶׁר נְתָנְךָ יְהֹוָה הַיּוֹם בְּיָד וְלֹא אָבִיתִי לִשְׁלֹחַ יָדִי בִּמְשִׁיחַ יְהֹוָה:

24 And just as I valued your life highly this day, so may *Hashem* value my life and may He rescue me from all trouble."

כד וְהִנֵּה כַּאֲשֶׁר גָּדְלָה נַפְשְׁךָ הַיּוֹם הַזֶּה בְּעֵינָי כֵּן תִּגְדַּל נַפְשִׁי בְּעֵינֵי יְהֹוָה וְיַצִּלֵנִי מִכָּל־צָרָה:

25 *Shaul* answered *David*, "May you be blessed, my son *David*. You shall achieve, and you shall prevail." *David* then went his way, and *Shaul* returned home.

כה וַיֹּאמֶר שָׁאוּל אֶל־דָּוִד בָּרוּךְ אַתָּה בְּנִי דָוִד גַּם עָשֹׂה תַעֲשֶׂה וְגַם יָכֹל תּוּכָל וַיֵּלֶךְ דָּוִד לְדַרְכּוֹ וְשָׁאוּל שָׁב לִמְקוֹמוֹ:

27 1 *David* said to himself, "Some day I shall certainly perish at the hands of *Shaul*. The best thing for me is to flee to the land of the Philistines; *Shaul* will then give up hunting me throughout the territory of *Yisrael*, and I will escape him."

כז א וַיֹּאמֶר דָּוִד אֶל־לִבּוֹ עַתָּה אֶסָּפֶה יוֹם־אֶחָד בְּיַד־שָׁאוּל אֵין־לִי טוֹב כִּי הִמָּלֵט אִמָּלֵט אֶל־אֶרֶץ פְּלִשְׁתִּים וְנוֹאַשׁ מִמֶּנִּי שָׁאוּל לְבַקְשֵׁנִי עוֹד בְּכָל־גְּבוּל יִשְׂרָאֵל וְנִמְלַטְתִּי מִיָּדוֹ:

2 So *David* and the six hundred men with him went and crossed over to King Achish son of Maoch of Gath.

ב וַיָּקָם דָּוִד וַיַּעֲבֹר הוּא וְשֵׁשׁ־מֵאוֹת אִישׁ אֲשֶׁר עִמּוֹ אֶל־אָכִישׁ בֶּן־מָעוֹךְ מֶלֶךְ גַּת:

3 *David* and his men stayed with Achish in Gath, each man with his family, and *David* with his two wives, Ahinoam the Yizraelite and *Avigail* wife of *Naval* the Carmelite.

ג וַיֵּשֶׁב דָּוִד עִם־אָכִישׁ בְּגַת הוּא וַאֲנָשָׁיו אִישׁ וּבֵיתוֹ דָּוִד וּשְׁתֵּי נָשָׁיו אֲחִינֹעַם הַיִּזְרְעֵאלִית וַאֲבִיגַיִל אֵשֶׁת־נָבָל הַכַּרְמְלִית:

4 And when *Shaul* was told that *David* had fled to Gath, he did not pursue him any more.

ד וַיֻּגַּד לְשָׁאוּל כִּי־בָרַח דָּוִד גַּת וְלֹא־יוֹסַף [יָסַף] עוֹד לְבַקְשׁוֹ:

5 *David* said to Achish, "If you please, let a place be granted me in one of the country towns where I can live; why should your servant remain with you in the royal city?"

ה וַיֹּאמֶר דָּוִד אֶל־אָכִישׁ אִם־נָא מָצָאתִי חֵן בְּעֵינֶיךָ יִתְּנוּ־לִי מָקוֹם בְּאַחַת עָרֵי הַשָּׂדֶה וְאֵשְׁבָה שָּׁם וְלָמָּה יֵשֵׁב עַבְדְּךָ בְּעִיר הַמַּמְלָכָה עִמָּךְ:

6 At that time Achish granted him *Tziklag*; that is how *Tziklag* came to belong to the kings of *Yehuda*, as is still the case.

ו וַיִּתֶּן־לוֹ אָכִישׁ בַּיּוֹם הַהוּא אֶת־צִקְלָג לָכֵן הָיְתָה צִקְלַג לְמַלְכֵי יְהוּדָה עַד הַיּוֹם הַזֶּה:

va-yi-ten LO a-KHEESH ba-YOM ha-HU et tzik-LAG la-KHAYN ha-y'-TAH tzik-LAG l'-mal-KHAY y'-hu-DAH AD ha-YOM ha-ZEH

27:6 That is how *Tziklag* came to belong to the kings of *Yehuda* Achish gives *David* the city of *Tziklag* as a place for him to dwell. *Metzudat David* points out that *Tziklag* was actually part of the designated inheritance of *David*'s tribe *Yehuda*, but it had been taken by the Philistines. At various times, many areas of *Eretz*

Samuel

7 The length of time that *David* lived in Philistine territory was a year and four months.

ז וַיְהִי מִסְפַּר הַיָּמִים אֲשֶׁר־יָשַׁב דָּוִד בִּשְׂדֵה פְלִשְׁתִּים יָמִים וְאַרְבָּעָה חֳדָשִׁים:

8 *David* and his men went up and raided the Geshurites, the Gizrites, and the Amalekites – who were the inhabitants of the region of Olam, all the way to Shur and to the land of Egypt. –

ח וַיַּעַל דָּוִד וַאֲנָשָׁיו וַיִּפְשְׁטוּ אֶל־הַגְּשׁוּרִי והגרזי [וְהַגִּזְרִי] וְהָעֲמָלֵקִי כִּי הֵנָּה יֹשְׁבוֹת הָאָרֶץ אֲשֶׁר מֵעוֹלָם בּוֹאֲךָ שׁוּרָה וְעַד־אֶרֶץ מִצְרָיִם:

9 When *David* attacked a region, he would leave no man or woman alive; he would take flocks, herds, asses, camels, and clothing. When he returned and came to Achish,

ט וְהִכָּה דָוִד אֶת־הָאָרֶץ וְלֹא יְחַיֶּה אִישׁ וְאִשָּׁה וְלָקַח צֹאן וּבָקָר וַחֲמֹרִים וּגְמַלִּים וּבְגָדִים וַיָּשָׁב וַיָּבֹא אֶל־אָכִישׁ:

10 Achish would ask, "Where did you raid today?" and *David* would reply, "The *Negev* of *Yehuda*," or "the *Negev* of the Jerahmeelites," or "the *Negev* of the Kenites."

י וַיֹּאמֶר אָכִישׁ אַל־פְּשַׁטְתֶּם הַיּוֹם וַיֹּאמֶר דָּוִד עַל־נֶגֶב יְהוּדָה וְעַל־נֶגֶב הַיְּרַחְמְאֵלִי וְאֶל־נֶגֶב הַקֵּינִי:

11 *David* would leave no man or woman alive to be brought to Gath; for he thought, "They might tell about us: *David* did this." Such was his practice as long as he stayed in the territory of the Philistines.

יא וְאִישׁ וְאִשָּׁה לֹא־יְחַיֶּה דָוִד לְהָבִיא גַת לֵאמֹר פֶּן־יַגִּדוּ עָלֵינוּ לֵאמֹר כֹּה־עָשָׂה דָוִד וְכֹה מִשְׁפָּטוֹ כָּל־הַיָּמִים אֲשֶׁר יָשַׁב בִּשְׂדֵה פְלִשְׁתִּים:

12 Achish trusted *David*. He thought: "He has aroused the wrath of his own people *Yisrael*, and so he will be my vassal forever."

יב וַיַּאֲמֵן אָכִישׁ בְּדָוִד לֵאמֹר הַבְאֵשׁ הִבְאִישׁ בְּעַמּוֹ בְיִשְׂרָאֵל וְהָיָה לִי לְעֶבֶד עוֹלָם:

28 1 At that time the Philistines mustered their forces for war, to take the field against *Yisrael*. Achish said to *David*, "You know, of course, that you and your men must march out with my forces."

כח א וַיְהִי בַּיָּמִים הָהֵם וַיִּקְבְּצוּ פְלִשְׁתִּים אֶת־מַחֲנֵיהֶם לַצָּבָא לְהִלָּחֵם בְּיִשְׂרָאֵל וַיֹּאמֶר אָכִישׁ אֶל־דָּוִד יָדֹעַ תֵּדַע כִּי אִתִּי תֵּצֵא בַמַּחֲנֶה אַתָּה וַאֲנָשֶׁיךָ:

2 *David* answered Achish, "You surely know what your servant will do." "In that case," Achish replied to *David*, "I will appoint you my bodyguard for life."

ב וַיֹּאמֶר דָּוִד אֶל־אָכִישׁ לָכֵן אַתָּה תֵדַע אֵת אֲשֶׁר־יַעֲשֶׂה עַבְדֶּךָ וַיֹּאמֶר אָכִישׁ אֶל־דָּוִד לָכֵן שֹׁמֵר לְרֹאשִׁי אֲשִׂימְךָ כָּל־הַיָּמִים:

3 Now *Shmuel* had died and all *Yisrael* made lament for him; and he was buried in his own town of *Rama*. And *Shaul* had forbidden [recourse to] ghosts and familiar spirits in the land.

ג וּשְׁמוּאֵל מֵת וַיִּסְפְּדוּ־לוֹ כָּל־יִשְׂרָאֵל וַיִּקְבְּרֻהוּ בָרָמָה וּבְעִירוֹ וְשָׁאוּל הֵסִיר הָאֹבוֹת וְאֶת־הַיִּדְּעֹנִים מֵהָאָרֶץ:

ush-mu-AYL MAYT va-yis-p'-du LO kol yis-ra-AYL va-yik-b'-RU-hu va-ra-MAH uv-ee-RO v'-sha-UL hay-SEER ha-o-VOT v'-et ha-yi-d'-o-NEEM may-ha-A-retz

The Golan Heights

Yisrael have been conquered by different invaders. Yet, this does not detract from the rights of the People of Israel. Just as Achish enables *David* to reclaim *Tziklag*, in 1967 divine Providence allowed the Jewish people to reclaim much of Judea, Samaria, the Golan Heighs and the Gaza Strip during the Six Day War, tripling the size of Israel in less than a week.

28:3 And he was buried in his own town of *Rama* When the prophet *Shmuel* dies on the twenty-eighth day of the Hebrew month of *Iyar*, he is buried in *Rama*.

4 The Philistines mustered and they marched to Shunem and encamped; and *Shaul* gathered all *Yisrael*, and they encamped at Gilboa.

ד וַיִּקָּבְצוּ פְלִשְׁתִּים וַיָּבֹאוּ וַיַּחֲנוּ בְשׁוּנֵם וַיִּקְבֹּץ שָׁאוּל אֶת־כָּל־יִשְׂרָאֵל וַיַּחֲנוּ בַּגִּלְבֹּעַ:

5 When *Shaul* saw the Philistine force, his heart trembled with fear.

ה וַיַּרְא שָׁאוּל אֶת־מַחֲנֵה פְלִשְׁתִּים וַיִּרָא וַיֶּחֱרַד לִבּוֹ מְאֹד:

6 And *Shaul* inquired of *Hashem*, but *Hashem* did not answer him, either by dreams or by Urim or by *Neviim*.

ו וַיִּשְׁאַל שָׁאוּל בַּיהוָה וְלֹא עָנָהוּ יְהוָה גַּם בַּחֲלֹמוֹת גַּם בָּאוּרִים גַּם בַּנְּבִיאִם:

7 Then *Shaul* said to his courtiers, "Find me a woman who consults ghosts, so that I can go to her and inquire through her." And his courtiers told him that there was a woman in En-dor who consulted ghosts.

ז וַיֹּאמֶר שָׁאוּל לַעֲבָדָיו בַּקְּשׁוּ־לִי אֵשֶׁת בַּעֲלַת־אוֹב וְאֵלְכָה אֵלֶיהָ וְאֶדְרְשָׁה־בָּהּ וַיֹּאמְרוּ עֲבָדָיו אֵלָיו הִנֵּה אֵשֶׁת בַּעֲלַת־אוֹב בְּעֵין דּוֹר:

8 *Shaul* disguised himself; he put on different clothes and set out with two men. They came to the woman by night, and he said, "Please divine for me by a ghost. Bring up for me the one I shall name to you."

ח וַיִּתְחַפֵּשׂ שָׁאוּל וַיִּלְבַּשׁ בְּגָדִים אֲחֵרִים וַיֵּלֶךְ הוּא וּשְׁנֵי אֲנָשִׁים עִמּוֹ וַיָּבֹאוּ אֶל־הָאִשָּׁה לָיְלָה וַיֹּאמֶר קסומי־[קָסֳמִי־] נָא לִי בָּאוֹב וְהַעֲלִי לִי אֵת אֲשֶׁר־אֹמַר אֵלָיִךְ:

9 But the woman answered him, "You know what *Shaul* has done, how he has banned [the use of] ghosts and familiar spirits in the land. So why are you laying a trap for me, to get me killed?"

ט וַתֹּאמֶר הָאִשָּׁה אֵלָיו הִנֵּה אַתָּה יָדַעְתָּ אֵת אֲשֶׁר־עָשָׂה שָׁאוּל אֲשֶׁר הִכְרִית אֶת־הָאֹבוֹת וְאֶת־הַיִּדְּעֹנִי מִן־הָאָרֶץ וְלָמָה אַתָּה מִתְנַקֵּשׁ בְּנַפְשִׁי לַהֲמִיתֵנִי:

10 *Shaul* swore to her by *Hashem*: "As *Hashem* lives, you won't get into trouble over this."

י וַיִּשָּׁבַע לָהּ שָׁאוּל בַּיהוָה לֵאמֹר חַי־יְהוָה אִם־יִקְּרֵךְ עָוֹן בַּדָּבָר הַזֶּה:

11 At that, the woman asked, "Whom shall I bring up for you?" He answered, "Bring up *Shmuel* for me."

יא וַתֹּאמֶר הָאִשָּׁה אֶת־מִי אַעֲלֶה־לָּךְ וַיֹּאמֶר אֶת־שְׁמוּאֵל הַעֲלִי־לִי:

12 Then the woman recognized *Shmuel*, and she shrieked loudly, and said to *Shaul*, "Why have you deceived me? You are *Shaul*!"

יב וַתֵּרֶא הָאִשָּׁה אֶת־שְׁמוּאֵל וַתִּזְעַק בְּקוֹל גָּדוֹל וַתֹּאמֶר הָאִשָּׁה אֶל־שָׁאוּל לֵאמֹר לָמָּה רִמִּיתָנִי וְאַתָּה שָׁאוּל:

13 The king answered her, "Don't be afraid. What do you see?" And the woman said to *Shaul*, "I see a divine being coming up from the earth."

יג וַיֹּאמֶר לָהּ הַמֶּלֶךְ אַל־תִּירְאִי כִּי מָה רָאִית וַתֹּאמֶר הָאִשָּׁה אֶל־שָׁאוּל אֱלֹהִים רָאִיתִי עֹלִים מִן־הָאָרֶץ:

According to tradition, *Shmuel's* burial site is in the northwest outskirts of modern Jerusalem, near the neighborhood of *Ramot*. It has long been a place of prayer and study for the Jewish people. Given its strategic location along the road between *Yerushalayim* and *Tel Aviv*, the Arabs used it during the War of Independence and the Six Day War as a base from which to fire at Israeli soldiers. This holy site was liberated by the Israeli Army during the Six Day War.

Tomb of *Shmuel* the Prophet

14 "What does he look like?" he asked her. "It is an old man coming up," she said, "and he is wrapped in a robe." Then *Shaul* knew that it was *Shmuel*; and he bowed low in homage with his face to the ground.

יד וַיֹּאמֶר לָהּ מַה־תָּאֳרוֹ וַתֹּאמֶר אִישׁ זָקֵן עֹלֶה וְהוּא עֹטֶה מְעִיל וַיֵּדַע שָׁאוּל כִּי־שְׁמוּאֵל הוּא וַיִּקֹּד אַפַּיִם אַרְצָה וַיִּשְׁתָּחוּ׃

15 *Shmuel* said to *Shaul*, "Why have you disturbed me and brought me up?" And *Shaul* answered, "I am in great trouble. The Philistines are attacking me and *Hashem* has turned away from me; He no longer answers me, either by *Neviim* or in dreams. So I have called you to tell me what I am to do."

טו וַיֹּאמֶר שְׁמוּאֵל אֶל־שָׁאוּל לָמָּה הִרְגַּזְתַּנִי לְהַעֲלוֹת אֹתִי וַיֹּאמֶר שָׁאוּל צַר־לִי מְאֹד וּפְלִשְׁתִּים נִלְחָמִים בִּי וֵאלֹהִים סָר מֵעָלַי וְלֹא־עָנָנִי עוֹד גַּם בְּיַד־הַנְּבִיאִם גַּם־בַּחֲלֹמוֹת וָאֶקְרָאֶה לְךָ לְהוֹדִיעֵנִי מָה אֶעֱשֶׂה׃

16 *Shmuel* said, "Why do you ask me, seeing that *Hashem* has turned away from you and has become your adversary?

טז וַיֹּאמֶר שְׁמוּאֵל וְלָמָּה תִּשְׁאָלֵנִי וַיהֹוָה סָר מֵעָלֶיךָ וַיְהִי עָרֶךָ׃

17 *Hashem* has done for Himself as He foretold through me: *Hashem* has torn the kingship out of your hands and has given it to your fellow, to *David*,

יז וַיַּעַשׂ יְהֹוָה לוֹ כַּאֲשֶׁר דִּבֶּר בְּיָדִי וַיִּקְרַע יְהֹוָה אֶת־הַמַּמְלָכָה מִיָּדֶךָ וַיִּתְּנָהּ לְרֵעֲךָ לְדָוִד׃

18 because you did not obey *Hashem* and did not execute His wrath upon the Amalekites. That is why *Hashem* has done this to you today.

יח כַּאֲשֶׁר לֹא־שָׁמַעְתָּ בְּקוֹל יְהֹוָה וְלֹא־עָשִׂיתָ חֲרוֹן־אַפּוֹ בַּעֲמָלֵק עַל־כֵּן הַדָּבָר הַזֶּה עָשָׂה־לְךָ יְהֹוָה הַיּוֹם הַזֶּה׃

19 Further, *Hashem* will deliver the Israelites who are with you into the hands of the Philistines. Tomorrow your sons and you will be with me; and *Hashem* will also deliver the Israelite forces into the hands of the Philistines."

יט וְיִתֵּן יְהֹוָה גַּם אֶת־יִשְׂרָאֵל עִמְּךָ בְּיַד־פְּלִשְׁתִּים וּמָחָר אַתָּה וּבָנֶיךָ עִמִּי גַּם אֶת־מַחֲנֵה יִשְׂרָאֵל יִתֵּן יְהֹוָה בְּיַד־פְּלִשְׁתִּים׃

20 At once *Shaul* flung himself prone on the ground, terrified by *Shmuel*'s words. Besides, there was no strength in him, for he had not eaten anything all day and all night.

כ וַיְמַהֵר שָׁאוּל וַיִּפֹּל מְלֹא־קוֹמָתוֹ אַרְצָה וַיִּרָא מְאֹד מִדִּבְרֵי שְׁמוּאֵל גַּם־כֹּחַ לֹא־הָיָה בוֹ כִּי לֹא אָכַל לֶחֶם כָּל־הַיּוֹם וְכָל־הַלָּיְלָה׃

21 The woman went up to *Shaul* and, seeing how greatly disturbed he was, she said to him, "Your handmaid listened to you; I took my life in my hands and heeded the request you made of me.

כא וַתָּבוֹא הָאִשָּׁה אֶל־שָׁאוּל וַתֵּרֶא כִּי־נִבְהַל מְאֹד וַתֹּאמֶר אֵלָיו הִנֵּה שָׁמְעָה שִׁפְחָתְךָ בְּקוֹלֶךָ וָאָשִׂים נַפְשִׁי בְּכַפִּי וָאֶשְׁמַע אֶת־דְּבָרֶיךָ אֲשֶׁר דִּבַּרְתָּ אֵלָי׃

22 So now you listen to me: Let me set before you a bit of food. Eat, and then you will have the strength to go on your way."

כב וְעַתָּה שְׁמַע־נָא גַם־אַתָּה בְּקוֹל שִׁפְחָתֶךָ וְאָשִׂמָה לְפָנֶיךָ פַּת־לֶחֶם וֶאֱכוֹל וִיהִי בְךָ כֹּחַ כִּי תֵלֵךְ בַּדָּרֶךְ׃

23 He refused, saying, "I will not eat." But when his courtiers as well as the woman urged him, he listened to them; he got up from the ground and sat on the bed.

כג וַיְמָאֵן וַיֹּאמֶר לֹא אֹכַל וַיִּפְרְצוּ־בוֹ עֲבָדָיו וְגַם־הָאִשָּׁה וַיִּשְׁמַע לְקֹלָם וַיָּקָם מֵהָאָרֶץ וַיֵּשֶׁב אֶל־הַמִּטָּה׃

24 The woman had a stall-fed calf in the house; she hastily slaughtered it, and took flour and kneaded it, and baked some unleavened cakes.

כד וְלָאִשָּׁה עֵגֶל־מַרְבֵּק בַּבַּיִת וַתְּמַהֵר וַתִּזְבָּחֵהוּ וַתִּקַּח־קֶמַח וַתָּלָשׁ וַתֹּפֵהוּ מַצּוֹת׃

25 She set this before *Shaul* and his courtiers, and they ate. Then they rose and left the same night.

כה וַתַּגֵּשׁ לִפְנֵי־שָׁאוּל וְלִפְנֵי עֲבָדָיו וַיֹּאכֵלוּ וַיָּקֻמוּ וַיֵּלְכוּ בַּלַּיְלָה הַהוּא׃

29

1 The Philistines mustered all their forces at Aphek, while *Yisrael* was encamping at the spring in *Yizrael.*

כט

א וַיִּקְבְּצוּ פְלִשְׁתִּים אֶת־כָּל־מַחֲנֵיהֶם אֲפֵקָה וְיִשְׂרָאֵל חֹנִים בַּעַיִן אֲשֶׁר בְּיִזְרְעֶאל׃

2 The Philistine lords came marching, each with his units of hundreds and of thousands; and *David* and his men came marching last, with Achish.

ב וְסַרְנֵי פְלִשְׁתִּים עֹבְרִים לְמֵאוֹת וְלַאֲלָפִים וְדָוִד וַאֲנָשָׁיו עֹבְרִים בָּאַחֲרֹנָה עִם־אָכִישׁ׃

v'-sar-NAY f'-lish-TEEM o-v'-REEM l'-may-OT v'-la-a-la-FEEM v'-da-VID va-a-na-SHAV o-v'-REEM ba-a-kha-ro-NAH im a-KHEESH

3 The Philistine officers asked, "Who are those Hebrews?" "Why, that's *David*, the servant of King *Shaul* of *Yisrael*," Achish answered the Philistine officers. "He has been with me for a year or more, and I have found no fault in him from the day he defected until now."

ג וַיֹּאמְרוּ שָׂרֵי פְלִשְׁתִּים מָה הָעִבְרִים הָאֵלֶּה וַיֹּאמֶר אָכִישׁ אֶל־שָׂרֵי פְלִשְׁתִּים הֲלוֹא־זֶה דָוִד עֶבֶד שָׁאוּל מֶלֶךְ־יִשְׂרָאֵל אֲשֶׁר הָיָה אִתִּי זֶה יָמִים אוֹ־זֶה שָׁנִים וְלֹא־מָצָאתִי בוֹ מְאוּמָה מִיּוֹם נָפְלוֹ עַד־הַיּוֹם הַזֶּה׃

4 But the Philistine officers were angry with him; and the Philistine officers said to him, "Send the man back; let him go back to the place you assigned him. He shall not march down with us to the battle, or else he may become our adversary in battle. For with what could that fellow appease his master if not with the heads of these men?

ד וַיִּקְצְפוּ עָלָיו שָׂרֵי פְלִשְׁתִּים וַיֹּאמְרוּ לוֹ שָׂרֵי פְלִשְׁתִּים הָשֵׁב אֶת־הָאִישׁ וְיָשֹׁב אֶל־מְקוֹמוֹ אֲשֶׁר הִפְקַדְתּוֹ שָׁם וְלֹא־יֵרֵד עִמָּנוּ בַּמִּלְחָמָה וְלֹא־יִהְיֶה־לָּנוּ לְשָׂטָן בַּמִּלְחָמָה וּבַמֶּה יִתְרַצֶּה זֶה אֶל־אֲדֹנָיו הֲלוֹא בְּרָאשֵׁי הָאֲנָשִׁים הָהֵם׃

5 Remember, he is the *David* of whom they sang as they danced: *Shaul* has slain his thousands; *David*, his tens of thousands."

ה הֲלוֹא־זֶה דָוִד אֲשֶׁר יַעֲנוּ־לוֹ בַּמְּחֹלוֹת לֵאמֹר הִכָּה שָׁאוּל בַּאֲלָפָיו וְדָוִד ברבבתו [בְּרִבְבֹתָיו׃]

6 Achish summoned *David* and said to him, "As *Hashem* lives, you are an honest man, and I would like to have you serve in my forces; for I have found no fault with you from the day you joined me until now. But you are not acceptable to the other lords.

ו וַיִּקְרָא אָכִישׁ אֶל־דָּוִד וַיֹּאמֶר אֵלָיו חַי־יְהוָה כִּי־יָשָׁר אַתָּה וְטוֹב בְּעֵינַי צֵאתְךָ וּבֹאֲךָ אִתִּי בַּמַּחֲנֶה כִּי לֹא־מָצָאתִי בְךָ רָעָה מִיּוֹם בֹּאֲךָ אֵלַי עַד־הַיּוֹם הַזֶּה וּבְעֵינֵי הַסְּרָנִים לֹא־טוֹב אָתָּה׃

29:2 *David* and his men came marching last, with Achish It is certainly impossible that *David* would have been willing, as this verse implies, to wage war against Israel. Though he was fleeing from King *Shaul*, *David* remains completely loyal to his people throughout his travails. In this instance, he feigns loyalty to Achish and uses the advantage gained by his trust to spy against the Philistines, gaining information which will later helps him defeat this enemy. This is reminiscent of a more recent Israeli spy, Eli Cohen. During the 1960s Cohen managed to infiltrate the highest echelons of the Syrian army, to spy on Israel's behalf. He provided the IDF. with critical information that would assist Israel in the Six Day War and enable it to liberate the Golan Heights. Though Cohen was captured and executed by the Syrians, the State and People of Israel continue to benefit from his sacrifice to this very day. The Golan Heights is home to flourishing communities, and provides great strategic value to Israel.

"Martyrs of the struggle for Israeli independance." Eli Cohen (1924–1965), bottom left

7 So go back in peace, and do nothing to displease the Philistine lords."

ז וְעַתָּה שׁוּב וְלֵךְ בְּשָׁלוֹם וְלֹא־תַעֲשֶׂה רָע
בְּעֵינֵי סַרְנֵי פְלִשְׁתִּים:

8 *David*, however, said to Achish, "But what have I done, what fault have you found in your servant from the day I appeared before you to this day, that I should not go and fight against the enemies of my lord the king?"

ח וַיֹּאמֶר דָּוִד אֶל־אָכִישׁ כִּי מֶה עָשִׂיתִי
וּמַה־מָּצָאתָ בְעַבְדְּךָ מִיּוֹם אֲשֶׁר הָיִיתִי
לְפָנֶיךָ עַד הַיּוֹם הַזֶּה כִּי לֹא אָבוֹא
וְנִלְחַמְתִּי בְּאֹיְבֵי אֲדֹנִי הַמֶּלֶךְ:

9 Achish replied to *David*, "I know; you are as acceptable to me as an angel of *Hashem*. But the Philistine officers have decided that you must not march out with us to the battle.

ט וַיַּעַן אָכִישׁ וַיֹּאמֶר אֶל־דָּוִד יָדַעְתִּי כִּי
טוֹב אַתָּה בְּעֵינַי כְּמַלְאַךְ אֱלֹהִים אַךְ
שָׂרֵי פְלִשְׁתִּים אָמְרוּ לֹא־יַעֲלֶה עִמָּנוּ
בַּמִּלְחָמָה:

10 So rise early in the morning, you and your lord's servants who came with you – rise early in the morning, and leave as soon as it is light."

י וְעַתָּה הַשְׁכֵּם בַּבֹּקֶר וְעַבְדֵי אֲדֹנֶיךָ
אֲשֶׁר־בָּאוּ אִתָּךְ וְהִשְׁכַּמְתֶּם בַּבֹּקֶר וְאוֹר
לָכֶם וָלֵכוּ:

11 Accordingly, *David* and his men rose early in the morning to leave, to return to the land of the Philistines, while the Philistines marched up to *Yizrael*.

יא וַיַּשְׁכֵּם דָּוִד הוּא וַאֲנָשָׁיו לָלֶכֶת בַּבֹּקֶר
לָשׁוּב אֶל־אֶרֶץ פְּלִשְׁתִּים וּפְלִשְׁתִּים
עָלוּ יִזְרְעֶאל:

30 1 By the time *David* and his men arrived in *Tziklag*, on the third day, the Amalekites had made a raid into the *Negev* and against *Tziklag*; they had stormed *Tziklag* and burned it down.

ל א וַיְהִי בְּבֹא דָוִד וַאֲנָשָׁיו צִקְלַג בַּיּוֹם
הַשְּׁלִישִׁי וַעֲמָלֵקִי פָשְׁטוּ אֶל־נֶגֶב וְאֶל־
צִקְלַג וַיַּכּוּ אֶת־צִקְלַג וַיִּשְׂרְפוּ אֹתָהּ
בָּאֵשׁ:

2 They had taken the women in it captive, low-born and high-born alike; they did not kill any, but carried them off and went their way.

ב וַיִּשְׁבּוּ אֶת־הַנָּשִׁים אֲשֶׁר־בָּהּ מִקָּטֹן
וְעַד־גָּדוֹל לֹא הֵמִיתוּ אִישׁ וַיִּנְהֲגוּ וַיֵּלְכוּ
לְדַרְכָּם:

3 When *David* and his men came to the town and found it burned down, and their wives and sons and daughters taken captive,

ג וַיָּבֹא דָוִד וַאֲנָשָׁיו אֶל־הָעִיר וְהִנֵּה
שְׂרוּפָה בָּאֵשׁ וּנְשֵׁיהֶם וּבְנֵיהֶם וּבְנֹתֵיהֶם
נִשְׁבּוּ:

4 *David* and the troops with him broke into tears, until they had no strength left for weeping.

ד וַיִּשָּׂא דָוִד וְהָעָם אֲשֶׁר־אִתּוֹ אֶת־קוֹלָם
וַיִּבְכּוּ עַד אֲשֶׁר אֵין־בָּהֶם כֹּחַ לִבְכּוֹת:

5 *David*'s two wives had been taken captive, Ahinoam of *Yizrael* and *Avigail* wife of *Naval* from *Carmel*.

ה וּשְׁתֵּי נְשֵׁי־דָוִד נִשְׁבּוּ אֲחִינֹעַם
הַיִּזְרְעֵלִית וַאֲבִיגַיִל אֵשֶׁת נָבָל הַכַּרְמְלִי:

6 *David* was in great danger, for the troops threatened to stone him; for all the troops were embittered on account of their sons and daughters. But *David* sought strength in *Hashem* his God.

ו וַתֵּצֶר לְדָוִד מְאֹד כִּי־אָמְרוּ הָעָם לְסָקְלוֹ
כִּי־מָרָה נֶפֶשׁ כָּל־הָעָם אִישׁ עַל־בנו
[בָּנָיו] וְעַל־בְּנֹתָיו וַיִּתְחַזֵּק דָּוִד בַּיהֹוָה
אֱלֹהָיו:

7 *David* said to the *Kohen Evyatar* son of *Achimelech*, "Bring the ephod up to me." When *Evyatar* brought up the ephod to *David*,

ז וַיֹּאמֶר דָּוִד אֶל־אֶבְיָתָר הַכֹּהֵן בֶּן־
אֲחִימֶלֶךְ הַגִּישָׁה־נָּא לִי הָאֵפֹד וַיַּגֵּשׁ
אֶבְיָתָר אֶת־הָאֵפֹד אֶל־דָּוִד:

8 *David* inquired of *Hashem*, "Shall I pursue those raiders? Will I overtake them?" And He answered him, "Pursue, for you shall overtake and you shall rescue."

ח וַיִּשְׁאַל דָּוִד בַּיהֹוָה לֵאמֹר אֶרְדֹּף אַחֲרֵי
הַגְּדוּד־הַזֶּה הַאַשִּׂגֶנּוּ וַיֹּאמֶר לוֹ רְדֹף כִּי־
הַשֵּׂג תַּשִּׂיג וְהַצֵּל תַּצִּיל:

9 So *David* and the six hundred men with him set out, and they came to the Wadi Besor, where a halt was made by those who were to be left behind.

ט וַיֵּלֶךְ דָּוִד הוּא וְשֵׁשׁ־מֵאוֹת אִישׁ אֲשֶׁר אִתּוֹ וַיָּבֹאוּ עַד־נַחַל הַבְּשׂוֹר וְהַנּוֹתָרִים עָמָדוּ:

10 *David* continued the pursuit with four hundred men; two hundred men had halted, too faint to cross the Wadi Besor.

י וַיִּרְדֹּף דָּוִד הוּא וְאַרְבַּע־מֵאוֹת אִישׁ וַיַּעַמְדוּ מָאתַיִם אִישׁ אֲשֶׁר פִּגְּרוּ מֵעֲבֹר אֶת־נַחַל הַבְּשׂוֹר:

11 They came upon an Egyptian in the open country and brought him to *David*. They gave him food to eat and water to drink;

יא וַיִּמְצְאוּ אִישׁ־מִצְרִי בַּשָּׂדֶה וַיִּקְחוּ אֹתוֹ אֶל־דָּוִד וַיִּתְּנוּ־לוֹ לֶחֶם וַיֹּאכַל וַיַּשְׁקֻהוּ מָיִם:

12 he was also given a piece of pressed fig cake and two cakes of raisins. He ate and regained his strength, for he had eaten no food and drunk no water for three days and three nights.

יב וַיִּתְּנוּ־לוֹ פֶלַח דְּבֵלָה וּשְׁנֵי צִמֻּקִים וַיֹּאכַל וַתָּשָׁב רוּחוֹ אֵלָיו כִּי לֹא־אָכַל לֶחֶם וְלֹא־שָׁתָה מַיִם שְׁלֹשָׁה יָמִים וּשְׁלֹשָׁה לֵילוֹת:

13 Then *David* asked him, "To whom do you belong and where are you from?" "I am an Egyptian boy," he answered, "the slave of an Amalekite. My master abandoned me when I fell ill three days ago.

יג וַיֹּאמֶר לוֹ דָוִד לְמִי־אַתָּה וְאֵי מִזֶּה אָתָּה וַיֹּאמֶר נַעַר מִצְרִי אָנֹכִי עֶבֶד לְאִישׁ עֲמָלֵקִי וַיַּעַזְבֵנִי אֲדֹנִי כִּי חָלִיתִי הַיּוֹם שְׁלֹשָׁה:

14 We had raided the *Negev* of the Cherethites, and [the *Negev*] of *Yehuda*, and the *Negev* of *Kalev*; we also burned down *Tziklag*."

יד אֲנַחְנוּ פָּשַׁטְנוּ נֶגֶב הַכְּרֵתִי וְעַל־אֲשֶׁר לִיהוּדָה וְעַל־נֶגֶב כָּלֵב וְאֶת־צִקְלַג שָׂרַפְנוּ בָאֵשׁ:

15 And *David* said to him, "Can you lead me down to that band?" He replied, "Swear to me by *Hashem* that you will not kill me or deliver me into my master's hands, and I will lead you down to that band."

טו וַיֹּאמֶר אֵלָיו דָּוִד הֲתוֹרִדֵנִי אֶל־הַגְּדוּד הַזֶּה וַיֹּאמֶר הִשָּׁבְעָה לִּי בֵאלֹהִים אִם־תְּמִיתֵנִי וְאִם־תַּסְגִּרֵנִי בְּיַד־אֲדֹנִי וְאוֹרִדְךָ אֶל־הַגְּדוּד הַזֶּה:

16 So he led him down, and there they were, scattered all over the ground, eating and drinking and making merry because of all the vast spoil they had taken from the land of the Philistines and from the land of *Yehuda*.

טז וַיֹּרִדֵהוּ וְהִנֵּה נְטֻשִׁים עַל־פְּנֵי כָל־הָאָרֶץ אֹכְלִים וְשֹׁתִים וְחֹגְגִים בְּכֹל הַשָּׁלָל הַגָּדוֹל אֲשֶׁר לָקְחוּ מֵאֶרֶץ פְּלִשְׁתִּים וּמֵאֶרֶץ יְהוּדָה:

17 *David* attacked them from before dawn until the evening of the next day; none of them escaped, except four hundred young men who mounted camels and got away.

יז וַיַּכֵּם דָּוִד מֵהַנֶּשֶׁף וְעַד־הָעֶרֶב לְמָחֳרָתָם וְלֹא־נִמְלַט מֵהֶם אִישׁ כִּי אִם־אַרְבַּע מֵאוֹת אִישׁ־נַעַר אֲשֶׁר־רָכְבוּ עַל־הַגְּמַלִּים וַיָּנֻסוּ:

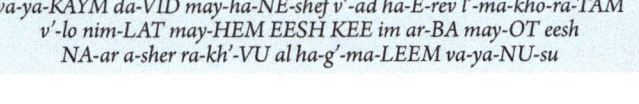

*va-ya-KAYM da-VID may-ha-NE-shef v'-ad ha-E-rev l'-ma-kho-ra-TAM
v'-lo nim-LAT may-HEM EESH KEE im ar-BA may-OT eesh
NA-ar a-sher ra-kh'-VU al ha-g'-ma-LEEM va-ya-NU-su*

30:17 *David* attacked them from before dawn until the evening of the next day *David* successfully defeats the Amalekites and recovers everything they had taken. Amalek represents the epitome of evil, as they sought to destroy the People of Israel for no particular reason. In the *Torah*, *Hashem* commands the Children of Israel to wipe out this evil tribe (Exodus 17:14–16; Deuteronomy 25:19). Throughout history, there have been continual battles against Amalek. Often it looks like Amalek, or their successors, might be victorious.

IDF soldiers with the Israeli flag

18 *David* rescued everything the Amalekites had taken; *David* also rescued his two wives.

יח וַיַּצֵּל דָּוִד אֵת כׇּל־אֲשֶׁר לָקְחוּ עֲמָלֵק וְאֶת־שְׁתֵּי נָשָׁיו הִצִּיל דָּוִד׃

19 Nothing of theirs was missing – young or old, sons or daughters, spoil or anything else that had been carried off – *David* recovered everything.

יט וְלֹא נֶעְדַּר־לָהֶם מִן־הַקָּטֹן וְעַד־הַגָּדוֹל וְעַד־בָּנִים וּבָנוֹת וּמִשָּׁלָל וְעַד כׇּל־אֲשֶׁר לָקְחוּ לָהֶם הַכֹּל הֵשִׁיב דָּוִד׃

20 *David* took all the flocks and herds, which [the troops] drove ahead of the other livestock; and they declared, "This is *David*'s spoil."

כ וַיִּקַּח דָּוִד אֶת־כׇּל־הַצֹּאן וְהַבָּקָר נָהֲגוּ לִפְנֵי הַמִּקְנֶה הַהוּא וַיֹּאמְרוּ זֶה שְׁלַל דָּוִד׃

21 When *David* reached the two hundred men who were too faint to follow *David* and who had been left at the Wadi Besor, they came out to welcome *David* and the troops with him; *David* came forward with the troops and greeted them.

כא וַיָּבֹא דָוִד אֶל־מָאתַיִם הָאֲנָשִׁים אֲשֶׁר־פִּגְּרוּ מִלֶּכֶת אַחֲרֵי דָוִד וַיֹּשִׁיבֻם בְּנַחַל הַבְּשׂוֹר וַיֵּצְאוּ לִקְרַאת דָּוִד וְלִקְרַאת הָעָם אֲשֶׁר־אִתּוֹ וַיִּגַּשׁ דָּוִד אֶת־הָעָם וַיִּשְׁאַל לָהֶם לְשָׁלוֹם׃

22 But all the mean and churlish fellows among the men who had accompanied *David* spoke up, "Since they did not accompany us, we will not give them any of the spoil that we seized – except that each may take his wife and children and go."

כב וַיַּעַן כׇּל־אִישׁ־רָע וּבְלִיַּעַל מֵהָאֲנָשִׁים אֲשֶׁר הָלְכוּ עִם־דָּוִד וַיֹּאמְרוּ יַעַן אֲשֶׁר לֹא־הָלְכוּ עִמִּי לֹא־נִתֵּן לָהֶם מֵהַשָּׁלָל אֲשֶׁר הִצַּלְנוּ כִּי־אִם־אִישׁ אֶת־אִשְׁתּוֹ וְאֶת־בָּנָיו וְיִנְהֲגוּ וְיֵלֵכוּ׃

23 *David*, however, spoke up, "You must not do that, my brothers, in view of what *Hashem* has granted us, guarding us and delivering into our hands the band that attacked us.

כג וַיֹּאמֶר דָּוִד לֹא־תַעֲשׂוּ כֵן אֶחָי אֵת אֲשֶׁר־נָתַן יְהֹוָה לָנוּ וַיִּשְׁמֹר אֹתָנוּ וַיִּתֵּן אֶת־הַגְּדוּד הַבָּא עָלֵינוּ בְּיָדֵנוּ׃

24 How could anyone agree with you in this matter? The share of those who remain with the baggage shall be the same as the share of those who go down to battle; they shall share alike."

כד וּמִי יִשְׁמַע לָכֶם לַדָּבָר הַזֶּה כִּי כְּחֵלֶק הַיֹּרֵד בַּמִּלְחָמָה וּכְחֵלֶק הַיֹּשֵׁב עַל־הַכֵּלִים יַחְדָּו יַחֲלֹקוּ׃

25 So from that day on it was made a fixed rule for *Yisrael*, continuing to the present day.

כה וַיְהִי מֵהַיּוֹם הַהוּא וָמָעְלָה וַיְשִׂמֶהָ לְחֹק וּלְמִשְׁפָּט לְיִשְׂרָאֵל עַד הַיּוֹם הַזֶּה׃

26 When *David* reached *Tziklag*, he sent some of the spoil to the elders of *Yehuda* [and] to his friends, saying, "This is a present for you from our spoil of the enemies of *Hashem*."

כו וַיָּבֹא דָוִד אֶל־צִקְלַג וַיְשַׁלַּח מֵהַשָּׁלָל לְזִקְנֵי יְהוּדָה לְרֵעֵהוּ לֵאמֹר הִנֵּה לָכֶם בְּרָכָה מִשְּׁלַל אֹיְבֵי יְהֹוָה׃

27 [He sent the spoil to the elders] in *Beit El*, Ramoth-negeb, and Jattir;

כז לַאֲשֶׁר בְּבֵית־אֵל וְלַאֲשֶׁר בְּרָמוֹת־נֶגֶב וְלַאֲשֶׁר בְּיַתִּר׃

28 in Aroer, Siphmoth, and Eshtemoa;

כח וְלַאֲשֶׁר בַּעֲרֹעֵר וְלַאֲשֶׁר בְּשִׂפְמוֹת וְלַאֲשֶׁר בְּאֶשְׁתְּמֹעַ׃

However, in the end, God's people always succeed. This is one of the great lessons of Jewish history. Though it may take many years, the Jewish people always overcome their enemies.

29 in Racal, in the towns of the Jerahmeelites, and in
the towns of the Kenites;

כט וְלַאֲשֶׁר בְּרָכָל וְלַאֲשֶׁר בְּעָרֵי הַיְּרַחְמְאֵלִי
וְלַאֲשֶׁר בְּעָרֵי הַקֵּינִי:

30 in Hormah, Bor-ashan, and Athach;

ל וְלַאֲשֶׁר בְּחָרְמָה וְלַאֲשֶׁר בְּבוֹר־עָשָׁן
וְלַאֲשֶׁר בַּעֲתָךְ:

31 and to those in *Chevron* – all the places where
David and his men had roamed.

לא וְלַאֲשֶׁר בְּחֶבְרוֹן וּלְכָל־הַמְּקֹמוֹת אֲשֶׁר־
הִתְהַלֶּךְ־שָׁם דָּוִד הוּא וַאֲנָשָׁיו:

31 לא

1 The Philistines attacked *Yisrael*, and the men of
Yisrael fled before the Philistines and [many] fell on
Mount Gilboa.

א וּפְלִשְׁתִּים נִלְחָמִים בְּיִשְׂרָאֵל וַיָּנֻסוּ
אַנְשֵׁי יִשְׂרָאֵל מִפְּנֵי פְלִשְׁתִּים וַיִּפְּלוּ
חֲלָלִים בְּהַר הַגִּלְבֹּעַ:

2 The Philistines pursued *Shaul* and his sons, and the
Philistines struck down *Yehonatan*, *Avinadav*, and
Malchishua, sons of *Shaul*.

ב וַיַּדְבְּקוּ פְלִשְׁתִּים אֶת־שָׁאוּל וְאֶת־בָּנָיו
וַיַּכּוּ פְלִשְׁתִּים אֶת־יְהוֹנָתָן וְאֶת־אֲבִינָדָב
וְאֶת־מַלְכִּי־שׁוּעַ בְּנֵי שָׁאוּל:

3 The battle raged around *Shaul*, and some of the
archers hit him, and he was severely wounded by
the archers.

ג וַתִּכְבַּד הַמִּלְחָמָה אֶל־שָׁאוּל וַיִּמְצָאֻהוּ
הַמּוֹרִים אֲנָשִׁים בַּקָּשֶׁת וַיָּחֶל מְאֹד
מֵהַמּוֹרִים:

4 *Shaul* said to his arms-bearer, "Draw your sword
and run me through, so that the uncircumcised may
not run me through and make sport of me." But his
arms-bearer, in his great awe, refused; whereupon
Shaul grasped the sword and fell upon it.

ד וַיֹּאמֶר שָׁאוּל לְנֹשֵׂא כֵלָיו שְׁלֹף חַרְבְּךָ
וְדָקְרֵנִי בָהּ פֶּן־יָבוֹאוּ הָעֲרֵלִים הָאֵלֶּה
וּדְקָרֻנִי וְהִתְעַלְּלוּ־בִי וְלֹא אָבָה נֹשֵׂא
כֵלָיו כִּי יָרֵא מְאֹד וַיִּקַּח שָׁאוּל אֶת־
הַחֶרֶב וַיִּפֹּל עָלֶיהָ:

va-YO-mer sha-UL l'-no-SAY khay-LAV sh'-LOF khar-b'-KHA
v'-dok-RAY-nee VAH pen ya-VO-u ha-a-ray-LEEM ha-AY-leh u-d'-ka-RU-nee
v'-hit-a-l'-lu VEE v'-LO a-VAH no-SAY khay-LAV KEE ya-RAY
m'-OD va-yi-KAKH sha-UL et ha-KHE-rev va-yi-POL a-LE-ha

5 When his arms-bearer saw that *Shaul* was dead, he
too fell on his sword and died with him.

ה וַיַּרְא נֹשֵׂא־כֵלָיו כִּי מֵת שָׁאוּל וַיִּפֹּל גַּם־
הוּא עַל־חַרְבּוֹ וַיָּמָת עִמּוֹ:

6 Thus *Shaul* and his three sons and his arms-bearer,
as well as all his men, died together on that day.

ו וַיָּמָת שָׁאוּל וּשְׁלֹשֶׁת בָּנָיו וְנֹשֵׂא כֵלָיו
גַּם כָּל־אֲנָשָׁיו בַּיּוֹם הַהוּא יַחְדָּו:

31:4 Whereupon *Shaul* grasped the sword and fell upon it Normally, suicide is absolutely forbidden in Jewish law. However, there are rare exceptions. The Sages teach that King *Shaul's* death is even greater than his life. Though he knows it will lead to his death, he and *Yehonatan* lead the army into battle. Rather than allow himself to be captured and killed, he falls on his sword, as he is well aware that the capture of a king of Israel would bring despair to the entire nation. Thus, Jewish law views King *Shaul* as a prime example of self-sacrifice, as he sanctifies the name of *Hashem* and the People of Israel through his death. True leaders know that they don't represent themselves alone; they represent the entire nation, and are therefore willing to make the necessary sacrifices. While *Shaul's* death serves in Jewish law as the model of a rare acceptable form of suicide, the most famous such act in Jewish history took place on the mountain of Masada. According to Josephus Flavius in *The Jewish War*, the 960 Jewish inhabitants of the fortress on Masada, the last Jewish stronghold against the Romans after the destruction of the second Temple, killed themselves rather than surrender to the Roman soldiers.

Masada fortress in the Judean Desert

7 And when the men of *Yisrael* on the other side of the valley and on the other side of the *Yarden* saw that the men of *Yisrael* had fled and that *Shaul* and his sons were dead, they abandoned the towns and fled; the Philistines then came and occupied them.

ז וַיִּרְאוּ אַנְשֵׁי־יִשְׂרָאֵל אֲשֶׁר־בְּעֵבֶר הָעֵמֶק וַאֲשֶׁר בְּעֵבֶר הַיַּרְדֵּן כִּי־נָסוּ אַנְשֵׁי יִשְׂרָאֵל וְכִי־מֵתוּ שָׁאוּל וּבָנָיו וַיַּעַזְבוּ אֶת־הֶעָרִים וַיָּנֻסוּ וַיָּבֹאוּ פְלִשְׁתִּים וַיֵּשְׁבוּ בָּהֶן׃

8 The next day the Philistines came to strip the slain, and they found *Shaul* and his three sons lying on Mount Gilboa.

ח וַיְהִי מִמָּחֳרָת וַיָּבֹאוּ פְלִשְׁתִּים לְפַשֵּׁט אֶת־הַחֲלָלִים וַיִּמְצְאוּ אֶת־שָׁאוּל וְאֶת־שְׁלֹשֶׁת בָּנָיו נֹפְלִים בְּהַר הַגִּלְבֹּעַ׃

9 They cut off his head and stripped him of his armor, and they sent them throughout the land of the Philistines, to spread the news in the temples of their idols and among the people.

ט וַיִּכְרְתוּ אֶת־רֹאשׁוֹ וַיַּפְשִׁיטוּ אֶת־כֵּלָיו וַיְשַׁלְּחוּ בְאֶרֶץ־פְּלִשְׁתִּים סָבִיב לְבַשֵּׂר בֵּית עֲצַבֵּיהֶם וְאֶת־הָעָם׃

10 They placed his armor in the temple of Ashtaroth, and they impaled his body on the wall of Beth-shan.

י וַיָּשִׂמוּ אֶת־כֵּלָיו בֵּית עַשְׁתָּרוֹת וְאֶת־גְּוִיָּתוֹ תָּקְעוּ בְּחוֹמַת בֵּית שָׁן׃

11 When the inhabitants of Jabesh-gilead heard about it – what the Philistines had done to *Shaul* –

יא וַיִּשְׁמְעוּ אֵלָיו יֹשְׁבֵי יָבֵישׁ גִּלְעָד אֵת אֲשֶׁר־עָשׂוּ פְלִשְׁתִּים לְשָׁאוּל׃

12 all their stalwart men set out and marched all night; they removed the bodies of *Shaul* and his sons from the wall of Beth-shan and came to Jabesh and burned them there.

יב וַיָּקוּמוּ כָּל־אִישׁ חַיִל וַיֵּלְכוּ כָל־הַלַּיְלָה וַיִּקְחוּ אֶת־גְּוִיַּת שָׁאוּל וְאֵת גְּוִיֹּת בָּנָיו מֵחוֹמַת בֵּית שָׁן וַיָּבֹאוּ יָבֵשָׁה וַיִּשְׂרְפוּ אֹתָם שָׁם׃

13 Then they took the bones and buried them under the tamarisk tree in Jabesh, and they fasted for seven days.

יג וַיִּקְחוּ אֶת־עַצְמֹתֵיהֶם וַיִּקְבְּרוּ תַחַת־הָאֶשֶׁל בְּיָבֵשָׁה וַיָּצֻמוּ שִׁבְעַת יָמִים׃

1 ¹ After the death of *Shaul* – *David* had already
returned from defeating the Amalekites – *David*
stayed two days in *Tziklag*.

² On the third day, a man came from *Shaul*'s camp,
with his clothes rent and earth on his head; and
as he approached *David*, he flung himself to the
ground and bowed low.

³ *David* said to him, "Where are you coming from?"
He answered, "I have just escaped from the camp
of *Yisrael*."

⁴ "What happened?" asked *David*. "Tell me!" And
he told him how the troops had fled the battlefield,
and that, moreover, many of the troops had fallen
and died; also that *Shaul* and his son *Yehonatan*
were dead.

⁵ "How do you know," *David* asked the young man
who brought him the news, "that *Shaul* and his son
Yehonatan are dead?"

⁶ The young man who brought him the news
answered, "I happened to be at Mount Gilboa, and
I saw *Shaul* leaning on his spear, and the chariots
and horsemen closing in on him.

⁷ He looked around and saw me, and he called to me.
When I responded, 'At your service,'

⁸ he asked me, 'Who are you?' And I told him that I
was an Amalekite.

⁹ Then he said to me, 'Stand over me, and finish me
off, for I am in agony and am barely alive.'

¹⁰ So I stood over him and finished him off, for I
knew that he would never rise from where he was
lying. Then I took the crown from his head and the
armlet from his arm, and I have brought them here
to my lord."

¹¹ *David* took hold of his clothes and rent them, and
so did all the men with him.

¹² They lamented and wept, and they fasted until
evening for *Shaul* and his son *Yehonatan*, and for
the soldiers of *Hashem* and the House of *Yisrael*
who had fallen by the sword.

¹³ *David* said to the young man who had brought him
the news, "Where are you from?" He replied, "I am
the son of a resident alien, an Amalekite."

א וַיְהִי אַחֲרֵי מוֹת שָׁאוּל וְדָוִד שָׁב מֵהַכּוֹת
אֶת־הָעֲמָלֵק וַיֵּשֶׁב דָּוִד בְּצִקְלָג יָמִים
שְׁנָיִם:

ב וַיְהִי בַּיּוֹם הַשְּׁלִישִׁי וְהִנֵּה אִישׁ בָּא
מִן־הַמַּחֲנֶה מֵעִם שָׁאוּל וּבְגָדָיו קְרֻעִים
וַאֲדָמָה עַל־רֹאשׁוֹ וַיְהִי בְּבֹאוֹ אֶל־דָּוִד
וַיִּפֹּל אַרְצָה וַיִּשְׁתָּחוּ:

ג וַיֹּאמֶר לוֹ דָּוִד אֵי מִזֶּה תָּבוֹא וַיֹּאמֶר
אֵלָיו מִמַּחֲנֵה יִשְׂרָאֵל נִמְלָטְתִּי:

ד וַיֹּאמֶר אֵלָיו דָּוִד מֶה־הָיָה הַדָּבָר
הַגֶּד־נָא לִי וַיֹּאמֶר אֲשֶׁר־נָס הָעָם מִן־
הַמִּלְחָמָה וְגַם־הַרְבֵּה נָפַל מִן־הָעָם
וַיָּמֻתוּ וְגַם שָׁאוּל וִיהוֹנָתָן בְּנוֹ מֵתוּ:

ה וַיֹּאמֶר דָּוִד אֶל־הַנַּעַר הַמַּגִּיד לוֹ אֵיךְ
יָדַעְתָּ כִּי־מֵת שָׁאוּל וִיהוֹנָתָן בְּנוֹ:

ו וַיֹּאמֶר הַנַּעַר הַמַּגִּיד לוֹ נִקְרֹא נִקְרֵיתִי
בְּהַר הַגִּלְבֹּעַ וְהִנֵּה שָׁאוּל נִשְׁעָן עַל־
חֲנִיתוֹ וְהִנֵּה הָרֶכֶב וּבַעֲלֵי הַפָּרָשִׁים
הִדְבִּקֻהוּ:

ז וַיִּפֶן אַחֲרָיו וַיִּרְאֵנִי וַיִּקְרָא אֵלָי וָאֹמַר
הִנֵּנִי:

ח וַיֹּאמֶר לִי מִי־אָתָּה ויאמר [וָאֹמַר] אֵלָיו
עֲמָלֵקִי אָנֹכִי:

ט וַיֹּאמֶר אֵלַי עֲמָד־נָא עָלַי וּמֹתְתֵנִי כִּי
אֲחָזַנִי הַשָּׁבָץ כִּי־כָל־עוֹד נַפְשִׁי בִּי:

י וָאֶעֱמֹד עָלָיו וַאֲמֹתְתֵהוּ כִּי יָדַעְתִּי כִּי
לֹא יִחְיֶה אַחֲרֵי נִפְלוֹ וָאֶקַּח הַנֵּזֶר אֲשֶׁר
עַל־רֹאשׁוֹ וְאֶצְעָדָה אֲשֶׁר עַל־זְרֹעוֹ
וָאֲבִיאֵם אֶל־אֲדֹנִי הֵנָּה:

יא וַיַּחֲזֵק דָּוִד בבגדו [בִּבְגָדָיו] וַיִּקְרָעֵם
וְגַם כָּל־הָאֲנָשִׁים אֲשֶׁר אִתּוֹ:

יב וַיִּסְפְּדוּ וַיִּבְכּוּ וַיָּצֻמוּ עַד־הָעָרֶב עַל־
שָׁאוּל וְעַל־יְהוֹנָתָן בְּנוֹ וְעַל־עַם יְהוָה
וְעַל־בֵּית יִשְׂרָאֵל כִּי נָפְלוּ בֶּחָרֶב:

יג וַיֹּאמֶר דָּוִד אֶל־הַנַּעַר הַמַּגִּיד לוֹ אֵי מִזֶּה
אָתָּה וַיֹּאמֶר בֶּן־אִישׁ גֵּר עֲמָלֵקִי אָנֹכִי:

¹⁴ "How did you dare," *David* said to him, "to lift your hand and kill *Hashem*'s anointed?"

יד וַיֹּאמֶר אֵלָיו דָּוִד אֵיךְ לֹא יָרֵאתָ לִשְׁלֹחַ יָדְךָ לְשַׁחֵת אֶת־מְשִׁיחַ יְהֹוָה:

¹⁵ Thereupon *David* called one of the attendants and said to him, "Come over and strike him!" He struck him down and he died.

טו וַיִּקְרָא דָוִד לְאַחַד מֵהַנְּעָרִים וַיֹּאמֶר גַּשׁ פְּגַע־בּוֹ וַיַּכֵּהוּ וַיָּמֹת:

¹⁶ And *David* said to him, "Your blood be on your own head! Your own mouth testified against you when you said, 'I put *Hashem*'s anointed to death.'"

טז וַיֹּאמֶר אֵלָיו דָּוִד דמיך [דָּמְךָ] עַל־רֹאשֶׁךָ כִּי פִיךָ עָנָה בְךָ לֵאמֹר אָנֹכִי מֹתַתִּי אֶת־מְשִׁיחַ יְהֹוָה:

¹⁷ And *David* intoned this dirge over *Shaul* and his son *Yehonatan* –

יז וַיְקֹנֵן דָּוִד אֶת־הַקִּינָה הַזֹּאת עַל־שָׁאוּל וְעַל־יְהוֹנָתָן בְּנוֹ:

¹⁸ He ordered the Judites to be taught [The Song of the] Bow. It is recorded in the Book of Jashar.

יח וַיֹּאמֶר לְלַמֵּד בְּנֵי־יְהוּדָה קָשֶׁת הִנֵּה כְתוּבָה עַל־סֵפֶר הַיָּשָׁר:

¹⁹ Your glory, O *Yisrael*, Lies slain on your heights; How have the mighty fallen!

יט הַצְּבִי יִשְׂרָאֵל עַל־בָּמוֹתֶיךָ חָלָל אֵיךְ נָפְלוּ גִבּוֹרִים:

²⁰ Tell it not in Gath, Do not proclaim it in the streets of *Ashkelon*, Lest the daughters of the Philistine rejoice, Lest the daughters of the uncircumcised exult.

כ אַל־תַּגִּידוּ בְגַת אַל־תְּבַשְּׂרוּ בְּחוּצֹת אַשְׁקְלוֹן פֶּן־תִּשְׂמַחְנָה בְּנוֹת פְּלִשְׁתִּים פֶּן־תַּעֲלֹזְנָה בְּנוֹת הָעֲרֵלִים:

²¹ O hills of Gilboa – Let there be no dew or rain on you, Or bountiful fields, For there the shield of warriors lay rejected, The shield of *Shaul*, Polished with oil no more.

כא הָרֵי בַגִּלְבֹּעַ אַל־טַל וְאַל־מָטָר עֲלֵיכֶם וּשְׂדֵי תְרוּמֹת כִּי שָׁם נִגְעַל מָגֵן גִּבּוֹרִים מָגֵן שָׁאוּל בְּלִי מָשִׁיחַ בַּשָּׁמֶן:

²² From the blood of slain, From the fat of warriors – The bow of *Yehonatan* Never turned back; The sword of *Shaul* Never withdrew empty.

כב מִדַּם חֲלָלִים מֵחֵלֶב גִּבּוֹרִים קֶשֶׁת יְהוֹנָתָן לֹא נָשׂוֹג אָחוֹר וְחֶרֶב שָׁאוּל לֹא תָשׁוּב רֵיקָם:

²³ *Shaul* and *Yehonatan*, Beloved and cherished, Never parted In life or in death! They were swifter than eagles, They were stronger than lions!

כג שָׁאוּל וִיהוֹנָתָן הַנֶּאֱהָבִים וְהַנְּעִימִם בְּחַיֵּיהֶם וּבְמוֹתָם לֹא נִפְרָדוּ מִנְּשָׁרִים קַלּוּ מֵאֲרָיוֹת גָּבֵרוּ:

> sha-UL vee-ho-na-TAN ha-ne-e-ha-VEEM v'-ha-n'-ee-MIM b'-kha-yay-HEM
> uv-mo-TAM LO nif-RA-du mi-n'-sha-REEM KA-lu may-a-ra-YOT ga-VAY-ru

²⁴ Daughters of *Yisrael*, Weep over *Shaul*, Who clothed you in crimson and finery, Who decked your robes with jewels of gold.

כד בְּנוֹת יִשְׂרָאֵל אֶל־שָׁאוּל בְּכֶינָה הַמַּלְבִּשְׁכֶם שָׁנִי עִם־עֲדָנִים הַמַּעֲלֶה עֲדִי זָהָב עַל לְבוּשְׁכֶן:

Former President Reuven Rivlin visiting IDF soldiers

1:23 *Shaul* and *Yehonatan*, beloved and cherished, never parted in life or in death Though King *Shaul* had tried to kill *David*, *David* deeply mourns his death and that of his close friend *Yehonatan*, *Shaul*'s son. In his powerful eulogy, *David* says that *Shaul* and *Yehonatan* are not separated in death. *Radak* explains that this means that although they knew they would die in battle, King *Shaul* and *Yehonatan* would not separate from the People of Israel. They do not flee, but rather lead the nation into battle, and they heroically fall together. They serve as powerful role models for the soldiers of the Israeli Defense Forces, who willingly risk their lives every day for the People and State of Israel.

25 How have the mighty fallen In the thick of battle – *Yehonatan*, slain on your heights!

כה אֵיךְ נָפְלוּ גִבֹּרִים בְּתוֹךְ הַמִּלְחָמָה
יְהוֹנָתָן עַל־בָּמוֹתֶיךָ חָלָל׃

26 I grieve for you, My brother *Yehonatan*, You were most dear to me. Your love was wonderful to me More than the love of women.

כו צַר־לִי עָלֶיךָ אָחִי יְהוֹנָתָן נָעַמְתָּ לִּי מְאֹד
נִפְלְאַתָה אַהֲבָתְךָ לִי מֵאַהֲבַת נָשִׁים׃

27 How have the mighty fallen, The weapons of war perished!

כז אֵיךְ נָפְלוּ גִבּוֹרִים וַיֹּאבְדוּ כְּלֵי מִלְחָמָה׃

2

1 Sometime afterward, *David* inquired of *Hashem*, "Shall I go up to one of the towns of *Yehuda*?" *Hashem* answered, "Yes." *David* further asked, "Which one shall I go up to?" And *Hashem* replied, "To *Chevron*."

ב

א וַיְהִי אַחֲרֵי־כֵן וַיִּשְׁאַל דָּוִד בַּיהֹוָה לֵאמֹר
הַאֶעֱלֶה בְּאַחַת עָרֵי יְהוּדָה וַיֹּאמֶר
יְהֹוָה אֵלָיו עֲלֵה וַיֹּאמֶר דָּוִד אָנָה אֶעֱלֶה
וַיֹּאמֶר חֶבְרֹנָה׃

2 So *David* went up there, along with his two wives, Ahinoam of *Yizrael* and *Avigail* wife of *Naval* the Carmelite.

ב וַיַּעַל שָׁם דָּוִד וְגַם שְׁתֵּי נָשָׁיו אֲחִינֹעַם
הַיִּזְרְעֵלִית וַאֲבִיגַיִל אֵשֶׁת נָבָל הַכַּרְמְלִי׃

3 *David* also took the men who were with him, each with his family, and they settled in the towns about *Chevron*.

ג וַאֲנָשָׁיו אֲשֶׁר־עִמּוֹ הֶעֱלָה דָוִד אִישׁ
וּבֵיתוֹ וַיֵּשְׁבוּ בְּעָרֵי חֶבְרוֹן׃

4 The men of *Yehuda* came and there they anointed *David* king over the House of *Yehuda*. *David* was told about the men of Jabesh-gilead who buried *Shaul*.

ד וַיָּבֹאוּ אַנְשֵׁי יְהוּדָה וַיִּמְשְׁחוּ־שָׁם אֶת־
דָּוִד לְמֶלֶךְ עַל־בֵּית יְהוּדָה וַיַּגִּדוּ לְדָוִד
לֵאמֹר אַנְשֵׁי יָבֵישׁ גִּלְעָד אֲשֶׁר קָבְרוּ
אֶת־שָׁאוּל׃

va-ya-VO-u an-SHAY y'-hu-DAH va-yim-sh'-khu SHAM et da-VID l'-ME-lekh al BAYT y'-hu-DAH va-ya-GI-du l'-da-VID lay-MOR an-SHAY ya-VAYSH gil-AD a-SHER ka-v'-RU at sha-UL

5 So *David* sent messengers to the men of Jabesh-gilead and said to them, "May you be blessed of *Hashem* because you performed this act of faithfulness to your lord *Shaul* and buried him.

ה וַיִּשְׁלַח דָּוִד מַלְאָכִים אֶל־אַנְשֵׁי יָבֵישׁ
גִּלְעָד וַיֹּאמֶר אֲלֵיהֶם בְּרֻכִים אַתֶּם
לַיהֹוָה אֲשֶׁר עֲשִׂיתֶם הַחֶסֶד הַזֶּה עִם־
אֲדֹנֵיכֶם עִם־שָׁאוּל וַתִּקְבְּרוּ אֹתוֹ׃

6 May *Hashem* in turn show you true faithfulness; and I too will reward you generously because you performed this act.

ו וְעַתָּה יַעַשׂ־יְהֹוָה עִמָּכֶם חֶסֶד וֶאֱמֶת
וְגַם אָנֹכִי אֶעֱשֶׂה אִתְּכֶם הַטּוֹבָה הַזֹּאת
אֲשֶׁר עֲשִׂיתֶם הַדָּבָר הַזֶּה׃

2:4 The men of *Yehuda* came and there they anointed *David* king over the House of *Yehuda*
At God's instruction, following the death of King *Shaul*, *David* goes to the holy city of *Chevron*. There, he is anointed king by the people of *Yehuda*. Though the prophet *Shmuel* had already anointed him, his anointment by the people demonstrates their acceptance of his reign. King *David* rules from *Chevron* for seven and one half years (see verse 11). This shows that *Chevron* is not only the burial site of the Patriarchs and Matriarchs *Avraham* and *Sara*, *Yitzchak* and *Rivka* and *Yaakov* and *Leah*; it is also the cradle of Israel's monarchy. Today's Jewish community of *Chevron* serves a critical function by preserving Jewish sovereignty over this ancient and historic city, and the right of all to pray at the Cave of the Patriarchs.

Aerial view of the Cave of Machpela and the city of *Chevron*

7 Now take courage and be brave men; for your lord
Shaul is dead and the House of *Yehuda* have already
anointed me king over them."

ז וְעַתָּה תֶּחֱזַקְנָה יְדֵיכֶם וִהְיוּ לִבְנֵי־חַיִל
כִּי־מֵת אֲדֹנֵיכֶם שָׁאוּל וְגַם־אֹתִי מָשְׁחוּ
בֵית־יְהוּדָה לְמֶלֶךְ עֲלֵיהֶם:

8 But *Avner* son of Ner, *Shaul*'s army commander,
had taken *Ish-boshet* son of *Shaul* and brought him
across to Mahanaim

ח וְאַבְנֵר בֶּן־נֵר שַׂר־צָבָא אֲשֶׁר לְשָׁאוּל
לָקַח אֶת־אִישׁ בֹּשֶׁת בֶּן־שָׁאוּל וַיַּעֲבִרֵהוּ
מַחֲנָיִם:

9 and made him king over *Gilad*, the Assyriaites,
Yizrael, *Efraim*, and *Binyamin* – over all *Yisrael*.

ט וַיַּמְלִכֵהוּ אֶל־הַגִּלְעָד וְאֶל־הָאֲשׁוּרִי
וְאֶל־יִזְרְעֶאל וְעַל־אֶפְרַיִם וְעַל־בִּנְיָמִן
וְעַל־יִשְׂרָאֵל כֻּלֹּה:

10 *Ish-boshet* son of *Shaul* was forty years old when he
became king of *Yisrael*, and he reigned two years.
But the House of *Yehuda* supported *David*.

י בֶּן־אַרְבָּעִים שָׁנָה אִישׁ־בֹּשֶׁת בֶּן־שָׁאוּל
בְּמָלְכוֹ עַל־יִשְׂרָאֵל וּשְׁתַּיִם שָׁנִים מָלָךְ
אַךְ בֵּית יְהוּדָה הָיוּ אַחֲרֵי דָוִד:

11 The length of time that *David* reigned in *Chevron*
over the House of *Yehuda* was seven years and six
months.

יא וַיְהִי מִסְפַּר הַיָּמִים אֲשֶׁר הָיָה דָוִד מֶלֶךְ
בְּחֶבְרוֹן עַל־בֵּית יְהוּדָה שֶׁבַע שָׁנִים
וְשִׁשָּׁה חֳדָשִׁים:

12 Once *Avner* son of Ner and the soldiers of
Ish-boshet son of *Shaul* marched out from
Mahanaim to *Givon*,

יב וַיֵּצֵא אַבְנֵר בֶּן־נֵר וְעַבְדֵי אִישׁ־בֹּשֶׁת בֶּן־
שָׁאוּל מִמַּחֲנַיִם גִּבְעוֹנָה:

13 and *Yoav* son of *Tzeruya* and the soldiers of *David*
[also] came out. They confronted one another at
the pool of *Givon*: one group sat on one side of the
pool, and the other group on the other side of the
pool.

יג וְיוֹאָב בֶּן־צְרוּיָה וְעַבְדֵי דָוִד יָצְאוּ
וַיִּפְגְּשׁוּם עַל־בְּרֵכַת גִּבְעוֹן יַחְדָּו וַיֵּשְׁבוּ
אֵלֶּה עַל־הַבְּרֵכָה מִזֶּה וְאֵלֶּה עַל־
הַבְּרֵכָה מִזֶּה:

14 *Avner* said to *Yoav*, "Let the young men come
forward and sport before us." "Yes, let them," *Yoav*
answered.

יד וַיֹּאמֶר אַבְנֵר אֶל־יוֹאָב יָקוּמוּ נָא
הַנְּעָרִים וִישַׂחֲקוּ לְפָנֵינוּ וַיֹּאמֶר יוֹאָב
יָקֻמוּ:

15 They came forward and were counted off, twelve
for *Binyamin* and *Ish-boshet* son of *Shaul*, and
twelve of *David*'s soldiers.

טו וַיָּקֻמוּ וַיַּעַבְרוּ בְמִסְפָּר שְׁנֵים עָשָׂר
לְבִנְיָמִן וּלְאִישׁ בֹּשֶׁת בֶּן־שָׁאוּל וּשְׁנֵים
עָשָׂר מֵעַבְדֵי דָוִד:

16 Each one grasped his opponent's head [and thrust]
his dagger into his opponent's side; thus they fell
together. That place, which is in *Givon*, was called
Helkath-hazzurim.

טז וַיַּחֲזִקוּ אִישׁ בְּרֹאשׁ רֵעֵהוּ וְחַרְבּוֹ בְּצַד
רֵעֵהוּ וַיִּפְּלוּ יַחְדָּו וַיִּקְרָא לַמָּקוֹם הַהוּא
חֶלְקַת הַצֻּרִים אֲשֶׁר בְּגִבְעוֹן:

17 A fierce battle ensued that day, and *Avner* and the
men of *Yisrael* were routed by *David*'s soldiers.

יז וַתְּהִי הַמִּלְחָמָה קָשָׁה עַד־מְאֹד בַּיּוֹם
הַהוּא וַיִּנָּגֶף אַבְנֵר וְאַנְשֵׁי יִשְׂרָאֵל לִפְנֵי
עַבְדֵי דָוִד:

18 The three sons of *Tzeruya* were there – *Yoav*,
Avishai, and *Asael*. *Asael* was swift of foot, like a
gazelle in the open field.

יח וַיִּהְיוּ־שָׁם שְׁלֹשָׁה בְּנֵי צְרוּיָה יוֹאָב
וַאֲבִישַׁי וַעֲשָׂהאֵל וַעֲשָׂהאֵל קַל בְּרַגְלָיו
כְּאַחַד הַצְּבָיִם אֲשֶׁר בַּשָּׂדֶה:

19 And *Asael* ran after *Avner*, swerving neither right
nor left in his pursuit of *Avner*.

יט וַיִּרְדֹּף עֲשָׂהאֵל אַחֲרֵי אַבְנֵר וְלֹא־נָטָה
לָלֶכֶת עַל־הַיָּמִין וְעַל־הַשְּׂמֹאול מֵאַחֲרֵי
אַבְנֵר:

20 *Avner* looked back and shouted, "Is that you, *Asael*?" "Yes, it is," he called back.

21 *Avner* said to him, "Turn to the right or to the left, and seize one of our boys and strip off his tunic." But *Asael* would not leave off.

22 *Avner* again begged *Asael*, "Stop pursuing me, or I'll have to strike you down. How will I look your brother *Yoav* in the face?"

23 When he refused to desist, *Avner* struck him in the belly with a backward thrust of his spear and the spear protruded from his back. He fell there and died on the spot. And all who came to the place where *Asael* fell and died halted;

24 but *Yoav* and *Avishai* continued to pursue *Avner*. And the sun was setting as they reached the hill of Ammah, which faces Giah on the road to the wilderness of *Givon*.

25 The Benjaminites rallied behind *Avner*, forming a single company; and they took up a position on the top of a hill.

26 *Avner* then called out to *Yoav*, "Must the sword devour forever? You know how bitterly it's going to end! How long will you delay ordering your troops to stop the pursuit of their kinsmen?"

27 And *Yoav* replied, "As *Hashem* lives, if you hadn't spoken up, the troops would have given up the pursuit of their kinsmen only the next morning."

28 *Yoav* then sounded the *shofar*, and all the troops halted; they ceased their pursuit of *Yisrael* and stopped the fighting.

29 *Avner* and his men marched through the Arabah all that night and, after crossing the *Yarden*, they marched through all of Bithron until they came to Mahanaim.

30 After *Yoav* gave up the pursuit of *Avner*, he assembled all the troops and found nineteen of *David*'s soldiers missing, besides *Asael*.

31 *David*'s soldiers, on the other hand, defeated the Benjaminites and the men under *Avner* and killed three hundred and sixty men.

32 They bore *Asael* away and buried him in his father's tomb in *Beit Lechem*. Then *Yoav* and his men marched all night; day broke upon them in *Chevron*.

כ וַיִּפֶן אַבְנֵר אַחֲרָיו וַיֹּאמֶר הַאַתָּה זֶה עֲשָׂהאֵל וַיֹּאמֶר אָנֹכִי:

כא וַיֹּאמֶר לוֹ אַבְנֵר נְטֵה לְךָ עַל־יְמִינְךָ אוֹ עַל־שְׂמֹאלֶךָ וֶאֱחֹז לְךָ אֶחָד מֵהַנְּעָרִים וְקַח־לְךָ אֶת־חֲלִצָתוֹ וְלֹא־אָבָה עֲשָׂהאֵל לָסוּר מֵאַחֲרָיו:

כב וַיֹּסֶף עוֹד אַבְנֵר לֵאמֹר אֶל־עֲשָׂהאֵל סוּר לְךָ מֵאַחֲרָי לָמָה אַכֶּכָּה אַרְצָה וְאֵיךְ אֶשָּׂא פָנַי אֶל־יוֹאָב אָחִיךָ:

כג וַיְמָאֵן לָסוּר וַיַּכֵּהוּ אַבְנֵר בְּאַחֲרֵי הַחֲנִית אֶל־הַחֹמֶשׁ וַתֵּצֵא הַחֲנִית מֵאַחֲרָיו וַיִּפָּל־שָׁם וַיָּמָת תחתו [תַּחְתָּיו] וַיְהִי כָּל־הַבָּא אֶל־הַמָּקוֹם אֲשֶׁר־נָפַל שָׁם עֲשָׂהאֵל וַיָּמֹת וַיַּעֲמֹדוּ:

כד וַיִּרְדְּפוּ יוֹאָב וַאֲבִישַׁי אַחֲרֵי אַבְנֵר וְהַשֶּׁמֶשׁ בָּאָה וְהֵמָּה בָּאוּ עַד־גִּבְעַת אַמָּה אֲשֶׁר עַל־פְּנֵי־גִיחַ דֶּרֶךְ מִדְבַּר גִּבְעוֹן:

כה וַיִּתְקַבְּצוּ בְנֵי־בִנְיָמִן אַחֲרֵי אַבְנֵר וַיִּהְיוּ לַאֲגֻדָּה אֶחָת וַיַּעַמְדוּ עַל רֹאשׁ־גִּבְעָה אֶחָת:

כו וַיִּקְרָא אַבְנֵר אֶל־יוֹאָב וַיֹּאמֶר הֲלָנֶצַח תֹּאכַל חֶרֶב הֲלוֹא יָדַעְתָּה כִּי־מָרָה תִהְיֶה בָּאַחֲרוֹנָה וְעַד־מָתַי לֹא־תֹאמַר לָעָם לָשׁוּב מֵאַחֲרֵי אֲחֵיהֶם:

כז וַיֹּאמֶר יוֹאָב חַי הָאֱלֹהִים כִּי לוּלֵא דִּבַּרְתָּ כִּי אָז מֵהַבֹּקֶר נַעֲלָה הָעָם אִישׁ מֵאַחֲרֵי אָחִיו:

כח וַיִּתְקַע יוֹאָב בַּשּׁוֹפָר וַיַּעַמְדוּ כָּל־הָעָם וְלֹא־יִרְדְּפוּ עוֹד אַחֲרֵי יִשְׂרָאֵל וְלֹא־יָסְפוּ עוֹד לְהִלָּחֵם:

כט וְאַבְנֵר וַאֲנָשָׁיו הָלְכוּ בָּעֲרָבָה כֹּל הַלַּיְלָה הַהוּא וַיַּעַבְרוּ אֶת־הַיַּרְדֵּן וַיֵּלְכוּ כָּל־הַבִּתְרוֹן וַיָּבֹאוּ מַחֲנָיִם:

ל וְיוֹאָב שָׁב מֵאַחֲרֵי אַבְנֵר וַיִּקְבֹּץ אֶת־כָּל־הָעָם וַיִּפָּקְדוּ מֵעַבְדֵי דָוִד תִּשְׁעָה־עָשָׂר אִישׁ וַעֲשָׂהאֵל:

לא וְעַבְדֵי דָוִד הִכּוּ מִבִּנְיָמִן וּבְאַנְשֵׁי אַבְנֵר שְׁלֹשׁ־מֵאוֹת וְשִׁשִּׁים אִישׁ מֵתוּ:

לב וַיִּשְׂאוּ אֶת־עֲשָׂהאֵל וַיִּקְבְּרֻהוּ בְּקֶבֶר אָבִיו אֲשֶׁר בֵּית לָחֶם וַיֵּלְכוּ כָל־הַלַּיְלָה יוֹאָב וַאֲנָשָׁיו וַיֵּאֹר לָהֶם בְּחֶבְרוֹן:

3 ¹ The war between the House of *Shaul* and the House of *David* was long-drawn-out; but *David* kept growing stronger, while the House of *Shaul* grew weaker.

² Sons were born to *David* in *Chevron*: His first-born was *Amnon*, by Ahinoam of *Yizrael*;

³ his second was Chileab, by *Avigail* wife of *Naval* the Carmelite; the third was *Avshalom* son of Maacah, daughter of King Talmai of Geshur;

⁴ the fourth was *Adoniyahu* son of Haggith; the fifth was Shephatiah son of Abital;

⁵ and the sixth was Ithream, by *David*'s wife Eglah. These were born to *David* in *Chevron*.

⁶ During the war between the House of *Shaul* and the House of *David*, *Avner* supported the House of *Shaul*.

⁷ Now *Shaul* had a concubine named Rizpah, daughter of Aiah; and [*Ish-boshet*] said to *Avner*, "Why have you lain with my father's concubine?"

⁸ *Avner* was very upset by what *Ish-boshet* said, and he replied, "Am I a dog's head from *Yehuda*? Here I have been loyally serving the House of your father *Shaul* and his kinsfolk and friends, and I have not betrayed you into the hands of *David*; yet this day you reproach me over a woman!

⁹ May *Hashem* do thus and more to *Avner* if I do not do for *David* as *Hashem* swore to him –

¹⁰ to transfer the kingship from the House of *Shaul*, and to establish the throne of *David* over *Yisrael* and *Yehuda* from *Dan* to *Be'er Sheva*."

ג א וַתְּהִי הַמִּלְחָמָה אֲרֻכָּה בֵּין בֵּית שָׁאוּל וּבֵין בֵּית דָּוִד וְדָוִד הֹלֵךְ וְחָזֵק וּבֵית שָׁאוּל הֹלְכִים וְדַלִּים:

ב וילדו [וַיִּוָּלְדוּ] לְדָוִד בָּנִים בְּחֶבְרוֹן וַיְהִי בְכוֹרוֹ אַמְנוֹן לַאֲחִינֹעַם הַיִּזְרְעֵאלִת:

ג וּמִשְׁנֵהוּ כִלְאָב לאביגל [לַאֲבִיגַיִל] אֵשֶׁת נָבָל הַכַּרְמְלִי וְהַשְּׁלִשִׁי אַבְשָׁלוֹם בֶּן־מַעֲכָה בַּת־תַּלְמַי מֶלֶךְ גְּשׁוּר:

ד וְהָרְבִיעִי אֲדֹנִיָּה בֶן־חַגִּית וְהַחֲמִישִׁי שְׁפַטְיָה בֶן־אֲבִיטָל:

ה וְהַשִּׁשִּׁי יִתְרְעָם לְעֶגְלָה אֵשֶׁת דָּוִד אֵלֶּה יֻלְּדוּ לְדָוִד בְּחֶבְרוֹן:

ו וַיְהִי בִּהְיוֹת הַמִּלְחָמָה בֵּין בֵּית שָׁאוּל וּבֵין בֵּית דָּוִד וְאַבְנֵר הָיָה מִתְחַזֵּק בְּבֵית שָׁאוּל:

ז וּלְשָׁאוּל פִּלֶגֶשׁ וּשְׁמָהּ רִצְפָּה בַת־אַיָּה וַיֹּאמֶר אֶל־אַבְנֵר מַדּוּעַ בָּאתָה אֶל־פִּילֶגֶשׁ אָבִי:

ח וַיִּחַר לְאַבְנֵר מְאֹד עַל־דִּבְרֵי אִישׁ־בֹּשֶׁת וַיֹּאמֶר הֲרֹאשׁ כֶּלֶב אָנֹכִי אֲשֶׁר לִיהוּדָה הַיּוֹם אֶעֱשֶׂה־חֶסֶד עִם־בֵּית שָׁאוּל אָבִיךָ אֶל־אֶחָיו וְאֶל־מֵרֵעֵהוּ וְלֹא הִמְצִיתִךָ בְּיַד־דָּוִד וַתִּפְקֹד עָלַי עֲוֹן הָאִשָּׁה הַיּוֹם:

ט כֹּה־יַעֲשֶׂה אֱלֹהִים לְאַבְנֵר וְכֹה יֹסִיף לוֹ כִּי כַּאֲשֶׁר נִשְׁבַּע יְהֹוָה לְדָוִד כִּי־כֵן אֶעֱשֶׂה־לּוֹ:

י לְהַעֲבִיר הַמַּמְלָכָה מִבֵּית שָׁאוּל וּלְהָקִים אֶת־כִּסֵּא דָוִד עַל־יִשְׂרָאֵל וְעַל־יְהוּדָה מִדָּן וְעַד־בְּאֵר שָׁבַע:

l'-ha-a-VEER ha-mam-la-KHAH mi-BAYT sha-UL ul-ha-KEEM et ki-SAY da-VID al yis-ra-AYL v'-al y'-hu-DAH mi-DAN v'-ad b'-AYR SHA-va

3:10 From *Dan* to *Be'er Sheva* Because the city of *Dan* was in the north and *Be'er Sheva* was in the south, the expression "from *Dan* to *Be'er Sheva*" is used to symbolize the expansiveness of the Promised Land. It is this critical unity of the entire nation throughout the land that will allow for a strong and vibrant Kingdom of Israel. Indeed, the reigns of *David* and *Shlomo* over the united Kingdom of Israel are considered the best of times for the Jewish monarchy. With the division of the kingdom, however, things begin to deteriorate, with both military defeats and regression to idolatry, until ultimately both the kingdom of *Yisrael* and the kingdom of *Yehuda* are destroyed and their inhabitants exiled. This highlights how essential unity is for the people and the Land of Israel.

Excavations at Tel *Dan* in northern Israel

11 [*Ish-boshet*] could say nothing more in reply to *Avner*, because he was afraid of him.

יא וְלֹא־יָכֹל עוֹד לְהָשִׁיב אֶת־אַבְנֵר דָּבָר
מִיִּרְאָתוֹ אֹתוֹ׃

12 *Avner* immediately sent messengers to *David*, saying, "To whom shall the land belong?" and to say [further], "Make a pact with me, and I will help you and bring all *Yisrael* over to your side."

יב וַיִּשְׁלַח אַבְנֵר מַלְאָכִים אֶל־דָּוִד תחתו
[תַּחְתָּיו] לֵאמֹר לְמִי־אָרֶץ לֵאמֹר כָּרְתָה
בְרִיתְךָ אִתִּי וְהִנֵּה יָדִי עִמָּךְ לְהָסֵב אֵלֶיךָ
אֶת־כָּל־יִשְׂרָאֵל׃

13 He replied, "Good; I will make a pact with you. But I make one demand upon you: Do not appear before me unless you bring *Michal* daughter of *Shaul* when you come before me."

יג וַיֹּאמֶר טוֹב אֲנִי אֶכְרֹת אִתְּךָ בְּרִית אַךְ
דָּבָר אֶחָד אָנֹכִי שֹׁאֵל מֵאִתְּךָ לֵאמֹר לֹא־
תִרְאֶה אֶת־פָּנַי כִּי אִם־לִפְנֵי הֱבִיאֲךָ אֵת
מִיכַל בַּת־שָׁאוּל בְּבֹאֲךָ לִרְאוֹת אֶת־פָּנָי׃

14 *David* also sent messengers to *Ish-boshet* son of *Shaul*, to say, "Give me my wife *Michal*, for whom I paid the bride-price of one hundred Philistine foreskins."

יד וַיִּשְׁלַח דָּוִד מַלְאָכִים אֶל־אִישׁ־בֹּשֶׁת
בֶּן־שָׁאוּל לֵאמֹר תְּנָה אֶת־אִשְׁתִּי אֶת־
מִיכַל אֲשֶׁר אֵרַשְׂתִּי לִי בְּמֵאָה עָרְלוֹת
פְּלִשְׁתִּים׃

15 So *Ish-boshet* sent and had her taken away from [her] husband, Paltiel son of Laish.

טו וַיִּשְׁלַח אִישׁ בֹּשֶׁת וַיִּקָּחֶהָ מֵעִם אִישׁ
מֵעִם פַּלְטִיאֵל בֶּן־לוּשׁ [לָיִשׁ׃]

16 Her husband walked with her as far as Bahurim, weeping as he followed her; then *Avner* ordered him to turn back, and he went back.

טז וַיֵּלֶךְ אִתָּהּ אִישָׁהּ הָלוֹךְ וּבָכֹה אַחֲרֶיהָ
עַד־בַּחֻרִים וַיֹּאמֶר אֵלָיו אַבְנֵר לֵךְ שׁוּב
וַיָּשֹׁב׃

17 *Avner* had conferred with the elders of *Yisrael*, saying, "You have wanted *David* to be king over you all along.

יז וּדְבַר־אַבְנֵר הָיָה עִם־זִקְנֵי יִשְׂרָאֵל
לֵאמֹר גַּם־תְּמוֹל גַּם־שִׁלְשֹׁם הֱיִיתֶם
מְבַקְשִׁים אֶת־דָּוִד לְמֶלֶךְ עֲלֵיכֶם׃

18 Now act! For *Hashem* has said concerning *David*: I will deliver My people *Yisrael* from the hands of the Philistines and all its other enemies through My servant *David*."

יח וְעַתָּה עֲשׂוּ כִּי יְהֹוָה אָמַר אֶל־דָּוִד
לֵאמֹר בְּיַד דָּוִד עַבְדִּי הוֹשִׁיעַ אֶת־עַמִּי
יִשְׂרָאֵל מִיַּד פְּלִשְׁתִּים וּמִיַּד כָּל־
אֹיְבֵיהֶם׃

19 *Avner* also talked with the Benjaminites; then *Avner* went and informed *David* in *Chevron* of all the wishes of *Yisrael* and of the whole House of *Binyamin*.

יט וַיְדַבֵּר גַּם־אַבְנֵר בְּאָזְנֵי בִנְיָמִין וַיֵּלֶךְ
גַּם־אַבְנֵר לְדַבֵּר בְּאָזְנֵי דָוִד בְּחֶבְרוֹן אֵת
כָּל־אֲשֶׁר־טוֹב בְּעֵינֵי יִשְׂרָאֵל וּבְעֵינֵי כָּל־
בֵּית בִּנְיָמִן׃

20 When *Avner* came to *David* in *Chevron*, accompanied by twenty men, *David* made a feast for *Avner* and the men with him.

כ וַיָּבֹא אַבְנֵר אֶל־דָּוִד חֶבְרוֹן וְאִתּוֹ
עֶשְׂרִים אֲנָשִׁים וַיַּעַשׂ דָּוִד לְאַבְנֵר
וְלַאֲנָשִׁים אֲשֶׁר־אִתּוֹ מִשְׁתֶּה׃

21 *Avner* said to *David*, "Now I will go and rally all *Yisrael* to Your Majesty. They will make a pact with you, and you can reign over all that your heart desires." And *David* dismissed *Avner*, who went away unharmed.

כא וַיֹּאמֶר אַבְנֵר אֶל־דָּוִד אָקוּמָה וְאֵלֵכָה
וְאֶקְבְּצָה אֶל־אֲדֹנִי הַמֶּלֶךְ אֶת־כָּל־
יִשְׂרָאֵל וְיִכְרְתוּ אִתְּךָ בְּרִית וּמָלַכְתָּ בְּכֹל
אֲשֶׁר־תְּאַוֶּה נַפְשֶׁךָ וַיְשַׁלַּח דָּוִד אֶת־
אַבְנֵר וַיֵּלֶךְ בְּשָׁלוֹם׃

22 Just then *David*'s soldiers and *Yoav* returned from a raid, bringing much plunder with them; *Avner* was no longer with *David* in *Chevron*, for he had been dismissed and had gone away unharmed.

כב וְהִנֵּה עַבְדֵי דָוִד וְיוֹאָב בָּא מֵהַגְּדוּד
וְשָׁלָל רָב עִמָּם הֵבִיאוּ וְאַבְנֵר אֵינֶנּוּ עִם־
דָּוִד בְּחֶבְרוֹן כִּי שִׁלְּחוֹ וַיֵּלֶךְ בְּשָׁלוֹם׃

23 When *Yoav* and the whole force with him arrived, *Yoav* was told that *Avner* son of Ner had come to the king, had been dismissed by him, and had gone away unharmed.

כג וְיוֹאָב וְכָל־הַצָּבָא אֲשֶׁר־אִתּוֹ בָּאוּ וַיַּגִּדוּ לְיוֹאָב לֵאמֹר בָּא־אַבְנֵר בֶּן־נֵר אֶל־הַמֶּלֶךְ וַיְשַׁלְּחֵהוּ וַיֵּלֶךְ בְּשָׁלוֹם׃

24 *Yoav* went to the king and said, "What have you done? Here *Avner* came to you; why did you let him go? Now he has gotten away!

כד וַיָּבֹא יוֹאָב אֶל־הַמֶּלֶךְ וַיֹּאמֶר מֶה עָשִׂיתָה הִנֵּה־בָא אַבְנֵר אֵלֶיךָ לָמָּה־זֶּה שִׁלַּחְתּוֹ וַיֵּלֶךְ הָלוֹךְ׃

25 Don't you know that *Avner* son of Ner came only to deceive you, to learn your comings and goings and to find out all that you are planning?"

כה יָדַעְתָּ אֶת־אַבְנֵר בֶּן־נֵר כִּי לְפַתֹּתְךָ בָּא וְלָדַעַת אֶת־מוֹצָאֲךָ וְאֶת־מבואך [מוֹבָאֶךָ] וְלָדַעַת אֵת כָּל־אֲשֶׁר אַתָּה עֹשֶׂה׃

26 *Yoav* left *David* and sent messengers after *Avner*, and they brought him back from the cistern of Sirah; but *David* knew nothing about it.

כו וַיֵּצֵא יוֹאָב מֵעִם דָּוִד וַיִּשְׁלַח מַלְאָכִים אַחֲרֵי אַבְנֵר וַיָּשִׁבוּ אֹתוֹ מִבּוֹר הַסִּרָה וְדָוִד לֹא יָדָע׃

27 When *Avner* returned to *Chevron*, *Yoav* took him aside within the gate to talk to him privately; there he struck him in the belly. Thus [*Avner*] died for shedding the blood of *Asael*, *Yoav*'s brother.

כז וַיָּשָׁב אַבְנֵר חֶבְרוֹן וַיַּטֵּהוּ יוֹאָב אֶל־תּוֹךְ הַשַּׁעַר לְדַבֵּר אִתּוֹ בַּשֶּׁלִי וַיַּכֵּהוּ שָׁם הַחֹמֶשׁ וַיָּמָת בְּדַם עֲשָׂה־אֵל אָחִיו׃

28 Afterward, when *David* heard of it, he said, "Both I and my kingdom are forever innocent before God of shedding the blood of *Avner* son of Ner.

כח וַיִּשְׁמַע דָּוִד מֵאַחֲרֵי כֵן וַיֹּאמֶר נָקִי אָנֹכִי וּמַמְלַכְתִּי מֵעִם יְהוָה עַד־עוֹלָם מִדְּמֵי אַבְנֵר בֶּן־נֵר׃

29 May [the guilt] fall upon the head of *Yoav* and all his father's house. May the house of *Yoav* never be without someone suffering from a discharge or an eruption, or a male who handles the spindle, or one slain by the sword, or one lacking bread." –

כט יָחֻלוּ עַל־רֹאשׁ יוֹאָב וְאֶל כָּל־בֵּית אָבִיו וְאַל־יִכָּרֵת מִבֵּית יוֹאָב זָב וּמְצֹרָע וּמַחֲזִיק בַּפֶּלֶךְ וְנֹפֵל בַּחֶרֶב וַחֲסַר־לָחֶם׃

30 Now *Yoav* and his brother *Avishai* had killed *Avner* because he had killed their brother *Asael* during the battle at *Givon*. –

ל וְיוֹאָב וַאֲבִישַׁי אָחִיו הָרְגוּ לְאַבְנֵר עַל אֲשֶׁר הֵמִית אֶת־עֲשָׂהאֵל אֲחִיהֶם בְּגִבְעוֹן בַּמִּלְחָמָה׃

31 *David* then ordered *Yoav* and all the troops with him to rend their clothes, gird on sackcloth, and make lament before *Avner*; and King *David* himself walked behind the bier.

לא וַיֹּאמֶר דָּוִד אֶל־יוֹאָב וְאֶל־כָּל־הָעָם אֲשֶׁר־אִתּוֹ קִרְעוּ בִגְדֵיכֶם וְחִגְרוּ שַׂקִּים וְסִפְדוּ לִפְנֵי אַבְנֵר וְהַמֶּלֶךְ דָּוִד הֹלֵךְ אַחֲרֵי הַמִּטָּה׃

32 And so they buried *Avner* at *Chevron*; the king wept aloud by *Avner*'s grave, and all the troops wept.

לב וַיִּקְבְּרוּ אֶת־אַבְנֵר בְּחֶבְרוֹן וַיִּשָּׂא הַמֶּלֶךְ אֶת־קוֹלוֹ וַיֵּבְךְּ אֶל־קֶבֶר אַבְנֵר וַיִּבְכּוּ כָּל־הָעָם׃

33 And the king intoned this dirge over *Avner*, "Should *Avner* have died the death of a churl?

לג וַיְקֹנֵן הַמֶּלֶךְ אֶל־אַבְנֵר וַיֹּאמַר הַכְּמוֹת נָבָל יָמוּת אַבְנֵר׃

34 Your hands were not bound, Your feet were not put in fetters; But you fell as one falls Before treacherous men!" And all the troops continued to weep over him.

לד יָדֶךָ לֹא־אֲסֻרוֹת וְרַגְלֶיךָ לֹא־לִנְחֻשְׁתַּיִם הֻגָּשׁוּ כִּנְפוֹל לִפְנֵי בְנֵי־עַוְלָה נָפָלְתָּ וַיֹּסִפוּ כָל־הָעָם לִבְכּוֹת עָלָיו׃

35 All the troops came to urge *David* to eat something while it was still day; but *David* swore, "May *Hashem* do thus to me and more if I eat bread or anything else before sundown."

לה וַיָּבֹא כׇל־הָעָם לְהַבְרוֹת אֶת־דָּוִד לֶחֶם בְּעוֹד הַיּוֹם וַיִּשָּׁבַע דָּוִד לֵאמֹר כֹּה יַעֲשֶׂה־לִּי אֱלֹהִים וְכֹה יֹסִיף כִּי אִם־לִפְנֵי בוֹא־הַשֶּׁמֶשׁ אֶטְעַם־לֶחֶם אוֹ כׇל־מְאוּמָה׃

36 All the troops took note of it and approved, just as all the troops approved everything else the king did.

לו וְכׇל־הָעָם הִכִּירוּ וַיִּיטַב בְּעֵינֵיהֶם כְּכֹל אֲשֶׁר עָשָׂה הַמֶּלֶךְ בְּעֵינֵי כׇל־הָעָם טוֹב׃

37 That day all the troops and all *Yisrael* knew that it was not by the king's will that *Avner* son of Ner was killed.

לז וַיֵּדְעוּ כׇל־הָעָם וְכׇל־יִשְׂרָאֵל בַּיּוֹם הַהוּא כִּי לֹא הָיְתָה מֵהַמֶּלֶךְ לְהָמִית אֶת־אַבְנֵר בֶּן־נֵר׃

38 And the king said to his soldiers, "You well know that a prince, a great man in *Yisrael*, has fallen this day.

לח וַיֹּאמֶר הַמֶּלֶךְ אֶל־עֲבָדָיו הֲלוֹא תֵדְעוּ כִּי־שַׂר וְגָדוֹל נָפַל הַיּוֹם הַזֶּה בְּיִשְׂרָאֵל׃

39 And today I am weak, even though anointed king; those men, the sons of *Tzeruya*, are too savage for me. May *Hashem* requite the wicked for their wickedness!"

לט וְאָנֹכִי הַיּוֹם רַךְ וּמָשׁוּחַ מֶלֶךְ וְהָאֲנָשִׁים הָאֵלֶּה בְּנֵי צְרוּיָה קָשִׁים מִמֶּנִּי יְשַׁלֵּם יְהֹוָה לְעֹשֵׂה הָרָעָה כְּרָעָתוֹ׃

4 ד

1 When [*Ish-boshet*] son of *Shaul* heard that *Avner* had died in *Chevron*, he lost heart and all *Yisrael* was alarmed.

א וַיִּשְׁמַע בֶּן־שָׁאוּל כִּי מֵת אַבְנֵר בְּחֶבְרוֹן וַיִּרְפּוּ יָדָיו וְכׇל־יִשְׂרָאֵל נִבְהָלוּ׃

2 The son of *Shaul* [had] two company commanders, one named Baanah and the other Rechab, sons of Rimmon the Beerothite – Benjaminites, since Beeroth too was considered part of *Binyamin*.

ב וּשְׁנֵי אֲנָשִׁים שָׂרֵי־גְדוּדִים הָיוּ בֶן־שָׁאוּל שֵׁם הָאֶחָד בַּעֲנָה וְשֵׁם הַשֵּׁנִי רֵכָב בְּנֵי רִמּוֹן הַבְּאֵרֹתִי מִבְּנֵי בִנְיָמִן כִּי גַּם־בְּאֵרוֹת תֵּחָשֵׁב עַל־בִּנְיָמִן׃

3 The Beerothites had fled to Gittaim, where they have sojourned to this day.

ג וַיִּבְרְחוּ הַבְּאֵרֹתִים גִּתָּיְמָה וַיִּהְיוּ־שָׁם גָּרִים עַד הַיּוֹם הַזֶּה׃

4 *Yehonatan* son of *Shaul* had a son whose feet were crippled. He was five years old when the news about *Shaul* and *Yehonatan* came from *Yizrael*, and his nurse picked him up and fled; but as she was fleeing in haste, he fell and was lamed. His name was *Mefiboshet*.

ד וְלִיהוֹנָתָן בֶּן־שָׁאוּל בֵּן נְכֵה רַגְלָיִם בֶּן־חָמֵשׁ שָׁנִים הָיָה בְּבֹא שְׁמֻעַת שָׁאוּל וִיהוֹנָתָן מִיִּזְרְעֶאל וַתִּשָּׂאֵהוּ אֹמַנְתּוֹ וַתָּנֹס וַיְהִי בְּחׇפְזָהּ לָנוּס וַיִּפֹּל וַיִּפָּסֵחַ וּשְׁמוֹ מְפִיבֹשֶׁת׃

5 Rechab and Baanah, sons of Rimmon the Beerothite, started out, and they reached the home of *Ish-boshet* at the heat of the day, when he was taking his midday rest.

ה וַיֵּלְכוּ בְּנֵי־רִמּוֹן הַבְּאֵרֹתִי רֵכָב וּבַעֲנָה וַיָּבֹאוּ כְּחֹם הַיּוֹם אֶל־בֵּית אִישׁ בֹּשֶׁת וְהוּא שֹׁכֵב אֵת מִשְׁכַּב הַצׇּהֳרָיִם׃

6 So they went inside the house, as though fetching wheat, and struck him in the belly. Rechab and his brother Baanah slipped by,

ו וְהֵנָּה בָּאוּ עַד־תּוֹךְ הַבַּיִת לֹקְחֵי חִטִּים וַיַּכֻּהוּ אֶל־הַחֹמֶשׁ וְרֵכָב וּבַעֲנָה אָחִיו נִמְלָטוּ׃

7 and entered the house while he was asleep on his bed in his bed chamber; and they stabbed him to death. They cut off his head and took his head and made their way all night through the Arabah.

ז וַיָּבֹאוּ הַבַּיִת וְהוּא־שֹׁכֵב עַל־מִטָּתוֹ
בַּחֲדַר מִשְׁכָּבוֹ וַיַּכֻּהוּ וַיְמִתֻהוּ וַיָּסִירוּ
אֶת־רֹאשׁוֹ וַיִּקְחוּ אֶת־רֹאשׁוֹ וַיֵּלְכוּ דֶּרֶךְ
הָעֲרָבָה כָּל־הַלָּיְלָה:

8 They brought the head of *Ish-boshet* to *David* in *Chevron*. "Here," they said to the king, "is the head of your enemy, *Ish-boshet* son of *Shaul*, who sought your life. This day *Hashem* has avenged my lord the king upon *Shaul* and his offspring."

ח וַיָּבִאוּ אֶת־רֹאשׁ אִישׁ־בֹּשֶׁת אֶל־דָּוִד
חֶבְרוֹן וַיֹּאמְרוּ אֶל־הַמֶּלֶךְ הִנֵּה־רֹאשׁ
אִישׁ־בֹּשֶׁת בֶּן־שָׁאוּל אֹיִבְךָ אֲשֶׁר בִּקֵּשׁ
אֶת־נַפְשֶׁךָ וַיִּתֵּן יְהֹוָה לַאדֹנִי הַמֶּלֶךְ
נְקָמוֹת הַיּוֹם הַזֶּה מִשָּׁאוּל וּמִזַּרְעוֹ:

9 But *David* answered Rechab and his brother Baanah, the sons of Rimmon the Beerothite, and said to them, "As *Hashem* lives, who has rescued me from every trouble:

ט וַיַּעַן דָּוִד אֶת־רֵכָב וְאֶת־בַּעֲנָה אָחִיו בְּנֵי
רִמּוֹן הַבְּאֶרֹתִי וַיֹּאמֶר לָהֶם חַי־יְהֹוָה
אֲשֶׁר־פָּדָה אֶת־נַפְשִׁי מִכָּל־צָרָה:

10 The man who told me in *Tziklag* that *Shaul* was dead thought he was bringing good news. But instead of rewarding him for the news, I seized and killed him.

י כִּי הַמַּגִּיד לִי לֵאמֹר הִנֵּה־מֵת שָׁאוּל
וְהוּא־הָיָה כִמְבַשֵּׂר בְּעֵינָיו וָאֹחֲזָה
בוֹ וָאֶהְרְגֵהוּ בְּצִקְלָג אֲשֶׁר לְתִתִּי־לוֹ
בְּשֹׂרָה:

11 How much more, then, when wicked men have killed a blameless man in bed in his own house! I will certainly avenge his blood on you, and I will rid the earth of you."

יא אַף כִּי־אֲנָשִׁים רְשָׁעִים הָרְגוּ אֶת־
אִישׁ־צַדִּיק בְּבֵיתוֹ עַל־מִשְׁכָּבוֹ וְעַתָּה
הֲלוֹא אֲבַקֵּשׁ אֶת־דָּמוֹ מִיֶּדְכֶם וּבִעַרְתִּי
אֶתְכֶם מִן־הָאָרֶץ:

AF kee a-na-SHEEM r'-sha-EEM ha-r'-GU et eesh tza-DEEK b'-vay-TO al mish-ka-VO v'-a-TAH ha-LO a-va-KAYSH et da-MO mi-yed-KHEM u-vi-ar-TEE et-KHEM min ha-A-retz

12 *David* gave orders to the young men, who killed them; they cut off their hands and feet and hung them up by the pool in *Chevron*. And they took the head of *Ish-boshet* and buried it in the grave of *Avner* at *Chevron*.

יב וַיְצַו דָּוִד אֶת־הַנְּעָרִים וַיַּהַרְגוּם וַיְקַצְּצוּ
אֶת־יְדֵיהֶם וְאֶת־רַגְלֵיהֶם וַיִּתְלוּ עַל־
הַבְּרֵכָה בְּחֶבְרוֹן וְאֵת רֹאשׁ אִישׁ־בֹּשֶׁת
לָקָחוּ וַיִּקְבְּרוּ בְקֶבֶר־אַבְנֵר בְּחֶבְרוֹן:

5

1 All the tribes of *Yisrael* came to *David* at *Chevron* and said, "We are your own flesh and blood.

ה

א וַיָּבֹאוּ כָּל־שִׁבְטֵי יִשְׂרָאֵל אֶל־דָּוִד
חֶבְרוֹנָה וַיֹּאמְרוּ לֵאמֹר הִנְנוּ עַצְמְךָ
וּבְשָׂרְךָ אֲנָחְנוּ:

4:11 I will certainly avenge his blood on you King *David* helps establish an important principle of military ethics: One may not wantonly kill, even to advance a just cause. While one must kill in self-defense, the murder of innocents is a crime. This truth is taken to heart by the Israel Defense Forces, whose soldiers often risk their lives to avoid unintentionally killing civilians. Often, dangerous house-to-house combat is chosen over safer aerial bombings, in order to minimize the number of civilian casualties. The enemies of Israel are aware of this, and have been known to take advantage of the kindness and morality of the IDF by positioning their weapons and fighters near schools, homes and hospitals. But this has not deterred the Israeli army from being the world's most moral military forces.

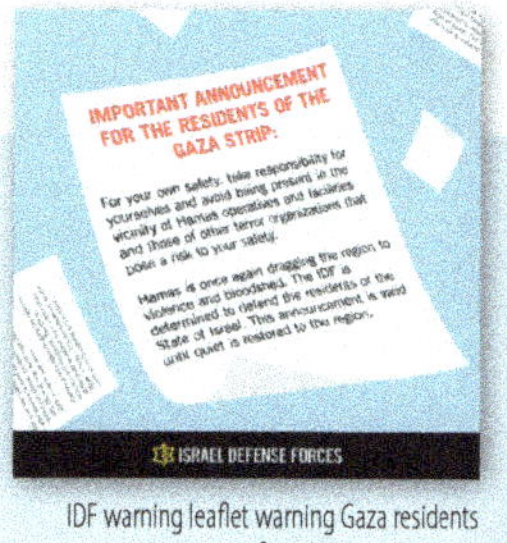

IDF warning leaflet warning Gaza residents to stay away from Hamas operatives

ב גַּם־אֶתְמוֹל גַּם־שִׁלְשׁוֹם בִּהְיוֹת שָׁאוּל מֶלֶךְ עָלֵינוּ אַתָּה הייתה [הָיִיתָ] מוציא [הַמּוֹצִיא] והמבי [וְהַמֵּבִיא] אֶת־יִשְׂרָאֵל וַיֹּאמֶר יְהֹוָה לְךָ אַתָּה תִרְעֶה אֶת־עַמִּי אֶת־יִשְׂרָאֵל וְאַתָּה תִּהְיֶה לְנָגִיד עַל־יִשְׂרָאֵל׃

2 Long before now, when *Shaul* was king over us, it was you who led *Yisrael* in war; and *Hashem* said to you: You shall shepherd My people *Yisrael*; you shall be ruler of *Yisrael*."

ג וַיָּבֹאוּ כָּל־זִקְנֵי יִשְׂרָאֵל אֶל־הַמֶּלֶךְ חֶבְרוֹנָה וַיִּכְרֹת לָהֶם הַמֶּלֶךְ דָּוִד בְּרִית בְּחֶבְרוֹן לִפְנֵי יְהֹוָה וַיִּמְשְׁחוּ אֶת־דָּוִד לְמֶלֶךְ עַל־יִשְׂרָאֵל׃

3 All the elders of *Yisrael* came to the king at *Chevron*, and King *David* made a pact with them in *Chevron* before *Hashem*. And they anointed *David* king over *Yisrael*.

ד בֶּן־שְׁלֹשִׁים שָׁנָה דָּוִד בְּמָלְכוֹ אַרְבָּעִים שָׁנָה מָלָךְ׃

4 *David* was thirty years old when he became king, and he reigned forty years.

ה בְּחֶבְרוֹן מָלַךְ עַל־יְהוּדָה שֶׁבַע שָׁנִים וְשִׁשָּׁה חֳדָשִׁים וּבִירוּשָׁלַםִ מָלַךְ שְׁלֹשִׁים וְשָׁלֹשׁ שָׁנָה עַל כָּל־יִשְׂרָאֵל וִיהוּדָה׃

5 In *Chevron* he reigned over *Yehuda* seven years and six months, and in *Yerushalayim* he reigned over all *Yisrael* and *Yehuda* thirty-three years.

ו וַיֵּלֶךְ הַמֶּלֶךְ וַאֲנָשָׁיו יְרוּשָׁלַםִ אֶל־הַיְבֻסִי יוֹשֵׁב הָאָרֶץ וַיֹּאמֶר לְדָוִד לֵאמֹר לֹא־תָבוֹא הֵנָּה כִּי אִם־הֱסִירְךָ הַעִוְרִים וְהַפִּסְחִים לֵאמֹר לֹא־יָבוֹא דָוִד הֵנָּה׃

6 The king and his men set out for *Yerushalayim* against the Jebusites who inhabited the region. *David* was told, "You will never get in here! Even the blind and the lame will turn you back." (They meant: *David* will never enter here.)

ז וַיִּלְכֹּד דָּוִד אֵת מְצֻדַת צִיּוֹן הִיא עִיר דָּוִד׃

7 But *David* captured the stronghold of *Tzion*; it is now the City of *David*.

va-yil-KOD da-VID AYT m'-tzu-DAT tzi-YON HEE EER da-VID

ח וַיֹּאמֶר דָּוִד בַּיּוֹם הַהוּא כָּל־מַכֵּה יְבֻסִי וְיִגַּע בַּצִּנּוֹר וְאֶת־הַפִּסְחִים וְאֶת־הַעִוְרִים שנאו [שְׂנֻאֵי] נֶפֶשׁ דָּוִד עַל־כֵּן יֹאמְרוּ עִוֵּר וּפִסֵּחַ לֹא יָבוֹא אֶל־הַבָּיִת׃

8 On that occasion *David* said, "Those who attack the Jebusites shall reach the water channel and [strike down] the lame and the blind, who are hateful to *David*." That is why they say: "No one who is blind or lame may enter the House."

ט וַיֵּשֶׁב דָּוִד בַּמְּצֻדָה וַיִּקְרָא־לָהּ עִיר דָּוִד וַיִּבֶן דָּוִד סָבִיב מִן־הַמִּלּוֹא וָבָיְתָה׃

9 *David* occupied the stronghold and renamed it the City of *David*; *David* also fortified the surrounding area, from the Millo inward.

5:7 *David* captured the stronghold of *Tzion* Once the entire Nation of Israel unites behind King *David*, he is able to conquer the holy city of *Yerushalayim* from the pagan Jebusites, and to rule there for thirty-three years. His palace is located in the City of David, just outside the present walls of the Old City of *Yerushalayim*. After fifteen years of archaeological excavations at this site, a Canaanite fortress dating back to the eighteenth century BCE was uncovered. This impressive structure is the largest fortress to have been discovered in Israel from before the time of King Herod. It protects the *Gichon* spring where *Shlomo* is anointed king (I Kings 1:38), making it possible to access the spring only from within the city of *Yerushalayim*. As this verse describes, when King *David* enters the city he conquers the "stronghold of *Tzion*" from the Jebusites, quite possibly referring to this very fortress discovered thousands of years later. Visitors to modern day *Yerushalayim* can visit this site and be inspired by seeing first hand evidence of the truth of the Bible.

Archeological excavations in the City of David

10 *David* kept growing stronger, for *Hashem*, the God of Hosts, was with him.	י וַיֵּלֶךְ דָּוִד הָלוֹךְ וְגָדוֹל וַיהוָה אֱלֹהֵי צְבָאוֹת עִמּוֹ׃
11 King Hiram of Tyre sent envoys to *David* with cedar logs, carpenters, and stonemasons; and they built a palace for *David*.	יא וַיִּשְׁלַח חִירָם מֶלֶךְ־צֹר מַלְאָכִים אֶל־דָּוִד וַעֲצֵי אֲרָזִים וְחָרָשֵׁי עֵץ וְחָרָשֵׁי אֶבֶן קִיר וַיִּבְנוּ־בַיִת לְדָוִד׃
12 Thus *David* knew that *Hashem* had established him as king over *Yisrael* and had exalted his kingship for the sake of His people *Yisrael*.	יב וַיֵּדַע דָּוִד כִּי־הֱכִינוֹ יְהוָה לְמֶלֶךְ עַל־יִשְׂרָאֵל וְכִי נִשֵּׂא מַמְלַכְתּוֹ בַּעֲבוּר עַמּוֹ יִשְׂרָאֵל׃
13 After he left *Chevron*, *David* took more concubines and wives in *Yerushalayim*, and more sons and daughters were born to *David*.	יג וַיִּקַּח דָּוִד עוֹד פִּלַגְשִׁים וְנָשִׁים מִירוּשָׁלִַם אַחֲרֵי בֹּאוֹ מֵחֶבְרוֹן וַיִּוָּלְדוּ עוֹד לְדָוִד בָּנִים וּבָנוֹת׃
14 These are the names of the children born to him in *Yerushalayim*: Shammua, Shobab, *Natan*, and *Shlomo*;	יד וְאֵלֶּה שְׁמוֹת הַיִּלֹּדִים לוֹ בִּירוּשָׁלָיִם שַׁמּוּעַ וְשׁוֹבָב וְנָתָן וּשְׁלֹמֹה׃
15 Ibhar, Elishua, Nepheg, and Japhia;	טו וְיִבְחָר וֶאֱלִישׁוּעַ וְנֶפֶג וְיָפִיעַ׃
16 Elishama, Eliada, and Eliphelet.	טז וֶאֱלִישָׁמָע וְאֶלְיָדָע וֶאֱלִיפָלֶט׃
17 When the Philistines heard that *David* had been anointed king over *Yisrael*, the Philistines marched up in search of *David*; but *David* heard of it, and he went down to the fastness.	יז וַיִּשְׁמְעוּ פְלִשְׁתִּים כִּי־מָשְׁחוּ אֶת־דָּוִד לְמֶלֶךְ עַל־יִשְׂרָאֵל וַיַּעֲלוּ כָל־פְּלִשְׁתִּים לְבַקֵּשׁ אֶת־דָּוִד וַיִּשְׁמַע דָּוִד וַיֵּרֶד אֶל־הַמְּצוּדָה׃
18 The Philistines came and spread out over the Valley of Rephaim.	יח וּפְלִשְׁתִּים בָּאוּ וַיִּנָּטְשׁוּ בְּעֵמֶק רְפָאִים׃
19 *David* inquired of *Hashem*, "Shall I go up against the Philistines? Will You deliver them into my hands?" And *Hashem* answered *David*, "Go up, and I will deliver the Philistines into your hands."	יט וַיִּשְׁאַל דָּוִד בַּיהוָה לֵאמֹר הַאֶעֱלֶה אֶל־פְּלִשְׁתִּים הֲתִתְּנֵם בְּיָדִי וַיֹּאמֶר יְהוָה אֶל־דָּוִד עֲלֵה כִּי־נָתֹן אֶתֵּן אֶת־הַפְּלִשְׁתִּים בְּיָדֶךָ׃
20 Thereupon *David* marched to Baal-perazim, and *David* defeated them there. And he said, "*Hashem* has broken through my enemies before me as waters break through [a dam]." That is why that place was named Baal-perazim.	כ וַיָּבֹא דָוִד בְּבַעַל־פְּרָצִים וַיַּכֵּם שָׁם דָּוִד וַיֹּאמֶר פָּרַץ יְהוָה אֶת־אֹיְבַי לְפָנַי כְּפֶרֶץ מָיִם עַל־כֵּן קָרָא שֵׁם־הַמָּקוֹם הַהוּא בַּעַל פְּרָצִים׃
21 The Philistines abandoned their idols there, and *David* and his men carried them off.	כא וַיַּעַזְבוּ־שָׁם אֶת־עֲצַבֵּיהֶם וַיִּשָּׂאֵם דָּוִד וַאֲנָשָׁיו׃
22 Once again the Philistines marched up and spread out over the Valley of Rephaim.	כב וַיֹּסִפוּ עוֹד פְּלִשְׁתִּים לַעֲלוֹת וַיִּנָּטְשׁוּ בְּעֵמֶק רְפָאִים׃
23 *David* inquired of *Hashem*, and He answered, "Do not go up, but circle around behind them and confront them at the baca trees.	כג וַיִּשְׁאַל דָּוִד בַּיהוָה וַיֹּאמֶר לֹא תַעֲלֶה הָסֵב אֶל־אַחֲרֵיהֶם וּבָאתָ לָהֶם מִמּוּל בְּכָאִים׃
24 And when you hear the sound of marching in the tops of the baca trees, then go into action, for *Hashem* will be going in front of you to attack the Philistine forces."	כד וִיהִי בשמעך [כְּשָׁמְעֲךָ] אֶת־קוֹל צְעָדָה בְּרָאשֵׁי הַבְּכָאִים אָז תֶּחֱרָץ כִּי אָז יָצָא יְהוָה לְפָנֶיךָ לְהַכּוֹת בְּמַחֲנֵה פְלִשְׁתִּים׃

25 *David* did as *Hashem* had commanded him; and he routed the Philistines from Geba all the way to Gezer.

כה וַיַּעַשׂ דָּוִד כֵּן כַּאֲשֶׁר צִוָּהוּ יְהֹוָה וַיַּךְ אֶת־פְּלִשְׁתִּים מִגֶּבַע עַד־בֹּאֲךָ גָזֶר׃

6

1 *David* again assembled all the picked men of *Yisrael*, thirty thousand strong.

ו א וַיֹּסֶף עוֹד דָּוִד אֶת־כָּל־בָּחוּר בְּיִשְׂרָאֵל שְׁלֹשִׁים אָלֶף׃

2 Then *David* and all the troops that were with him set out from Baalim of *Yehuda* to bring up from there the *Aron* of *Hashem* to which the Name was attached, the name LORD of Hosts Enthroned on the *Keruvim*.

ב וַיָּקָם וַיֵּלֶךְ דָּוִד וְכָל־הָעָם אֲשֶׁר אִתּוֹ מִבַּעֲלֵי יְהוּדָה לְהַעֲלוֹת מִשָּׁם אֵת אֲרוֹן הָאֱלֹהִים אֲשֶׁר־נִקְרָא שֵׁם שֵׁם יְהֹוָה צְבָאוֹת יֹשֵׁב הַכְּרֻבִים עָלָיו׃

3 They loaded the *Aron* of *Hashem* onto a new cart and conveyed it from the house of *Avinadav*, which was on the hill; and *Avinadav*'s sons, Uzza and Ahio, guided the new cart.

ג וַיַּרְכִּבוּ אֶת־אֲרוֹן הָאֱלֹהִים אֶל־עֲגָלָה חֲדָשָׁה וַיִּשָּׂאֻהוּ מִבֵּית אֲבִינָדָב אֲשֶׁר בַּגִּבְעָה וְעֻזָּא וְאַחְיוֹ בְּנֵי אֲבִינָדָב נֹהֲגִים אֶת־הָעֲגָלָה חֲדָשָׁה׃

4 They conveyed it from *Avinadav*'s house on the hill, [Uzzah walking] alongside the *Aron* of *Hashem* and Ahio walking in front of the *Aron*.

ד וַיִּשָּׂאֻהוּ מִבֵּית אֲבִינָדָב אֲשֶׁר בַּגִּבְעָה עִם אֲרוֹן הָאֱלֹהִים וְאַחְיוֹ הֹלֵךְ לִפְנֵי הָאָרוֹן׃

5 Meanwhile, *David* and all the House of *Yisrael* danced before *Hashem* to [the sound of] all kinds of cypress wood [instruments], with lyres, harps, timbrels, sistrums, and cymbals.

ה וְדָוִד וְכָל־בֵּית יִשְׂרָאֵל מְשַׂחֲקִים לִפְנֵי יְהֹוָה בְּכֹל עֲצֵי בְרוֹשִׁים וּבְכִנֹּרוֹת וּבִנְבָלִים וּבְתֻפִּים וּבִמְנַעַנְעִים וּבְצֶלְצֶלִים׃

6 But when they came to the threshing floor of Nacon, Uzzah reached out for the *Aron* of *Hashem* and grasped it, for the oxen had stumbled.

ו וַיָּבֹאוּ עַד־גֹּרֶן נָכוֹן וַיִּשְׁלַח עֻזָּא אֶל־אֲרוֹן הָאֱלֹהִים וַיֹּאחֶז בּוֹ כִּי שָׁמְטוּ הַבָּקָר׃

7 *Hashem* was incensed at Uzzah. And *Hashem* struck him down on the spot for his indiscretion, and he died there beside the *Aron* of *Hashem*.

ז וַיִּחַר־אַף יְהֹוָה בְּעֻזָּה וַיַּכֵּהוּ שָׁם הָאֱלֹהִים עַל־הַשַּׁל וַיָּמָת שָׁם עִם אֲרוֹן הָאֱלֹהִים׃

8 *David* was distressed because *Hashem* had inflicted a breach upon Uzzah; and that place was named Peretz-uzzah, as it is still called.

ח וַיִּחַר לְדָוִד עַל אֲשֶׁר פָּרַץ יְהֹוָה פֶּרֶץ בְּעֻזָּה וַיִּקְרָא לַמָּקוֹם הַהוּא פֶּרֶץ עֻזָּה עַד הַיּוֹם הַזֶּה׃

9 *David* was afraid of *Hashem* that day; he said, "How can I let the *Aron* of *Hashem* come to me?"

ט וַיִּרָא דָוִד אֶת־יְהֹוָה בַּיּוֹם הַהוּא וַיֹּאמֶר אֵיךְ יָבוֹא אֵלַי אֲרוֹן יְהֹוָה׃

10 So *David* would not bring the *Aron* of *Hashem* to his place in the City of *David*; instead, *David* diverted it to the house of *Oved Edom* the Gittite.

י וְלֹא־אָבָה דָוִד לְהָסִיר אֵלָיו אֶת־אֲרוֹן יְהֹוָה עַל־עִיר דָּוִד וַיַּטֵּהוּ דָוִד בֵּית עֹבֵד־אֱדוֹם הַגִּתִּי׃

11 The *Aron* of *Hashem* remained in the house of *Oved Edom* the Gittite three months, and *Hashem* blessed *Oved Edom* and his whole household.

יא וַיֵּשֶׁב אֲרוֹן יְהֹוָה בֵּית עֹבֵד אֱדֹם הַגִּתִּי שְׁלֹשָׁה חֳדָשִׁים וַיְבָרֶךְ יְהֹוָה אֶת־עֹבֵד אֱדֹם וְאֶת־כָּל־בֵּיתוֹ׃

¹² It was reported to King *David*: "*Hashem* has blessed *Oved Edom*'s house and all that belongs to him because of the *Aron* of *Hashem*." Thereupon *David* went and brought up the *Aron* of *Hashem* from the house of *Oved Edom* to the City of *David*, amid rejoicing.

יב וַיֻּגַּד לַמֶּלֶךְ דָּוִד לֵאמֹר בֵּרַךְ יְהֹוָה אֶת־בֵּית עֹבֵד אֱדֹם וְאֶת־כָּל־אֲשֶׁר־לוֹ בַּעֲבוּר אֲרוֹן הָאֱלֹהִים וַיֵּלֶךְ דָּוִד וַיַּעַל אֶת־אֲרוֹן הָאֱלֹהִים מִבֵּית עֹבֵד אֱדֹם עִיר דָּוִד בְּשִׂמְחָה:

> va-yu-GAD la-ME-lekh da-VID lay-MOR bay-RAKH a-do-NAI
> et BAYT o-VAYD e-DOM v'-et kol a-sher LO ba-a-VUR a-RON
> ha-e-lo-HEEM va-YAY-lekh da-VID va-YA-al et a-RON ha-e-lo-HEEM
> mi-BAYT o-VAYD e-DOM EER da-VID b'-sim-KHAH

¹³ When the bearers of the *Aron* of *Hashem* had moved forward six paces, he sacrificed an ox and a fatling.

יג וַיְהִי כִּי צָעֲדוּ נֹשְׂאֵי אֲרוֹן־יְהֹוָה שִׁשָּׁה צְעָדִים וַיִּזְבַּח שׁוֹר וּמְרִיא:

¹⁴ *David* whirled with all his might before *Hashem*; *David* was girt with a linen ephod.

יד וְדָוִד מְכַרְכֵּר בְּכָל־עֹז לִפְנֵי יְהֹוָה וְדָוִד חָגוּר אֵפוֹד בָּד:

¹⁵ Thus *David* and all the House of *Yisrael* brought up the *Aron* of *Hashem* with shouts and with blasts of the *shofar*.

טו וְדָוִד וְכָל־בֵּית יִשְׂרָאֵל מַעֲלִים אֶת־אֲרוֹן יְהֹוָה בִּתְרוּעָה וּבְקוֹל שׁוֹפָר:

¹⁶ As the *Aron* of *Hashem* entered the City of *David*, *Michal* daughter of *Shaul* looked out of the window and saw King *David* leaping and whirling before *Hashem*; and she despised him for it.

טז וְהָיָה אֲרוֹן יְהֹוָה בָּא עִיר דָּוִד וּמִיכַל בַּת־שָׁאוּל נִשְׁקְפָה בְּעַד הַחַלּוֹן וַתֵּרֶא אֶת־הַמֶּלֶךְ דָּוִד מְפַזֵּז וּמְכַרְכֵּר לִפְנֵי יְהֹוָה וַתִּבֶז לוֹ בְּלִבָּהּ:

¹⁷ They brought in the *Aron* of *Hashem* and set it up in its place inside the tent which *David* had pitched for it, and *David* sacrificed burnt offerings and offerings of well-being before *Hashem*.

יז וַיָּבִאוּ אֶת־אֲרוֹן יְהֹוָה וַיַּצִּגוּ אֹתוֹ בִּמְקוֹמוֹ בְּתוֹךְ הָאֹהֶל אֲשֶׁר נָטָה־לוֹ דָּוִד וַיַּעַל דָּוִד עֹלוֹת לִפְנֵי יְהֹוָה וּשְׁלָמִים:

¹⁸ When *David* finished sacrificing the burnt offerings and the offerings of well-being, he blessed the people in the name of the Lord of Hosts.

יח וַיְכַל דָּוִד מֵהַעֲלוֹת הָעוֹלָה וְהַשְּׁלָמִים וַיְבָרֶךְ אֶת־הָעָם בְּשֵׁם יְהֹוָה צְבָאוֹת:

¹⁹ And he distributed among all the people – the entire multitude of *Yisrael*, man and woman alike – to each a loaf of bread, a cake made in a pan, and a raisin cake. Then all the people left for their homes.

יט וַיְחַלֵּק לְכָל־הָעָם לְכָל־הֲמוֹן יִשְׂרָאֵל לְמֵאִישׁ וְעַד־אִשָּׁה לְאִישׁ חַלַּת לֶחֶם אַחַת וְאֶשְׁפָּר אֶחָד וַאֲשִׁישָׁה אֶחָת וַיֵּלֶךְ כָּל־הָעָם אִישׁ לְבֵיתוֹ:

The Western Wall in *Yerushalayim*

6:12 Thereupon *David* went and brought up the *Aron* of *Hashem* King *David* is ready to bring the Holy Ark to the City of *David*, also known as *Tzion* and *Yerushalayim*. He does this with great joy, participating personally in the festive dancing. Bringing the Holy Ark to *Yerushalayim* transforms the city, making it the spiritual, in addition to the political, capital of the nation. Once the *Beit Hamikdash* is built, the people will bring their sacrifices to *Yerushalayim* and be inspired by the Divine Presence that rests there. *Yerushalayim* then becomes the eternal focal point of the Jewish people, and all who seek closeness with the Almighty.

20 *David* went home to greet his household. And *Michal* daughter of *Shaul* came out to meet *David* and said, "Didn't the king of *Yisrael* do himself honor today – exposing himself today in the sight of the slavegirls of his subjects, as one of the riffraff might expose himself!"

כ וַיָּשׇׁב דָּוִד לְבָרֵךְ אֶת־בֵּיתוֹ וַתֵּצֵא מִיכַל בַּת־שָׁאוּל לִקְרַאת דָּוִד וַתֹּאמֶר מַה־נִּכְבַּד הַיּוֹם מֶלֶךְ יִשְׂרָאֵל אֲשֶׁר נִגְלָה הַיּוֹם לְעֵינֵי אַמְהוֹת עֲבָדָיו כְּהִגָּלוֹת נִגְלוֹת אַחַד הָרֵקִים׃

21 *David* answered *Michal*, "It was before *Hashem* who chose me instead of your father and all his family and appointed me ruler over *Hashem*'s people *Yisrael*! I will dance before *Hashem*

כא וַיֹּאמֶר דָּוִד אֶל־מִיכַל לִפְנֵי יְהֹוָה אֲשֶׁר בָּחַר־בִּי מֵאָבִיךְ וּמִכׇּל־בֵּיתוֹ לְצַוֺּת אֹתִי נָגִיד עַל־עַם יְהֹוָה עַל־יִשְׂרָאֵל וְשִׂחַקְתִּי לִפְנֵי יְהֹוָה׃

22 and dishonor myself even more, and be low in my own esteem; but among the slavegirls that you speak of I will be honored."

כב וּנְקַלֹּתִי עוֹד מִזֹּאת וְהָיִיתִי שָׁפָל בְּעֵינָי וְעִם־הָאֲמָהוֹת אֲשֶׁר אָמַרְתְּ עִמָּם אִכָּבֵדָה׃

23 So to her dying day *Michal* daughter of *Shaul* had no children.

כג וּלְמִיכַל בַּת־שָׁאוּל לֹא־הָיָה לָהּ יָלֶד עַד יוֹם מוֹתָהּ׃

7 1 When the king was settled in his palace and *Hashem* had granted him safety from all the enemies around him,

ז א וַיְהִי כִּי־יָשַׁב הַמֶּלֶךְ בְּבֵיתוֹ וַיהֹוָה הֵנִיחַ־לוֹ מִסָּבִיב מִכׇּל־אֹיְבָיו׃

2 the king said to the *Navi Natan*: "Here I am dwelling in a house of cedar, while the *Aron* of *Hashem* abides in a tent!"

ב וַיֹּאמֶר הַמֶּלֶךְ אֶל־נָתָן הַנָּבִיא רְאֵה נָא אָנֹכִי יוֹשֵׁב בְּבֵית אֲרָזִים וַאֲרוֹן הָאֱלֹהִים יֹשֵׁב בְּתוֹךְ הַיְרִיעָה׃

3 *Natan* said to the king, "Go and do whatever you have in mind, for *Hashem* is with you."

ג וַיֹּאמֶר נָתָן אֶל־הַמֶּלֶךְ כֹּל אֲשֶׁר בִּלְבָבְךָ לֵךְ עֲשֵׂה כִּי יְהֹוָה עִמָּךְ׃

4 But that same night the word of *Hashem* came to *Natan*:

ד וַיְהִי בַּלַּיְלָה הַהוּא וַיְהִי דְּבַר־יְהֹוָה אֶל־נָתָן לֵאמֹר׃

5 "Go and say to My servant *David*: Thus said *Hashem*: Are you the one to build a house for Me to dwell in?

ה לֵךְ וְאָמַרְתָּ אֶל־עַבְדִּי אֶל־דָּוִד כֹּה אָמַר יְהֹוָה הַאַתָּה תִּבְנֶה־לִּי בַיִת לְשִׁבְתִּי׃

6 From the day that I brought the people of *Yisrael* out of Egypt to this day I have not dwelt in a house, but have moved about in Tent and *Mishkan*.

ו כִּי לֹא יָשַׁבְתִּי בְּבַיִת לְמִיּוֹם הַעֲלֹתִי אֶת־בְּנֵי יִשְׂרָאֵל מִמִּצְרַיִם וְעַד הַיּוֹם הַזֶּה וָאֶהְיֶה מִתְהַלֵּךְ בְּאֹהֶל וּבְמִשְׁכָּן׃

7 As I moved about wherever the Israelites went, did I ever reproach any of the tribal leaders whom I appointed to care for My people *Yisrael*: Why have you not built Me a house of cedar?

ז בְּכֹל אֲשֶׁר־הִתְהַלַּכְתִּי בְּכׇל־בְּנֵי יִשְׂרָאֵל הֲדָבָר דִּבַּרְתִּי אֶת־אַחַד שִׁבְטֵי יִשְׂרָאֵל אֲשֶׁר צִוִּיתִי לִרְעוֹת אֶת־עַמִּי אֶת־יִשְׂרָאֵל לֵאמֹר לָמָּה לֹא־בְנִיתֶם לִי בֵּית אֲרָזִים׃

8 "Further, say thus to My servant *David*: Thus said the LORD of Hosts: I took you from the pasture, from following the flock, to be ruler of My people *Yisrael*,

ח וְעַתָּה כֹּה־תֹאמַר לְעַבְדִּי לְדָוִד כֹּה אָמַר יְהֹוָה צְבָאוֹת אֲנִי לְקַחְתִּיךָ מִן־הַנָּוֶה מֵאַחַר הַצֹּאן לִהְיוֹת נָגִיד עַל־עַמִּי עַל־יִשְׂרָאֵל׃

9 and I have been with you wherever you went, and have cut down all your enemies before you. Moreover, I will give you great renown like that of the greatest men on earth.

ט וָאֶהְיֶה עִמְּךָ בְּכֹל אֲשֶׁר הָלַכְתָּ וָאַכְרִתָה אֶת־כׇּל־אֹיְבֶיךָ מִפָּנֶיךָ וְעָשִׂתִי לְךָ שֵׁם גָּדוֹל כְּשֵׁם הַגְּדֹלִים אֲשֶׁר בָּאָרֶץ׃

10 I will establish a home for My people *Yisrael* and will plant them firm, so that they shall dwell secure and shall tremble no more. Evil men shall not oppress them any more as in the past,

י וְשַׂמְתִּי מָקוֹם לְעַמִּי לְיִשְׂרָאֵל וּנְטַעְתִּיו וְשָׁכַן תַּחְתָּיו וְלֹא יִרְגַּז עוֹד וְלֹא־יֹסִיפוּ בְנֵי־עַוְלָה לְעַנּוֹתוֹ כַּאֲשֶׁר בָּרִאשׁוֹנָה׃

11 ever since I appointed chieftains over My people *Yisrael*. I will give you safety from all your enemies. "*Hashem* declares to you that He, *Hashem*, will establish a house for you.

יא וּלְמִן־הַיּוֹם אֲשֶׁר צִוִּיתִי שֹׁפְטִים עַל־עַמִּי יִשְׂרָאֵל וַהֲנִיחֹתִי לְךָ מִכׇּל־אֹיְבֶיךָ וְהִגִּיד לְךָ יְהֹוָה כִּי־בַיִת יַעֲשֶׂה־לְּךָ יְהֹוָה׃

12 When your days are done and you lie with your fathers, I will raise up your offspring after you, one of your own issue, and I will establish his kingship.

יב כִּי יִמְלְאוּ יָמֶיךָ וְשָׁכַבְתָּ אֶת־אֲבֹתֶיךָ וַהֲקִימֹתִי אֶת־זַרְעֲךָ אַחֲרֶיךָ אֲשֶׁר יֵצֵא מִמֵּעֶיךָ וַהֲכִינֹתִי אֶת־מַמְלַכְתּוֹ׃

13 He shall build a house for My name, and I will establish his royal throne forever.

יג הוּא יִבְנֶה־בַּיִת לִשְׁמִי וְכֹנַנְתִּי אֶת־כִּסֵּא מַמְלַכְתּוֹ עַד־עוֹלָם׃

HU yiv-neh BA-yit lish-MEE v'-kho-nan-TEE et ki-SAY mam-lakh-TO ad o-LAM

14 I will be a father to him, and he shall be a son to Me. When he does wrong, I will chastise him with the rod of men and the affliction of mortals;

יד אֲנִי אֶהְיֶה־לּוֹ לְאָב וְהוּא יִהְיֶה־לִּי לְבֵן אֲשֶׁר בְּהַעֲוֺתוֹ וְהֹכַחְתִּיו בְּשֵׁבֶט אֲנָשִׁים וּבְנִגְעֵי בְּנֵי אָדָם׃

15 but I will never withdraw My favor from him as I withdrew it from *Shaul*, whom I removed to make room for you.

טו וְחַסְדִּי לֹא־יָסוּר מִמֶּנּוּ כַּאֲשֶׁר הֲסִרֹתִי מֵעִם שָׁאוּל אֲשֶׁר הֲסִרֹתִי מִלְּפָנֶיךָ׃

16 Your house and your kingship shall ever be secure before you; your throne shall be established forever."

טז וְנֶאְמַן בֵּיתְךָ וּמַמְלַכְתְּךָ עַד־עוֹלָם לְפָנֶיךָ כִּסְאֲךָ יִהְיֶה נָכוֹן עַד־עוֹלָם׃

17 *Natan* spoke to *David* in accordance with all these words and all this prophecy.

יז כְּכֹל הַדְּבָרִים הָאֵלֶּה וּכְכֹל הַחִזָּיוֹן הַזֶּה כֵּן דִּבֶּר נָתָן אֶל־דָּוִד׃

18 Then King *David* came and sat before *Hashem*, and he said, "What am I, O *Hashem*, and what is my family, that You have brought me thus far?

יח וַיָּבֹא הַמֶּלֶךְ דָּוִד וַיֵּשֶׁב לִפְנֵי יְהֹוָה וַיֹּאמֶר מִי אָנֹכִי אֲדֹנָי יְהֹוִה וּמִי בֵיתִי כִּי הֲבִיאֹתַנִי עַד־הֲלֹם׃

Model of the second *Beit Hamikdash* in *Yerushalayim*

7:13 He shall build a house for My name King *David* wants to build the *Beit Hamikdash* for *Hashem*. However, *Hashem* tells him that his son, not he, will build it. As the king who helps conquer the Land of Israel, fights Amalek and solidifies the monarchy, King *David* plays an important part in the process of establishing the Israelites in their land. He is even able to make preparations for the building of the *Beit Hamikdash*. However, as a warrior, he cannot be the one to build the Holy Temple, which is intended to promote peace and harmony among Israel and all the nations of the world. Additionally, as the service in the *Beit Hamikdash* brings people closer to God and helps atone for their sins and prolongs life, it cannot be built by a warrior, who shortens the lives of others. Therefore, *David*'s role ends after defeating Amalek, and his son *Shlomo*, a man of peace, becomes God's choice to build of the world's holiest site, the *Beit Hamikdash* in *Yerushalayim*.

19 Yet even this, O *Hashem*, has seemed too little to You; for You have spoken of Your servant's house also for the future. May that be the law for the people, O *Hashem*.

יט וַתִּקְטַן עוֹד זֹאת בְּעֵינֶיךָ אֲדֹנָי יֱהֹוִה וַתְּדַבֵּר גַּם אֶל־בֵּית־עַבְדְּךָ לְמֵרָחוֹק וְזֹאת תּוֹרַת הָאָדָם אֲדֹנָי יֱהֹוִה:

20 What more can *David* say to You? You know Your servant, O *Hashem*.

כ וּמַה־יּוֹסִיף דָּוִד עוֹד לְדַבֵּר אֵלֶיךָ וְאַתָּה יָדַעְתָּ אֶת־עַבְדְּךָ אֲדֹנָי יֱהֹוִה:

21 For Your word's sake and of Your own accord You have wrought this great thing, and made it known to Your servant.

כא בַּעֲבוּר דְּבָרְךָ וּכְלִבְּךָ עָשִׂיתָ אֵת כָּל־הַגְּדוּלָּה הַזֹּאת לְהוֹדִיעַ אֶת־עַבְדֶּךָ:

22 You are great indeed, O *Hashem*! There is none like You and there is no other God but You, as we have always heard.

כב עַל־כֵּן גָּדַלְתָּ אֲדֹנָי יֱהֹוִה כִּי־אֵין כָּמוֹךָ וְאֵין אֱלֹהִים זוּלָתֶךָ בְּכֹל אֲשֶׁר־שָׁמַעְנוּ בְּאָזְנֵינוּ:

23 And who is like Your people *Yisrael*, a unique nation on earth, whom *Hashem* went and redeemed as His people, winning renown for Himself and doing great and marvelous deeds for them [and] for Your land – [driving out] nations and their gods before Your people, whom You redeemed for Yourself from Egypt.

כג וּמִי כְעַמְּךָ כְּיִשְׂרָאֵל גּוֹי אֶחָד בָּאָרֶץ אֲשֶׁר הָלְכוּ־אֱלֹהִים לִפְדּוֹת־לוֹ לְעָם וְלָשׂוּם לוֹ שֵׁם וְלַעֲשׂוֹת לָכֶם הַגְּדוּלָּה וְנֹרָאוֹת לְאַרְצֶךָ מִפְּנֵי עַמְּךָ אֲשֶׁר פָּדִיתָ לְּךָ מִמִּצְרַיִם גּוֹיִם וֵאלֹהָיו:

24 You have established Your people *Yisrael* as Your very own people forever; and You, *Hashem*, have become their God.

כד וַתְּכוֹנֵן לְךָ אֶת־עַמְּךָ יִשְׂרָאֵל לְךָ לְעָם עַד־עוֹלָם וְאַתָּה יְהֹוָה הָיִיתָ לָהֶם לֵאלֹהִים:

25 "And now, O *Hashem*, fulfill Your promise to Your servant and his house forever; and do as You have promised.

כה וְעַתָּה יְהֹוָה אֱלֹהִים הַדָּבָר אֲשֶׁר דִּבַּרְתָּ עַל־עַבְדְּךָ וְעַל־בֵּיתוֹ הָקֵם עַד־עוֹלָם וַעֲשֵׂה כַּאֲשֶׁר דִּבַּרְתָּ:

26 And may Your name be glorified forever, in that men will say, 'the LORD of Hosts is God over *Yisrael*'; and may the house of Your servant *David* be established before You.

כו וְיִגְדַּל שִׁמְךָ עַד־עוֹלָם לֵאמֹר יְהֹוָה צְבָאוֹת אֱלֹהִים עַל־יִשְׂרָאֵל וּבֵית עַבְדְּךָ דָוִד יִהְיֶה נָכוֹן לְפָנֶיךָ:

27 Because You, LORD of Hosts, the God of *Yisrael*, have revealed to Your servant that You will build a house for him, Your servant has ventured to offer this prayer to You.

כז כִּי־אַתָּה יְהֹוָה צְבָאוֹת אֱלֹהֵי יִשְׂרָאֵל גָּלִיתָה אֶת־אֹזֶן עַבְדְּךָ לֵאמֹר בַּיִת אֶבְנֶה־לָּךְ עַל־כֵּן מָצָא עַבְדְּךָ אֶת־לִבּוֹ לְהִתְפַּלֵּל אֵלֶיךָ אֶת־הַתְּפִלָּה הַזֹּאת:

28 And now, O *Hashem*, You are *Hashem* and Your words will surely come true, and You have made this gracious promise to Your servant.

כח וְעַתָּה אֲדֹנָי יֱהֹוִה אַתָּה־הוּא הָאֱלֹהִים וּדְבָרֶיךָ יִהְיוּ אֱמֶת וַתְּדַבֵּר אֶל־עַבְדְּךָ אֶת־הַטּוֹבָה הַזֹּאת:

29 Be pleased, therefore, to bless Your servant's house, that it abide before You forever; for You, O *Hashem*, have spoken. May Your servant's house be blessed forever by Your blessing."

כט וְעַתָּה הוֹאֵל וּבָרֵךְ אֶת־בֵּית עַבְדְּךָ לִהְיוֹת לְעוֹלָם לְפָנֶיךָ כִּי־אַתָּה אֲדֹנָי יֱהֹוִה דִּבַּרְתָּ וּמִבִּרְכָתְךָ יְבֹרַךְ בֵּית־עַבְדְּךָ לְעוֹלָם:

8 1 Some time afterward, *David* attacked the Philistines and subdued them; and *David* took Metheg-ammah from the Philistines.

ח א וַיְהִי אַחֲרֵי־כֵן וַיַּךְ דָּוִד אֶת־פְּלִשְׁתִּים וַיַּכְנִיעֵם וַיִּקַּח דָּוִד אֶת־מֶתֶג הָאַמָּה מִיַּד פְּלִשְׁתִּים:

2 He also defeated the Moabites. He made them lie down on the ground and he measured them off with a cord; he measured out two lengths of cord for those who were to be put to death, and one length for those to be spared. And the Moabites became tributary vassals of *David*.

ב וַיַּךְ אֶת־מוֹאָב וַיְמַדְּדֵם בַּחֶבֶל הַשְׁכֵּב אוֹתָם אַרְצָה וַיְמַדֵּד שְׁנֵי־חֲבָלִים לְהָמִית וּמְלֹא הַחֶבֶל לְהַחֲיוֹת וַתְּהִי מוֹאָב לְדָוִד לַעֲבָדִים נֹשְׂאֵי מִנְחָה׃

3 *David* defeated Hadadezer son of Rehob, king of Zobah, who was then on his way to restore his monument at the Euphrates River.

ג וַיַּךְ דָּוִד אֶת־הֲדַדְעֶזֶר בֶּן־רְחֹב מֶלֶךְ צוֹבָה בְּלֶכְתּוֹ לְהָשִׁיב יָדוֹ בִּנְהַר־[פְּרָת׃]

4 *David* captured 1,700 horsemen and 20,000 foot soldiers of his force; and *David* hamstrung all the chariot horses, except for 100 which he retained.

ד וַיִּלְכֹּד דָּוִד מִמֶּנּוּ אֶלֶף וּשְׁבַע־מֵאוֹת פָּרָשִׁים וְעֶשְׂרִים אֶלֶף אִישׁ רַגְלִי וַיְעַקֵּר דָּוִד אֶת־כָּל־הָרֶכֶב וַיּוֹתֵר מִמֶּנּוּ מֵאָה רָכֶב׃

5 And when the Arameans of Damascus came to the aid of King Hadadezer of Zobah, *David* struck down 22,000 of the Arameans.

ה וַתָּבֹא אֲרַם דַּמֶּשֶׂק לַעְזֹר לַהֲדַדְעֶזֶר מֶלֶךְ צוֹבָה וַיַּךְ דָּוִד בַּאֲרָם עֶשְׂרִים־וּשְׁנַיִם אֶלֶף אִישׁ׃

6 *David* stationed garrisons in Aram of Damascus, and the Arameans became tributary vassals of *David*. *Hashem* gave *David* victory wherever he went.

ו וַיָּשֶׂם דָּוִד נְצִבִים בַּאֲרַם דַּמֶּשֶׂק וַתְּהִי אֲרָם לְדָוִד לַעֲבָדִים נוֹשְׂאֵי מִנְחָה וַיֹּשַׁע יְהֹוָה אֶת־דָּוִד בְּכֹל אֲשֶׁר הָלָךְ׃

7 *David* took the gold shields carried by Hadadezer's retinue and brought them to *Yerushalayim*;

ז וַיִּקַּח דָּוִד אֵת שִׁלְטֵי הַזָּהָב אֲשֶׁר הָיוּ אֶל עַבְדֵי הֲדַדְעָזֶר וַיְבִיאֵם יְרוּשָׁלִָם׃

8 and from Betah and Berothai, towns of Hadadezer, King *David* took a vast amount of copper.

ח וּמִבֶּטַח וּמִבֵּרֹתַי עָרֵי הֲדַדְעָזֶר לָקַח הַמֶּלֶךְ דָּוִד נְחֹשֶׁת הַרְבֵּה מְאֹד׃

9 When King Toi of Hamath heard that *David* had defeated the entire army of Hadadezer,

ט וַיִּשְׁמַע תֹּעִי מֶלֶךְ חֲמָת כִּי הִכָּה דָוִד אֵת כָּל־חֵיל הֲדַדְעָזֶר׃

10 Toi sent his son Joram to King *David* to greet him and to congratulate him on his military victory over Hadadezer – for Hadadezer had been at war with Toi. [*Yoram*] brought with him objects of silver, gold, and copper.

י וַיִּשְׁלַח תֹּעִי אֶת־יוֹרָם־בְּנוֹ אֶל־הַמֶּלֶךְ־דָּוִד לִשְׁאָל־לוֹ לְשָׁלוֹם וּלְבָרְכוֹ עַל אֲשֶׁר נִלְחַם בַּהֲדַדְעֶזֶר וַיַּכֵּהוּ כִּי־אִישׁ מִלְחֲמוֹת תֹּעִי הָיָה הֲדַדְעָזֶר וּבְיָדוֹ הָיוּ כְּלֵי־כֶסֶף וּכְלֵי־זָהָב וּכְלֵי נְחֹשֶׁת׃

11 King *David* dedicated these to *Hashem*, along with the other silver and gold that he dedicated, [taken] from all the nations he had conquered:

יא גַּם־אֹתָם הִקְדִּישׁ הַמֶּלֶךְ דָּוִד לַיהֹוָה עִם־הַכֶּסֶף וְהַזָּהָב אֲשֶׁר הִקְדִּישׁ מִכָּל־הַגּוֹיִם אֲשֶׁר כִּבֵּשׁ׃

12 from Edom, Moab, and Ammon; from the Philistines and the Amalekites, and from the plunder of Hadadezer son of Rehob, king of Zobah.

יב מֵאֲרָם וּמִמּוֹאָב וּמִבְּנֵי עַמּוֹן וּמִפְּלִשְׁתִּים וּמֵעֲמָלֵק וּמִשְּׁלַל הֲדַדְעֶזֶר בֶּן־רְחֹב מֶלֶךְ צוֹבָה׃

13 *David* gained fame when he returned from defeating Edom in the Valley of Salt, 18,000 in all.

יג וַיַּעַשׂ דָּוִד שֵׁם בְּשֻׁבוֹ מֵהַכּוֹתוֹ אֶת־אֲרָם בְּגֵיא־מֶלַח שְׁמוֹנָה עָשָׂר אָלֶף׃

14 He stationed garrisons in Edom – he stationed garrisons in all of Edom – and all the Edomites became vassals of *David*. *Hashem* gave *David* victory wherever he went.

יד וַיָּשֶׂם בֶּאֱדוֹם נְצִבִים בְּכָל־אֱדוֹם שָׂם נְצִבִים וַיְהִי כָל־אֱדוֹם עֲבָדִים לְדָוִד וַיּוֹשַׁע יְהֹוָה אֶת־דָּוִד בְּכֹל אֲשֶׁר הָלָךְ׃

15 *David* reigned over all *Yisrael*, and *David* executed true justice among all his people.

טו וַיִּמְלֹךְ דָּוִד עַל־כָּל־יִשְׂרָאֵל וַיְהִי דָוִד עֹשֶׂה מִשְׁפָּט וּצְדָקָה לְכָל־עַמּוֹ:

va-yim-LOKH da-VID al kol yis-ra-AYL vai-HEE da-VID o-SEH mish-PAT utz-da-KAH l'-khol a-MO

16 *Yoav* son of *Tzeruya* was commander of the army; *Yehoshafat* son of *Achilud* was recorder;

טז וְיוֹאָב בֶּן־צְרוּיָה עַל־הַצָּבָא וִיהוֹשָׁפָט בֶּן־אֲחִילוּד מַזְכִּיר:

17 *Tzadok* son of *Achituv* and *Achimelech* son of *Evyatar* were *Kohanim*; *Seraya* was scribe;

יז וְצָדוֹק בֶּן־אֲחִיטוּב וַאֲחִימֶלֶךְ בֶּן־אֶבְיָתָר כֹּהֲנִים וּשְׂרָיָה סוֹפֵר:

18 *Benaiah* son of *Yehoyada* was commander of the Cherethites and the Pelethites; and *David's* sons were *Kohanim*.

יח וּבְנָיָהוּ בֶּן־יְהוֹיָדָע וְהַכְּרֵתִי וְהַפְּלֵתִי וּבְנֵי דָוִד כֹּהֲנִים הָיוּ:

9 1 *David* inquired, "Is there anyone still left of the House of *Shaul* with whom I can keep faith for the sake of *Yehonatan*?"

ט א וַיֹּאמֶר דָּוִד הֲכִי יֶשׁ־עוֹד אֲשֶׁר נוֹתָר לְבֵית שָׁאוּל וְאֶעֱשֶׂה עִמּוֹ חֶסֶד בַּעֲבוּר יְהוֹנָתָן:

2 There was a servant of the House of *Shaul* named Ziba, and they summoned him to *David*. "Are you Ziba?" the king asked him. "Yes, sir," he replied.

ב וּלְבֵית שָׁאוּל עֶבֶד וּשְׁמוֹ צִיבָא וַיִּקְרְאוּ־לוֹ אֶל־דָּוִד וַיֹּאמֶר הַמֶּלֶךְ אֵלָיו הַאַתָּה צִיבָא וַיֹּאמֶר עַבְדֶּךָ:

3 The king continued, "Is there anyone at all left of the House of *Shaul* with whom I can keep faith as pledged before *Hashem*?" Ziba answered the king, "Yes, there is still a son of *Yehonatan* whose feet are crippled."

ג וַיֹּאמֶר הַמֶּלֶךְ הַאֶפֶס עוֹד אִישׁ לְבֵית שָׁאוּל וְאֶעֱשֶׂה עִמּוֹ חֶסֶד אֱלֹהִים וַיֹּאמֶר צִיבָא אֶל־הַמֶּלֶךְ עוֹד בֵּן לִיהוֹנָתָן נְכֵה רַגְלָיִם:

4 "Where is he?" the king asked, and Ziba said to the king, "He is in the house of Machir son of Ammiel, in Lo-debar."

ד וַיֹּאמֶר־לוֹ הַמֶּלֶךְ אֵיפֹה הוּא וַיֹּאמֶר צִיבָא אֶל־הַמֶּלֶךְ הִנֵּה־הוּא בֵּית מָכִיר בֶּן־עַמִּיאֵל בְּלוֹ דְבָר:

5 King *David* had him brought from the house of Machir son of Ammiel, at Lo-debar;

ה וַיִּשְׁלַח הַמֶּלֶךְ דָּוִד וַיִּקָּחֵהוּ מִבֵּית מָכִיר בֶּן־עַמִּיאֵל מִלּוֹ דְבָר:

6 and when *Mefiboshet* son of *Yehonatan* son of *Shaul* came to *David*, he flung himself on his face and prostrated himself. *David* said, "*Mefiboshet*!" and he replied, "At your service, sir."

ו וַיָּבֹא מְפִיבֹשֶׁת בֶּן־יְהוֹנָתָן בֶּן־שָׁאוּל אֶל־דָּוִד וַיִּפֹּל עַל־פָּנָיו וַיִּשְׁתָּחוּ וַיֹּאמֶר דָּוִד מְפִיבֹשֶׁת וַיֹּאמֶר הִנֵּה עַבְדֶּךָ:

The Supreme Court building in *Yerushalayim*

8:15 *David* executed true justice among all his people King *David* was an ideal king, not only because of his military prowess, and not even because of the beautiful Psalms he wrote, but because he ruled the nation with "true justice among all his people." The medieval commentator *Ralbag*, also known as Gersonides, notes that the emphasis on "true justice" indicates that King *David* does not rule only with pure justice, which always follows the "letter of the law." He goes beyond that, practicing righteousness to make sure that everyone gets not only that to which they are legally entitled, but whatever they need. This commitment to the highest level of ethics epitomizes the righteous reign of King *David* in the eyes of God.

7 *David* said to him, "Don't be afraid, for I will keep faith with you for the sake of your father *Yehonatan*. I will give you back all the land of your grandfather *Shaul*; moreover, you shall always eat at my table."

ז וַיֹּאמֶר לוֹ דָוִד אַל־תִּירָא כִּי עָשֹׂה אֶעֱשֶׂה עִמְּךָ חֶסֶד בַּעֲבוּר יְהוֹנָתָן אָבִיךָ וַהֲשִׁבֹתִי לְךָ אֶת־כָּל־שְׂדֵה שָׁאוּל אָבִיךָ וְאַתָּה תֹּאכַל לֶחֶם עַל־שֻׁלְחָנִי תָּמִיד:

8 [*Mefiboshet*] prostrated himself again, and said, "What is your servant, that you should show regard for a dead dog like me?"

ח וַיִּשְׁתַּחוּ וַיֹּאמֶר מֶה עַבְדֶּךָ כִּי פָנִיתָ אֶל־ הַכֶּלֶב הַמֵּת אֲשֶׁר כָּמוֹנִי:

9 The king summoned Ziba, *Shaul*'s steward, and said to him, "I give to your master's grandson everything that belonged to *Shaul* and to his entire family.

ט וַיִּקְרָא הַמֶּלֶךְ אֶל־צִיבָא נַעַר שָׁאוּל וַיֹּאמֶר אֵלָיו כֹּל אֲשֶׁר הָיָה לְשָׁאוּל וּלְכָל־בֵּיתוֹ נָתַתִּי לְבֶן־אֲדֹנֶיךָ:

10 You and your sons and your slaves shall farm the land for him and shall bring in [its yield] to provide food for your master's grandson to live on; but *Mefiboshet*, your master's grandson, shall always eat at my table." – Ziba had fifteen sons and twenty slaves. –

י וְעָבַדְתָּ לּוֹ אֶת־הָאֲדָמָה אַתָּה וּבָנֶיךָ וַעֲבָדֶיךָ וְהֵבֵאתָ וְהָיָה לְבֶן־אֲדֹנֶיךָ לֶחֶם וַאֲכָלוֹ וּמְפִיבֹשֶׁת בֶּן־אֲדֹנֶיךָ יֹאכַל תָּמִיד לֶחֶם עַל־שֻׁלְחָנִי וּלְצִיבָא חֲמִשָּׁה עָשָׂר בָּנִים וְעֶשְׂרִים עֲבָדִים:

11 Ziba said to the king, "Your servant will do just as my lord the king has commanded him." "*Mefiboshet* shall eat at my table like one of the king's sons."

יא וַיֹּאמֶר צִיבָא אֶל־הַמֶּלֶךְ כְּכֹל אֲשֶׁר יְצַוֶּה אֲדֹנִי הַמֶּלֶךְ אֶת־עַבְדּוֹ כֵּן יַעֲשֶׂה עַבְדֶּךָ וּמְפִיבֹשֶׁת אֹכֵל עַל־שֻׁלְחָנִי כְּאַחַד מִבְּנֵי הַמֶּלֶךְ:

12 *Mefiboshet* had a young son named Mica; and all the members of Ziba's household worked for *Mefiboshet*.

יב וְלִמְפִיבֹשֶׁת בֵּן־קָטָן וּשְׁמוֹ מִיכָא וְכֹל מוֹשַׁב בֵּית־צִיבָא עֲבָדִים לִמְפִיבֹשֶׁת:

13 *Mefiboshet* lived in *Yerushalayim*, for he ate regularly at the king's table. He was lame in both feet.

יג וּמְפִיבֹשֶׁת יֹשֵׁב בִּירוּשָׁלַםִ כִּי עַל־ שֻׁלְחַן הַמֶּלֶךְ תָּמִיד הוּא אֹכֵל וְהוּא פִּסֵּחַ שְׁתֵּי רַגְלָיו:

um-fee-VO-shet yo-SHAYV bee-ru-sha-LA-yim KEE al shul-KHAN ha-ME-lekh ta-MEED HU o-KHAYL v'-HU fi-SAY-akh sh'-TAY rag-LAV

Former Jerusalem
Mayor Nir Barkat
(b. 1959)

9:13 *Mefiboshet* lived in *Yerushalayim* For the sake of his beloved friend *Yehonatan*, King *David* gives *Mefiboshet* a place at his table in the royal palace in *Yerushalayim*. As *Yerushalayim* is the city of peace, it stands to reason that this is the place where King *David* made such a peaceful gesture. *Hashem* intends for *Yerushalayim* to be a place where all of Israel will be content with one another. To that end, the holy capital city is not the property of any one tribe. Rather, it belongs to the entire nation, and is the eternal religious and political center of the entire Jewish people. Nir Barkat, mayor of Jerusalem, emphasized this idea in an article he published in honor of Jerusalem Day. He wrote, "My vision for the future of the city of Jerusalem is rooted in the past. Three thousand years ago, the Land of Israel was divided into allotments for each of the twelve tribes – except for the city of Jerusalem. Instead, Jerusalem was designated as a city for all; it was to remain an open, uniting and united capital. Jerusalem became the center of the world, with leadership, innovation and inspiration emanating from the city.… Forty-nine years ago, the capital of the Jewish people and the State of Israel were reunited, allowing the city to live up to its promise as a center for all people, with respect toward all religions.… A united Jerusalem is the only viable option for a vibrant and thriving Jerusalem. This is our future. This is Jerusalem."

10 1 Some time afterward, the king of Ammon died, and his son Hanun succeeded him as king.

י א וַיְהִי אַחֲרֵי־כֵן וַיָּמָת מֶלֶךְ בְּנֵי עַמּוֹן וַיִּמְלֹךְ חָנוּן בְּנוֹ תַּחְתָּיו׃

2 *David* said, "I will keep faith with Hanun son of Nahash, just as his father kept faith with me." He sent his courtiers with a message of condolence to him over his father. But when *David*'s courtiers came to the land of Ammon,

ב וַיֹּאמֶר דָּוִד אֶעֱשֶׂה־חֶסֶד עִם־חָנוּן בֶּן־נָחָשׁ כַּאֲשֶׁר עָשָׂה אָבִיו עִמָּדִי חֶסֶד וַיִּשְׁלַח דָּוִד לְנַחֲמוֹ בְּיַד־עֲבָדָיו אֶל־אָבִיו וַיָּבֹאוּ עַבְדֵי דָוִד אֶרֶץ בְּנֵי עַמּוֹן׃

3 the Ammonite officials said to their lord Hanun, "Do you think *David* is really honoring your father just because he sent you men with condolences? Why, *David* has sent his courtiers to you to explore and spy out the city, and to overthrow it."

ג וַיֹּאמְרוּ שָׂרֵי בְנֵי־עַמּוֹן אֶל־חָנוּן אֲדֹנֵיהֶם הַמְכַבֵּד דָּוִד אֶת־אָבִיךָ בְּעֵינֶיךָ כִּי־שָׁלַח לְךָ מְנַחֲמִים הֲלוֹא בַּעֲבוּר חֲקוֹר אֶת־הָעִיר וּלְרַגְּלָהּ וּלְהָפְכָהּ שָׁלַח דָּוִד אֶת־עֲבָדָיו אֵלֶיךָ׃

4 So Hanun seized *David*'s courtiers, clipped off one side of their beards and cut away half of their garments at the buttocks, and sent them off.

ד וַיִּקַּח חָנוּן אֶת־עַבְדֵי דָוִד וַיְגַלַּח אֶת־חֲצִי זְקָנָם וַיִּכְרֹת אֶת־מַדְוֵיהֶם בַּחֵצִי עַד שְׁתוֹתֵיהֶם וַיְשַׁלְּחֵם׃

5 When *David* was told of it, he dispatched men to meet them, for the men were greatly embarrassed. And the king gave orders: "Stop in *Yericho* until your beards grow back; then you can return."

ה וַיַּגִּדוּ לְדָוִד וַיִּשְׁלַח לִקְרָאתָם כִּי־הָיוּ הָאֲנָשִׁים נִכְלָמִים מְאֹד וַיֹּאמֶר הַמֶּלֶךְ שְׁבוּ בִירֵחוֹ עַד־יְצַמַּח זְקַנְכֶם וְשַׁבְתֶּם׃

6 The Ammonites realized that they had incurred the wrath of *David*; so the Ammonites sent agents and hired Arameans of Bethrehob and Arameans of Zobah – 20,000 foot soldiers – the king of Maacah [with] 1,000 men, and 12,000 men from Tob.

ו וַיִּרְאוּ בְּנֵי עַמּוֹן כִּי נִבְאֲשׁוּ בְּדָוִד וַיִּשְׁלְחוּ בְנֵי־עַמּוֹן וַיִּשְׂכְּרוּ אֶת־אֲרַם בֵּית־רְחוֹב וְאֶת־אֲרַם צוֹבָא עֶשְׂרִים אֶלֶף רַגְלִי וְאֶת־מֶלֶךְ מַעֲכָה אֶלֶף אִישׁ וְאִישׁ טוֹב שְׁנֵים־עָשָׂר אֶלֶף אִישׁ׃

7 On learning this, *David* sent out *Yoav* and the whole army – [including] the professional fighters.

ז וַיִּשְׁמַע דָּוִד וַיִּשְׁלַח אֶת־יוֹאָב וְאֵת כָּל־הַצָּבָא הַגִּבֹּרִים׃

8 The Ammonites marched out and took up their battle position at the entrance of the gate, while the Arameans of Zobah and Rehob and the men of Tob and Maacah took their stand separately in the open.

ח וַיֵּצְאוּ בְּנֵי עַמּוֹן וַיַּעַרְכוּ מִלְחָמָה פֶּתַח הַשָּׁעַר וַאֲרַם צוֹבָא וּרְחוֹב וְאִישׁ־טוֹב וּמַעֲכָה לְבַדָּם בַּשָּׂדֶה׃

9 *Yoav* saw that there was a battle line against him both front and rear. So he made a selection from all the picked men of *Yisrael* and arrayed them against the Arameans,

ט וַיַּרְא יוֹאָב כִּי־הָיְתָה אֵלָיו פְּנֵי הַמִּלְחָמָה מִפָּנִים וּמֵאָחוֹר וַיִּבְחַר מִכֹּל בְּחוּרֵי בישראל [יִשְׂרָאֵל] וַיַּעֲרֹךְ לִקְרַאת אֲרָם׃

10 and the rest of the troops he put under the command of his brother *Avishai* and arrayed them against the Ammonites.

י וְאֵת יֶתֶר הָעָם נָתַן בְּיַד אַבְשַׁי אָחִיו וַיַּעֲרֹךְ לִקְרַאת בְּנֵי עַמּוֹן׃

11 [*Yoav*] said, "If the Arameans prove too strong for me, you come to my aid; and if the Ammonites prove too strong for you, I will come to your aid.

יא וַיֹּאמֶר אִם־תֶּחֱזַק אֲרָם מִמֶּנִּי וְהָיְתָה לִּי לִישׁוּעָה וְאִם־בְּנֵי עַמּוֹן יֶחֶזְקוּ מִמְּךָ וְהָלַכְתִּי לְהוֹשִׁיעַ לָךְ׃

12 Let us be strong and resolute for the sake of our people and the land of our God; and *Hashem* will do what He deems right."	יב חֲזַק וְנִתְחַזֵּק בְּעַד־עַמֵּנוּ וּבְעַד עָרֵי אֱלֹהֵינוּ וַיהֹוָה יַעֲשֶׂה הַטּוֹב בְּעֵינָיו׃

kha-ZAK v'-nit-kha-ZAK b'-AD a-MAY-nu uv-AD a-RAY e-lo-HAY-nu va-do-NAI ya-a-SEH ha-TOV b'-ay-NAV

13 *Yoav* and the troops with him marched into battle against the Arameans, who fled before him.	יג וַיִּגַּשׁ יוֹאָב וְהָעָם אֲשֶׁר עִמּוֹ לַמִּלְחָמָה בַּאֲרָם וַיָּנֻסוּ מִפָּנָיו׃
14 And when the Ammonites saw that the Arameans had fled, they fled before *Avishai* and withdrew into the city. So *Yoav* broke off the attack against the Ammonites, and went to *Yerushalayim*.	יד וּבְנֵי עַמּוֹן רָאוּ כִּי־נָס אֲרָם וַיָּנֻסוּ מִפְּנֵי אֲבִישַׁי וַיָּבֹאוּ הָעִיר וַיָּשָׁב יוֹאָב מֵעַל בְּנֵי עַמּוֹן וַיָּבֹא יְרוּשָׁלִָם׃
15 When the Arameans saw that they had been routed by *Yisrael*, they regrouped their forces.	טו וַיַּרְא אֲרָם כִּי נִגַּף לִפְנֵי יִשְׂרָאֵל וַיֵּאָסְפוּ יָחַד׃
16 Hadadezer sent for and brought out the Arameans from across the Euphrates; they came to Helam, led by Shobach, Hadadezer's army commander.	טז וַיִּשְׁלַח הֲדַדְעֶזֶר וַיֹּצֵא אֶת־אֲרָם אֲשֶׁר מֵעֵבֶר הַנָּהָר וַיָּבֹאוּ חֵילָם וְשׁוֹבַךְ שַׂר־צְבָא הֲדַדְעֶזֶר לִפְנֵיהֶם׃
17 *David* was informed of it; he assembled all *Yisrael*, crossed the *Yarden*, and came to Helam. The Arameans drew up their forces against *David* and attacked him;	יז וַיֻּגַּד לְדָוִד וַיֶּאֱסֹף אֶת־כָּל־יִשְׂרָאֵל וַיַּעֲבֹר אֶת־הַיַּרְדֵּן וַיָּבֹא חֵלָאמָה וַיַּעַרְכוּ אֲרָם לִקְרַאת דָּוִד וַיִּלָּחֲמוּ עִמּוֹ׃
18 but the Arameans were put to flight by *Yisrael*. *David* killed 700 Aramean charioteers and 40,000 horsemen; he also struck down Shobach, Hadad-ezer's army commander, who died there.	יח וַיָּנָס אֲרָם מִפְּנֵי יִשְׂרָאֵל וַיַּהֲרֹג דָּוִד מֵאֲרָם שְׁבַע מֵאוֹת רֶכֶב וְאַרְבָּעִים אֶלֶף פָּרָשִׁים וְאֵת שׁוֹבַךְ שַׂר־צְבָאוֹ הִכָּה וַיָּמָת שָׁם׃
19 And when all the vassal kings of Hadadezer saw that they had been routed by *Yisrael*, they submitted to *Yisrael* and became their vassals. And the Arameans were afraid to help the Ammonites any more.	יט וַיִּרְאוּ כָל־הַמְּלָכִים עַבְדֵי הֲדַדְעֶזֶר כִּי נִגְּפוּ לִפְנֵי יִשְׂרָאֵל וַיַּשְׁלִמוּ אֶת־יִשְׂרָאֵל וַיַּעַבְדוּם וַיִּרְאוּ אֲרָם לְהוֹשִׁיעַ עוֹד אֶת־בְּנֵי עַמּוֹן׃

11 / יא

1 At the turn of the year, the season when kings go out [to battle], *David* sent *Yoav* with his officers and all *Yisrael* with him, and they devastated Ammon and besieged Rabbah; *David* remained in *Yerushalayim*.	א וַיְהִי לִתְשׁוּבַת הַשָּׁנָה לְעֵת צֵאת הַמַּלְאכִים וַיִּשְׁלַח דָּוִד אֶת־יוֹאָב וְאֶת־עֲבָדָיו עִמּוֹ וְאֶת־כָּל־יִשְׂרָאֵל וַיַּשְׁחִתוּ אֶת־בְּנֵי עַמּוֹן וַיָּצֻרוּ עַל־רַבָּה וְדָוִד יוֹשֵׁב בִּירוּשָׁלִָם׃

10:12 Let us be strong and resolute for the sake of our people and the land of our God *Yoav* instructs his soldiers in much the same way as today's soldiers of Israel are instructed. The soldiers must strengthen themselves to go into battle, fighting to protect the People of Israel and the cities of God. *Hashem* will respond by doing what is right in His eyes. *Ralbag* notes that in most cases, God expects of humans to do their part and not to rely on a miracle. Once people do what is expected, *Hashem* may choose to provide miracles and redemption. Nowadays, this is a daily occurrence for the soldiers of the Israeli Defense Forces, who strengthen themselves for battle and have often been rewarded by God with miracles.

IDF soldiers taking a break

2 Late one afternoon, *David* rose from his couch and strolled on the roof of the royal palace; and from the roof he saw a woman bathing. The woman was very beautiful,

ב וַיְהִי לְעֵת הָעֶרֶב וַיָּקָם דָּוִד מֵעַל מִשְׁכָּבוֹ וַיִּתְהַלֵּךְ עַל־גַּג בֵּית־הַמֶּלֶךְ וַיַּרְא אִשָּׁה רֹחֶצֶת מֵעַל הַגָּג וְהָאִשָּׁה טוֹבַת מַרְאֶה מְאֹד:

3 and the king sent someone to make inquiries about the woman. He reported, "She is *Batsheva* daughter of Eliam [and] wife of *Uriya* the Hittite."

ג וַיִּשְׁלַח דָּוִד וַיִּדְרֹשׁ לָאִשָּׁה וַיֹּאמֶר הֲלוֹא־זֹאת בַּת־שֶׁבַע בַּת־אֱלִיעָם אֵשֶׁת אוּרִיָּה הַחִתִּי:

4 *David* sent messengers to fetch her; she came to him and he lay with her – she had just purified herself after her period – and she went back home.

ד וַיִּשְׁלַח דָּוִד מַלְאָכִים וַיִּקָּחֶהָ וַתָּבוֹא אֵלָיו וַיִּשְׁכַּב עִמָּהּ וְהִיא מִתְקַדֶּשֶׁת מִטֻּמְאָתָהּ וַתָּשָׁב אֶל־בֵּיתָהּ:

*va-yish-LAKH da-VID mal-a-KHEEM va-yi-ka-KHE-ha va-ta-VO ay-LAV
va-yish-KAV i-MAH v'-HEE mit-ka-DE-shet mi-tum-a-TAH va-TA-shov el bay-TAH*

5 The woman conceived, and she sent word to *David*, "I am pregnant."

ה וַתַּהַר הָאִשָּׁה וַתִּשְׁלַח וַתַּגֵּד לְדָוִד וַתֹּאמֶר הָרָה אָנֹכִי:

6 Thereupon *David* sent a message to *Yoav*, "Send *Uriya* the Hittite to me"; and *Yoav* sent *Uriya* to *David*.

ו וַיִּשְׁלַח דָּוִד אֶל־יוֹאָב שְׁלַח אֵלַי אֶת־אוּרִיָּה הַחִתִּי וַיִּשְׁלַח יוֹאָב אֶת־אוּרִיָּה אֶל־דָּוִד:

7 When *Uriya* came to him, *David* asked him how *Yoav* and the troops were faring and how the war was going.

ז וַיָּבֹא אוּרִיָּה אֵלָיו וַיִּשְׁאַל דָּוִד לִשְׁלוֹם יוֹאָב וְלִשְׁלוֹם הָעָם וְלִשְׁלוֹם הַמִּלְחָמָה:

8 Then *David* said to *Uriya*, "Go down to your house and bathe your feet." When *Uriya* left the royal palace, a present from the king followed him.

ח וַיֹּאמֶר דָּוִד לְאוּרִיָּה רֵד לְבֵיתְךָ וּרְחַץ רַגְלֶיךָ וַיֵּצֵא אוּרִיָּה מִבֵּית הַמֶּלֶךְ וַתֵּצֵא אַחֲרָיו מַשְׂאַת הַמֶּלֶךְ:

9 But *Uriya* slept at the entrance of the royal palace, along with the other officers of his lord, and did not go down to his house.

ט וַיִּשְׁכַּב אוּרִיָּה פֶּתַח בֵּית הַמֶּלֶךְ אֵת כָּל־עַבְדֵי אֲדֹנָיו וְלֹא יָרַד אֶל־בֵּיתוֹ:

10 When *David* was told that *Uriya* had not gone down to his house, he said to *Uriya*, "You just came from a journey; why didn't you go down to your house?"

י וַיַּגִּדוּ לְדָוִד לֵאמֹר לֹא־יָרַד אוּרִיָּה אֶל־בֵּיתוֹ וַיֹּאמֶר דָּוִד אֶל־אוּרִיָּה הֲלוֹא מִדֶּרֶךְ אַתָּה בָא מַדּוּעַ לֹא־יָרַדְתָּ אֶל־בֵּיתֶךָ:

11:4 *David* sent messengers to fetch her The incident of *David* and *Batsheva* is quite difficult to understand. How could such a righteous king seemingly succumb to such behavior? The Sages of the Talmud (*Shabbat* 56a) teach that while his actions were wrong, technically speaking, King *David* did not commit adultery. The soldiers of ancient Israel's army were accustomed to grant their wives a conditional bill of divorce prior to going to battle, so that if they were captured or went missing, their wives could remarry. Therefore, at the time of the sin, *Batsheva* was technically not married. Yet, despite this technicality, the prophet *Natan* tells King *David* he has sinned, and King *David* indeed repents. We are all expected to rise above what may be technically permitted, and live completely moral lives.

Israel365's Josh Wander bringing joy and financial support to Ukranian refugees

11 *Uriya* answered *David*, "The *Aron* and *Yisrael* and *Yehuda* are located at Succoth, and my master *Yoav* and Your Majesty's men are camped in the open; how can I go home and eat and drink and sleep with my wife? As you live, by your very life, I will not do this!"

יא וַיֹּאמֶר אוּרִיָּה אֶל־דָּוִד הָאָרוֹן וְיִשְׂרָאֵל וִיהוּדָה יֹשְׁבִים בַּסֻּכּוֹת וַאדֹנִי יוֹאָב וְעַבְדֵי אֲדֹנִי עַל־פְּנֵי הַשָּׂדֶה חֹנִים וַאֲנִי אָבוֹא אֶל־בֵּיתִי לֶאֱכֹל וְלִשְׁתּוֹת וְלִשְׁכַּב עִם־אִשְׁתִּי חַיֶּךָ וְחֵי נַפְשֶׁךָ אִם־אֶעֱשֶׂה אֶת־הַדָּבָר הַזֶּה:

12 *David* said to *Uriya*, "Stay here today also, and tomorrow I will send you off." So *Uriya* remained in *Yerushalayim* that day. The next day,

יב וַיֹּאמֶר דָּוִד אֶל־אוּרִיָּה שֵׁב בָּזֶה גַּם־הַיּוֹם וּמָחָר אֲשַׁלְּחֶךָּ וַיֵּשֶׁב אוּרִיָּה בִירוּשָׁלַ͏ִם בַּיּוֹם הַהוּא וּמִמָּחֳרָת:

13 *David* summoned him, and he ate and drank with him until he got him drunk; but in the evening, [*Uriya*] went out to sleep in the same place, with his lord's officers; he did not go down to his home.

יג וַיִּקְרָא־לוֹ דָוִד וַיֹּאכַל לְפָנָיו וַיֵּשְׁתְּ וַיְשַׁכְּרֵהוּ וַיֵּצֵא בָעֶרֶב לִשְׁכַּב בְּמִשְׁכָּבוֹ עִם־עַבְדֵי אֲדֹנָיו וְאֶל־בֵּיתוֹ לֹא יָרָד:

14 In the morning, *David* wrote a letter to *Yoav*, which he sent with *Uriya*.

יד וַיְהִי בַבֹּקֶר וַיִּכְתֹּב דָּוִד סֵפֶר אֶל־יוֹאָב וַיִּשְׁלַח בְּיַד אוּרִיָּה:

15 He wrote in the letter as follows: "Place *Uriya* in the front line where the fighting is fiercest; then fall back so that he may be killed."

טו וַיִּכְתֹּב בַּסֵּפֶר לֵאמֹר הָבוּ אֶת־אוּרִיָּה אֶל־מוּל פְּנֵי הַמִּלְחָמָה הַחֲזָקָה וְשַׁבְתֶּם מֵאַחֲרָיו וְנִכָּה וָמֵת:

16 So when *Yoav* was besieging the city, he stationed *Uriya* at the point where he knew that there were able warriors.

טז וַיְהִי בִּשְׁמוֹר יוֹאָב אֶל־הָעִיר וַיִּתֵּן אֶת־אוּרִיָּה אֶל־הַמָּקוֹם אֲשֶׁר יָדַע כִּי אַנְשֵׁי־חַיִל שָׁם:

17 The men of the city sallied out and attacked *Yoav*, and some of *David*'s officers among the troops fell; *Uriya* the Hittite was among those who died.

יז וַיֵּצְאוּ אַנְשֵׁי הָעִיר וַיִּלָּחֲמוּ אֶת־יוֹאָב וַיִּפֹּל מִן־הָעָם מֵעַבְדֵי דָוִד וַיָּמָת גַּם אוּרִיָּה הַחִתִּי:

18 *Yoav* sent a full report of the battle to *David*.

יח וַיִּשְׁלַח יוֹאָב וַיַּגֵּד לְדָוִד אֶת־כָּל־דִּבְרֵי הַמִּלְחָמָה:

19 He instructed the messenger as follows: "When you finish reporting to the king all about the battle,

יט וַיְצַו אֶת־הַמַּלְאָךְ לֵאמֹר כְּכַלּוֹתְךָ אֵת כָּל־דִּבְרֵי הַמִּלְחָמָה לְדַבֵּר אֶל־הַמֶּלֶךְ:

20 the king may get angry and say to you, 'Why did you come so close to the city to attack it? Didn't you know that they would shoot from the wall?

כ וְהָיָה אִם־תַּעֲלֶה חֲמַת הַמֶּלֶךְ וְאָמַר לְךָ מַדּוּעַ נִגַּשְׁתֶּם אֶל־הָעִיר לְהִלָּחֵם הֲלוֹא יְדַעְתֶּם אֵת אֲשֶׁר־יֹרוּ מֵעַל הַחוֹמָה:

21 Who struck down *Avimelech* son of Jerubbesheth? Was it not a woman who dropped an upper millstone on him from the wall at Thebez, from which he died? Why did you come so close to the wall?' Then say: 'Your servant *Uriya* the Hittite was among those killed.'"

כא מִי־הִכָּה אֶת־אֲבִימֶלֶךְ בֶּן־יְרֻבֶּשֶׁת הֲלוֹא־אִשָּׁה הִשְׁלִיכָה עָלָיו פֶּלַח רֶכֶב מֵעַל הַחוֹמָה וַיָּמָת בְּתֵבֵץ לָמָּה נִגַּשְׁתֶּם אֶל־הַחוֹמָה וְאָמַרְתָּ גַּם עַבְדְּךָ אוּרִיָּה הַחִתִּי מֵת:

22 The messenger set out; he came and told *David* all that *Yoav* had sent him to say.

כב וַיֵּלֶךְ הַמַּלְאָךְ וַיָּבֹא וַיַּגֵּד לְדָוִד אֵת כָּל־אֲשֶׁר שְׁלָחוֹ יוֹאָב:

23 The messenger said to *David*, "First the men prevailed against us and sallied out against us into the open; then we drove them back up to the entrance to the gate.

כג וַיֹּאמֶר הַמַּלְאָךְ אֶל־דָּוִד כִּי־גָבְרוּ עָלֵינוּ הָאֲנָשִׁים וַיֵּצְאוּ אֵלֵינוּ הַשָּׂדֶה וַנִּהְיֶה עֲלֵיהֶם עַד־פֶּתַח הַשָּׁעַר:

24 But the archers shot at your men from the wall and some of Your Majesty's men fell; your servant *Uriya* the Hittite also fell."

כד ויראו [וַיֹּרוּ] המוראים [הַמּוֹרִים] אֶל־עֲבָדֶךָ מֵעַל הַחוֹמָה וַיָּמוּתוּ מֵעַבְדֵי הַמֶּלֶךְ וְגַם עַבְדְּךָ אוּרִיָּה הַחִתִּי מֵת׃

25 Whereupon *David* said to the messenger, "Give *Yoav* this message: 'Do not be distressed about the matter. The sword always takes its toll. Press your attack on the city and destroy it!' Encourage him!"

כה וַיֹּאמֶר דָּוִד אֶל־הַמַּלְאָךְ כֹּה־תֹאמַר אֶל־יוֹאָב אַל־יֵרַע בְּעֵינֶיךָ אֶת־הַדָּבָר הַזֶּה כִּי־כָזֹה וְכָזֶה תֹּאכַל הֶחָרֶב הַחֲזֵק מִלְחַמְתְּךָ אֶל־הָעִיר וְהָרְסָהּ וְחַזְּקֵהוּ׃

26 When *Uriya*'s wife heard that her husband *Uriya* was dead, she lamented over her husband.

כו וַתִּשְׁמַע אֵשֶׁת אוּרִיָּה כִּי־מֵת אוּרִיָּה אִישָׁהּ וַתִּסְפֹּד עַל־בַּעְלָהּ׃

27 After the period of mourning was over, *David* sent and had her brought into his palace; she became his wife and she bore him a son. But *Hashem* was displeased with what *David* had done,

כז וַיַּעֲבֹר הָאֵבֶל וַיִּשְׁלַח דָּוִד וַיַּאַסְפָהּ אֶל־בֵּיתוֹ וַתְּהִי־לוֹ לְאִשָּׁה וַתֵּלֶד לוֹ בֵּן וַיֵּרַע הַדָּבָר אֲשֶׁר־עָשָׂה דָוִד בְּעֵינֵי יְהוָה׃

12

1 and *Hashem* sent *Natan* to *David*. He came to him and said, "There were two men in the same city, one rich and one poor.

יב

א וַיִּשְׁלַח יְהוָה אֶת־נָתָן אֶל־דָּוִד וַיָּבֹא אֵלָיו וַיֹּאמֶר לוֹ שְׁנֵי אֲנָשִׁים הָיוּ בְּעִיר אֶחָת אֶחָד עָשִׁיר וְאֶחָד רָאשׁ׃

2 The rich man had very large flocks and herds,

ב לְעָשִׁיר הָיָה צֹאן וּבָקָר הַרְבֵּה מְאֹד׃

3 but the poor man had only one little ewe lamb that he had bought. He tended it and it grew up together with him and his children: it used to share his morsel of bread, drink from his cup, and nestle in his bosom; it was like a daughter to him.

ג וְלָרָשׁ אֵין־כֹּל כִּי אִם־כִּבְשָׂה אַחַת קְטַנָּה אֲשֶׁר קָנָה וַיְחַיֶּהָ וַתִּגְדַּל עִמּוֹ וְעִם־בָּנָיו יַחְדָּו מִפִּתּוֹ תֹאכַל וּמִכֹּסוֹ תִשְׁתֶּה וּבְחֵיקוֹ תִשְׁכָּב וַתְּהִי־לוֹ כְּבַת׃

4 One day, a traveler came to the rich man, but he was loath to take anything from his own flocks or herds to prepare a meal for the guest who had come to him; so he took the poor man's lamb and prepared it for the man who had come to him."

ד וַיָּבֹא הֵלֶךְ לְאִישׁ הֶעָשִׁיר וַיַּחְמֹל לָקַחַת מִצֹּאנוֹ וּמִבְּקָרוֹ לַעֲשׂוֹת לָאֹרֵחַ הַבָּא־לוֹ וַיִּקַּח אֶת־כִּבְשַׂת הָאִישׁ הָרָאשׁ וַיַּעֲשֶׂהָ לָאִישׁ הַבָּא אֵלָיו׃

5 *David* flew into a rage against the man, and said to *Natan*, "As *Hashem* lives, the man who did this deserves to die!

ה וַיִּחַר־אַף דָּוִד בָּאִישׁ מְאֹד וַיֹּאמֶר אֶל־נָתָן חַי־יְהוָה כִּי בֶן־מָוֶת הָאִישׁ הָעֹשֶׂה זֹאת׃

6 He shall pay for the lamb four times over, because he did such a thing and showed no pity."

ו וְאֶת־הַכִּבְשָׂה יְשַׁלֵּם אַרְבַּעְתָּיִם עֵקֶב אֲשֶׁר עָשָׂה אֶת־הַדָּבָר הַזֶּה וְעַל אֲשֶׁר לֹא־חָמָל׃

7 And *Natan* said to *David*, "That man is you! Thus said *Hashem*, the God of *Yisrael*: 'It was I who anointed you king over *Yisrael* and it was I who rescued you from the hand of *Shaul*.

ז וַיֹּאמֶר נָתָן אֶל־דָּוִד אַתָּה הָאִישׁ כֹּה־אָמַר יְהוָה אֱלֹהֵי יִשְׂרָאֵל אָנֹכִי מְשַׁחְתִּיךָ לְמֶלֶךְ עַל־יִשְׂרָאֵל וְאָנֹכִי הִצַּלְתִּיךָ מִיַּד שָׁאוּל׃

8 I gave you your master's house and possession of your master's wives; and I gave you the House of *Yisrael* and *Yehuda*; and if that were not enough, I would give you twice as much more.

ח וָאֶתְּנָה לְךָ אֶת־בֵּית אֲדֹנֶיךָ וְאֶת־נְשֵׁי אֲדֹנֶיךָ בְּחֵיקֶךָ וָאֶתְּנָה לְךָ אֶת־בֵּית יִשְׂרָאֵל וִיהוּדָה וְאִם־מְעָט וְאֹסִפָה לְּךָ כָּהֵנָּה וְכָהֵנָּה׃

9   Why then have you flouted the command of *Hashem* and done what displeases Him? You have put *Uriya* the Hittite to the sword; you took his wife and made her your wife and had him killed by the sword of the Ammonites.

ט מַדּוּעַ בָּזִיתָ אֶת־דְּבַר יְהֹוָה לַעֲשׂוֹת הָרַע בעינו [בְּעֵינַי] אֵת אוּרִיָּה הַחִתִּי הִכִּיתָ בַחֶרֶב וְאֶת־אִשְׁתּוֹ לָקַחְתָּ לְּךָ לְאִשָּׁה וְאֹתוֹ הָרַגְתָּ בְּחֶרֶב בְּנֵי עַמּוֹן:

10 Therefore the sword shall never depart from your House – because you spurned Me by taking the wife of *Uriya* the Hittite and making her your wife.'

י וְעַתָּה לֹא־תָסוּר חֶרֶב מִבֵּיתְךָ עַד־עוֹלָם עֵקֶב כִּי בְזִתָנִי וַתִּקַּח אֶת־אֵשֶׁת אוּרִיָּה הַחִתִּי לִהְיוֹת לְךָ לְאִשָּׁה:

11 Thus said *Hashem*: 'I will make a calamity rise against you from within your own house; I will take your wives and give them to another man before your very eyes and he shall sleep with your wives under this very sun.

יא כֹּה אָמַר יְהֹוָה הִנְנִי מֵקִים עָלֶיךָ רָעָה מִבֵּיתֶךָ וְלָקַחְתִּי אֶת־נָשֶׁיךָ לְעֵינֶיךָ וְנָתַתִּי לְרֵעֶיךָ וְשָׁכַב עִם־נָשֶׁיךָ לְעֵינֵי הַשֶּׁמֶשׁ הַזֹּאת:

12 You acted in secret, but I will make this happen in the sight of all *Yisrael* and in broad daylight.'"

יב כִּי אַתָּה עָשִׂיתָ בַסָּתֶר וַאֲנִי אֶעֱשֶׂה אֶת־הַדָּבָר הַזֶּה נֶגֶד כָּל־יִשְׂרָאֵל וְנֶגֶד הַשָּׁמֶשׁ:

13 *David* said to *Natan*, "I stand guilty before *Hashem*!" And *Natan* replied to *David*, "*Hashem* has remitted your sin; you shall not die.

יג וַיֹּאמֶר דָּוִד אֶל־נָתָן חָטָאתִי לַיהֹוָה וַיֹּאמֶר נָתָן אֶל־דָּוִד גַּם־יְהֹוָה הֶעֱבִיר חַטָּאתְךָ לֹא תָמוּת:

14 However, since you have spurned the enemies of *Hashem* by this deed, even the child about to be born to you shall die."

יד אֶפֶס כִּי־נִאֵץ נִאַצְתָּ אֶת־אֹיְבֵי יְהֹוָה בַּדָּבָר הַזֶּה גַּם הַבֵּן הַיִּלּוֹד לְךָ מוֹת יָמוּת:

15 *Natan* went home, and *Hashem* afflicted the child that *Uriya*'s wife had borne to *David*, and it became critically ill.

טו וַיֵּלֶךְ נָתָן אֶל־בֵּיתוֹ וַיִּגֹּף יְהֹוָה אֶת־הַיֶּלֶד אֲשֶׁר יָלְדָה אֵשֶׁת־אוּרִיָּה לְדָוִד וַיֵּאָנַשׁ:

16 *David* entreated *Hashem* for the boy; *David* fasted, and he went in and spent the night lying on the ground.

טז וַיְבַקֵּשׁ דָּוִד אֶת־הָאֱלֹהִים בְּעַד הַנָּעַר וַיָּצָם דָּוִד צוֹם וּבָא וְלָן וְשָׁכַב אָרְצָה:

17 The senior servants of his household tried to induce him to get up from the ground; but he refused, nor would he partake of food with them.

יז וַיָּקֻמוּ זִקְנֵי בֵיתוֹ עָלָיו לַהֲקִימוֹ מִן־הָאָרֶץ וְלֹא אָבָה וְלֹא־בָרָא אִתָּם לָחֶם:

18 On the seventh day the child died. *David*'s servants were afraid to tell *David* that the child was dead; for they said, "We spoke to him when the child was alive and he wouldn't listen to us; how can we tell him that the child is dead? He might do something terrible."

יח וַיְהִי בַּיּוֹם הַשְּׁבִיעִי וַיָּמָת הַיָּלֶד וַיִּרְאוּ עַבְדֵי דָוִד לְהַגִּיד לוֹ כִּי־מֵת הַיֶּלֶד כִּי אָמְרוּ הִנֵּה בִהְיוֹת הַיֶּלֶד חַי דִּבַּרְנוּ אֵלָיו וְלֹא־שָׁמַע בְּקוֹלֵנוּ וְאֵיךְ נֹאמַר אֵלָיו מֵת הַיֶּלֶד וְעָשָׂה רָעָה:

19 When *David* saw his servants talking in whispers, *David* understood that the child was dead; *David* asked his servants, "Is the child dead?" "Yes," they replied.

יט וַיַּרְא דָּוִד כִּי עֲבָדָיו מִתְלַחֲשִׁים וַיָּבֶן דָּוִד כִּי מֵת הַיָּלֶד וַיֹּאמֶר דָּוִד אֶל־עֲבָדָיו הֲמֵת הַיֶּלֶד וַיֹּאמְרוּ מֵת:

20 Thereupon *David* rose from the ground; he bathed and anointed himself, and he changed his clothes. He went into the House of *Hashem* and prostrated himself. Then he went home and asked for food, which they set before him, and he ate.

כ וַיָּקָם דָּוִד מֵהָאָרֶץ וַיִּרְחַץ וַיָּסֶךְ וַיְחַלֵּף שמלתו [שִׂמְלֹתָיו] וַיָּבֹא בֵית־יְהֹוָה וַיִּשְׁתָּחוּ וַיָּבֹא אֶל־בֵּיתוֹ וַיִּשְׁאַל וַיָּשִׂימוּ לוֹ לֶחֶם וַיֹּאכַל׃

21 His courtiers asked him, "Why have you acted in this manner? While the child was alive, you fasted and wept; but now that the child is dead, you rise and take food!"

כא וַיֹּאמְרוּ עֲבָדָיו אֵלָיו מָה־הַדָּבָר הַזֶּה אֲשֶׁר עָשִׂיתָה בַּעֲבוּר הַיֶּלֶד חַי צַמְתָּ וַתֵּבְךְּ וְכַאֲשֶׁר מֵת הַיֶּלֶד קַמְתָּ וַתֹּאכַל לָחֶם׃

22 He replied, "While the child was still alive, I fasted and wept because I thought: 'Who knows? *Hashem* may have pity on me, and the child may live.'

כב וַיֹּאמֶר בְּעוֹד הַיֶּלֶד חַי צַמְתִּי וָאֶבְכֶּה כִּי אָמַרְתִּי מִי יוֹדֵעַ יחנני [וְחַנַּנִי] יְהֹוָה וְחַי הַיָּלֶד׃

23 But now that he is dead, why should I fast? Can I bring him back again? I shall go to him, but he will never come back to me."

כג וְעַתָּה מֵת לָמָּה זֶּה אֲנִי צָם הַאוּכַל לַהֲשִׁיבוֹ עוֹד אֲנִי הֹלֵךְ אֵלָיו וְהוּא לֹא־יָשׁוּב אֵלָי׃

24 *David* consoled his wife *Batsheva*; he went to her and lay with her. She bore a son and she named him *Shlomo*. *Hashem* favored him,

כד וַיְנַחֵם דָּוִד אֵת בַּת־שֶׁבַע אִשְׁתּוֹ וַיָּבֹא אֵלֶיהָ וַיִּשְׁכַּב עִמָּהּ וַתֵּלֶד בֵּן ויקרא [וַתִּקְרָא] אֶת־שְׁמוֹ שְׁלֹמֹה וַיהֹוָה אֲהֵבוֹ׃

vai-na-KHAYM da-VID AYT bat SHE-va ish-TO va-ya-VO ay-LE-ha va-yish-KAV i-MAH va-TAY-led BAYN va-tik-RA et sh'-MO sh'-lo-MOH va-do-NAI a-hay-VO

25 and He sent a message through the *Navi Natan*; and he was named Jedidiah at the instance of *Hashem*.

כה וַיִּשְׁלַח בְּיַד נָתָן הַנָּבִיא וַיִּקְרָא אֶת־שְׁמוֹ יְדִידְיָהּ בַּעֲבוּר יְהֹוָה׃

26 *Yoav* attacked Rabbah of Ammon and captured the royal city.

כו וַיִּלָּחֶם יוֹאָב בְּרַבַּת בְּנֵי עַמּוֹן וַיִּלְכֹּד אֶת־עִיר הַמְּלוּכָה׃

27 *Yoav* sent messengers to *David* and said, "I have attacked Rabbah and I have already captured the water city.

כז וַיִּשְׁלַח יוֹאָב מַלְאָכִים אֶל־דָּוִד וַיֹּאמֶר נִלְחַמְתִּי בְרַבָּה גַּם־לָכַדְתִּי אֶת־עִיר הַמָּיִם׃

28 Now muster the rest of the troops and besiege the city and capture it; otherwise I will capture the city myself, and my name will be connected with it."

כח וְעַתָּה אֱסֹף אֶת־יֶתֶר הָעָם וַחֲנֵה עַל־הָעִיר וְלָכְדָהּ פֶּן־אֶלְכֹּד אֲנִי אֶת־הָעִיר וְנִקְרָא שְׁמִי עָלֶיהָ׃

29 *David* mustered all the troops and marched on Rabbah, and he attacked it and captured it.

כט וַיֶּאֱסֹף דָּוִד אֶת־כָּל־הָעָם וַיֵּלֶךְ רַבָּתָה וַיִּלָּחֶם בָּהּ וַיִּלְכְּדָהּ׃

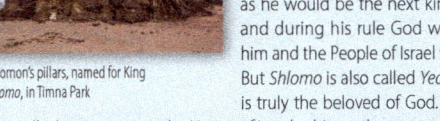

א

12:24 She bore a son and she named him *Shlomo* King *David* repents for what he did, and he and *Batsheva* are blessed with a son. The son is known as Solomon, or in Hebrew, *Shlomo* (**שלמה**),which comes from the word *shalom* (**שלום**), 'peace.' Additionally, he is also called by the name Jedidiah, in Hebrew, *Yedidya* (**ידידיה**), meaning 'beloved of God.' *Radak* suggests that *Hashem* wants his name to be *Shlomo*, as he would be the next king of Israel, and during his rule God would bless him and the People of Israel with peace. But *Shlomo* is also called *Yedidya*, as he is truly the beloved of God. During his reign, the Nation of Israel achieves the greatest heights of peace in the Land of Israel, peace among the People of Israel, and service to *Hashem* in the *Beit Hamikdash*.

Solomon's pillars, named for King *Shlomo*, in Timna Park

שלמה
שלום

30 The crown was taken from the head of their king and it was placed on *David*'s head – it weighed a *kikar* of gold, and [on it] were precious stones. He also carried off a vast amount of booty from the city.

ל וַיִּקַּח אֶת־עֲטֶרֶת־מַלְכָּם מֵעַל רֹאשׁוֹ וּמִשְׁקָלָהּ כִּכַּר זָהָב וְאֶבֶן יְקָרָה וַתְּהִי עַל־רֹאשׁ דָּוִד וּשְׁלַל הָעִיר הוֹצִיא הַרְבֵּה מְאֹד׃

31 He led out the people who lived there and set them to work with saws, iron threshing boards, and iron axes, or assigned them to brickmaking; *David* did this to all the towns of Ammon. Then *David* and all the troops returned to *Yerushalayim*.

לא וְאֶת־הָעָם אֲשֶׁר־בָּהּ הוֹצִיא וַיָּשֶׂם בַּמְּגֵרָה וּבַחֲרִצֵי הַבַּרְזֶל וּבְמַגְזְרֹת הַבַּרְזֶל וְהֶעֱבִיר אוֹתָם במלכן [בַּמַּלְבֵּן] וְכֵן יַעֲשֶׂה לְכֹל עָרֵי בְנֵי־עַמּוֹן וַיָּשָׁב דָּוִד וְכָל־הָעָם יְרוּשָׁלָםִ׃

13 1 This happened sometime afterward: *Avshalom* son of *David* had a beautiful sister named *Tamar*, and *Amnon* son of *David* became infatuated with her.

יג א וַיְהִי אַחֲרֵי־כֵן וּלְאַבְשָׁלוֹם בֶּן־דָּוִד אָחוֹת יָפָה וּשְׁמָהּ תָּמָר וַיֶּאֱהָבֶהָ אַמְנוֹן בֶּן־דָּוִד׃

2 *Amnon* was so distraught because of his [half-] sister *Tamar* that he became sick; for she was a virgin, and it seemed impossible to *Amnon* to do anything to her.

ב וַיֵּצֶר לְאַמְנוֹן לְהִתְחַלּוֹת בַּעֲבוּר תָּמָר אֲחֹתוֹ כִּי בְתוּלָה הִיא וַיִּפָּלֵא בְּעֵינֵי אַמְנוֹן לַעֲשׂוֹת לָהּ מְאוּמָה׃

3 *Amnon* had a friend named *Yonadav*, the son of *David*'s brother Shimah; *Yonadav* was a very clever man.

ג וּלְאַמְנוֹן רֵעַ וּשְׁמוֹ יוֹנָדָב בֶּן־שִׁמְעָה אֲחִי דָוִד וְיוֹנָדָב אִישׁ חָכָם מְאֹד׃

4 He asked him, "Why are you so dejected, O prince, morning after morning? Tell me!" *Amnon* replied, "I am in love with *Tamar*, the sister of my brother *Avshalom*!"

ד וַיֹּאמֶר לוֹ מַדּוּעַ אַתָּה כָּכָה דַּל בֶּן־הַמֶּלֶךְ בַּבֹּקֶר בַּבֹּקֶר הֲלוֹא תַּגִּיד לִי וַיֹּאמֶר לוֹ אַמְנוֹן אֶת־תָּמָר אֲחוֹת אַבְשָׁלֹם אָחִי אֲנִי אֹהֵב׃

5 *Yonadav* said to him, "Lie down in your bed and pretend you are sick. When your father comes to see you, say to him, 'Let my sister *Tamar* come and give me something to eat. Let her prepare the food in front of me, so that I may look on, and let her serve it to me.'"

ה וַיֹּאמֶר לוֹ יְהוֹנָדָב שְׁכַב עַל־מִשְׁכָּבְךָ וְהִתְחָל וּבָא אָבִיךָ לִרְאוֹתֶךָ וְאָמַרְתָּ אֵלָיו תָּבֹא נָא תָמָר אֲחוֹתִי וְתַבְרֵנִי לֶחֶם וְעָשְׂתָה לְעֵינַי אֶת־הַבִּרְיָה לְמַעַן אֲשֶׁר אֶרְאֶה וְאָכַלְתִּי מִיָּדָהּ׃

6 *Amnon* lay down and pretended to be sick. The king came to see him, and *Amnon* said to the king, "Let my sister *Tamar* come and prepare a couple of cakes in front of me, and let her bring them to me."

ו וַיִּשְׁכַּב אַמְנוֹן וַיִּתְחָל וַיָּבֹא הַמֶּלֶךְ לִרְאֹתוֹ וַיֹּאמֶר אַמְנוֹן אֶל־הַמֶּלֶךְ תָּבוֹא־נָא תָּמָר אֲחֹתִי וּתְלַבֵּב לְעֵינַי שְׁתֵּי לְבִבוֹת וְאֶבְרֶה מִיָּדָהּ׃

7 *David* sent a message to *Tamar* in the palace, "Please go to the house of your brother *Amnon* and prepare some food for him."

ז וַיִּשְׁלַח דָּוִד אֶל־תָּמָר הַבַּיְתָה לֵאמֹר לְכִי נָא בֵּית אַמְנוֹן אָחִיךְ וַעֲשִׂי־לוֹ הַבִּרְיָה׃

8 *Tamar* went to the house of her brother *Amnon*, who was in bed. She took dough and kneaded it into cakes in front of him, and cooked the cakes.

ח וַתֵּלֶךְ תָּמָר בֵּית אַמְנוֹן אָחִיהָ וְהוּא שֹׁכֵב וַתִּקַּח אֶת־הַבָּצֵק ותלוש [וַתָּלָשׁ] וַתְּלַבֵּב לְעֵינָיו וַתְּבַשֵּׁל אֶת־הַלְּבִבוֹת׃

9 She took the pan and set out [the cakes], but *Amnon* refused to eat and ordered everyone to withdraw. After everyone had withdrawn,

ט וַתִּקַּח אֶת־הַמַּשְׂרֵת וַתִּצֹק לְפָנָיו וַיְמָאֵן לֶאֱכוֹל וַיֹּאמֶר אַמְנוֹן הוֹצִיאוּ כָל־אִישׁ מֵעָלַי וַיֵּצְאוּ כָל־אִישׁ מֵעָלָיו׃

10 *Amnon* said to *Tamar*, "Bring the food inside and feed me." *Tamar* took the cakes she had made and brought them to her brother inside.

י וַיֹּאמֶר אַמְנוֹן אֶל־תָּמָר הָבִיאִי הַבִּרְיָה הַחֶדֶר וְאֶבְרֶה מִיָּדֵךְ וַתִּקַּח תָּמָר אֶת־הַלְּבִבוֹת אֲשֶׁר עָשָׂתָה וַתָּבֵא לְאַמְנוֹן אָחִיהָ הֶחָדְרָה׃

11 But when she served them to him, he caught hold of her and said to her, "Come lie with me, sister."

יא וַתַּגֵּשׁ אֵלָיו לֶאֱכֹל וַיַּחֲזֶק־בָּהּ וַיֹּאמֶר לָהּ בּוֹאִי שִׁכְבִי עִמִּי אֲחוֹתִי׃

12 But she said to him, "Don't, brother. Don't force me. Such things are not done in *Yisrael*! Don't do such a vile thing!

יב וַתֹּאמֶר לוֹ אַל־אָחִי אַל־תְּעַנֵּנִי כִּי לֹא־יֵעָשֶׂה כֵן בְּיִשְׂרָאֵל אַל־תַּעֲשֵׂה אֶת־הַנְּבָלָה הַזֹּאת׃

13 Where will I carry my shame? And you, you will be like any of the scoundrels in *Yisrael*! Please, speak to the king; he will not refuse me to you."

יג וַאֲנִי אָנָה אוֹלִיךְ אֶת־חֶרְפָּתִי וְאַתָּה תִּהְיֶה כְּאַחַד הַנְּבָלִים בְּיִשְׂרָאֵל וְעַתָּה דַּבֶּר־נָא אֶל־הַמֶּלֶךְ כִּי לֹא יִמְנָעֵנִי מִמֶּךָּ׃

14 But he would not listen to her; he overpowered her and lay with her by force.

יד וְלֹא אָבָה לִשְׁמֹעַ בְּקוֹלָהּ וַיֶּחֱזַק מִמֶּנָּה וַיְעַנֶּהָ וַיִּשְׁכַּב אֹתָהּ׃

15 Then *Amnon* felt a very great loathing for her; indeed, his loathing for her was greater than the passion he had felt for her. And *Amnon* said to her, "Get out!"

טו וַיִּשְׂנָאֶהָ אַמְנוֹן שִׂנְאָה גְּדוֹלָה מְאֹד כִּי גְדוֹלָה הַשִּׂנְאָה אֲשֶׁר שְׂנֵאָהּ מֵאַהֲבָה אֲשֶׁר אֲהֵבָהּ וַיֹּאמֶר־לָהּ אַמְנוֹן קוּמִי לֵכִי׃

16 She pleaded with him, "Please don't commit this wrong; to send me away would be even worse than the first wrong you committed against me." But he would not listen to her.

טז וַתֹּאמֶר לוֹ אַל־אוֹדֹת הָרָעָה הַגְּדוֹלָה הַזֹּאת מֵאַחֶרֶת אֲשֶׁר־עָשִׂיתָ עִמִּי לְשַׁלְּחֵנִי וְלֹא אָבָה לִשְׁמֹעַ לָהּ׃

17 He summoned his young attendant and said, "Get that woman out of my presence, and bar the door behind her." –

יז וַיִּקְרָא אֶת־נַעֲרוֹ מְשָׁרְתוֹ וַיֹּאמֶר שִׁלְחוּ־נָא אֶת־זֹאת מֵעָלַי הַחוּצָה וּנְעֹל הַדֶּלֶת אַחֲרֶיהָ׃

18 She was wearing an ornamented tunic, for maiden princesses were customarily dressed in such garments. – His attendant took her outside and barred the door after her.

יח וְעָלֶיהָ כְּתֹנֶת פַּסִּים כִּי כֵן תִּלְבַּשְׁןָ בְנוֹת־הַמֶּלֶךְ הַבְּתוּלֹת מְעִילִים וַיֹּצֵא אוֹתָהּ מְשָׁרְתוֹ הַחוּץ וְנָעַל הַדֶּלֶת אַחֲרֶיהָ׃

19 *Tamar* put dust on her head and rent the ornamented tunic she was wearing; she put her hands on her head, and walked away, screaming loudly as she went.

יט וַתִּקַּח תָמָר אֵפֶר עַל־רֹאשָׁהּ וּכְתֹנֶת הַפַּסִּים אֲשֶׁר עָלֶיהָ קָרָעָה וַתָּשֶׂם יָדָהּ עַל־רֹאשָׁהּ וַתֵּלֶךְ הָלוֹךְ וְזָעָקָה׃

20 Her brother *Avshalom* said to her, "Was it your brother *Amnon* who did this to you? For the present, sister, keep quiet about it; he is your brother. Don't brood over the matter." And *Tamar* remained in her brother *Avshalom*'s house, forlorn.

כ וַיֹּאמֶר אֵלֶיהָ אַבְשָׁלוֹם אָחִיהָ הַאֲמִינוֹן אָחִיךְ הָיָה עִמָּךְ וְעַתָּה אֲחוֹתִי הַחֲרִישִׁי אָחִיךְ הוּא אַל־תָּשִׁיתִי אֶת־לִבֵּךְ לַדָּבָר הַזֶּה וַתֵּשֶׁב תָּמָר וְשֹׁמֵמָה בֵּית אַבְשָׁלוֹם אָחִיהָ׃

21 When King *David* heard about all this, he was greatly upset.

כא וְהַמֶּלֶךְ דָּוִד שָׁמַע אֵת כָּל־הַדְּבָרִים הָאֵלֶּה וַיִּחַר לוֹ מְאֹד׃

v'-ha-ME-lekh da-VID sha-MA AYT kol ha-d'-va-REEM ha-AY-leh va-yi-KHAR LO m'-OD

22 *Avshalom* didn't utter a word to *Amnon*, good or bad; but *Avshalom* hated *Amnon* because he had violated his sister *Tamar*.

כב וְלֹא־דִבֶּר אַבְשָׁלוֹם עִם־אַמְנוֹן לְמֵרָע וְעַד־טוֹב כִּי־שָׂנֵא אַבְשָׁלוֹם אֶת־אַמְנוֹן עַל־דְּבַר אֲשֶׁר עִנָּה אֵת תָּמָר אֲחֹתוֹ׃

23 Two years later, when *Avshalom* was having his flocks sheared at Baal-hazor near *Efraim*, *Avshalom* invited all the king's sons.

כג וַיְהִי לִשְׁנָתַיִם יָמִים וַיִּהְיוּ גֹזְזִים לְאַבְשָׁלוֹם בְּבַעַל חָצוֹר אֲשֶׁר עִם־אֶפְרָיִם וַיִּקְרָא אַבְשָׁלוֹם לְכָל־בְּנֵי הַמֶּלֶךְ׃

24 And *Avshalom* came to the king and said, "Your servant is having his flocks sheared. Would Your Majesty and your retinue accompany your servant?"

כד וַיָּבֹא אַבְשָׁלוֹם אֶל־הַמֶּלֶךְ וַיֹּאמֶר הִנֵּה־נָא גֹזְזִים לְעַבְדֶּךָ יֵלֶךְ־נָא הַמֶּלֶךְ וַעֲבָדָיו עִם־עַבְדֶּךָ׃

25 But the king answered *Avshalom*, "No, my son. We must not all come, or we'll be a burden to you." He urged him, but he would not go, and he said good-bye to him.

כה וַיֹּאמֶר הַמֶּלֶךְ אֶל־אַבְשָׁלוֹם אַל־בְּנִי אַל־נָא נֵלֵךְ כֻּלָּנוּ וְלֹא נִכְבַּד עָלֶיךָ וַיִּפְרָץ־בּוֹ וְלֹא־אָבָה לָלֶכֶת וַיְבָרְכֵהוּ׃

26 Thereupon *Avshalom* said, "In that case, let my brother *Amnon* come with us," to which the king replied, "He shall not go with you."

כו וַיֹּאמֶר אַבְשָׁלוֹם וָלֹא יֵלֶךְ־נָא אִתָּנוּ אַמְנוֹן אָחִי וַיֹּאמֶר לוֹ הַמֶּלֶךְ לָמָּה יֵלֵךְ עִמָּךְ׃

27 But *Avshalom* urged him, and he sent with him *Amnon* and all the other princes.

כז וַיִּפְרָץ־בּוֹ אַבְשָׁלוֹם וַיִּשְׁלַח אִתּוֹ אֶת־אַמְנוֹן וְאֵת כָּל־בְּנֵי הַמֶּלֶךְ׃

28 Now *Avshalom* gave his attendants these orders: "Watch, and when *Amnon* is merry with wine and I tell you to strike down *Amnon*, kill him! Don't be afraid, for it is I who give you the order. Act with determination, like brave men!"

כח וַיְצַו אַבְשָׁלוֹם אֶת־נְעָרָיו לֵאמֹר רְאוּ נָא כְּטוֹב לֵב־אַמְנוֹן בַּיַּיִן וְאָמַרְתִּי אֲלֵיכֶם הַכּוּ אֶת־אַמְנוֹן וַהֲמִתֶּם אֹתוֹ אַל־תִּירָאוּ הֲלוֹא כִּי אָנֹכִי צִוִּיתִי אֶתְכֶם חִזְקוּ וִהְיוּ לִבְנֵי־חָיִל׃

29 *Avshalom*'s attendants did to *Amnon* as *Avshalom* had ordered; whereupon all the other princes mounted their mules and fled.

כט וַיַּעֲשׂוּ נַעֲרֵי אַבְשָׁלוֹם לְאַמְנוֹן כַּאֲשֶׁר צִוָּה אַבְשָׁלוֹם וַיָּקֻמוּ כָּל־בְּנֵי הַמֶּלֶךְ וַיִּרְכְּבוּ אִישׁ עַל־פִּרְדּוֹ וַיָּנֻסוּ׃

30 They were still on the road when a rumor reached *David* that *Avshalom* had killed all the princes, and that not one of them had survived.

ל וַיְהִי הֵמָּה בַדֶּרֶךְ וְהַשְּׁמֻעָה בָאָה אֶל־דָּוִד לֵאמֹר הִכָּה אַבְשָׁלוֹם אֶת־כָּל־בְּנֵי הַמֶּלֶךְ וְלֹא־נוֹתַר מֵהֶם אֶחָד׃

A woman walks on a Dead sea salt shore

13:21 When King *David* heard about all this, he was greatly upset One of the Bible's many gifts to the world is its emphasis on sexual morality. *Hashem* commands the observance of strict standards that elevate sexuality from mere physicality to the realm of holiness (see Leviticus, chapters 18 and 20). In addition to the spiritual benefits of these laws, they serve to protect women from physical and sexual abuse. Therefore, the debased actions of *Amnon* are a violation of every biblical norm and greatly anger his father, King *David*.

31 At this, *David* rent his garment and lay down on the ground, and all his courtiers stood by with their clothes rent.

לא וַיָּקָם הַמֶּלֶךְ וַיִּקְרַע אֶת־בְּגָדָיו וַיִּשְׁכַּב אָרְצָה וְכָל־עֲבָדָיו נִצָּבִים קְרֻעֵי בְגָדִים׃

32 But *Yonadav*, the son of *David*'s brother Shimah, said, "My lord must not think that all the young princes have been killed. Only *Amnon* is dead; for this has been decided by *Avshalom* ever since his sister *Tamar* was violated.

לב וַיַּעַן יוֹנָדָב בֶּן־שִׁמְעָה אֲחִי־דָוִד וַיֹּאמֶר אַל־יֹאמַר אֲדֹנִי אֵת כָּל־הַנְּעָרִים בְּנֵי־הַמֶּלֶךְ הֵמִיתוּ כִּי־אַמְנוֹן לְבַדּוֹ מֵת כִּי־עַל־פִּי אַבְשָׁלוֹם הָיְתָה שׂוּמָה מִיּוֹם עַנֹּתוֹ אֵת תָּמָר אֲחֹתוֹ׃

33 So my lord the king must not think for a moment that all the princes are dead; *Amnon* alone is dead."

לג וְעַתָּה אַל־יָשֵׂם אֲדֹנִי הַמֶּלֶךְ אֶל־לִבּוֹ דָּבָר לֵאמֹר כָּל־בְּנֵי הַמֶּלֶךְ מֵתוּ כִּי־אִם־אַמְנוֹן לְבַדּוֹ מֵת׃

34 Meanwhile *Avshalom* had fled. The watchman on duty looked up and saw a large crowd coming from the road to his rear, from the side of the hill.

לד וַיִּבְרַח אַבְשָׁלוֹם וַיִּשָּׂא הַנַּעַר הַצֹּפֶה אֶת־עינו [עֵינָיו] וַיַּרְא וְהִנֵּה עַם־רַב הֹלְכִים מִדֶּרֶךְ אַחֲרָיו מִצַּד הָהָר׃

35 *Yonadav* said to the king, "See, the princes have come! It is just as your servant said."

לה וַיֹּאמֶר יוֹנָדָב אֶל־הַמֶּלֶךְ הִנֵּה בְנֵי־הַמֶּלֶךְ בָּאוּ כִּדְבַר עַבְדְּךָ כֵּן הָיָה׃

36 As he finished speaking, the princes came in and broke into weeping; and *David* and all his courtiers wept bitterly, too.

לו וַיְהִי כְּכַלֹּתוֹ לְדַבֵּר וְהִנֵּה בְנֵי־הַמֶּלֶךְ בָּאוּ וַיִּשְׂאוּ קוֹלָם וַיִּבְכּוּ וְגַם־הַמֶּלֶךְ וְכָל־עֲבָדָיו בָּכוּ בְּכִי גָּדוֹל מְאֹד׃

37 *Avshalom* had fled, and he came to Talmai son of Ammihud, king of Geshur. And [King *David*] mourned over his son a long time.

לז וְאַבְשָׁלוֹם בָּרַח וַיֵּלֶךְ אֶל־תַּלְמַי בֶּן־עמיחור [עַמִּיהוּד] מֶלֶךְ גְּשׁוּר וַיִּתְאַבֵּל עַל־בְּנוֹ כָּל־הַיָּמִים׃

38 *Avshalom*, who had fled to Geshur, remained there three years.

לח וְאַבְשָׁלוֹם בָּרַח וַיֵּלֶךְ גְּשׁוּר וַיְהִי־שָׁם שָׁלֹשׁ שָׁנִים׃

39 And King *David* was pining away for *Avshalom*, for [the king] had gotten over *Amnon*'s death.

לט וַתְּכַל דָּוִד הַמֶּלֶךְ לָצֵאת אֶל־אַבְשָׁלוֹם כִּי־נִחַם עַל־אַמְנוֹן כִּי־מֵת׃

14 1 *Yoav* son of *Tzeruya* could see that the king's mind was on *Avshalom*;

יד א וַיֵּדַע יוֹאָב בֶּן־צְרֻיָה כִּי־לֵב הַמֶּלֶךְ עַל־אַבְשָׁלוֹם׃

2 so *Yoav* sent to *Tekoa* and brought a clever woman from there. He said to her, "Pretend you are in mourning; put on mourning clothes and don't anoint yourself with oil; and act like a woman who has grieved a long time over a departed one.

ב וַיִּשְׁלַח יוֹאָב תְּקוֹעָה וַיִּקַּח מִשָּׁם אִשָּׁה חֲכָמָה וַיֹּאמֶר אֵלֶיהָ הִתְאַבְּלִי־נָא וְלִבְשִׁי־נָא בִגְדֵי־אֵבֶל וְאַל־תָּסוּכִי שֶׁמֶן וְהָיִית כְּאִשָּׁה זֶה יָמִים רַבִּים מִתְאַבֶּלֶת עַל־מֵת׃

va-yish-LAKH yo-AV t'-KO-ah va-yi-KAKH mi-SHAM i-SHAH kha-kha-MAH va-YO-mer ay-LE-ha hit-a-b'-lee NA v'-liv-shee NA vig-day AY-vel v'-al ta-SU-khee SHE-men v'-ha-YEET k'-i-SHAH ZEH ya-MEEM ra-BEEM mit-a-BE-let al MAYT

Aerial view of *Tekoa*

14:2 So *Yoav* sent to *Tekoa* According to *Rashi*, the biblical town of *Tekoa*, located near both *Yerushalayim* and *Chevron*, was well known for its abundance of both olive oil and wisdom. Today, the modern community of *Tekoa* is an important part of

3 Go to the king and say to him thus and thus." And *Yoav* told her what to say.

ג וּבָאת אֶל־הַמֶּלֶךְ וְדִבַּרְתְּ אֵלָיו כַּדָּבָר הַזֶּה וַיָּשֶׂם יוֹאָב אֶת־הַדְּבָרִים בְּפִיהָ׃

4 The woman of *Tekoa* came to the king, flung herself face down to the ground, and prostrated herself. She cried out, "Help, O king!"

ד וַתֹּאמֶר הָאִשָּׁה הַתְּקֹעִית אֶל־הַמֶּלֶךְ וַתִּפֹּל עַל־אַפֶּיהָ אַרְצָה וַתִּשְׁתָּחוּ וַתֹּאמֶר הוֹשִׁעָה הַמֶּלֶךְ׃

5 The king asked her, "What troubles you?" And she answered, "Alas, I am a widow, my husband is dead.

ה וַיֹּאמֶר־לָהּ הַמֶּלֶךְ מַה־לָּךְ וַתֹּאמֶר אֲבָל אִשָּׁה־אַלְמָנָה אָנִי וַיָּמָת אִישִׁי׃

6 Your maidservant had two sons. The two of them came to blows out in the fields where there was no one to stop them, and one of them struck the other and killed him.

ו וּלְשִׁפְחָתְךָ שְׁנֵי בָנִים וַיִּנָּצוּ שְׁנֵיהֶם בַּשָּׂדֶה וְאֵין מַצִּיל בֵּינֵיהֶם וַיַּכּוּ הָאֶחָד אֶת־הָאֶחָד וַיָּמֶת אֹתוֹ׃

7 Then the whole clan confronted your maidservant and said, 'Hand over the one who killed his brother, that we may put him to death for the slaying of his brother, even though we wipe out the heir.' Thus they would quench the last ember remaining to me, and leave my husband without name or remnant upon the earth."

ז וְהִנֵּה קָמָה כָל־הַמִּשְׁפָּחָה עַל־שִׁפְחָתֶךָ וַיֹּאמְרוּ תְּנִי אֶת־מַכֵּה אָחִיו וּנְמִתֵהוּ בְּנֶפֶשׁ אָחִיו אֲשֶׁר הָרָג וְנַשְׁמִידָה גַּם אֶת־הַיּוֹרֵשׁ וְכִבּוּ אֶת־גַּחַלְתִּי אֲשֶׁר נִשְׁאָרָה לְבִלְתִּי שׂוּם־[שִׂים־] לְאִישִׁי שֵׁם וּשְׁאֵרִית עַל־פְּנֵי הָאֲדָמָה׃

8 The king said to the woman, "Go home. I will issue an order in your behalf."

ח וַיֹּאמֶר הַמֶּלֶךְ אֶל־הָאִשָּׁה לְכִי לְבֵיתֵךְ וַאֲנִי אֲצַוֶּה עָלָיִךְ׃

9 And the woman of *Tekoa* said to the king, "My lord king, may the guilt be on me and on my ancestral house; Your Majesty and his throne are guiltless."

ט וַתֹּאמֶר הָאִשָּׁה הַתְּקוֹעִית אֶל־הַמֶּלֶךְ עָלַי אֲדֹנִי הַמֶּלֶךְ הֶעָוֺן וְעַל־בֵּית אָבִי וְהַמֶּלֶךְ וְכִסְאוֹ נָקִי׃

10 The king said, "If anyone says anything more to you, have him brought to me, and he will never trouble you again."

י וַיֹּאמֶר הַמֶּלֶךְ הַמְדַבֵּר אֵלַיִךְ וַהֲבֵאתוֹ אֵלַי וְלֹא־יֹסִיף עוֹד לָגַעַת בָּךְ׃

11 She replied, "Let Your Majesty be mindful of *Hashem* your God and restrain the blood avenger bent on destruction, so that my son may not be killed." And he said, "As *Hashem* lives, not a hair of your son shall fall to the ground."

יא וַתֹּאמֶר יִזְכָּר־נָא הַמֶּלֶךְ אֶת־יְהֹוָה אֱלֹהֶיךָ מהרבית [מֵהַרְבַּת] גֹּאֵל הַדָּם לְשַׁחֵת וְלֹא יַשְׁמִידוּ אֶת־בְּנִי וַיֹּאמֶר חַי־יְהֹוָה אִם־יִפֹּל מִשַּׂעֲרַת בְּנֵךְ אָרְצָה׃

12 Then the woman said, "Please let your maidservant say another word to my lord the king." "Speak on," said the king.

יב וַתֹּאמֶר הָאִשָּׁה תְּדַבֶּר־נָא שִׁפְחָתְךָ אֶל־אֲדֹנִי הַמֶּלֶךְ דָּבָר וַיֹּאמֶר דַּבֵּרִי׃

the *Gush Etzion* region of Judea. It is home to over 750 Jewish families, and is known throughout Israel as a community where Orthodox and secular Jews live together in mutual respect and harmony. It is also known for its efforts to forge peaceful ties with neighboring Arab villages.

13 And the woman said, "Why then have you planned the like against *Hashem*'s people? In making this pronouncement, Your Majesty condemns himself in that Your Majesty does not bring back his own banished one.

יג וַתֹּאמֶר הָאִשָּׁה וְלָמָּה חָשַׁבְתָּה כָּזֹאת עַל־עַם אֱלֹהִים וּמִדַּבֵּר הַמֶּלֶךְ הַדָּבָר הַזֶּה כְּאָשֵׁם לְבִלְתִּי הָשִׁיב הַמֶּלֶךְ אֶת־נִדְּחוֹ׃

14 We must all die; we are like water that is poured out on the ground and cannot be gathered up. *Hashem* will not take away the life of one who makes plans so that no one may be kept banished.

יד כִּי־מוֹת נָמוּת וְכַמַּיִם הַנִּגָּרִים אַרְצָה אֲשֶׁר לֹא יֵאָסֵפוּ וְלֹא־יִשָּׂא אֱלֹהִים נֶפֶשׁ וְחָשַׁב מַחֲשָׁבוֹת לְבִלְתִּי יִדַּח מִמֶּנּוּ נִדָּח׃

15 And the reason I have come to say these things to the king, my lord, is that the people have frightened me. Your maidservant thought I would speak to Your Majesty; perhaps Your Majesty would act on his handmaid's plea.

טו וְעַתָּה אֲשֶׁר־בָּאתִי לְדַבֵּר אֶל־הַמֶּלֶךְ אֲדֹנִי אֶת־הַדָּבָר הַזֶּה כִּי יֵרְאֻנִי הָעָם וַתֹּאמֶר שִׁפְחָתְךָ אֲדַבְּרָה־נָּא אֶל־הַמֶּלֶךְ אוּלַי יַעֲשֶׂה הַמֶּלֶךְ אֶת־דְּבַר אֲמָתוֹ׃

16 For Your Majesty would surely agree to deliver his handmaid from the hands of anyone [who would seek to] cut off both me and my son from the heritage of *Hashem*.

טז כִּי יִשְׁמַע הַמֶּלֶךְ לְהַצִּיל אֶת־אֲמָתוֹ מִכַּף הָאִישׁ לְהַשְׁמִיד אֹתִי וְאֶת־בְּנִי יַחַד מִנַּחֲלַת אֱלֹהִים׃

17 Your maidservant thought, 'Let the word of my lord the king provide comfort; for my lord the king is like an angel of *Hashem*, understanding everything, good and bad.' May *Hashem* your God be with you."

יז וַתֹּאמֶר שִׁפְחָתְךָ יִהְיֶה־נָּא דְּבַר־אֲדֹנִי הַמֶּלֶךְ לִמְנוּחָה כִּי כְּמַלְאַךְ הָאֱלֹהִים כֵּן אֲדֹנִי הַמֶּלֶךְ לִשְׁמֹעַ הַטּוֹב וְהָרָע וַיהֹוָה אֱלֹהֶיךָ יְהִי עִמָּךְ׃

18 In reply, the king said to the woman, "Do not withhold from me anything I ask you!" The woman answered, "Let my lord the king speak."

יח וַיַּעַן הַמֶּלֶךְ וַיֹּאמֶר אֶל־הָאִשָּׁה אַל־נָא תְכַחֲדִי מִמֶּנִּי דָּבָר אֲשֶׁר אָנֹכִי שֹׁאֵל אֹתָךְ וַתֹּאמֶר הָאִשָּׁה יְדַבֶּר־נָא אֲדֹנִי הַמֶּלֶךְ׃

19 The king asked, "Is *Yoav* in league with you in all this?" The woman replied, "As you live, my lord the king, it is just as my lord the king says. Yes, your servant *Yoav* was the one who instructed me, and it was he who told your maidservant everything she was to say.

יט וַיֹּאמֶר הַמֶּלֶךְ הֲיַד יוֹאָב אִתָּךְ בְּכָל־זֹאת וַתַּעַן הָאִשָּׁה וַתֹּאמֶר חֵי־נַפְשְׁךָ אֲדֹנִי הַמֶּלֶךְ אִם־אִשׁ לְהֵמִין וּלְהַשְׂמִיל מִכֹּל אֲשֶׁר־דִּבֶּר אֲדֹנִי הַמֶּלֶךְ כִּי־עַבְדְּךָ יוֹאָב הוּא צִוָּנִי וְהוּא שָׂם בְּפִי שִׁפְחָתְךָ אֵת כָּל־הַדְּבָרִים הָאֵלֶּה׃

20 It was to conceal the real purpose of the matter that your servant *Yoav* did this thing. My lord is as wise as an angel of *Hashem*, and he knows all that goes on in the land."

כ לְבַעֲבוּר סַבֵּב אֶת־פְּנֵי הַדָּבָר עָשָׂה עַבְדְּךָ יוֹאָב אֶת־הַדָּבָר הַזֶּה וַאדֹנִי חָכָם כְּחָכְמַת מַלְאַךְ הָאֱלֹהִים לָדַעַת אֶת־כָּל־אֲשֶׁר בָּאָרֶץ׃

21 Then the king said to *Yoav*, "I will do this thing. Go and bring back my boy *Avshalom*."

כא וַיֹּאמֶר הַמֶּלֶךְ אֶל־יוֹאָב הִנֵּה־נָא עָשִׂיתִי אֶת־הַדָּבָר הַזֶּה וְלֵךְ הָשֵׁב אֶת־הַנַּעַר אֶת־אַבְשָׁלוֹם׃

Samuel

22 *Yoav* flung himself face down on the ground and prostrated himself. *Yoav* blessed the king and said, "Today your servant knows that he has found favor with you, my lord king, for Your Majesty has granted his servant's request."

כב וַיִּפֹּל יוֹאָב אֶל־פָּנָיו אַרְצָה וַיִּשְׁתַּחוּ וַיְבָרֶךְ אֶת־הַמֶּלֶךְ וַיֹּאמֶר יוֹאָב הַיּוֹם יָדַע עַבְדְּךָ כִּי־מָצָאתִי חֵן בְּעֵינֶיךָ אֲדֹנִי הַמֶּלֶךְ אֲשֶׁר־עָשָׂה הַמֶּלֶךְ אֶת־דְּבַר עבדו [עַבְדֶּךָ:]

23 And *Yoav* went at once to Geshur and brought *Avshalom* to *Yerushalayim*.

כג וַיָּקָם יוֹאָב וַיֵּלֶךְ גְּשׁוּרָה וַיָּבֵא אֶת־אַבְשָׁלוֹם יְרוּשָׁלִָם:

24 But the king said, "Let him go directly to his house and not present himself to me." So *Avshalom* went directly to his house and did not present himself to the king.

כד וַיֹּאמֶר הַמֶּלֶךְ יִסֹּב אֶל־בֵּיתוֹ וּפָנַי לֹא יִרְאֶה וַיִּסֹּב אַבְשָׁלוֹם אֶל־בֵּיתוֹ וּפְנֵי הַמֶּלֶךְ לֹא רָאָה:

25 No one in all *Yisrael* was so admired for his beauty as *Avshalom*; from the sole of his foot to the crown of his head he was without blemish.

כה וּכְאַבְשָׁלוֹם לֹא־הָיָה אִישׁ־יָפֶה בְּכָל־יִשְׂרָאֵל לְהַלֵּל מְאֹד מִכַּף רַגְלוֹ וְעַד קָדְקֳדוֹ לֹא־הָיָה בוֹ מוּם:

26 When he cut his hair – he had to have it cut every year, for it grew too heavy for him – the hair of his head weighed two hundred *shekalim* by the royal weight.

כו וּבְגַלְּחוֹ אֶת־רֹאשׁוֹ וְהָיָה מִקֵּץ יָמִים לַיָּמִים אֲשֶׁר יְגַלֵּחַ כִּי־כָבֵד עָלָיו וְגִלְּחוֹ וְשָׁקַל אֶת־שְׂעַר רֹאשׁוֹ מָאתַיִם שְׁקָלִים בְּאֶבֶן הַמֶּלֶךְ:

27 *Avshalom* had three sons and a daughter whose name was *Tamar*; she was a beautiful woman.

כז וַיִּוָּלְדוּ לְאַבְשָׁלוֹם שְׁלוֹשָׁה בָנִים וּבַת אַחַת וּשְׁמָהּ תָּמָר הִיא הָיְתָה אִשָּׁה יְפַת מַרְאֶה:

28 *Avshalom* lived in *Yerushalayim* two years without appearing before the king.

כח וַיֵּשֶׁב אַבְשָׁלוֹם בִּירוּשָׁלִַם שְׁנָתַיִם יָמִים וּפְנֵי הַמֶּלֶךְ לֹא רָאָה:

29 Then *Avshalom* sent for *Yoav*, in order to send him to the king; but *Yoav* would not come to him. He sent for him a second time, but he would not come.

כט וַיִּשְׁלַח אַבְשָׁלוֹם אֶל־יוֹאָב לִשְׁלֹחַ אֹתוֹ אֶל־הַמֶּלֶךְ וְלֹא אָבָה לָבוֹא אֵלָיו וַיִּשְׁלַח עוֹד שֵׁנִית וְלֹא אָבָה לָבוֹא:

30 So [*Avshalom*] said to his servants, "Look, *Yoav*'s field is next to mine, and he has barley there. Go and set it on fire." And *Avshalom*'s servants set the field on fire.

ל וַיֹּאמֶר אֶל־עֲבָדָיו רְאוּ חֶלְקַת יוֹאָב אֶל־יָדִי וְלוֹ־שָׁם שְׂעֹרִים לְכוּ והוצתיה [וְהַצִּיתוּהָ] בָאֵשׁ וַיַּצִּתוּ עַבְדֵי אַבְשָׁלוֹם אֶת־הַחֶלְקָה בָּאֵשׁ:

31 *Yoav* came at once to *Avshalom*'s house and said to him, "Why did your servants set fire to my field?"

לא וַיָּקָם יוֹאָב וַיָּבֹא אֶל־אַבְשָׁלוֹם הַבָּיְתָה וַיֹּאמֶר אֵלָיו לָמָּה הִצִּיתוּ עֲבָדֶיךָ אֶת־הַחֶלְקָה אֲשֶׁר־לִי בָּאֵשׁ:

32 *Avshalom* replied to *Yoav*, "I sent for you to come here; I wanted to send you to the king to say [on my behalf]: 'Why did I leave Geshur? I would be better off if I were still there. Now let me appear before the king; and if I am guilty of anything, let him put me to death!'"

לב וַיֹּאמֶר אַבְשָׁלוֹם אֶל־יוֹאָב הִנֵּה שָׁלַחְתִּי אֵלֶיךָ לֵאמֹר בֹּא הֵנָּה וְאֶשְׁלְחָה אֹתְךָ אֶל־הַמֶּלֶךְ לֵאמֹר לָמָּה בָּאתִי מִגְּשׁוּר טוֹב לִי עֹד אֲנִי־שָׁם וְעַתָּה אֶרְאֶה פְּנֵי הַמֶּלֶךְ וְאִם־יֶשׁ־בִּי עָוֺן וֶהֱמִתָנִי:

33 *Yoav* went to the king and reported to him; whereupon he summoned *Avshalom*. He came to the king and flung himself face down to the ground before the king. And the king kissed *Avshalom*.

לג וַיָּבֹא יוֹאָב אֶל־הַמֶּלֶךְ וַיַּגֶּד־לוֹ וַיִּקְרָא אֶל־אַבְשָׁלוֹם וַיָּבֹא אֶל־הַמֶּלֶךְ וַיִּשְׁתַּחוּ לוֹ עַל־אַפָּיו אַרְצָה לִפְנֵי הַמֶּלֶךְ וַיִּשַּׁק הַמֶּלֶךְ לְאַבְשָׁלוֹם:

15

1 Sometime afterward, *Avshalom* provided himself with a chariot, horses, and fifty outrunners.

טו

א וַיְהִי מֵאַחֲרֵי כֵן וַיַּעַשׂ לוֹ אַבְשָׁלוֹם מֶרְכָּבָה וְסֻסִים וַחֲמִשִּׁים אִישׁ רָצִים לְפָנָיו׃

2 *Avshalom* used to rise early and stand by the road to the city gates; and whenever a man had a case that was to come before the king for judgment, *Avshalom* would call out to him, "What town are you from?" And when he answered, "Your servant is from such and such a tribe in *Yisrael*,"

ב וְהִשְׁכִּים אַבְשָׁלוֹם וְעָמַד עַל־יַד דֶּרֶךְ הַשָּׁעַר וַיְהִי כָּל־הָאִישׁ אֲשֶׁר־יִהְיֶה־לּוֹ־רִיב לָבוֹא אֶל־הַמֶּלֶךְ לַמִּשְׁפָּט וַיִּקְרָא אַבְשָׁלוֹם אֵלָיו וַיֹּאמֶר אֵי־מִזֶּה עִיר אַתָּה וַיֹּאמֶר מֵאַחַד שִׁבְטֵי־יִשְׂרָאֵל עַבְדֶּךָ׃

3 *Avshalom* would say to him, "It is clear that your claim is right and just, but there is no one assigned to you by the king to hear it."

ג וַיֹּאמֶר אֵלָיו אַבְשָׁלוֹם רְאֵה דְבָרֶךָ טוֹבִים וּנְכֹחִים וְשֹׁמֵעַ אֵין־לְךָ מֵאֵת הַמֶּלֶךְ׃

4 And *Avshalom* went on, "If only I were appointed judge in the land and everyone with a legal dispute came before me, I would see that he got his rights."

ד וַיֹּאמֶר אַבְשָׁלוֹם מִי־יְשִׂמֵנִי שֹׁפֵט בָּאָרֶץ וְעָלַי יָבוֹא כָּל־אִישׁ אֲשֶׁר־יִהְיֶה־לּוֹ־רִיב וּמִשְׁפָּט וְהִצְדַּקְתִּיו׃

5 And if a man approached to bow to him, [*Avshalom*] would extend his hand and take hold of him and kiss him.

ה וְהָיָה בִּקְרָב־אִישׁ לְהִשְׁתַּחֲוֹת לוֹ וְשָׁלַח אֶת־יָדוֹ וְהֶחֱזִיק לוֹ וְנָשַׁק לוֹ׃

6 *Avshalom* did this to every Israelite who came to the king for judgment. Thus *Avshalom* won away the hearts of the men of *Yisrael*.

ו וַיַּעַשׂ אַבְשָׁלוֹם כַּדָּבָר הַזֶּה לְכָל־יִשְׂרָאֵל אֲשֶׁר־יָבֹאוּ לַמִּשְׁפָּט אֶל־הַמֶּלֶךְ וַיְגַנֵּב אַבְשָׁלוֹם אֶת־לֵב אַנְשֵׁי יִשְׂרָאֵל׃

7 After a period of forty years had gone by, *Avshalom* said to the king, "Let me go to *Chevron* and fulfill a vow that I made to *Hashem*.

ז וַיְהִי מִקֵּץ אַרְבָּעִים שָׁנָה וַיֹּאמֶר אַבְשָׁלוֹם אֶל־הַמֶּלֶךְ אֵלְכָה נָּא וַאֲשַׁלֵּם אֶת־נִדְרִי אֲשֶׁר־נָדַרְתִּי לַיהֹוָה בְּחֶבְרוֹן׃

8 For your servant made a vow when I lived in Geshur of Aram: If *Hashem* ever brings me back to *Yerushalayim*, I will worship *Hashem*."

ח כִּי־נֵדֶר נָדַר עַבְדְּךָ בְּשִׁבְתִּי בִגְשׁוּר בַּאֲרָם לֵאמֹר אִם־ישיב [יָשׁוֹב] יְשִׁיבֵנִי יְהֹוָה יְרוּשָׁלַםִ וְעָבַדְתִּי אֶת־יְהֹוָה׃

9 The king said to him, "Go in peace"; and so he set out for *Chevron*.

ט וַיֹּאמֶר־לוֹ הַמֶּלֶךְ לֵךְ בְּשָׁלוֹם וַיָּקָם וַיֵּלֶךְ חֶבְרוֹנָה׃

10 But *Avshalom* sent agents to all the tribes of *Yisrael* to say, "When you hear the blast of the horn, announce that *Avshalom* has become king in *Chevron*."

י וַיִּשְׁלַח אַבְשָׁלוֹם מְרַגְּלִים בְּכָל־שִׁבְטֵי יִשְׂרָאֵל לֵאמֹר כְּשָׁמְעֲכֶם אֶת־קוֹל הַשֹּׁפָר וַאֲמַרְתֶּם מָלַךְ אַבְשָׁלוֹם בְּחֶבְרוֹן׃

11 Two hundred men of *Yerushalayim* accompanied *Avshalom*; they were invited and went in good faith, suspecting nothing.

יא וְאֶת־אַבְשָׁלוֹם הָלְכוּ מָאתַיִם אִישׁ מִירוּשָׁלַםִ קְרֻאִים וְהֹלְכִים לְתֻמָּם וְלֹא יָדְעוּ כָּל־דָּבָר׃

12 *Avshalom* also sent [to fetch] *Achitofel* the Gilonite, *David*'s counselor, from his town, Giloh, when the sacrifices were to be offered. The conspiracy gained strength, and the people supported *Avshalom* in increasing numbers.

יב וַיִּשְׁלַח אַבְשָׁלוֹם אֶת־אֲחִיתֹפֶל הַגִּילֹנִי יוֹעֵץ דָּוִד מֵעִירוֹ מִגִּלֹה בְּזָבְחוֹ אֶת־הַזְּבָחִים וַיְהִי הַקֶּשֶׁר אַמִּץ וְהָעָם הוֹלֵךְ וָרָב אֶת־אַבְשָׁלוֹם׃

13 Someone came and told *David*, "The loyalty of the men of *Yisrael* has veered toward *Avshalom*."

יג וַיָּבֹא הַמַּגִּיד אֶל־דָּוִד לֵאמֹר הָיָה לֶב־אִישׁ יִשְׂרָאֵל אַחֲרֵי אַבְשָׁלוֹם׃

14 Whereupon *David* said to all the courtiers who were with him in *Yerushalayim*, "Let us flee at once, or none of us will escape from *Avshalom*. We must get away quickly, or he will soon overtake us and bring down disaster upon us and put the city to the sword."

יד וַיֹּאמֶר דָּוִד לְכָל־עֲבָדָיו אֲשֶׁר־אִתּוֹ בִירוּשָׁלַ͏ִם קוּמוּ וְנִבְרָחָה כִּי לֹא־תִהְיֶה־לָּנוּ פְלֵיטָה מִפְּנֵי אַבְשָׁלֹם מַהֲרוּ לָלֶכֶת פֶּן־יְמַהֵר וְהִשִּׂגֻנוּ וְהִדִּיחַ עָלֵינוּ אֶת־הָרָעָה וְהִכָּה הָעִיר לְפִי־חָרֶב׃

15 The king's courtiers said to the king, "Whatever our lord the king decides, your servants are ready."

טו וַיֹּאמְרוּ עַבְדֵי־הַמֶּלֶךְ אֶל־הַמֶּלֶךְ כְּכֹל אֲשֶׁר־יִבְחַר אֲדֹנִי הַמֶּלֶךְ הִנֵּה עֲבָדֶיךָ׃

16 So the king left, followed by his entire household, except for ten concubines whom the king left to mind the palace.

טז וַיֵּצֵא הַמֶּלֶךְ וְכָל־בֵּיתוֹ בְּרַגְלָיו וַיַּעֲזֹב הַמֶּלֶךְ אֵת עֶשֶׂר נָשִׁים פִּלַגְשִׁים לִשְׁמֹר הַבָּיִת׃

17 The king left, followed by all the people, and they stopped at the last house.

יז וַיֵּצֵא הַמֶּלֶךְ וְכָל־הָעָם בְּרַגְלָיו וַיַּעַמְדוּ בֵּית הַמֶּרְחָק׃

18 All his followers marched past him, including all the Cherethites and all the Pelethites; and all the Gittites, six hundred men who had accompanied him from Gath, also marched by the king.

יח וְכָל־עֲבָדָיו עֹבְרִים עַל־יָדוֹ וְכָל־הַכְּרֵתִי וְכָל־הַפְּלֵתִי וְכָל־הַגִּתִּים שֵׁשׁ־מֵאוֹת אִישׁ אֲשֶׁר־בָּאוּ בְרַגְלוֹ מִגַּת עֹבְרִים עַל־פְּנֵי הַמֶּלֶךְ׃

19 And the king said to Ittai the Gittite, "Why should you too go with us? Go back and stay with the [new] king, for you are a foreigner and you are also an exile from your country.

יט וַיֹּאמֶר הַמֶּלֶךְ אֶל־אִתַּי הַגִּתִּי לָמָּה תֵלֵךְ גַּם־אַתָּה אִתָּנוּ שׁוּב וְשֵׁב עִם־הַמֶּלֶךְ כִּי־נָכְרִי אַתָּה וְגַם־גֹּלֶה אַתָּה לִמְקוֹמֶךָ׃

20 You came only yesterday; should I make you wander about with us today, when I myself must go wherever I can? Go back, and take your kinsmen with you, [in] true faithfulness."

כ תְּמוֹל בּוֹאֶךָ וְהַיּוֹם אנועך [אֲנִיעֲךָ] עִמָּנוּ לָלֶכֶת וַאֲנִי הוֹלֵךְ עַל אֲשֶׁר־אֲנִי הוֹלֵךְ שׁוּב וְהָשֵׁב אֶת־אַחֶיךָ עִמָּךְ חֶסֶד וֶאֱמֶת׃

21 Ittai replied to the king, "As *Hashem* lives and as my lord the king lives, wherever my lord the king may be, there your servant will be, whether for death or for life!"

כא וַיַּעַן אִתַּי אֶת־הַמֶּלֶךְ וַיֹּאמַר חַי־יְהֹוָה וְחֵי אֲדֹנִי הַמֶּלֶךְ כִּי אִם־בִּמְקוֹם אֲשֶׁר יִהְיֶה־שָּׁם אֲדֹנִי הַמֶּלֶךְ אִם־לְמָוֶת אִם־לְחַיִּים כִּי־שָׁם יִהְיֶה עַבְדֶּךָ׃

22 And *David* said to Ittai, "Then march by." And Ittai the Gittite and all his men and all the children who were with him marched by.

כב וַיֹּאמֶר דָּוִד אֶל־אִתַּי לֵךְ וַעֲבֹר וַיַּעֲבֹר אִתַּי הַגִּתִּי וְכָל־אֲנָשָׁיו וְכָל־הַטַּף אֲשֶׁר אִתּוֹ׃

23 The whole countryside wept aloud as the troops marched by. The king crossed the Kidron Valley, and all the troops crossed by the road to the wilderness.

כג וְכָל־הָאָרֶץ בּוֹכִים קוֹל גָּדוֹל וְכָל־הָעָם עֹבְרִים וְהַמֶּלֶךְ עֹבֵר בְּנַחַל קִדְרוֹן וְכָל־הָעָם עֹבְרִים עַל־פְּנֵי־דֶרֶךְ אֶת־הַמִּדְבָּר׃

24 Then *Tzadok* appeared, with all the *Leviim* carrying the *Aron Brit Hashem*; and they set down the *Aron* of *Hashem* until all the people had finished marching out of the city. *Evyatar* also came up.

כד וְהִנֵּה גַם־צָדוֹק וְכָל־הַלְוִיִּם אִתּוֹ נֹשְׂאִים אֶת־אֲרוֹן בְּרִית הָאֱלֹהִים וַיַּצִּקוּ אֶת־אֲרוֹן הָאֱלֹהִים וַיַּעַל אֶבְיָתָר עַד־תֹּם כָּל־הָעָם לַעֲבוֹר מִן־הָעִיר׃

25 But the king said to *Tzadok*, "Take the *Aron* of *Hashem* back to the city. If I find favor with *Hashem*, He will bring me back and let me see it and its abode.

כה וַיֹּאמֶר הַמֶּלֶךְ לְצָדוֹק הָשֵׁב אֶת־אֲרוֹן הָאֱלֹהִים הָעִיר אִם־אֶמְצָא חֵן בְּעֵינֵי יְהֹוָה וֶהֱשִׁבַנִי וְהִרְאַנִי אֹתוֹ וְאֶת־נָוֵהוּ:

26 And if He should say, 'I do not want you,' I am ready; let Him do with me as He pleases."

כו וְאִם כֹּה יֹאמַר לֹא חָפַצְתִּי בָּךְ הִנְנִי יַעֲשֶׂה־לִּי כַּאֲשֶׁר טוֹב בְּעֵינָיו:

27 And the king said to the *Kohen Tzadok*, "Do you understand? You return to the safety of the city with your two sons, your own son Ahimaaz and *Evyatar*'s son *Yehonatan*.

כז וַיֹּאמֶר הַמֶּלֶךְ אֶל־צָדוֹק הַכֹּהֵן הֲרוֹאֶה אַתָּה שֻׁבָה הָעִיר בְּשָׁלוֹם וַאֲחִימַעַץ בִּנְךָ וִיהוֹנָתָן בֶּן־אֶבְיָתָר שְׁנֵי בְנֵיכֶם אִתְּכֶם:

28 Look, I shall linger in the steppes of the wilderness until word comes from you to inform me."

כח רְאוּ אָנֹכִי מִתְמַהְמֵהַּ בעברות [בְּעַרְבוֹת] הַמִּדְבָּר עַד בּוֹא דָבָר מֵעִמָּכֶם לְהַגִּיד לִי:

29 *Tzadok* and *Evyatar* brought the *Aron* of *Hashem* back to *Yerushalayim*, and they stayed there.

כט וַיָּשֶׁב צָדוֹק וְאֶבְיָתָר אֶת־אֲרוֹן הָאֱלֹהִים יְרוּשָׁלָםִ וַיֵּשְׁבוּ שָׁם:

30 *David* meanwhile went up the slope of the [Mount of] Olives, weeping as he went; his head was covered and he walked barefoot. And all the people who were with him covered their heads and wept as they went up.

ל וְדָוִד עֹלֶה בְמַעֲלֵה הַזֵּיתִים עֹלֶה וּבוֹכֶה וְרֹאשׁ לוֹ חָפוּי וְהוּא הֹלֵךְ יָחֵף וְכָל־הָעָם אֲשֶׁר־אִתּוֹ חָפוּ אִישׁ רֹאשׁוֹ וְעָלוּ עָלֹה וּבָכֹה:

v'-da-VID o-LEH v'-ma-a-LAY ha-zay-TEEM o-LEH u-vo-KHEH v'-ROSH LO kha-FUY v'-HU ho-LAYKH ya-KHAYF v'-khol ha-AM a-sher i-TO kha-FU EESH ro-SHO v'-a-LU a-LOH u-va-KHOH

31 *David* [was] told that *Achitofel* was among the conspirators with *Avshalom*, and he prayed, "Please, *Hashem*, frustrate *Achitofel*'s counsel!"

לא וְדָוִד הִגִּיד לֵאמֹר אֲחִיתֹפֶל בַּקֹּשְׁרִים עִם־אַבְשָׁלוֹם וַיֹּאמֶר דָּוִד סַכֶּל־נָא אֶת־עֲצַת אֲחִיתֹפֶל יְהֹוָה:

32 When *David* reached the top, where people would prostrate themselves to *Hashem*, Hushai the Archite was there to meet him, with his robe torn and with earth on his head.

לב וַיְהִי דָוִד בָּא עַד־הָרֹאשׁ אֲשֶׁר־יִשְׁתַּחֲוֶה שָׁם לֵאלֹהִים וְהִנֵּה לִקְרָאתוֹ חוּשַׁי הָאַרְכִּי קָרוּעַ כֻּתָּנְתּוֹ וַאֲדָמָה עַל־רֹאשׁוֹ:

33 *David* said to him, "If you march on with me, you will be a burden to me.

לג וַיֹּאמֶר לוֹ דָּוִד אִם עָבַרְתָּ אִתִּי וְהָיִתָ עָלַי לְמַשָּׂא:

15:30 *David* meanwhile went up the slope of the [Mount of] Olives In distress, King *David* ascends the Mount of Olives, *Har HaZeitim* (הר הזיתים), the mountain just east of the Temple Mount that later becomes a very significant location for the Jewish people. During the time of the *Beit Hamikdash*, the red heifer, whose ashes are needed for complete ritual purification, is to be slaughtered on *Har HaZeitim*, in view of the Temple. *Har HaZeitim* is also home to the most important Jewish cemetery in Israel, due to its proximity to the Temple Mount. In fact, there is a tradition, based on a verse in *Zecharya* (14:4), that those who are buried on *Har HaZeitim* will be the first to be resurrected in the times of *Mashiach*. *Har HaZeitim* gets its name from the many olive trees that once grew there. According to the Sages, the olive branch brought back to *Noach* in the mouth of the dove was taken from an olive tree on *Har HaZeitim*.

Mount of Olives

Samuel

34 But if you go back to the city and say to *Avshalom*, 'I will be your servant, O king; I was your father's servant formerly, and now I will be yours,' then you can nullify *Achitofel's* counsel for me.

35 You will have the *Kohanim Tzadok* and *Evyatar* there, and you can report everything that you hear in the king's palace to the *Kohanim Tzadok* and *Evyatar*.

36 Also, their two sons are there with them, *Tzadok's* son Ahimaaz and *Evyatar's* son *Yehonatan*; and through them you can report to me everything you hear."

37 And so Hushai, the friend of *David*, reached the city as *Avshalom* was entering *Yerushalayim*.

16 1 *David* had passed a little beyond the summit when Ziba the servant of *Mefiboshet* came toward him with a pair of saddled asses carrying two hundred loaves of bread, one hundred cakes of raisin, one hundred cakes of figs, and a jar of wine.

2 The king asked Ziba, "What are you doing with these?" Ziba answered, "The asses are for Your Majesty's family to ride on, the bread and figs are for the attendants to eat, and the wine is to be drunk by any who are exhausted in the wilderness."

3 "And where is your master's son?" the king asked. "He is staying in *Yerushalayim*," Ziba replied to the king, "for he thinks that the House of *Yisrael* will now give him back the throne of his grandfather."

va-YO-mer ha-ME-lekh v'-a-YAY ben a-do-NE-kha va-YO-mer tzee-VA el ha-ME-lekh hi-NAY yo-SHAYV bee-ru-sha-LA-yim KEE a-MAR ha-YOM ya-SHEE-vu LEE BAYT yis-ra-AYL AYT mam-l'-KHUT a-VEE

4 The king said to Ziba, "Then all that belongs to *Mefiboshet* is now yours!" And Ziba replied, "I bow low. Your Majesty is most gracious to me."

לד וְאִם־הָעִיר תָּשׁוּב וְאָמַרְתָּ לְאַבְשָׁלוֹם עַבְדְּךָ אֲנִי הַמֶּלֶךְ אֶהְיֶה עֶבֶד אָבִיךָ וַאֲנִי מֵאָז וְעַתָּה וַאֲנִי עַבְדֶּךָ וְהֵפַרְתָּה לִי אֵת עֲצַת אֲחִיתֹפֶל:

לה וַהֲלוֹא עִמְּךָ שָׁם צָדוֹק וְאֶבְיָתָר הַכֹּהֲנִים וְהָיָה כָּל־הַדָּבָר אֲשֶׁר תִּשְׁמַע מִבֵּית הַמֶּלֶךְ תַּגִּיד לְצָדוֹק וּלְאֶבְיָתָר הַכֹּהֲנִים:

לו הִנֵּה־שָׁם עִמָּם שְׁנֵי בְנֵיהֶם אֲחִימַעַץ לְצָדוֹק וִיהוֹנָתָן לְאֶבְיָתָר וּשְׁלַחְתֶּם בְּיָדָם אֵלַי כָּל־דָּבָר אֲשֶׁר תִּשְׁמָעוּ:

לז וַיָּבֹא חוּשַׁי רֵעֶה דָוִד הָעִיר וְאַבְשָׁלֹם יָבֹא יְרוּשָׁלָ͏ִם:

טז א וְדָוִד עָבַר מְעַט מֵהָרֹאשׁ וְהִנֵּה צִיבָא נַעַר מְפִי־בֹשֶׁת לִקְרָאתוֹ וְצֶמֶד חֲמֹרִים חֲבֻשִׁים וַעֲלֵיהֶם מָאתַיִם לֶחֶם וּמֵאָה צִמּוּקִים וּמֵאָה קַיִץ וְנֵבֶל יָיִן:

ב וַיֹּאמֶר הַמֶּלֶךְ אֶל־צִיבָא מָה־אֵלֶּה לָּךְ וַיֹּאמֶר צִיבָא הַחֲמוֹרִים לְבֵית־הַמֶּלֶךְ לִרְכֹּב ולהלחם [וְהַלֶּחֶם] וְהַקַּיִץ לֶאֱכוֹל הַנְּעָרִים וְהַיַּיִן לִשְׁתּוֹת הַיָּעֵף בַּמִּדְבָּר:

ג וַיֹּאמֶר הַמֶּלֶךְ וְאַיֵּה בֶּן־אֲדֹנֶיךָ וַיֹּאמֶר צִיבָא אֶל־הַמֶּלֶךְ הִנֵּה יוֹשֵׁב בִּירוּשָׁלַ͏ִם כִּי אָמַר הַיּוֹם יָשִׁיבוּ לִי בֵּית יִשְׂרָאֵל אֵת מַמְלְכוּת אָבִי:

ד וַיֹּאמֶר הַמֶּלֶךְ לְצִבָא הִנֵּה לְךָ כֹּל אֲשֶׁר לִמְפִי־בֹשֶׁת וַיֹּאמֶר צִיבָא הִשְׁתַּחֲוֵיתִי אֶמְצָא־חֵן בְּעֵינֶיךָ אֲדֹנִי הַמֶּלֶךְ:

Panoramic view of *Yerushalayim*

16:3 He is staying in *Yerushalayim* *Yerushalayim* is to be both the political and spiritual capital of Israel. It is to be the seat of the monarchy, from where the king and his officers will rule the nation. But it is also to be the location of the Holy Temple and the Supreme Court known as the *Sanhedrin* (סנהדרין). Thus, *Yerushalayim* serves a double function, which allows the People of Israel to be a free and holy nation in the Land of Israel. The prophet *Yeshayahu* (2:3) expresses this when he says, "For instruction shall come forth from *Tzion*, the word of *Hashem* from *Yerushalayim*." Rabbi Abraham Isaac Kook explained that the name *Tzion* refers to the political and national aspects of the city, while *Yerushalayim* refers to its spiritual aspects. Both are essential elements of *Yerushalayim*; together, they allow the Jewish people to fulfill its holy mission.

5 As King *David* was approaching Bahurim, a member of *Shaul*'s clan – a man named *Shim'i* son of Gera – came out from there, hurling insults as he came.

ה וּבָא הַמֶּלֶךְ דָּוִד עַד־בַּחוּרִים וְהִנֵּה מִשָּׁם אִישׁ יוֹצֵא מִמִּשְׁפַּחַת בֵּית־שָׁאוּל וּשְׁמוֹ שִׁמְעִי בֶן־גֵּרָא יֹצֵא יָצוֹא וּמְקַלֵּל:

6 He threw stones at *David* and all King *David*'s courtiers, while all the troops and all the warriors were at his right and his left.

ו וַיְסַקֵּל בָּאֲבָנִים אֶת־דָּוִד וְאֶת־כָּל־עַבְדֵי הַמֶּלֶךְ דָּוִד וְכָל־הָעָם וְכָל־הַגִּבֹּרִים מִימִינוֹ וּמִשְּׂמֹאלוֹ:

7 And these are the insults that *Shim'i* hurled: "Get out, get out, you criminal, you villain!

ז וְכֹה־אָמַר שִׁמְעִי בְּקַלְלוֹ צֵא צֵא אִישׁ הַדָּמִים וְאִישׁ הַבְּלִיָּעַל:

8 *Hashem* is paying you back for all your crimes against the family of *Shaul*, whose throne you seized. *Hashem* is handing over the throne to your son *Avshalom*; you are in trouble because you are a criminal!"

ח הֵשִׁיב עָלֶיךָ יְהוָה כֹּל דְּמֵי בֵית־שָׁאוּל אֲשֶׁר מָלַכְתָּ תחתו [תַּחְתָּיו] וַיִּתֵּן יְהוָה אֶת־הַמְּלוּכָה בְּיַד אַבְשָׁלוֹם בְּנֶךָ וְהִנְּךָ בְּרָעָתֶךָ כִּי אִישׁ דָּמִים אָתָּה:

9 *Avishai* son of *Tzeruya* said to the king, "Why let that dead dog abuse my lord the king? Let me go over and cut off his head!"

ט וַיֹּאמֶר אֲבִישַׁי בֶּן־צְרוּיָה אֶל־הַמֶּלֶךְ לָמָּה יְקַלֵּל הַכֶּלֶב הַמֵּת הַזֶּה אֶת־אֲדֹנִי הַמֶּלֶךְ אֶעְבְּרָה־נָּא וְאָסִירָה אֶת־רֹאשׁוֹ:

10 But the king said, "What has this to do with you, you sons of *Tzeruya*? He is abusing [me] only because *Hashem* told him to abuse *David*; and who is to say, 'Why did You do that?'"

י וַיֹּאמֶר הַמֶּלֶךְ מַה־לִּי וְלָכֶם בְּנֵי צְרֻיָה כי [כֹּה] יְקַלֵּל וכי [כִּי] יְהוָה אָמַר לוֹ קַלֵּל אֶת־דָּוִד וּמִי יֹאמַר מַדּוּעַ עָשִׂיתָה כֵּן:

11 *David* said further to *Avishai* and all the courtiers, "If my son, my own issue, seeks to kill me, how much more the Benjaminite! Let him go on hurling abuse, for *Hashem* has told him to.

יא וַיֹּאמֶר דָּוִד אֶל־אֲבִישַׁי וְאֶל־כָּל־עֲבָדָיו הִנֵּה בְנִי אֲשֶׁר־יָצָא מִמֵּעַי מְבַקֵּשׁ אֶת־נַפְשִׁי וְאַף כִּי־עַתָּה בֶּן־הַיְמִינִי הַנִּחוּ לוֹ וִיקַלֵּל כִּי אָמַר־לוֹ יְהוָה:

12 Perhaps *Hashem* will look upon my punishment and recompense me for the abuse [*Shim'i*] has uttered today."

יב אוּלַי יִרְאֶה יְהוָה בעוני [בְּעֵינִי] וְהֵשִׁיב יְהוָה לִי טוֹבָה תַּחַת קִלְלָתוֹ הַיּוֹם הַזֶּה:

13 *David* and his men continued on their way, while *Shim'i* walked alongside on the slope of the hill, insulting him as he walked, and throwing stones at him and flinging dirt.

יג וַיֵּלֶךְ דָּוִד וַאֲנָשָׁיו בַּדָּרֶךְ וְשִׁמְעִי הֹלֵךְ בְּצֵלַע הָהָר לְעֻמָּתוֹ הָלוֹךְ וַיְקַלֵּל וַיְסַקֵּל בָּאֲבָנִים לְעֻמָּתוֹ וְעִפַּר בֶּעָפָר:

14 The king and all who accompanied him arrived exhausted, and he rested there.

יד וַיָּבֹא הַמֶּלֶךְ וְכָל־הָעָם אֲשֶׁר־אִתּוֹ עֲיֵפִים וַיִּנָּפֵשׁ שָׁם:

15 Meanwhile *Avshalom* and all the people, the men of *Yisrael*, arrived in *Yerushalayim*, together with *Achitofel*.

טו וְאַבְשָׁלוֹם וְכָל־הָעָם אִישׁ יִשְׂרָאֵל בָּאוּ יְרוּשָׁלָ͏ִם וַאֲחִיתֹפֶל אִתּוֹ:

16 When Hushai the Archite, *David*'s friend, came before *Avshalom*, Hushai said to *Avshalom*, "Long live the king! Long live the king!"

טז וַיְהִי כַּאֲשֶׁר־בָּא חוּשַׁי הָאַרְכִּי רֵעֶה דָוִד אֶל־אַבְשָׁלוֹם וַיֹּאמֶר חוּשַׁי אֶל־אַבְשָׁלֹם יְחִי הַמֶּלֶךְ יְחִי הַמֶּלֶךְ:

17 But *Avshalom* said to Hushai, "Is this your loyalty to your friend? Why didn't you go with your friend?"

יז וַיֹּאמֶר אַבְשָׁלוֹם אֶל־חוּשַׁי זֶה חַסְדְּךָ אֶת־רֵעֶךָ לָמָּה לֹא־הָלַכְתָּ אֶת־רֵעֶךָ:

18 "Not at all!" Hushai replied. "I am for the one whom *Hashem* and this people and all the men of *Yisrael* have chosen, and I will stay with him.

יח וַיֹּאמֶר חוּשַׁי אֶל־אַבְשָׁלֹם לֹא כִּי אֲשֶׁר בָּחַר יְהֹוָה וְהָעָם הַזֶּה וְכָל־אִישׁ יִשְׂרָאֵל לֹא [לוֹ] אֶהְיֶה וְאִתּוֹ אֵשֵׁב:

19 Furthermore, whom should I serve, if not *David's* son? As I was in your father's service, so I will be in yours."

יט וְהַשֵּׁנִית לְמִי אֲנִי אֶעֱבֹד הֲלוֹא לִפְנֵי בְנוֹ כַּאֲשֶׁר עָבַדְתִּי לִפְנֵי אָבִיךָ כֵּן אֶהְיֶה לְפָנֶיךָ:

20 *Avshalom* then said to *Achitofel*, "What do you advise us to do?"

כ וַיֹּאמֶר אַבְשָׁלוֹם אֶל־אֲחִיתֹפֶל הָבוּ לָכֶם עֵצָה מַה־נַּעֲשֶׂה:

21 And *Achitofel* said to *Avshalom*, "Have intercourse with your father's concubines, whom he left to mind the palace; and when all *Yisrael* hears that you have dared the wrath of your father, all who support you will be encouraged."

כא וַיֹּאמֶר אֲחִיתֹפֶל אֶל־אַבְשָׁלֹם בּוֹא אֶל־פִּלַגְשֵׁי אָבִיךָ אֲשֶׁר הִנִּיחַ לִשְׁמוֹר הַבָּיִת וְשָׁמַע כָּל־יִשְׂרָאֵל כִּי־נִבְאַשְׁתָּ אֶת־אָבִיךָ וְחָזְקוּ יְדֵי כָּל־אֲשֶׁר אִתָּךְ:

22 So they pitched a tent for *Avshalom* on the roof, and *Avshalom* lay with his father's concubines with the full knowledge of all *Yisrael*. –

כב וַיַּטּוּ לְאַבְשָׁלוֹם הָאֹהֶל עַל־הַגָּג וַיָּבֹא אַבְשָׁלוֹם אֶל־פִּלַגְשֵׁי אָבִיו לְעֵינֵי כָּל־יִשְׂרָאֵל:

23 In those days, the advice which *Achitofel* gave was accepted like an oracle sought from *Hashem*; that is how all the advice of *Achitofel* was esteemed both by *David* and by *Avshalom*.

כג וַעֲצַת אֲחִיתֹפֶל אֲשֶׁר יָעַץ בַּיָּמִים הָהֵם כַּאֲשֶׁר יִשְׁאַל־[אִישׁ] בִּדְבַר הָאֱלֹהִים כֵּן כָּל־עֲצַת אֲחִיתֹפֶל גַּם־לְדָוִד גַּם לְאַבְשָׁלֹם:

17 1 And *Achitofel* said to *Avshalom*, "Let me pick twelve thousand men and set out tonight in pursuit of *David*.

יז א וַיֹּאמֶר אֲחִיתֹפֶל אֶל־אַבְשָׁלֹם אֶבְחֲרָה נָּא שְׁנֵים־עָשָׂר אֶלֶף אִישׁ וְאָקוּמָה וְאֶרְדְּפָה אַחֲרֵי־דָוִד הַלָּיְלָה:

2 I will come upon him when he is weary and disheartened, and I will throw him into a panic; and when all the troops with him flee, I will kill the king alone.

ב וְאָבוֹא עָלָיו וְהוּא יָגֵעַ וּרְפֵה יָדַיִם וְהַחֲרַדְתִּי אֹתוֹ וְנָס כָּל־הָעָם אֲשֶׁר־אִתּוֹ וְהִכֵּיתִי אֶת־הַמֶּלֶךְ לְבַדּוֹ:

3 And I will bring back all the people to you; when all have come back [except] the man you are after, all the people will be at peace."

ג וְאָשִׁיבָה כָל־הָעָם אֵלֶיךָ כְּשׁוּב הַכֹּל הָאִישׁ אֲשֶׁר אַתָּה מְבַקֵּשׁ כָּל־הָעָם יִהְיֶה שָׁלוֹם:

4 The advice pleased *Avshalom* and all the elders of *Yisrael*.

ד וַיִּישַׁר הַדָּבָר בְּעֵינֵי אַבְשָׁלֹם וּבְעֵינֵי כָּל־זִקְנֵי יִשְׂרָאֵל:

5 But *Avshalom* said, "Summon Hushai the Archite as well, so we can hear what he too has to say."

ה וַיֹּאמֶר אַבְשָׁלוֹם קְרָא נָא גַּם לְחוּשַׁי הָאַרְכִּי וְנִשְׁמְעָה מַה־בְּפִיו גַּם־הוּא:

6 Hushai came to *Avshalom*, and *Avshalom* said to him, "This is what *Achitofel* has advised. Shall we follow his advice? If not, what do you say?"

ו וַיָּבֹא חוּשַׁי אֶל־אַבְשָׁלוֹם וַיֹּאמֶר אַבְשָׁלוֹם אֵלָיו לֵאמֹר כַּדָּבָר הַזֶּה דִּבֶּר אֲחִיתֹפֶל הֲנַעֲשֶׂה אֶת־דְּבָרוֹ אִם־אַיִן אַתָּה דַבֵּר:

7 Hushai said to *Avshalom*, "This time the advice that *Achitofel* has given is not good.

ז וַיֹּאמֶר חוּשַׁי אֶל־אַבְשָׁלוֹם לֹא־טוֹבָה הָעֵצָה אֲשֶׁר־יָעַץ אֲחִיתֹפֶל בַּפַּעַם הַזֹּאת:

8 You know," Hushai continued, "that your father and his men are courageous fighters, and they are as desperate as a bear in the wild robbed of her whelps. Your father is an experienced soldier, and he will not spend the night with the troops;

ח וַיֹּאמֶר חוּשַׁי אַתָּה יָדַעְתָּ אֶת־אָבִיךָ וְאֶת־אֲנָשָׁיו כִּי גִבֹּרִים הֵמָּה וּמָרֵי נֶפֶשׁ הֵמָּה כְּדֹב שַׁכּוּל בַּשָּׂדֶה וְאָבִיךָ אִישׁ מִלְחָמָה וְלֹא יָלִין אֶת־הָעָם׃

9 even now he must be hiding in one of the pits or in some other place. And if any of them fall at the first attack, whoever hears of it will say, 'A disaster has struck the troops that follow *Avshalom*';

ט הִנֵּה עַתָּה הוּא־נֶחְבָּא בְּאַחַת הַפְּחָתִים אוֹ בְּאַחַד הַמְּקוֹמֹת וְהָיָה כִּנְפֹל בָּהֶם בַּתְּחִלָּה וְשָׁמַע הַשֹּׁמֵעַ וְאָמַר הָיְתָה מַגֵּפָה בָּעָם אֲשֶׁר אַחֲרֵי אַבְשָׁלֹם׃

10 and even if he is a brave man with the heart of a lion, he will be shaken – for all *Yisrael* knows that your father and the soldiers with him are courageous fighters.

י וְהוּא גַם־בֶּן־חַיִל אֲשֶׁר לִבּוֹ כְּלֵב הָאַרְיֵה הִמֵּס יִמָּס כִּי־יֹדֵעַ כָּל־יִשְׂרָאֵל כִּי־גִבּוֹר אָבִיךָ וּבְנֵי־חַיִל אֲשֶׁר אִתּוֹ׃

11 So I advise that all *Yisrael* from *Dan* to *Be'er Sheva* – as numerous as the sands of the sea – be called up to join you, and that you yourself march into battle.

יא כִּי יָעַצְתִּי הֵאָסֹף יֵאָסֵף עָלֶיךָ כָל־יִשְׂרָאֵל מִדָּן וְעַד־בְּאֵר שֶׁבַע כַּחוֹל אֲשֶׁר־עַל־הַיָּם לָרֹב וּפָנֶיךָ הֹלְכִים בַּקְרָב׃

12 When we come upon him in whatever place he may be, we'll descend on him [as thick] as dew falling on the ground; and no one will survive, neither he nor any of the men with him.

יב וּבָאנוּ אֵלָיו באחת [בְּאַחַד] הַמְּקוֹמֹת אֲשֶׁר נִמְצָא שָׁם וְנַחְנוּ עָלָיו כַּאֲשֶׁר יִפֹּל הַטַּל עַל־הָאֲדָמָה וְלֹא־נוֹתַר בּוֹ וּבְכָל־הָאֲנָשִׁים אֲשֶׁר־אִתּוֹ גַּם־אֶחָד׃

13 And if he withdraws into a city, all *Yisrael* will bring ropes to that city and drag its stones as far as the riverbed, until not even a pebble of it is left."

יג וְאִם־אֶל־עִיר יֵאָסֵף וְהִשִּׂיאוּ כָל־יִשְׂרָאֵל אֶל־הָעִיר הַהִיא חֲבָלִים וְסָחַבְנוּ אֹתוֹ עַד־הַנַּחַל עַד אֲשֶׁר־לֹא־נִמְצָא שָׁם גַּם־צְרוֹר׃

14 *Avshalom* and all *Yisrael* agreed that the advice of Hushai the Archite was better than that of *Achitofel*. – *Hashem* had decreed that *Achitofel's* sound advice be nullified, in order that *Hashem* might bring ruin upon *Avshalom*.

יד וַיֹּאמֶר אַבְשָׁלוֹם וְכָל־אִישׁ יִשְׂרָאֵל טוֹבָה עֲצַת חוּשַׁי הָאַרְכִּי מֵעֲצַת אֲחִיתֹפֶל וַיהֹוָה צִוָּה לְהָפֵר אֶת־עֲצַת אֲחִיתֹפֶל הַטּוֹבָה לְבַעֲבוּר הָבִיא יְהֹוָה אֶל־אַבְשָׁלוֹם אֶת־הָרָעָה׃

15 Then Hushai told the *Kohanim Tzadok* and *Evyatar*, "This is what *Achitofel* advised *Avshalom* and the elders of *Yisrael*; this is what I advised.

טו וַיֹּאמֶר חוּשַׁי אֶל־צָדוֹק וְאֶל־אֶבְיָתָר הַכֹּהֲנִים כָּזֹאת וְכָזֹאת יָעַץ אֲחִיתֹפֶל אֶת־אַבְשָׁלֹם וְאֵת זִקְנֵי יִשְׂרָאֵל וְכָזֹאת וְכָזֹאת יָעַצְתִּי אָנִי׃

16 Now send at once and tell *David*, 'Do not spend the night at the fords of the wilderness, but cross over at once; otherwise the king and all the troops with him will be annihilated.'"

טז וְעַתָּה שִׁלְחוּ מְהֵרָה וְהַגִּידוּ לְדָוִד לֵאמֹר אַל־תָּלֶן הַלַּיְלָה בְּעַרְבוֹת הַמִּדְבָּר וְגַם עָבוֹר תַּעֲבוֹר פֶּן יְבֻלַּע לַמֶּלֶךְ וּלְכָל־הָעָם אֲשֶׁר אִתּוֹ׃

17 *Yehonatan* and Ahimaaz were staying at Enrogel, and a slave girl would go and bring them word and they in turn would go and inform King *David*. For they themselves dared not be seen entering the city.

יז וִיהוֹנָתָן וַאֲחִימַעַץ עֹמְדִים בְּעֵין־רֹגֵל וְהָלְכָה הַשִּׁפְחָה וְהִגִּידָה לָהֶם וְהֵם יֵלְכוּ וְהִגִּידוּ לַמֶּלֶךְ דָּוִד כִּי לֹא יוּכְלוּ לְהֵרָאוֹת לָבוֹא הָעִירָה׃

¹⁸ But a boy saw them and informed *Avshalom*. They left at once and came to the house of a man in Bahurim who had a well in his courtyard. They got down into it,

יח וַיַּרְא אֹתָם נַעַר וַיַּגֵּד לְאַבְשָׁלֹם וַיֵּלְכוּ שְׁנֵיהֶם מְהֵרָה וַיָּבֹאוּ אֶל־בֵּית־אִישׁ בְּבַחוּרִים וְלוֹ בְאֵר בַּחֲצֵרוֹ וַיֵּרְדוּ שָׁם:

¹⁹ and the wife took a cloth, spread it over the mouth of the well, and scattered groats on top of it, so that nothing would be noticed.

יט וַתִּקַּח הָאִשָּׁה וַתִּפְרֹשׂ אֶת־הַמָּסָךְ עַל־פְּנֵי הַבְּאֵר וַתִּשְׁטַח עָלָיו הָרִפוֹת וְלֹא נוֹדַע דָּבָר:

²⁰ When *Avshalom*'s servants came to the woman at the house and asked where Ahimaaz and *Yehonatan* were, the woman told them that they had crossed a bit beyond the water. They searched, but found nothing; and they returned to *Yerushalayim*.

כ וַיָּבֹאוּ עַבְדֵי אַבְשָׁלוֹם אֶל־הָאִשָּׁה הַבַּיְתָה וַיֹּאמְרוּ אַיֵּה אֲחִימַעַץ וִיהוֹנָתָן וַתֹּאמֶר לָהֶם הָאִשָּׁה עָבְרוּ מִיכַל הַמָּיִם וַיְבַקְשׁוּ וְלֹא מָצָאוּ וַיָּשֻׁבוּ יְרוּשָׁלָ͏ִם:

²¹ After they were gone, [Ahimaaz and *Yehonatan*] came up from the well and went and informed King *David*. They said to *David*, "Go and cross the water quickly, for *Achitofel* has advised thus and thus concerning you."

כא וַיְהִי אַחֲרֵי לֶכְתָּם וַיַּעֲלוּ מֵהַבְּאֵר וַיֵּלְכוּ וַיַּגִּדוּ לַמֶּלֶךְ דָּוִד וַיֹּאמְרוּ אֶל־דָּוִד קוּמוּ וְעִבְרוּ מְהֵרָה אֶת־הַמַּיִם כִּי־כָכָה יָעַץ עֲלֵיכֶם אֲחִיתֹפֶל:

²² *David* and all the troops with him promptly crossed the *Yarden*, and by daybreak not one was left who had not crossed the *Yarden*.

כב וַיָּקָם דָּוִד וְכָל־הָעָם אֲשֶׁר אִתּוֹ וַיַּעַבְרוּ אֶת־הַיַּרְדֵּן עַד־אוֹר הַבֹּקֶר עַד־אַחַד לֹא נֶעְדָּר אֲשֶׁר לֹא־עָבַר אֶת־הַיַּרְדֵּן:

> *va-ya-KOM da-VID v'-khol ha-AM a-SHER i-TO va-ya-av-RU et ha-yar-DAYN*
> *ad OR ha-BO-ker ad a-KHAD LO ne-DAR a-SHER lo a-VAR et ha-yar-DAYN*

²³ When *Achitofel* saw that his advice had not been followed, he saddled his ass and went home to his native town. He set his affairs in order, and then he hanged himself. He was buried in his ancestral tomb.

כג וַאֲחִיתֹפֶל רָאָה כִּי לֹא נֶעֶשְׂתָה עֲצָתוֹ וַיַּחֲבֹשׁ אֶת־הַחֲמוֹר וַיָּקָם וַיֵּלֶךְ אֶל־בֵּיתוֹ אֶל־עִירוֹ וַיְצַו אֶל־בֵּיתוֹ וַיֵּחָנַק וַיָּמָת וַיִּקָּבֵר בְּקֶבֶר אָבִיו:

²⁴ *David* had reached Mahanaim when *Avshalom* and all the men of *Yisrael* with him crossed the *Yarden*.

כד וְדָוִד בָּא מַחֲנָיְמָה וְאַבְשָׁלֹם עָבַר אֶת־הַיַּרְדֵּן הוּא וְכָל־אִישׁ יִשְׂרָאֵל עִמּוֹ:

²⁵ *Avshalom* had appointed *Amasa* army commander in place of *Yoav*; *Amasa* was the son of a man named Ithra the Israelite, who had married Abigal, daughter of Nahash and sister of *Yoav*'s mother *Tzeruya*.

כה וְאֶת־עֲמָשָׂא שָׂם אַבְשָׁלֹם תַּחַת יוֹאָב עַל־הַצָּבָא וַעֲמָשָׂא בֶן־אִישׁ וּשְׁמוֹ יִתְרָא הַיִּשְׂרְאֵלִי אֲשֶׁר־בָּא אֶל־אֲבִיגַל בַּת־נָחָשׁ אֲחוֹת צְרוּיָה אֵם יוֹאָב:

²⁶ The Israelites and *Avshalom* encamped in the district of *Gilad*.

כו וַיִּחַן יִשְׂרָאֵל וְאַבְשָׁלֹם אֶרֶץ הַגִּלְעָד:

Jordan River

א **17:22 *David* and all the troops with him promptly crossed the *Yarden*** The Hebrew name for the Jordan river is *Yarden* (ירדן), a word formed from the Hebrew words *yorayd Dan* (יורד דן), which means 'descends [from] Dan.' The territory of Dan is the northernmost part of *Eretz Yisrael*. The Jordan river flows the length of the country from north to south, starting near *Dan* at the foot of Mount *Chermon*, and ending at the Dead Sea. In its 250 km course, the *Yarden* descends from a height of over 2800 km above sea level to more than 350 km below, making it the river with the lowest elevation in the world.

ירדן

27 When *David* reached Mahanaim, Shobi son of
Nahash from Rabbath-ammon, Machir son of
Ammiel from Lo-debar, and *Barzilai* the Giladite
from Rogelim

כז וַיְהִי כְּבוֹא דָוִד מַחֲנָיְמָה וְשֹׁבִי בֶן־נָחָשׁ
מֵרַבַּת בְּנֵי־עַמּוֹן וּמָכִיר בֶּן־עַמִּיאֵל מִלֹּא
דְבָר וּבַרְזִלַּי הַגִּלְעָדִי מֵרֹגְלִים:

28 presented* couches, basins, and earthenware; also
wheat, barley, flour, parched grain, beans, lentils,
parched grain,

כח מִשְׁכָּב וְסַפּוֹת וּכְלִי יוֹצֵר וְחִטִּים
וּשְׂעֹרִים וְקֶמַח וְקָלִי וּפוֹל וַעֲדָשִׁים
וְקָלִי:

29 honey, curds, a flock, and cheese from the herd
for *David* and the troops with him to eat. For they
knew that the troops must have grown hungry,
faint, and thirsty in the wilderness.

כט וּדְבַשׁ וְחֶמְאָה וְצֹאן וּשְׁפוֹת בָּקָר הִגִּישׁוּ
לְדָוִד וְלָעָם אֲשֶׁר־אִתּוֹ לֶאֱכוֹל כִּי אָמְרוּ
הָעָם רָעֵב וְעָיֵף וְצָמֵא בַּמִּדְבָּר:

18 1 *David* mustered the troops who were with him and
set over them captains of thousands and captains
of hundreds.

יח א וַיִּפְקֹד דָּוִד אֶת־הָעָם אֲשֶׁר אִתּוֹ וַיָּשֶׂם
עֲלֵיהֶם שָׂרֵי אֲלָפִים וְשָׂרֵי מֵאוֹת:

2 *David* sent out the troops, one-third under the
command of *Yoav*, one-third under the command
of *Yoav*'s brother *Avishai* son of *Tzeruya*, and
one-third under the command of Ittai the Gittite.
And *David* said to the troops, "I myself will march
out with you."

ב וַיְשַׁלַּח דָּוִד אֶת־הָעָם הַשְּׁלִשִׁית בְּיַד־
יוֹאָב וְהַשְּׁלִשִׁית בְּיַד אֲבִישַׁי בֶּן־צְרוּיָה
אֲחִי יוֹאָב וְהַשְּׁלִשִׁת בְּיַד אִתַּי הַגִּתִּי
וַיֹּאמֶר הַמֶּלֶךְ אֶל־הָעָם יָצֹא אֵצֵא גַּם־
אֲנִי עִמָּכֶם:

3 But the troops replied, "No! For if some of us flee,
the rest will not be concerned about us; even if half
of us should die, the others will not be concerned
about us. But you are worth ten thousand of us.
Therefore, it is better for you to support us from
the town."

ג וַיֹּאמֶר הָעָם לֹא תֵצֵא כִּי אִם־נֹס נָנוּס
לֹא־יָשִׂימוּ אֵלֵינוּ לֵב וְאִם־יָמֻתוּ חֶצְיֵנוּ
לֹא־יָשִׂימוּ אֵלֵינוּ לֵב כִּי־עַתָּה כָמֹנוּ
עֲשָׂרָה אֲלָפִים וְעַתָּה טוֹב כִּי־תִהְיֶה־לָּנוּ
מֵעִיר לַעְזִיר [לַעְזוֹר]:

4 And the king said to them, "I will do whatever you
think best." So the king stood beside the gate as
all the troops marched out by their hundreds and
thousands.

ד וַיֹּאמֶר אֲלֵיהֶם הַמֶּלֶךְ אֲשֶׁר־יִיטַב
בְּעֵינֵיכֶם אֶעֱשֶׂה וַיַּעֲמֹד הַמֶּלֶךְ אֶל־
יַד הַשַּׁעַר וְכָל־הָעָם יָצְאוּ לְמֵאוֹת
וְלַאֲלָפִים:

5 The king gave orders to *Yoav*, *Avishai*, and Ittai:
"Deal gently with my boy *Avshalom*, for my sake."
All the troops heard the king give the order about
Avshalom to all the officers.

ה וַיְצַו הַמֶּלֶךְ אֶת־יוֹאָב וְאֶת־אֲבִישַׁי וְאֶת־
אִתַּי לֵאמֹר לְאַט־לִי לַנַּעַר לְאַבְשָׁלוֹם
וְכָל־הָעָם שָׁמְעוּ בְּצַוֹּת הַמֶּלֶךְ אֶת־כָּל־
הַשָּׂרִים עַל־דְּבַר אַבְשָׁלוֹם:

*vai-TZAV ha-ME-lekh et yo-AV v'-et a-vee-SHAI v'-et i-TAI lay-MOR
l'-at LEE la-NA-ar l'-av-sha-LOM v'-khol ha-AM sha-m'-U b'-tza-VOT
ha-ME-lekh et kol ha-sa-REEM al d'-VAR av-sha-LOM*

---

* "presented" brought up from verse 29 for clarity

**18:5 Deal gently with my boy *Avshalom*, for my
sake** King *David* orders that his rebellious son
Avshalom be captured unharmed. On the surface,
this seems shocking, as *Avshalom* was attempting to kill his
father. Rabbi Shlomo Aviner notes that throughout *David*'s

struggles, he retains his attribute of
mercy. Thus, though he has no intention
of surrendering to King *Shaul* who
wants to kill him, *David* nevertheless
respects him (see I Samuel 24). Similarly,

Palestinian children diagnosed with cancer
visit Mount Hermon in coordination with
the Civil Administration and the IDF

6 The troops marched out into the open to confront the Israelites, and the battle was fought in the forest of *Efraim*.

ו וַיֵּצֵא הָעָם הַשָּׂדֶה לִקְרַאת יִשְׂרָאֵל וַתְּהִי הַמִּלְחָמָה בְּיַעַר אֶפְרָיִם:

7 The Israelite troops were routed by *David*'s followers, and a great slaughter took place there that day – twenty thousand men.

ז וַיִּנָּגְפוּ שָׁם עַם יִשְׂרָאֵל לִפְנֵי עַבְדֵי דָוִד וַתְּהִי־שָׁם הַמַּגֵּפָה גְדוֹלָה בַּיּוֹם הַהוּא עֶשְׂרִים אָלֶף:

8 The battle spread out over that whole region, and the forest devoured more troops that day than the sword.

ח וַתְּהִי־שָׁם הַמִּלְחָמָה נפצית [נָפֹצֶת] עַל־פְּנֵי כָל־הָאָרֶץ וַיֶּרֶב הַיַּעַר לֶאֱכֹל בָּעָם מֵאֲשֶׁר אָכְלָה הַחֶרֶב בַּיּוֹם הַהוּא:

9 *Avshalom* encountered some of *David*'s followers. *Avshalom* was riding on a mule, and as the mule passed under the tangled branches of a great terebinth, his hair got caught in the terebinth; he was held between heaven and earth as the mule under him kept going.

ט וַיִּקָּרֵא אַבְשָׁלוֹם לִפְנֵי עַבְדֵי דָוִד וְאַבְשָׁלוֹם רֹכֵב עַל־הַפֶּרֶד וַיָּבֹא הַפֶּרֶד תַּחַת שׂוֹבֶךְ הָאֵלָה הַגְּדוֹלָה וַיֶּחֱזַק רֹאשׁוֹ בָאֵלָה וַיֻּתַּן בֵּין הַשָּׁמַיִם וּבֵין הָאָרֶץ וְהַפֶּרֶד אֲשֶׁר־תַּחְתָּיו עָבָר:

10 One of the men saw it and told *Yoav*, "I have just seen *Avshalom* hanging from a terebinth."

י וַיַּרְא אִישׁ אֶחָד וַיַּגֵּד לְיוֹאָב וַיֹּאמֶר הִנֵּה רָאִיתִי אֶת־אַבְשָׁלֹם תָּלוּי בָּאֵלָה:

11 *Yoav* said to the man who told him, "You saw it! Why didn't you kill him then and there? I would have owed you ten *shekalim* of silver and a belt."

יא וַיֹּאמֶר יוֹאָב לָאִישׁ הַמַּגִּיד לוֹ וְהִנֵּה רָאִיתָ וּמַדּוּעַ לֹא־הִכִּיתוֹ שָׁם אָרְצָה וְעָלַי לָתֶת לְךָ עֲשָׂרָה כֶסֶף וַחֲגֹרָה אֶחָת:

12 But the man answered *Yoav*, "Even if I had a thousand *shekalim* of silver in my hands, I would not raise a hand against the king's son. For the king charged you and *Avishai* and Ittai in our hearing, 'Watch over my boy *Avshalom*, for my sake.'

יב וַיֹּאמֶר הָאִישׁ אֶל־יוֹאָב ולא [וְלוּא] אָנֹכִי שֹׁקֵל עַל־כַּפַּי אֶלֶף כֶּסֶף לֹא־אֶשְׁלַח יָדִי אֶל־בֶּן־הַמֶּלֶךְ כִּי בְאָזְנֵינוּ צִוָּה הַמֶּלֶךְ אֹתְךָ וְאֶת־אֲבִישַׁי וְאֶת־אִתַּי לֵאמֹר שִׁמְרוּ־מִי בַּנַּעַר בְּאַבְשָׁלוֹם:

13 If I betrayed myself – and nothing is hidden from the king – you would have stood aloof."

יג אוֹ־עָשִׂיתִי בנפשו [בְנַפְשִׁי] שֶׁקֶר וְכָל־דָּבָר לֹא־יִכָּחֵד מִן־הַמֶּלֶךְ וְאַתָּה תִּתְיַצֵּב מִנֶּגֶד:

14 *Yoav* replied, "Then I will not wait for you." He took three darts in his hand and drove them into *Avshalom*'s chest. [*Avshalom*] was still alive in the thick growth of the terebinth,

יד וַיֹּאמֶר יוֹאָב לֹא־כֵן אֹחִילָה לְפָנֶיךָ וַיִּקַּח שְׁלֹשָׁה שְׁבָטִים בְּכַפּוֹ וַיִּתְקָעֵם בְּלֵב אַבְשָׁלוֹם עוֹדֶנּוּ חַי בְּלֵב הָאֵלָה:

15 when ten of *Yoav*'s young arms-bearers closed in and struck at *Avshalom* until he died.

טו וַיָּסֹבּוּ עֲשָׂרָה נְעָרִים נֹשְׂאֵי כְּלֵי יוֹאָב וַיַּכּוּ אֶת־אַבְשָׁלוֹם וַיְמִיתֻהוּ:

he also still loves his son *Avshalom*, though *Avshalom* wants to murder him. The Sages (*Yevamot* 79a) consider the attribute of mercy to be one of the hallmarks of the Children of Israel. Failing to act with mercy is cause for punishment and even exile from the Land of Israel, as it says in *Hoshea* (4:1–3), "Because there is no honesty and no goodness and no obedience to *Hashem* in the land…For that, the earth is withered…"

16 Then *Yoav* sounded the horn, and the troops gave up their pursuit of the Israelites; for *Yoav* held the troops in check.

טז וַיִּתְקַע יוֹאָב בַּשֹּׁפָר וַיָּשָׁב הָעָם מִרְדֹף אַחֲרֵי יִשְׂרָאֵל כִּי־חָשַׂךְ יוֹאָב אֶת־הָעָם׃

17 They took *Avshalom* and flung him into a large pit in the forest, and they piled up a very great heap of stones over it. Then all the Israelites fled to their homes. –

יז וַיִּקְחוּ אֶת־אַבְשָׁלוֹם וַיַּשְׁלִיכוּ אֹתוֹ בַיַּעַר אֶל־הַפַּחַת הַגָּדוֹל וַיַּצִּבוּ עָלָיו גַּל־אֲבָנִים גָּדוֹל מְאֹד וְכָל־יִשְׂרָאֵל נָסוּ אִישׁ לאהלו [לְאֹהָלָיו׃]

18 Now *Avshalom*, in his lifetime, had taken the pillar which is in the Valley of the King and set it up for himself; for he said, "I have no son to keep my name alive." He had named the pillar after himself, and it has been called *Avshalom*'s Monument to this day.

יח וְאַבְשָׁלֹם לָקַח וַיַּצֶּב־לוֹ בחיו [בְחַיָּיו] אֶת־מַצֶּבֶת אֲשֶׁר בְּעֵמֶק־הַמֶּלֶךְ כִּי אָמַר אֵין־לִי בֵן בַּעֲבוּר הַזְכִּיר שְׁמִי וַיִּקְרָא לַמַּצֶּבֶת עַל־שְׁמוֹ וַיִּקָּרֵא לָהּ יַד אַבְשָׁלֹם עַד הַיּוֹם הַזֶּה׃

19 Ahimaaz son of *Tzadok* said, "Let me run and report to the king that *Hashem* has vindicated him against his enemies."

יט וַאֲחִימַעַץ בֶּן־צָדוֹק אָמַר אָרוּצָה נָּא וַאֲבַשְּׂרָה אֶת־הַמֶּלֶךְ כִּי־שְׁפָטוֹ יְהֹוָה מִיַּד אֹיְבָיו׃

20 But *Yoav* said to him, "You shall not be the one to bring tidings today. You may bring tidings some other day, but you'll not bring any today; for the king's son is dead!"

כ וַיֹּאמֶר לוֹ יוֹאָב לֹא אִישׁ בְּשֹׂרָה אַתָּה הַיּוֹם הַזֶּה וּבִשַּׂרְתָּ בְּיוֹם אַחֵר וְהַיּוֹם הַזֶּה לֹא תְבַשֵּׂר כִּי־על [עַל־] [כֵּן] בֶּן־הַמֶּלֶךְ מֵת׃

21 And *Yoav* said to a Cushite, "Go tell the king what you have seen." The Cushite bowed to *Yoav* and ran off.

כא וַיֹּאמֶר יוֹאָב לַכּוּשִׁי לֵךְ הַגֵּד לַמֶּלֶךְ אֲשֶׁר רָאִיתָה וַיִּשְׁתַּחוּ כוּשִׁי לְיוֹאָב וַיָּרֹץ׃

22 But Ahimaaz son of *Tzadok* again said to *Yoav*, "No matter what, let me run, too, behind the Cushite." *Yoav* asked, "Why should you run, my boy, when you have no news worth telling?"

כב וַיֹּסֶף עוֹד אֲחִימַעַץ בֶּן־צָדוֹק וַיֹּאמֶר אֶל־יוֹאָב וִיהִי מָה אָרֻצָה־נָּא גַם־אָנִי אַחֲרֵי הַכּוּשִׁי וַיֹּאמֶר יוֹאָב לָמָּה־זֶּה אַתָּה רָץ בְּנִי וּלְכָה אֵין־בְּשׂוֹרָה מֹצֵאת׃

23 "I am going to run anyway." "Then run," he said. So Ahimaaz ran by way of the Plain, and he passed the Cushite.

כג וִיהִי־מָה אָרוּץ וַיֹּאמֶר לוֹ רוּץ וַיָּרָץ אֲחִימַעַץ דֶּרֶךְ הַכִּכָּר וַיַּעֲבֹר אֶת־הַכּוּשִׁי׃

24 *David* was sitting between the two gates. The watchman on the roof of the gate walked over to the city wall. He looked up and saw a man running alone.

כד וְדָוִד יוֹשֵׁב בֵּין־שְׁנֵי הַשְּׁעָרִים וַיֵּלֶךְ הַצֹּפֶה אֶל־גַּג הַשַּׁעַר אֶל־הַחוֹמָה וַיִּשָּׂא אֶת־עֵינָיו וַיַּרְא וְהִנֵּה־אִישׁ רָץ לְבַדּוֹ׃

25 The watchman called down and told the king; and the king said, "If he is alone, he has news to report." As he was coming nearer,

כה וַיִּקְרָא הַצֹּפֶה וַיַּגֵּד לַמֶּלֶךְ וַיֹּאמֶר הַמֶּלֶךְ אִם־לְבַדּוֹ בְּשׂוֹרָה בְּפִיו וַיֵּלֶךְ הָלוֹךְ וְקָרֵב׃

26 the watchman saw another man running; and he called out to the gatekeeper, "There is another man running alone." And the king said, "That one, too, brings news."

כו וַיַּרְא הַצֹּפֶה אִישׁ־אַחֵר רָץ וַיִּקְרָא הַצֹּפֶה אֶל־הַשֹּׁעֵר וַיֹּאמֶר הִנֵּה־אִישׁ רָץ לְבַדּוֹ וַיֹּאמֶר הַמֶּלֶךְ גַּם־זֶה מְבַשֵּׂר׃

27 The watchman said, "I can see that the first one runs like Ahimaaz son of *Tzadok*"; to which the king replied, "He is a good man, and he comes with good news."

כז וַיֹּאמֶר הַצֹּפֶה אֲנִי רֹאֶה אֶת־מְרוּצַת
הָרִאשׁוֹן כִּמְרֻצַת אֲחִימַעַץ בֶּן־צָדוֹק
וַיֹּאמֶר הַמֶּלֶךְ אִישׁ־טוֹב זֶה וְאֶל־בְּשׂוֹרָה
טוֹבָה יָבוֹא׃

28 Ahimaaz called out and said to the king, "All is well!" He bowed low with his face to the ground and said, "Praised be *Hashem* your God, who has delivered up the men who raised their hand against my lord the king."

כח וַיִּקְרָא אֲחִימַעַץ וַיֹּאמֶר אֶל־הַמֶּלֶךְ
שָׁלוֹם וַיִּשְׁתַּחוּ לַמֶּלֶךְ לְאַפָּיו אָרְצָה
וַיֹּאמֶר בָּרוּךְ יְהֹוָה אֱלֹהֶיךָ אֲשֶׁר סִגַּר
אֶת־הָאֲנָשִׁים אֲשֶׁר־נָשְׂאוּ אֶת־יָדָם
בַּאדֹנִי הַמֶּלֶךְ׃

29 The king asked, "Is my boy *Avshalom* safe?" And Ahimaaz answered, "I saw a large crowd when Your Majesty's servant *Yoav* was sending your servant off, but I don't know what it was about."

כט וַיֹּאמֶר הַמֶּלֶךְ שָׁלוֹם לַנַּעַר לְאַבְשָׁלוֹם
וַיֹּאמֶר אֲחִימַעַץ רָאִיתִי הֶהָמוֹן הַגָּדוֹל
לִשְׁלֹחַ אֶת־עֶבֶד הַמֶּלֶךְ יוֹאָב וְאֶת־
עַבְדְּךָ וְלֹא יָדַעְתִּי מָה׃

30 The king said, "Step aside and stand over there"; he stepped aside and waited.

ל וַיֹּאמֶר הַמֶּלֶךְ סֹב הִתְיַצֵּב כֹּה וַיִּסֹּב
וַיַּעֲמֹד׃

31 Just then the Cushite came up; and the Cushite said, "Let my lord the king be informed that *Hashem* has vindicated you today against all who rebelled against you!"

לא וְהִנֵּה הַכּוּשִׁי בָּא וַיֹּאמֶר הַכּוּשִׁי יִתְבַּשֵּׂר
אֲדֹנִי הַמֶּלֶךְ כִּי־שְׁפָטְךָ יְהֹוָה הַיּוֹם מִיַּד
כָּל־הַקָּמִים עָלֶיךָ׃

32 The king asked the Cushite, "Is my boy *Avshalom* safe?" And the Cushite replied, "May the enemies of my lord the king and all who rose against you to do you harm fare like that young man!"

לב וַיֹּאמֶר הַמֶּלֶךְ אֶל־הַכּוּשִׁי הֲשָׁלוֹם לַנַּעַר
לְאַבְשָׁלוֹם וַיֹּאמֶר הַכּוּשִׁי יִהְיוּ כַנַּעַר
אֹיְבֵי אֲדֹנִי הַמֶּלֶךְ וְכֹל אֲשֶׁר־קָמוּ עָלֶיךָ
לְרָעָה׃

19

1 The king was shaken. He went up to the upper chamber of the gateway and wept, moaning these words as he went, "My son *Avshalom*! O my son, my son *Avshalom*! If only I had died instead of you! O *Avshalom*, my son, my son!"

יט

א וַיִּרְגַּז הַמֶּלֶךְ וַיַּעַל עַל־עֲלִיַּת הַשַּׁעַר
וַיֵּבְךְּ וְכֹה אָמַר בְּלֶכְתּוֹ בְּנִי אַבְשָׁלוֹם בְּנִי
בְנִי אַבְשָׁלוֹם מִי־יִתֵּן מוּתִי אֲנִי תַחְתֶּיךָ
אַבְשָׁלוֹם בְּנִי בְנִי׃

2 *Yoav* was told that the king was weeping and mourning over *Avshalom*.

ב וַיֻּגַּד לְיוֹאָב הִנֵּה הַמֶּלֶךְ בֹּכֶה וַיִּתְאַבֵּל
עַל־אַבְשָׁלֹם׃

3 And the victory that day was turned into mourning for all the troops, for that day the troops heard that the king was grieving over his son.

ג וַתְּהִי הַתְּשֻׁעָה בַּיּוֹם הַהוּא לְאֵבֶל לְכָל־
הָעָם כִּי־שָׁמַע הָעָם בַּיּוֹם הַהוּא לֵאמֹר
נֶעֱצַב הַמֶּלֶךְ עַל־בְּנוֹ׃

4 The troops stole into town that day like troops ashamed after running away in battle.

ד וַיִּתְגַּנֵּב הָעָם בַּיּוֹם הַהוּא לָבוֹא הָעִיר
כַּאֲשֶׁר יִתְגַּנֵּב הָעָם הַנִּכְלָמִים בְּנוּסָם
בַּמִּלְחָמָה׃

5 The king covered his face and the king kept crying aloud, "O my son *Avshalom*! O *Avshalom*, my son, my son!"

ה וְהַמֶּלֶךְ לָאַט אֶת־פָּנָיו וַיִּזְעַק הַמֶּלֶךְ קוֹל
גָּדוֹל בְּנִי אַבְשָׁלוֹם אַבְשָׁלוֹם בְּנִי בְנִי׃

6 *Yoav* came to the king in his quarters and said, "Today you have humiliated all your followers, who this day saved your life, and the lives of your sons and daughters, and the lives of your wives and concubines,

ו וַיָּבֹא יוֹאָב אֶל־הַמֶּלֶךְ הַבָּיִת וַיֹּאמֶר הֹבַשְׁתָּ הַיּוֹם אֶת־פְּנֵי כָל־עֲבָדֶיךָ הַמְמַלְּטִים אֶת־נַפְשְׁךָ הַיּוֹם וְאֵת נֶפֶשׁ בָּנֶיךָ וּבְנֹתֶיךָ וְנֶפֶשׁ נָשֶׁיךָ וְנֶפֶשׁ פִּלַגְשֶׁיךָ׃

va-ya-VO yo-AV el ha-ME-lekh ha-BA-yit va-YO-mer ho-VASH-ta ha-YOM et p'-NAY khol a-va-DE-kha ha-m'-ma-l'-TEEM et naf-sh'-KHA ha-YOM v'-AYT NE-fesh ba-NE-kha u-v'-no-TE-kha v'-NE-fesh na-SHE-kha v'-NE-fesh pi-lag-SHE-kha

7 by showing love for those who hate you and hate for those who love you. For you have made clear today that the officers and men mean nothing to you. I am sure that if *Avshalom* were alive today and the rest of us dead, you would have preferred it.

ז לְאַהֲבָה אֶת־שֹׂנְאֶיךָ וְלִשְׂנֹא אֶת־אֹהֲבֶיךָ כִּי הִגַּדְתָּ הַיּוֹם כִּי אֵין לְךָ שָׂרִים וַעֲבָדִים כִּי יָדַעְתִּי הַיּוֹם כִּי לא [לוּ] אַבְשָׁלוֹם חַי וְכֻלָּנוּ הַיּוֹם מֵתִים כִּי־אָז יָשָׁר בְּעֵינֶיךָ׃

8 Now arise, come out and placate your followers! For I swear by *Hashem* that if you do not come out, not a single man will remain with you overnight; and that would be a greater disaster for you than any disaster that has befallen you from your youth until now."

ח וְעַתָּה קוּם צֵא וְדַבֵּר עַל־לֵב עֲבָדֶיךָ כִּי בַיהֹוָה נִשְׁבַּעְתִּי כִּי־אֵינְךָ יוֹצֵא אִם־יָלִין אִישׁ אִתְּךָ הַלַּיְלָה וְרָעָה לְךָ זֹאת מִכָּל־הָרָעָה אֲשֶׁר־בָּאָה עָלֶיךָ מִנְּעֻרֶיךָ עַד־עָתָּה׃

9 So the king arose and sat down in the gateway; and when all the troops were told that the king was sitting in the gateway, all the troops presented themselves to the king. Now the Israelites had fled to their homes.

ט וַיָּקָם הַמֶּלֶךְ וַיֵּשֶׁב בַּשָּׁעַר וּלְכָל־הָעָם הִגִּידוּ לֵאמֹר הִנֵּה הַמֶּלֶךְ יוֹשֵׁב בַּשַּׁעַר וַיָּבֹא כָל־הָעָם לִפְנֵי הַמֶּלֶךְ וְיִשְׂרָאֵל נָס אִישׁ לְאֹהָלָיו׃

10 All the people throughout the tribes of *Yisrael* were arguing: Some said, "The king saved us from the hands of our enemies, and he delivered us from the hands of the Philistines; and just now he had to flee the country because of *Avshalom*.

י וַיְהִי כָל־הָעָם נָדוֹן בְּכָל־שִׁבְטֵי יִשְׂרָאֵל לֵאמֹר הַמֶּלֶךְ הִצִּילָנוּ מִכַּף אֹיְבֵינוּ וְהוּא מִלְּטָנוּ מִכַּף פְּלִשְׁתִּים וְעַתָּה בָּרַח מִן־הָאָרֶץ מֵעַל אַבְשָׁלוֹם׃

11 But *Avshalom*, whom we anointed over us, has died in battle; why then do you sit idle instead of escorting the king back?"

יא וְאַבְשָׁלוֹם אֲשֶׁר מָשַׁחְנוּ עָלֵינוּ מֵת בַּמִּלְחָמָה וְעַתָּה לָמָה אַתֶּם מַחֲרִשִׁים לְהָשִׁיב אֶת־הַמֶּלֶךְ׃

19:6 Today you have humiliated all your followers *Yoav* is upset that King *David* mourned his rebellious son *Avshalom*. *Yoav* had killed *Avshalom*, though King *David* had commanded that he be captured unharmed. King *David* is extremely angry that *Yoav* has disobeyed him. Rabbi Shlomo Aviner points out that in Jewish Law, any act of disobedience to the king can be punished by death. However, King *David* is more concerned with ensuring that the Kingdom of Israel remains secure and strong, and thus needs *Yoav* to remain as his leading general. However, before his death, King *David* instructs his son *Shlomo* to punish *Yoav* for having killed *Avner*, *Amasa* (II Kings 2:5) and, according to *Radak*, *Avshalom*. *Shlomo* tries *Yoav* for the murders and convicts him of violating the will of the king (*Sanhedrin* 49a), an act which itself is a danger to the People of Israel. Obeying the dictates of just rulers and governments is itself a religious act, as it allows for a strong, cohesive and just nation.

The Israeli Supreme Court justices with PM Netanyahu and President Rivlin, 2015

12 The talk of all *Yisrael* reached the king in his quarters. So King *David* sent this message to the *Kohanim Tzadok* and *Evyatar*: "Speak to the elders of *Yehuda* and say, 'Why should you be the last to bring the king back to his palace?

יב וְהַמֶּלֶךְ דָּוִד שָׁלַח אֶל־צָדוֹק וְאֶל־אֶבְיָתָר הַכֹּהֲנִים לֵאמֹר דַּבְּרוּ אֶל־זִקְנֵי יְהוּדָה לֵאמֹר לָמָּה תִהְיוּ אַחֲרֹנִים לְהָשִׁיב אֶת־הַמֶּלֶךְ אֶל־בֵּיתוֹ וּדְבַר כָּל־יִשְׂרָאֵל בָּא אֶל־הַמֶּלֶךְ אֶל־בֵּיתוֹ׃

13 You are my kinsmen, my own flesh and blood! Why should you be the last to escort the king back?'

יג אַחַי אַתֶּם עַצְמִי וּבְשָׂרִי אַתֶּם וְלָמָּה תִהְיוּ אַחֲרֹנִים לְהָשִׁיב אֶת־הַמֶּלֶךְ׃

14 And to *Amasa* say this, 'You are my own flesh and blood. May *Hashem* do thus and more to me if you do not become my army commander permanently in place of *Yoav*!'"

יד וְלַעֲמָשָׂא תֹּמְרוּ הֲלוֹא עַצְמִי וּבְשָׂרִי אָתָּה כֹּה יַעֲשֶׂה־לִּי אֱלֹהִים וְכֹה יוֹסִיף אִם־לֹא שַׂר־צָבָא תִּהְיֶה לְפָנַי כָּל־הַיָּמִים תַּחַת יוֹאָב׃

15 So [*Amasa*] swayed the hearts of all the Judites as one man; and they sent a message to the king: "Come back with all your followers."

טו וַיַּט אֶת־לְבַב כָּל־אִישׁ־יְהוּדָה כְּאִישׁ אֶחָד וַיִּשְׁלְחוּ אֶל־הַמֶּלֶךְ שׁוּב אַתָּה וְכָל־עֲבָדֶיךָ׃

16 The king started back and arrived at the *Yarden*; and the Judites went to *Gilgal* to meet the king and to conduct the king across the *Yarden*.

טז וַיָּשָׁב הַמֶּלֶךְ וַיָּבֹא עַד־הַיַּרְדֵּן וִיהוּדָה בָּא הַגִּלְגָּלָה לָלֶכֶת לִקְרַאת הַמֶּלֶךְ לְהַעֲבִיר אֶת־הַמֶּלֶךְ אֶת־הַיַּרְדֵּן׃

17 *Shim'i* son of Gera, the Benjaminite from Bahurim, hurried down with the Judites to meet King *David*,

יז וַיְמַהֵר שִׁמְעִי בֶן־גֵּרָא בֶּן־הַיְמִינִי אֲשֶׁר מִבַּחוּרִים וַיֵּרֶד עִם־אִישׁ יְהוּדָה לִקְרַאת הַמֶּלֶךְ דָּוִד׃

18 accompanied by a thousand Benjaminites. And Ziba, the servant of the House of *Shaul*, together with his fifteen sons and twenty slaves, rushed down to the *Yarden* ahead of the king

יח וְאֶלֶף אִישׁ עִמּוֹ מִבִּנְיָמִן וְצִיבָא נַעַר בֵּית שָׁאוּל וַחֲמֵשֶׁת עָשָׂר בָּנָיו וְעֶשְׂרִים עֲבָדָיו אִתּוֹ וְצָלְחוּ הַיַּרְדֵּן לִפְנֵי הַמֶּלֶךְ׃

19 while the crossing was being made, to escort the king's family over, and to do whatever he wished. *Shim'i* son of Gera flung himself before the king as he was about to cross the *Yarden*.

יט וְעָבְרָה הָעֲבָרָה לַעֲבִיר אֶת־בֵּית הַמֶּלֶךְ וְלַעֲשׂוֹת הַטּוֹב בעינו [בְּעֵינָיו] וְשִׁמְעִי בֶן־גֵּרָא נָפַל לִפְנֵי הַמֶּלֶךְ בְּעָבְרוֹ בַּיַּרְדֵּן׃

20 He said to the king, "Let not my lord hold me guilty, and do not remember the wrong your servant committed on the day my lord the king left *Yerushalayim*; let Your Majesty give it no thought.

כ וַיֹּאמֶר אֶל־הַמֶּלֶךְ אַל־יַחֲשָׁב־לִי אֲדֹנִי עָוֺן וְאַל־תִּזְכֹּר אֵת אֲשֶׁר הֶעֱוָה עַבְדְּךָ בַּיּוֹם אֲשֶׁר־יָצָא אֲדֹנִי־הַמֶּלֶךְ מִירוּשָׁלָ͏ִם לָשׂוּם הַמֶּלֶךְ אֶל־לִבּוֹ׃

21 For your servant knows that he has sinned; so here I have come down today, the first of all the House of *Yosef*, to meet my lord the king."

כא כִּי יָדַע עַבְדְּךָ כִּי אֲנִי חָטָאתִי וְהִנֵּה־בָאתִי הַיּוֹם רִאשׁוֹן לְכָל־בֵּית יוֹסֵף לָרֶדֶת לִקְרַאת אֲדֹנִי הַמֶּלֶךְ׃

22 Thereupon *Avishai* son of *Tzeruya* spoke up, "Shouldn't *Shim'i* be put to death for that – insulting *Hashem*'s anointed?"

כב וַיַּעַן אֲבִישַׁי בֶּן־צְרוּיָה וַיֹּאמֶר הֲתַחַת זֹאת לֹא יוּמַת שִׁמְעִי כִּי קִלֵּל אֶת־מְשִׁיחַ יְהוָה׃

23 But *David* said, "What has this to do with you, you sons of *Tzeruya*, that you should cross me today? Should a single Israelite be put to death today? Don't I know that today I am again king over *Yisrael*?"

כג וַיֹּאמֶר דָּוִד מַה־לִּי וְלָכֶם בְּנֵי צְרוּיָה כִּי־תִהְיוּ־לִי הַיּוֹם לְשָׂטָן הַיּוֹם יוּמַת אִישׁ בְּיִשְׂרָאֵל כִּי הֲלוֹא יָדַעְתִּי כִּי הַיּוֹם אֲנִי־מֶלֶךְ עַל־יִשְׂרָאֵל׃

24 Then the king said to *Shim'i*, "You shall not die"; and the king gave him his oath.

כד וַיֹּאמֶר הַמֶּלֶךְ אֶל־שִׁמְעִי לֹא תָמוּת
וַיִּשָּׁבַע לוֹ הַמֶּלֶךְ׃

25 *Mefiboshet*, the grandson of *Shaul*, also came down to meet the king. He had not pared his toenails, or trimmed his mustache, or washed his clothes from the day that the king left until the day he returned safe.

כה וּמְפִבֹשֶׁת בֶּן־שָׁאוּל יָרַד לִקְרַאת הַמֶּלֶךְ
וְלֹא־עָשָׂה רַגְלָיו וְלֹא־עָשָׂה שְׂפָמוֹ
וְאֶת־בְּגָדָיו לֹא כִבֵּס לְמִן־הַיּוֹם לֶכֶת
הַמֶּלֶךְ עַד־הַיּוֹם אֲשֶׁר־בָּא בְשָׁלוֹם׃

26 When he came [from] *Yerushalayim* to meet the king, the king asked him, "Why didn't you come with me, *Mefiboshet*?"

כו וַיְהִי כִּי־בָא יְרוּשָׁלִַם לִקְרַאת הַמֶּלֶךְ
וַיֹּאמֶר לוֹ הַמֶּלֶךְ לָמָּה לֹא־הָלַכְתָּ עִמִּי
מְפִיבֹשֶׁת׃

27 He replied, "My lord the king, my own servant deceived me. Your servant planned to saddle his ass and ride on it and go with Your Majesty – for your servant is lame.

כז וַיֹּאמַר אֲדֹנִי הַמֶּלֶךְ עַבְדִּי רִמָּנִי כִּי־אָמַר
עַבְדְּךָ אֶחְבְּשָׁה־לִּי הַחֲמוֹר וְאֶרְכַּב עָלֶיהָ
וְאֵלֵךְ אֶת־הַמֶּלֶךְ כִּי פִסֵּחַ עַבְדֶּךָ׃

28 [Ziba] has slandered your servant to my lord the king. But my lord the king is like an angel of *Hashem*; do as you see fit.

כח וַיְרַגֵּל בְּעַבְדְּךָ אֶל־אֲדֹנִי הַמֶּלֶךְ וַאדֹנִי
הַמֶּלֶךְ כְּמַלְאַךְ הָאֱלֹהִים וַעֲשֵׂה הַטּוֹב
בְּעֵינֶיךָ׃

29 For all the members of my father's family deserved only death from my lord the king; yet you set your servant among those who ate at your table. What right have I to appeal further to Your Majesty?"

כט כִּי לֹא הָיָה כָּל־בֵּית אָבִי כִּי אִם־אַנְשֵׁי־
מָוֶת לַאדֹנִי הַמֶּלֶךְ וַתָּשֶׁת אֶת־עַבְדְּךָ
בְּאֹכְלֵי שֻׁלְחָנֶךָ וּמַה־יֶּשׁ־לִי עוֹד צְדָקָה
וְלִזְעֹק עוֹד אֶל־הַמֶּלֶךְ׃

30 The king said to him, "You need not speak further. I decree that you and Ziba shall divide the property."

ל וַיֹּאמֶר לוֹ הַמֶּלֶךְ לָמָּה תְּדַבֵּר עוֹד
דְּבָרֶיךָ אָמַרְתִּי אַתָּה וְצִיבָא תַּחְלְקוּ
אֶת־הַשָּׂדֶה׃

31 And *Mefiboshet* said to the king, "Let him take it all, as long as my lord the king has come home safe."

לא וַיֹּאמֶר מְפִיבֹשֶׁת אֶל־הַמֶּלֶךְ גַּם אֶת־
הַכֹּל יִקָּח אַחֲרֵי אֲשֶׁר־בָּא אֲדֹנִי הַמֶּלֶךְ
בְּשָׁלוֹם אֶל־בֵּיתוֹ׃

32 *Barzilai* the Giladite had come down from Rogelin and passed on to the *Yarden* with the king, to see him off at the *Yarden*.

לב וּבַרְזִלַּי הַגִּלְעָדִי יָרַד מֵרֹגְלִים וַיַּעֲבֹר
אֶת־הַמֶּלֶךְ הַיַּרְדֵּן לְשַׁלְּחוֹ אֶת־בירדן
[הַיַּרְדֵּן׃]

33 *Barzilai* was very old, eighty years of age; and he had provided the king with food during his stay at Mahanaim, for he was a very wealthy man.

לג וּבַרְזִלַּי זָקֵן מְאֹד בֶּן־שְׁמֹנִים שָׁנָה וְהוּא־
כִלְכַּל אֶת־הַמֶּלֶךְ בְּשִׁיבָתוֹ בְמַחֲנַיִם כִּי־
אִישׁ גָּדוֹל הוּא מְאֹד׃

34 The king said to *Barzilai*, "Cross over with me, and I will provide for you in *Yerushalayim* at my side."

לד וַיֹּאמֶר הַמֶּלֶךְ אֶל־בַּרְזִלָּי אַתָּה עֲבֹר אִתִּי
וְכִלְכַּלְתִּי אֹתְךָ עִמָּדִי בִּירוּשָׁלִָם׃

35 But *Barzilai* said to the king, "How many years are left to me that I should go up with Your Majesty to *Yerushalayim*?

לה וַיֹּאמֶר בַּרְזִלַּי אֶל־הַמֶּלֶךְ כַּמָּה יְמֵי שְׁנֵי
חַיַּי כִּי־אֶעֱלֶה אֶת־הַמֶּלֶךְ יְרוּשָׁלִָם׃

36 I am now eighty years old. Can I tell the difference between good and bad? Can your servant taste what he eats and drinks? Can I still listen to the singing of men and women? Why then should your servant continue to be a burden to my lord the king?

לו בֶּן־שְׁמֹנִים שָׁנָה אָנֹכִי הַיּוֹם הַאֵדַע בֵּין־
טוֹב לְרָע אִם־יִטְעַם עַבְדְּךָ אֶת־אֲשֶׁר
אֹכַל וְאֶת־אֲשֶׁר אֶשְׁתֶּה אִם־אֶשְׁמַע
עוֹד בְּקוֹל שָׁרִים וְשָׁרוֹת וְלָמָּה יִהְיֶה
עַבְדְּךָ עוֹד לְמַשָּׂא אֶל־אֲדֹנִי הַמֶּלֶךְ׃

37 Your servant could barely cross the *Yarden* with your Majesty! Why should Your Majesty reward me so generously?

לז כִּמְעַט יַעֲבֹר עַבְדְּךָ אֶת־הַיַּרְדֵּן אֶת־הַמֶּלֶךְ וְלָמָּה יִגְמְלֵנִי הַמֶּלֶךְ הַגְּמוּלָה הַזֹּאת׃

38 Let your servant go back, and let me die in my own town, near the graves of my father and mother. But here is your servant Chimham; let him cross with my lord the king, and do for him as you see fit."

לח יָשָׁב־נָא עַבְדְּךָ וְאָמֻת בְּעִירִי עִם קֶבֶר אָבִי וְאִמִּי וְהִנֵּה עַבְדְּךָ כִמְהָם יַעֲבֹר עִם־אֲדֹנִי הַמֶּלֶךְ וַעֲשֵׂה־לוֹ אֵת אֲשֶׁר־טוֹב בְּעֵינֶיךָ׃

39 And the king said, "Chimham shall cross with me, and I will do for him as you see fit; and anything you want me to do, I will do for you."

לט וַיֹּאמֶר הַמֶּלֶךְ אִתִּי יַעֲבֹר כִּמְהָם וַאֲנִי אֶעֱשֶׂה־לּוֹ אֶת־הַטּוֹב בְּעֵינֶיךָ וְכֹל אֲשֶׁר־תִּבְחַר עָלַי אֶעֱשֶׂה־לָּךְ׃

40 All the troops crossed the *Yarden*; and when the king was ready to cross, the king kissed *Barzilai* and bade him farewell; and [*Barzilai*] returned to his home.

מ וַיַּעֲבֹר כָּל־הָעָם אֶת־הַיַּרְדֵּן וְהַמֶּלֶךְ עָבָר וַיִּשַּׁק הַמֶּלֶךְ לְבַרְזִלַּי וַיְבָרְכֵהוּ וַיָּשָׁב לִמְקֹמוֹ׃

41 The king passed on to *Gilgal*, with Chimham accompanying him; and all the Judite soldiers and part of the Israelite army escorted the king across.

מא וַיַּעֲבֹר הַמֶּלֶךְ הַגִּלְגָּלָה וְכִמְהָן עָבַר עִמּוֹ וְכָל־עַם יְהוּדָה ויעברו [הֶעֱבִירוּ] אֶת־הַמֶּלֶךְ וְגַם חֲצִי עַם יִשְׂרָאֵל׃

42 Then all the men of *Yisrael* came to the king and said to the king, "Why did our kinsmen, the men of *Yehuda*, steal you away and escort the king and his family across the *Yarden*, along with all *David*'s men?"

מב וְהִנֵּה כָל־אִישׁ יִשְׂרָאֵל בָּאִים אֶל־הַמֶּלֶךְ וַיֹּאמְרוּ אֶל־הַמֶּלֶךְ מַדּוּעַ גְּנָבוּךָ אַחֵינוּ אִישׁ יְהוּדָה וַיַּעֲבִרוּ אֶת־הַמֶּלֶךְ וְאֶת־בֵּיתוֹ אֶת־הַיַּרְדֵּן וְכָל־אַנְשֵׁי דָוִד עִמּוֹ׃

43 All the men of *Yehuda* replied to the men of *Yisrael*, "Because the king is our relative! Why should this upset you? Have we consumed anything that belongs to the king? Has he given us any gifts?"

מג וַיַּעַן כָּל־אִישׁ יְהוּדָה עַל־אִישׁ יִשְׂרָאֵל כִּי־קָרוֹב הַמֶּלֶךְ אֵלַי וְלָמָּה זֶּה חָרָה לְךָ עַל־הַדָּבָר הַזֶּה הֶאָכוֹל אָכַלְנוּ מִן־הַמֶּלֶךְ אִם־נִשֵּׂאת נִשָּׂא לָנוּ׃

44 But the men of *Yisrael* answered the men of *Yehuda*, "We have ten shares in the king, and in *David*, too, we have more than you. Why then have you slighted us? Were we not the first to propose that our king be brought back?" However, the men of *Yehuda* prevailed over the men of *Yisrael*.

מד וַיַּעַן אִישׁ־יִשְׂרָאֵל אֶת־אִישׁ יְהוּדָה וַיֹּאמֶר עֶשֶׂר־יָדוֹת לִי בַמֶּלֶךְ וְגַם־בְּדָוִד אֲנִי מִמְּךָ וּמַדּוּעַ הֱקִלֹּתַנִי וְלֹא־הָיָה דְבָרִי רִאשׁוֹן לִי לְהָשִׁיב אֶת־מַלְכִּי וַיִּקֶשׁ דְּבַר־אִישׁ יְהוּדָה מִדְּבַר אִישׁ יִשְׂרָאֵל׃

20 1 A scoundrel named Sheba son of Bichri, a Benjaminite, happened to be there. He sounded the *shofar* and proclaimed: "We have no portion in *David*, No share in *Yishai*'s son! Every man to his tent, O *Yisrael*!"

כ א וְשָׁם נִקְרָא אִישׁ בְּלִיַּעַל וּשְׁמוֹ שֶׁבַע בֶּן־בִּכְרִי אִישׁ יְמִינִי וַיִּתְקַע בַּשֹּׁפָר וַיֹּאמֶר אֵין־לָנוּ חֵלֶק בְּדָוִד וְלֹא נַחֲלָה־לָנוּ בְּבֶן־יִשַׁי אִישׁ לְאֹהָלָיו יִשְׂרָאֵל׃

v'-SHAM nik-RA EESH b'-li-YA-al u-sh'-MO SHE-va ben bikh-REE EESH y'-mee-NEE va-yit-KA ba-sho-FAR va-YO-mer ayn LA-nu KHAY-lek b'-da-VID v'-LO na-kha-lah LA-nu b'-ven yi-SHAI EESH l'-o-ha-LAV yis-ra-AYL

20:1 He sounded the *shofar* The ram's horn, *shofar* (שופר), has a critical place in Judaism. *Hashem* commands the Jewish people to listen to the sounds of the *shofar* on *Rosh Hashana*, and there are times that it is to be blown in the *Beit Hamikdash*, such as on public fasts. It is also to be sounded at the end

2 All the men of *Yisrael* left *David* and followed Sheba son of Bichri; but the men of *Yehuda* accompanied their king from the *Yarden* to *Yerushalayim*.

ב וַיַּעַל כׇּל־אִישׁ יִשְׂרָאֵל מֵאַחֲרֵי דָוִד אַחֲרֵי שֶׁבַע בֶּן־בִּכְרִי וְאִישׁ יְהוּדָה דָּבְקוּ בְמַלְכָּם מִן־הַיַּרְדֵּן וְעַד־יְרוּשָׁלָ͏ִם׃

3 *David* went to his palace in *Yerushalayim*, and the king took the ten concubines he had left to mind the palace and put them in a guarded place; he provided for them, but he did not cohabit with them. They remained in seclusion until the day they died, in living widowhood.

ג וַיָּבֹא דָוִד אֶל־בֵּיתוֹ יְרוּשָׁלַ͏ִם וַיִּקַּח הַמֶּלֶךְ אֵת עֶשֶׂר־נָשִׁים פִּלַגְשִׁים אֲשֶׁר הִנִּיחַ לִשְׁמֹר הַבַּיִת וַיִּתְּנֵם בֵּית־מִשְׁמֶרֶת וַיְכַלְכְּלֵם וַאֲלֵיהֶם לֹא־בָא וַתִּהְיֶינָה צְרֻרוֹת עַד־יוֹם מֻתָן אַלְמְנוּת חַיּוּת׃

4 The king said to *Amasa*, "Call up the men of *Yehuda* to my standard, and report here three days from now."

ד וַיֹּאמֶר הַמֶּלֶךְ אֶל־עֲמָשָׂא הַזְעֶק־לִי אֶת־אִישׁ־יְהוּדָה שְׁלֹשֶׁת יָמִים וְאַתָּה פֹּה עֲמֹד׃

5 *Amasa* went to call up *Yehuda*, but he took longer than the time set for him.

ה וַיֵּלֶךְ עֲמָשָׂא לְהַזְעִיק אֶת־יְהוּדָה וייחר [וַיּוֹחֶר] מִן־הַמּוֹעֵד אֲשֶׁר יְעָדוֹ׃

6 And *David* said to *Avishai*, "Now Sheba son of Bichri will cause us more trouble than *Avshalom*. So take your lord's servants and pursue him, before he finds fortified towns and eludes us."

ו וַיֹּאמֶר דָּוִד אֶל־אֲבִישַׁי עַתָּה יֵרַע לָנוּ שֶׁבַע בֶּן־בִּכְרִי מִן־אַבְשָׁלוֹם אַתָּה קַח אֶת־עַבְדֵי אֲדֹנֶיךָ וּרְדֹף אַחֲרָיו פֶּן־מָצָא לוֹ עָרִים בְּצֻרוֹת וְהִצִּיל עֵינֵנוּ׃

7 *Yoav*'s men, the Cherethites and Pelethites, and all the warriors, marched out behind him. They left *Yerushalayim* in pursuit of Sheba son of Bichri.

ז וַיֵּצְאוּ אַחֲרָיו אַנְשֵׁי יוֹאָב וְהַכְּרֵתִי וְהַפְּלֵתִי וְכׇל־הַגִּבֹּרִים וַיֵּצְאוּ מִירוּשָׁלַ͏ִם לִרְדֹּף אַחֲרֵי שֶׁבַע בֶּן־בִּכְרִי׃

8 They were near the great stone in *Givon* when *Amasa* appeared before them. *Yoav* was wearing his military dress, with his sword girded over it and fastened around his waist in its sheath; and, as he stepped forward, it fell out.

ח הֵם עִם־הָאֶבֶן הַגְּדוֹלָה אֲשֶׁר בְּגִבְעוֹן וַעֲמָשָׂא בָּא לִפְנֵיהֶם וְיוֹאָב חָגוּר מִדּוֹ לְבֻשׁוֹ ועלו [וְעָלָיו] חֲגוֹר חֶרֶב מְצֻמֶּדֶת עַל־מׇתְנָיו בְּתַעְרָהּ וְהוּא יָצָא וַתִּפֹּל׃

9 *Yoav* said to *Amasa*, "How are you, brother?" and with his right hand *Yoav* took hold of *Amasa*'s beard as if to kiss him.

ט וַיֹּאמֶר יוֹאָב לַעֲמָשָׂא הֲשָׁלוֹם אַתָּה אָחִי וַתֹּחֶז יַד־יְמִין יוֹאָב בִּזְקַן עֲמָשָׂא לִנְשׇׁק־לוֹ׃

10 *Amasa* was not on his guard against the sword in *Yoav*'s [left] hand, and [*Yoav*] drove it into his belly so that his entrails poured out on the ground and he died; he did not need to strike him a second time. *Yoav* and his brother *Avishai* then set off in pursuit of Sheba son of Bichri,

י וַעֲמָשָׂא לֹא־נִשְׁמַר בַּחֶרֶב אֲשֶׁר בְּיַד־יוֹאָב וַיַּכֵּהוּ בָהּ אֶל־הַחֹמֶשׁ וַיִּשְׁפֹּךְ מֵעָיו אַרְצָה וְלֹא־שָׁנָה לוֹ וַיָּמֹת וְיוֹאָב וַאֲבִישַׁי אָחִיו רָדַף אַחֲרֵי שֶׁבַע בֶּן־בִּכְרִי׃

of the *yovel*, the Jubilee year. But in addition to these spiritual functions, it also has military usages. The *shofar* serves as the method of assembling soldiers and of sounding a warning call. The common feature is that in all these cases, the *shofar* is sounded to get everyone's attention to fulfill their particular mission. It serves to awaken those who are slumbering, either physically or spiritually.

Blowing the *shofar*

11 while one of *Yoav*'s henchmen stood by the corpse and called out, "Whoever favors *Yoav*, and whoever is on *David*'s side, follow *Yoav*!"

יא וְאִישׁ עָמַד עָלָיו מִנַּעֲרֵי יוֹאָב וַיֹּאמֶר
מִי אֲשֶׁר חָפֵץ בְּיוֹאָב וּמִי אֲשֶׁר־לְדָוִד
אַחֲרֵי יוֹאָב׃

12 *Amasa* lay in the middle of the road, drenched in his blood; and the man saw that everyone stopped. And when he saw that all the people were stopping, he dragged *Amasa* from the road into the field and covered him with a garment.

יב וַעֲמָשָׂא מִתְגֹּלֵל בַּדָּם בְּתוֹךְ הַמְסִלָּה
וַיַּרְא הָאִישׁ כִּי־עָמַד כָּל־הָעָם וַיַּסֵּב
אֶת־עֲמָשָׂא מִן־הַמְסִלָּה הַשָּׂדֶה וַיַּשְׁלֵךְ
עָלָיו בֶּגֶד כַּאֲשֶׁר רָאָה כָּל־הַבָּא עָלָיו
וְעָמָד׃

13 Once he was removed from the road, everybody continued to follow *Yoav* in pursuit of Sheba son of Bichri.

יג כַּאֲשֶׁר הֹגָה מִן־הַמְסִלָּה עָבַר כָּל־אִישׁ
אַחֲרֵי יוֹאָב לִרְדֹּף אַחֲרֵי שֶׁבַע בֶּן־בִּכְרִי׃

14 [Sheba] had passed through all the tribes of *Yisrael* up to Abel of Beth-maacah; and all the *B'eri*tes assembled and followed him inside.

יד וַיַּעֲבֹר בְּכָל־שִׁבְטֵי יִשְׂרָאֵל אָבֵלָה וּבֵית
מַעֲכָה וְכָל־הַבֵּרִים ויקלהו [וַיִּקָּהֲלוּ]
וַיָּבֹאוּ אַף־אַחֲרָיו׃

15 [*Yoav*'s men] came and besieged him in Abel of Beth-maacah; they threw up a siegemound against the city and it stood against the rampart. All the troops with *Yoav* were engaged in battering the wall,

טו וַיָּבֹאוּ וַיָּצֻרוּ עָלָיו בְּאָבֵלָה בֵּית הַמַּעֲכָה
וַיִּשְׁפְּכוּ סֹלְלָה אֶל־הָעִיר וַתַּעֲמֹד בַּחֵל
וְכָל־הָעָם אֲשֶׁר אֶת־יוֹאָב מַשְׁחִיתִם
לְהַפִּיל הַחוֹמָה׃

16 when a clever woman shouted from the city, "Listen! Listen! Tell *Yoav* to come over here so I can talk to him."

טז וַתִּקְרָא אִשָּׁה חֲכָמָה מִן־הָעִיר שִׁמְעוּ
שִׁמְעוּ אִמְרוּ־נָא אֶל־יוֹאָב קְרַב עַד־הֵנָּה
וַאֲדַבְּרָה אֵלֶיךָ׃

17 He approached her, and the woman asked, "Are you *Yoav*?" "Yes," he answered; and she said to him, "Listen to what your handmaid has to say." "I'm listening," he replied.

יז וַיִּקְרַב אֵלֶיהָ וַתֹּאמֶר הָאִשָּׁה הַאַתָּה
יוֹאָב וַיֹּאמֶר אָנִי וַתֹּאמֶר לוֹ שְׁמַע דִּבְרֵי
אֲמָתֶךָ וַיֹּאמֶר שֹׁמֵעַ אָנֹכִי׃

18 And she continued, "In olden times people used to say, 'Let them inquire of Abel,' and that was the end of the matter.

יח וַתֹּאמֶר לֵאמֹר דַּבֵּר יְדַבְּרוּ בָרִאשֹׁנָה
לֵאמֹר שָׁאֹל יְשָׁאֲלוּ בְּאָבֵל וְכֵן הֵתַמּוּ׃

19 I am one of those who seek the welfare of the faithful in *Yisrael*. But you seek to bring death upon a mother city in *Yisrael*! Why should you destroy *Hashem*'s possession?"

יט אָנֹכִי שְׁלֻמֵי אֱמוּנֵי יִשְׂרָאֵל אַתָּה מְבַקֵּשׁ
לְהָמִית עִיר וְאֵם בְּיִשְׂרָאֵל לָמָּה תְבַלַּע
נַחֲלַת יְהוָה׃

20 *Yoav* replied, "Far be it, far be it from me to destroy or to ruin!

כ וַיַּעַן יוֹאָב וַיֹּאמַר חָלִילָה חָלִילָה לִי אִם־
אֲבַלַּע וְאִם־אַשְׁחִית׃

21 Not at all! But a certain man from the hill country of *Efraim*, named Sheba son of Bichri, has rebelled against King *David*. Just hand him alone over to us, and I will withdraw from the city." The woman assured *Yoav*, "His head shall be thrown over the wall to you."

כא לֹא־כֵן הַדָּבָר כִּי אִישׁ מֵהַר אֶפְרַיִם
שֶׁבַע בֶּן־בִּכְרִי שְׁמוֹ נָשָׂא יָדוֹ בַּמֶּלֶךְ
בְּדָוִד תְּנוּ־אֹתוֹ לְבַדּוֹ וְאֵלְכָה מֵעַל הָעִיר
וַתֹּאמֶר הָאִשָּׁה אֶל־יוֹאָב הִנֵּה רֹאשׁוֹ
מֻשְׁלָךְ אֵלֶיךָ בְּעַד הַחוֹמָה׃

22 The woman came to all the people with her clever plan; and they cut off the head of Sheba son of Bichri and threw it down to *Yoav*. He then sounded the *shofar*; all the men dispersed to their homes, and *Yoav* returned to the king in *Yerushalayim*.

23 *Yoav* was commander of the whole army [of] *Yisrael*; Benaiah son of *Yehoyada* was commander of the Cherethites and the Pelethites;

24 Adoram was in charge of forced labor; *Yehoshafat* son of *Achilud* was recorder;

25 Sheva was scribe; and *Tzadok* and *Evyatar* were *Kohanim*.

26 Ira the Yairite also served *David* as *Kohen*.

21

1 There was a famine during the reign of *David*, year after year for three years. *David* inquired of *Hashem*, and *Hashem* replied, "It is because of the bloodguilt of *Shaul* and [his] house, for he put some Givonites to death."

2 The king summoned the Givonites and spoke to them. – Now the Givonites were not of Israelite stock, but a remnant of the Amorites, to whom the Israelites had given an oath; and *Shaul* had tried to wipe them out in his zeal for the people of *Yisrael* and *Yehuda*.

3 *David* asked the Givonites, "What shall I do for you? How shall I make expiation, so that you may bless *Hashem*'s own people?"

4 The Givonites answered him, "We have no claim for silver or gold against *Shaul* and his household; and we have no claim on the life of any other man in *Yisrael*." And [*David*] responded, "Whatever you say I will do for you."

5 Thereupon they said to the king, "The man who massacred us and planned to exterminate us, so that we should not survive in all the territory of *Yisrael*

6 let seven of his male issue be handed over to us, and we will impale them before *Hashem* in *Giva* of *Shaul*, the chosen of *Hashem*." And the king replied, "I will do so."

7 The king spared *Mefiboshet* son of *Yehonatan* son of *Shaul*, because of the oath before *Hashem* between the two, between *David* and *Yehonatan* son of *Shaul*.

כב וַתָּבוֹא הָאִשָּׁה אֶל־כָּל־הָעָם בְּחָכְמָתָהּ וַיִּכְרְתוּ אֶת־רֹאשׁ שֶׁבַע בֶּן־בִּכְרִי וַיַּשְׁלִכוּ אֶל־יוֹאָב וַיִּתְקַע בַּשּׁוֹפָר וַיָּפֻצוּ מֵעַל־הָעִיר אִישׁ לְאֹהָלָיו וְיוֹאָב שָׁב יְרוּשָׁלַ͏ִם אֶל־הַמֶּלֶךְ׃

כג וְיוֹאָב אֶל כָּל־הַצָּבָא יִשְׂרָאֵל וּבְנָיָה בֶּן־יְהוֹיָדָע עַל־הכרי [הַכְּרֵתִי] וְעַל־הַפְּלֵתִי׃

כד וַאֲדֹרָם עַל־הַמַּס וִיהוֹשָׁפָט בֶּן־אֲחִילוּד הַמַּזְכִּיר׃

כה ושיא [וּשְׁוָא] סֹפֵר וְצָדוֹק וְאֶבְיָתָר כֹּהֲנִים׃

כו וְגַם עִירָא הַיָּאִרִי הָיָה כֹהֵן לְדָוִד׃

כא

א וַיְהִי רָעָב בִּימֵי דָוִד שָׁלֹשׁ שָׁנִים שָׁנָה אַחֲרֵי שָׁנָה וַיְבַקֵּשׁ דָּוִד אֶת־פְּנֵי יְהֹוָה וַיֹּאמֶר יְהֹוָה אֶל־שָׁאוּל וְאֶל־בֵּית הַדָּמִים עַל־אֲשֶׁר־הֵמִית אֶת־הַגִּבְעֹנִים׃

ב וַיִּקְרָא הַמֶּלֶךְ לַגִּבְעֹנִים וַיֹּאמֶר אֲלֵיהֶם וְהַגִּבְעֹנִים לֹא מִבְּנֵי יִשְׂרָאֵל הֵמָּה כִּי אִם־מִיֶּתֶר הָאֱמֹרִי וּבְנֵי יִשְׂרָאֵל נִשְׁבְּעוּ לָהֶם וַיְבַקֵּשׁ שָׁאוּל לְהַכֹּתָם בְּקַנֹּאתוֹ לִבְנֵי־יִשְׂרָאֵל וִיהוּדָה׃

ג וַיֹּאמֶר דָּוִד אֶל־הַגִּבְעֹנִים מָה אֶעֱשֶׂה לָכֶם וּבַמָּה אֲכַפֵּר וּבָרְכוּ אֶת־נַחֲלַת יְהֹוָה׃

ד וַיֹּאמְרוּ לוֹ הַגִּבְעֹנִים אֵין־לי [לָנוּ] כֶּסֶף וְזָהָב עִם־שָׁאוּל וְעִם־בֵּיתוֹ וְאֵין־לָנוּ אִישׁ לְהָמִית בְּיִשְׂרָאֵל וַיֹּאמֶר מָה־אַתֶּם אֹמְרִים אֶעֱשֶׂה לָכֶם׃

ה וַיֹּאמְרוּ אֶל־הַמֶּלֶךְ הָאִישׁ אֲשֶׁר כִּלָּנוּ וַאֲשֶׁר דִּמָּה־לָנוּ נִשְׁמַדְנוּ מֵהִתְיַצֵּב בְּכָל־גְּבֻל יִשְׂרָאֵל׃

ו ינתן־[יֻתַּן־] לָנוּ שִׁבְעָה אֲנָשִׁים מִבָּנָיו וְהוֹקַעֲנוּם לַיהֹוָה בְּגִבְעַת שָׁאוּל בְּחִיר יְהֹוָה וַיֹּאמֶר הַמֶּלֶךְ אֲנִי אֶתֵּן׃

ז וַיַּחְמֹל הַמֶּלֶךְ עַל־מְפִי־בֹשֶׁת בֶּן־יְהוֹנָתָן בֶּן־שָׁאוּל עַל־שְׁבֻעַת יְהֹוָה אֲשֶׁר בֵּינֹתָם בֵּין דָּוִד וּבֵין יְהוֹנָתָן בֶּן־שָׁאוּל׃

8 Instead, the king took Armoni and *Mefiboshet*, the two sons that Rizpah daughter of Aiah bore to *Shaul*, and the five sons that Merab daughter of *Shaul* bore to Adriel son of *Barzilai* the Meholathite,

ח וַיִּקַּח הַמֶּלֶךְ אֶת־שְׁנֵי בְּנֵי רִצְפָּה בַת־אַיָּה אֲשֶׁר יָלְדָה לְשָׁאוּל אֶת־אַרְמֹנִי וְאֶת־מְפִבֹשֶׁת וְאֶת־חֲמֵשֶׁת בְּנֵי מִיכַל בַּת־שָׁאוּל אֲשֶׁר יָלְדָה לְעַדְרִיאֵל בֶּן־בַּרְזִלַּי הַמְּחֹלָתִי׃

9 and he handed them over to the Givonites. They impaled them on the mountain before *Hashem*; all seven of them perished at the same time. They were put to death in the first days of the harvest, the beginning of the barley harvest.

ט וַיִּתְּנֵם בְּיַד הַגִּבְעֹנִים וַיֹּקִיעֻם בָּהָר לִפְנֵי יְהֹוָה וַיִּפְּלוּ שבעתים [שְׁבַעְתָּם] יָחַד והם [וְהֵמָּה] הֻמְתוּ בִּימֵי קָצִיר בָּרִאשֹׁנִים תחלת [בִּתְחִלַּת] קְצִיר שְׂעֹרִים׃

10 Then Rizpah daughter of Aiah took sackcloth and spread it on a rock for herself, and she stayed there from the beginning of the harvest until rain from the sky fell on the bodies; she did not let the birds of the sky settle on them by day or the wild beasts [approach] by night.

י וַתִּקַּח רִצְפָּה בַת־אַיָּה אֶת־הַשַּׂק וַתַּטֵּהוּ לָהּ אֶל־הַצּוּר מִתְּחִלַּת קָצִיר עַד נִתַּךְ־מַיִם עֲלֵיהֶם מִן־הַשָּׁמָיִם וְלֹא־נָתְנָה עוֹף הַשָּׁמַיִם לָנוּחַ עֲלֵיהֶם יוֹמָם וְאֶת־חַיַּת הַשָּׂדֶה לָיְלָה׃

11 *David* was told what *Shaul*'s concubine Rizpah daughter of Aiah had done.

יא וַיֻּגַּד לְדָוִד אֵת אֲשֶׁר־עָשְׂתָה רִצְפָּה בַת־אַיָּה פִּלֶגֶשׁ שָׁאוּל׃

12 And *David* went and took the bones of *Shaul* and of his son *Yehonatan* from the citizens of Jabesh-gilead, who had made off with them from the public square of Beth-shan, where the Philistines had hung them up on the day the Philistines killed *Shaul* at Gilboa.

יב וַיֵּלֶךְ דָּוִד וַיִּקַּח אֶת־עַצְמוֹת שָׁאוּל וְאֶת־עַצְמוֹת יְהוֹנָתָן בְּנוֹ מֵאֵת בַּעֲלֵי יָבֵישׁ גִּלְעָד אֲשֶׁר גָּנְבוּ אֹתָם מֵרְחֹב בֵּית־שַׁן אֲשֶׁר תלום [תְּלָאוּם] שם הפלשתים [שָׁמָּה] [פְּלִשְׁתִּים] בְּיוֹם הַכּוֹת פְּלִשְׁתִּים אֶת־שָׁאוּל בַּגִּלְבֹּעַ׃

13 He brought up the bones of *Shaul* and of his son *Yehonatan* from there; and he gathered the bones of those who had been impaled.

יג וַיַּעַל מִשָּׁם אֶת־עַצְמוֹת שָׁאוּל וְאֶת־עַצְמוֹת יְהוֹנָתָן בְּנוֹ וַיַּאַסְפוּ אֶת־עַצְמוֹת הַמּוּקָעִים׃

14 And they buried the bones of *Shaul* and of his son *Yehonatan* in Zela, in the territory of *Binyamin*, in the tomb of his father *Keesh*. And when all that the king had commanded was done, *Hashem* responded to the plea of the land thereafter.

יד וַיִּקְבְּרוּ אֶת־עַצְמוֹת־שָׁאוּל וִיהוֹנָתָן־בְּנוֹ בְּאֶרֶץ בִּנְיָמִן בְּצֵלָע בְּקֶבֶר קִישׁ אָבִיו וַיַּעֲשׂוּ כֹּל אֲשֶׁר־צִוָּה הַמֶּלֶךְ וַיֵּעָתֵר אֱלֹהִים לָאָרֶץ אַחֲרֵי־כֵן׃

va-yik-b'-RU et atz-MOT sha-UL vee-ho-na-tan b'-NO b'-E-retz bin-ya-MIN b'-tzay-LA b'-KE-ver KEESH a-VEEV va-ya-a-SU KOL a-sher tzi-VAH ha-ME-lekh va-yay-a-TAYR e-lo-HEEM la-A-retz a-kha-ray KHAYN

21:14 And they buried the bones of *Shaul* King *David* buries the remains of King *Shaul* and *Yonatan* in their ancestral burial area within the territory of the tribe of *Binyamin*. *Metzudat David* adds that *David* also makes sure that they are properly eulogized throughout the land, with King *David* himself giving one of the eulogies. Though this was particularly important due to the honor given to a king, the concern that everyone be provided a proper burial has been a core value from antiquity until today. For example, following Israel's War for Independence, the army's Chief Rabbi, Shlomo Goren, worked day and night to bring the remains of fallen Israeli fighters to proper burial. He risked his life by walking through minefields, and often dug through the earth with his own hands, to ensure that every soldier killed in action would receive a proper burial.

Rabbi Shlomo Goren at the Western Wall after its recapture in 1967

טו וַתְּהִי־עוֹד מִלְחָמָה לַפְּלִשְׁתִּים אֶת־
יִשְׂרָאֵל וַיֵּרֶד דָּוִד וַעֲבָדָיו עִמּוֹ וַיִּלָּחֲמוּ
אֶת־פְּלִשְׁתִּים וַיָּעַף דָּוִד:

15 Again war broke out between the Philistines and
Yisrael, and *David* and the men with him went
down and fought the Philistines; *David* grew weary,

טז וישבו [וְיִשְׁבִּי] בְּנֹב אֲשֶׁר בִּילִידֵי הָרָפָה
וּמִשְׁקַל קֵינוֹ שְׁלֹשׁ מֵאוֹת מִשְׁקַל
נְחֹשֶׁת וְהוּא חָגוּר חֲדָשָׁה וַיֹּאמֶר
לְהַכּוֹת אֶת־דָּוִד:

16 and Ishbi-benob tried to kill *David*. – He was
a descendant of the Raphah; his bronze spear
weighed three hundred *shekalim* and he wore new
armor.

יז וַיַּעֲזָר־לוֹ אֲבִישַׁי בֶּן־צְרוּיָה וַיַּךְ אֶת־
הַפְּלִשְׁתִּי וַיְמִיתֵהוּ אָז נִשְׁבְּעוּ אַנְשֵׁי־
דָוִד לוֹ לֵאמֹר לֹא־תֵצֵא עוֹד אִתָּנוּ
לַמִּלְחָמָה וְלֹא תְכַבֶּה אֶת־נֵר יִשְׂרָאֵל:

17 But *Avishai* son of *Tzeruya* came to his aid; he
attacked the Philistine and killed him. It was then
that *David*'s men declared to him on oath, "You
shall not go with us into battle any more, lest you
extinguish the lamp of *Yisrael*!"

יח וַיְהִי אַחֲרֵי־כֵן וַתְּהִי־עוֹד הַמִּלְחָמָה בְּגוֹב
עִם־פְּלִשְׁתִּים אָז הִכָּה סִבְּכַי הַחֻשָׁתִי
אֶת־סַף אֲשֶׁר בִּילִדֵי הָרָפָה:

18 After this, fighting broke out again with the
Philistines, at Gob; that was when Sibbecai the
Hushathite killed Saph, a descendant of the
Raphah.

יט וַתְּהִי־עוֹד הַמִּלְחָמָה בְּגוֹב עִם־
פְּלִשְׁתִּים וַיַּךְ אֶלְחָנָן בֶּן־יַעְרֵי אֹרְגִים
בֵּית הַלַּחְמִי אֵת גָּלְיָת הַגִּתִּי וְעֵץ חֲנִיתוֹ
כִּמְנוֹר אֹרְגִים:

19 Again there was fighting with the Philistines
at Gob; and *Elchanan* son of Jaareoregim the
Bethlehemite killed Goliath the Gittite, whose
spear had a shaft like a weaver's bar.

כ וַתְּהִי־עוֹד מִלְחָמָה בְּגַת וַיְהִי אִישׁ מדין
[מָדוֹן] וְאֶצְבְּעֹת יָדָיו וְאֶצְבְּעֹת רַגְלָיו
שֵׁשׁ וָשֵׁשׁ עֶשְׂרִים וְאַרְבַּע מִסְפָּר וְגַם־
הוּא יֻלַּד לְהָרָפָה:

20 Once again there was fighting, at Gath. There was
a giant of a man, who had six fingers on each hand
and six toes on each foot, twenty-four in all; he too
was descended from the Raphah.

כא וַיְחָרֵף אֶת־יִשְׂרָאֵל וַיַּכֵּהוּ יְהוֹנָתָן בֶּן־
שמעי [שִׁמְעָה] אֲחִי דָוִד:

21 When he taunted *Yisrael*, *Yehonatan*, the son of
David's brother *Shim'i*, killed him.

כב אֶת־אַרְבַּעַת אֵלֶּה יֻלְּדוּ לְהָרָפָה בְּגַת
וַיִּפְּלוּ בְיַד־דָּוִד וּבְיַד עֲבָדָיו:

22 Those four were descended from the Raphah in
Gath, and they fell by the hands of *David* and his
men.

כב

א וַיְדַבֵּר דָּוִד לַיהֹוָה אֶת־דִּבְרֵי הַשִּׁירָה
הַזֹּאת בְּיוֹם הִצִּיל יְהֹוָה אֹתוֹ מִכַּף כָּל־
אֹיְבָיו וּמִכַּף שָׁאוּל:

22

1 *David* addressed the words of this song to *Hashem*,
after *Hashem* had saved him from the hands of all
his enemies and from the hands of *Shaul*.

ב וַיֹּאמַר יְהֹוָה סַלְעִי וּמְצֻדָתִי וּמְפַלְטִי־לִי:

2 He said: *Hashem*, my crag, my fastness, my
deliverer!

ג אֱלֹהֵי צוּרִי אֶחֱסֶה־בּוֹ מָגִנִּי וְקֶרֶן יִשְׁעִי
מִשְׂגַּבִּי וּמְנוּסִי מֹשִׁעִי מֵחָמָס תֹּשִׁעֵנִי:

3 O *Hashem*, the rock wherein I take shelter: My
shield, my mighty champion, my fortress and refuge!
My savior, You who rescue me from violence!

e-lo-HAY tzu-REE e-khe-seh BO ma-gi-NEE v'-KE-ren yish-EE
mis-ga-BEE um-nu-SEE mo-shi-EE may-kha-MAS to-shi-AY-nee

Signing the Declaration of Independence

22:3 O *Hashem*, the rock wherein I take shelter
At various points in this chapter, King *David* refers to *Hashem* as "my rock." *Rashi* notes that a rock represents both strength and protection, as rocks can protect travelers from the wind and rain. It is interesting

4 All praise! I called on *Hashem*, And I was delivered from my enemies.	ד מְהֻלָּל אֶקְרָא יְהֹוָה וּמֵאֹיְבַי אִוָּשֵׁעַ׃
5 For the breakers of Death encompassed me, The torrents of Belial terrified me;	ה כִּי אֲפָפֻנִי מִשְׁבְּרֵי־מָוֶת נַחֲלֵי בְלִיַּעַל יְבַעֲתֻנִי׃
6 The snares of Sheol encircled me, The coils of Death engulfed me.	ו חֶבְלֵי שְׁאוֹל סַבֻּנִי קִדְּמֻנִי מֹקְשֵׁי־מָוֶת׃
7 In my anguish I called on *Hashem*, Cried out to my God; In His Abode He heard my voice, My cry entered His ears.	ז בַּצַּר־לִי אֶקְרָא יְהֹוָה וְאֶל־אֱלֹהַי אֶקְרָא וַיִּשְׁמַע מֵהֵיכָלוֹ קוֹלִי וְשַׁוְעָתִי בְּאָזְנָיו׃
8 Then the earth rocked and quaked, The foundations of heaven shook Rocked by His indignation.	ח ותגעש [וַיִּתְגָּעַשׁ] וַתִּרְעַשׁ הָאָרֶץ מוֹסְדוֹת הַשָּׁמַיִם יִרְגָּזוּ וַיִּתְגָּעֲשׁוּ כִּי־חָרָה לוֹ׃
9 Smoke went up from His nostrils, From His mouth came devouring fire; Live coals blazed forth from Him.	ט עָלָה עָשָׁן בְּאַפּוֹ וְאֵשׁ מִפִּיו תֹּאכֵל גֶּחָלִים בָּעֲרוּ מִמֶּנּוּ׃
10 He bent the sky and came down, Thick cloud beneath His feet.	י וַיֵּט שָׁמַיִם וַיֵּרַד וַעֲרָפֶל תַּחַת רַגְלָיו׃
11 He mounted a cherub and flew; He was seen on the wings of the wind.	יא וַיִּרְכַּב עַל־כְּרוּב וַיָּעֹף וַיֵּרָא עַל־כַּנְפֵי־רוּחַ׃
12 He made pavilions of darkness about Him, Dripping clouds, huge thunderheads;	יב וַיָּשֶׁת חֹשֶׁךְ סְבִיבֹתָיו סֻכּוֹת חַשְׁרַת־מַיִם עָבֵי שְׁחָקִים׃
13 In the brilliance before Him Blazed fiery coals.	יג מִנֹּגַהּ נֶגְדּוֹ בָּעֲרוּ גַּחֲלֵי־אֵשׁ׃
14 *Hashem* thundered forth from heaven, The Most High sent forth His voice;	יד יַרְעֵם מִן־שָׁמַיִם יְהֹוָה וְעֶלְיוֹן יִתֵּן קוֹלוֹ׃
15 He let loose bolts, and scattered them; Lightning, and put them to rout.	טו וַיִּשְׁלַח חִצִּים וַיְפִיצֵם בָּרָק ויהמם [וַיָּהֹם׃]
16 The bed of the sea was exposed, The foundations of the world were laid bare By the mighty roaring of *Hashem*, At the blast of the breath of His nostrils.	טז וַיֵּרָאוּ אֲפִקֵי יָם יִגָּלוּ מֹסְדוֹת תֵּבֵל בְּגַעֲרַת יְהֹוָה מִנִּשְׁמַת רוּחַ אַפּוֹ׃
17 He reached down from on high, He took me, Drew me out of the mighty waters;	יז יִשְׁלַח מִמָּרוֹם יִקָּחֵנִי יַמְשֵׁנִי מִמַּיִם רַבִּים׃
18 He rescued me from my enemy so strong, From foes too mighty for me.	יח יַצִּילֵנִי מֵאֹיְבִי עָז מִשֹּׂנְאַי כִּי אָמְצוּ מִמֶּנִּי׃

to note that the State of Israel's Declaration of Independence invokes divine protection by use of the phrase, "placing our trust in the Rock of Israel." *Hashem*'s help would indeed be necessary to establish an independent, free, democratic Jewish State in the Land of Israel that would be able to absorb Jews from around the world. Thankfully, the Rock of Israel continues to strengthen and protect the State of Israel.

19 They attacked me on my day of calamity, But *Hashem* was my stay.

יט יְקַדְּמֻנִי בְּיוֹם אֵידִי וַיְהִי יְהֹוָה מִשְׁעָן לִי׃

20 He brought me out to freedom, He rescued me because He was pleased with me.

כ וַיֹּצֵא לַמֶּרְחָב אֹתִי יְחַלְּצֵנִי כִּי־חָפֵץ בִּי׃

21 *Hashem* rewarded me according to my merit, He requited the cleanness of my hands.

כא יִגְמְלֵנִי יְהֹוָה כְּצִדְקָתִי כְּבֹר יָדַי יָשִׁיב לִי׃

22 For I have kept the ways of *Hashem* And have not been guilty before my God;

כב כִּי שָׁמַרְתִּי דַּרְכֵי יְהֹוָה וְלֹא רָשַׁעְתִּי מֵאֱלֹהָי׃

23 I am mindful of all His rules And have not departed from His laws.

כג כִּי כָל־משפטו [מִשְׁפָּטָיו] לְנֶגְדִּי וְחֻקֹּתָיו לֹא־אָסוּר מִמֶּנָּה׃

24 I have been blameless before Him, And have guarded myself against sinning –

כד וָאֶהְיֶה תָמִים לוֹ וָאֶשְׁתַּמְּרָה מֵעֲוֺנִי׃

25 And *Hashem* has requited my merit, According to my purity in His sight.

כה וַיָּשֶׁב יְהֹוָה לִי כְּצִדְקָתִי כְּבֹרִי לְנֶגֶד עֵינָיו׃

26 With the loyal You deal loyally; With the blameless hero, blamelessly.

כו עִם־חָסִיד תִּתְחַסָּד עִם־גִּבּוֹר תָּמִים תִּתַּמָּם׃

27 With the pure You act in purity, And with the perverse You are wily.

כז עִם־נָבָר תִּתָּבָר וְעִם־עִקֵּשׁ תִּתַּפָּל׃

28 To humble folk You give victory, And You look with scorn on the haughty.

כח וְאֶת־עַם עָנִי תּוֹשִׁיעַ וְעֵינֶיךָ עַל־רָמִים תַּשְׁפִּיל׃

29 You, *Hashem*, are my lamp; *Hashem* lights up my darkness.

כט כִּי־אַתָּה נֵירִי יְהֹוָה וַיהֹוָה יַגִּיהַּ חָשְׁכִּי׃

30 With You, I can rush a barrier, With my God, I can scale a wall.

ל כִּי בְכָה אָרוּץ גְּדוּד בֵּאלֹהַי אֲדַלֶּג־שׁוּר׃

31 The way of *Hashem* is perfect, The word of *Hashem* is pure. He is a shield to all who take refuge in Him.

לא הָאֵל תָּמִים דַּרְכּוֹ אִמְרַת יְהֹוָה צְרוּפָה מָגֵן הוּא לְכֹל הַחֹסִים בּוֹ׃

32 Yea, who is a god except *Hashem*, Who is a rock except *Hashem* –

לב כִּי מִי־אֵל מִבַּלְעֲדֵי יְהֹוָה וּמִי צוּר מִבַּלְעֲדֵי אֱלֹהֵינוּ׃

33 The *Hashem*, my mighty stronghold, Who kept my path secure;

לג הָאֵל מָעוּזִּי חָיִל וַיַּתֵּר תָּמִים דרכו [דַּרְכִּי׃]

34 Who made my legs like a deer's, And set me firm on the heights;

לד מְשַׁוֶּה רגליו [רַגְלַי] כָּאַיָּלוֹת וְעַל בָּמוֹתַי יַעֲמִדֵנִי׃

35 Who trained my hands for battle, So that my arms can bend a bow of bronze!

לה מְלַמֵּד יָדַי לַמִּלְחָמָה וְנִחַת קֶשֶׁת־נְחוּשָׁה זְרֹעֹתָי׃

36 You have granted me the shield of Your protection And Your providence has made me great.

לו וַתִּתֶּן־לִי מָגֵן יִשְׁעֶךָ וַעֲנֹתְךָ תַּרְבֵּנִי׃

37 You have let me stride on freely, And my feet have not slipped.

לז תַּרְחִיב צַעֲדִי תַּחְתֵּנִי וְלֹא מָעֲדוּ קַרְסֻלָּי׃

38 I pursued my enemies and wiped them out, I did not turn back till I destroyed them.

לח אֶרְדְּפָה אֹיְבַי וָאַשְׁמִידֵם וְלֹא אָשׁוּב עַד־כַּלּוֹתָם׃

Samuel

³⁹ I destroyed them, I struck them down; They rose no more, they lay at my feet.

לט וָאֲכַלֵּם וָאֶמְחָצֵם וְלֹא יְקוּמוּן וַיִּפְּלוּ תַּחַת רַגְלָי:

⁴⁰ You have girt me with strength for battle, Brought low my foes before me,

מ וַתַּזְרֵנִי חַיִל לַמִּלְחָמָה תַּכְרִיעַ קָמַי תַּחְתֵּנִי:

⁴¹ Made my enemies turn tail before me, My foes – and I wiped them out.

מא וְאֹיְבַי תַּתָּה לִּי עֹרֶף מְשַׂנְאַי וָאַצְמִיתֵם:

⁴² They looked, but there was none to deliver; To *Hashem*, but He answered them not.

מב יִשְׁעוּ וְאֵין מֹשִׁיעַ אֶל־יְהוָֹה וְלֹא עָנָם:

⁴³ I pounded them like dust of the earth, Stamped, crushed them like dirt of the streets.

מג וְאֶשְׁחָקֵם כַּעֲפַר־אָרֶץ כְּטִיט־חוּצוֹת אֲדִקֵּם אֶרְקָעֵם:

⁴⁴ You have rescued me from the strife of peoples, Kept me to be a ruler of nations; Peoples I knew not must serve me.

מד וַתְּפַלְּטֵנִי מֵרִיבֵי עַמִּי תִּשְׁמְרֵנִי לְרֹאשׁ גּוֹיִם עַם לֹא־יָדַעְתִּי יַעַבְדֻנִי:

⁴⁵ Aliens have cringed before me, Paid me homage at the mere report of me.

מה בְּנֵי נֵכָר יִתְכַּחֲשׁוּ־לִי לִשְׁמוֹעַ אֹזֶן יִשָּׁמְעוּ לִי:

⁴⁶ Aliens have lost courage And come trembling out of their fastnesses.

מו בְּנֵי נֵכָר יִבֹּלוּ וְיַחְגְּרוּ מִמִּסְגְּרוֹתָם:

⁴⁷ *Hashem* lives! Blessed is my rock! Exalted be *Hashem*, the rock Who gives me victory;

מז חַי־יְהוָֹה וּבָרוּךְ צוּרִי וְיָרֻם אֱלֹהֵי צוּר יִשְׁעִי:

⁴⁸ The *Hashem* who has vindicated me And made peoples subject to me,

מח הָאֵל הַנֹּתֵן נְקָמֹת לִי וּמֹרִיד עַמִּים תַּחְתֵּנִי:

⁴⁹ Rescued me from my enemies, Raised me clear of my foes, Saved me from lawless men!

מט וּמוֹצִיאִי מֵאֹיְבָי וּמִקָּמַי תְּרוֹמְמֵנִי מֵאִישׁ חֲמָסִים תַּצִּילֵנִי:

⁵⁰ For this I sing Your praise among the nations And hymn Your name:

נ עַל־כֵּן אוֹדְךָ יְהוָֹה בַּגּוֹיִם וּלְשִׁמְךָ אֲזַמֵּר:

⁵¹ Tower of victory to His king, Who deals graciously with His anointed, With *David* and his offspring evermore.

נא מַגְדִּיל [מִגְדּוֹל] יְשׁוּעוֹת מַלְכּוֹ וְעֹשֶׂה־חֶסֶד לִמְשִׁיחוֹ לְדָוִד וּלְזַרְעוֹ עַד־עוֹלָם:

23 ¹ These are the last words of *David*: The utterance of *David* son of *Yishai*, The utterance of the man set on high, The anointed of the God of *Yaakov*, The favorite of the songs of *Yisrael*:

כג א וְאֵלֶּה דִּבְרֵי דָוִד הָאַחֲרֹנִים נְאֻם דָּוִד בֶּן־יִשַׁי וּנְאֻם הַגֶּבֶר הֻקַם עָל מְשִׁיחַ אֱלֹהֵי יַעֲקֹב וּנְעִים זְמִרוֹת יִשְׂרָאֵל:

v'-AY-leh div-RAY da-VID ha-a-kha-ro-NEEM n'-UM da-VID
ben yi-SHAI un-UM ha-GE-ver hu-KAM AL m'-SHEE-akh
e-lo-HAY ya-a-KOV u-n'-EEM z'-mi-ROT yis-ra-AYL

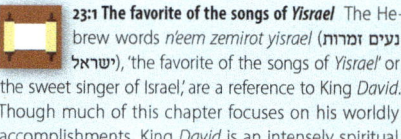

23:1 The favorite of the songs of *Yisrael* The Hebrew words *n'eem zemirot yisrael* (נעים זמרות ישראל), 'the favorite of the songs of *Yisrael*' or 'the sweet singer of Israel,' are a reference to King *David*. Though much of this chapter focuses on his worldly accomplishments, King *David* is an intensely spiritual person who strives with every ounce of his being to serve *Hashem*. According to the Sages (*Sanhedrin* 16b), King *David* had a harp hanging by his bed which would wake him when the wind blew its strings in the middle of

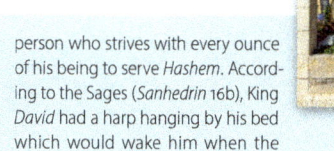

David's harp at the entrance to the City of David in *Yerushalayim*

2 The spirit of *Hashem* has spoken through me, His message is on my tongue;

ב רוּחַ יְהֹוָה דִּבֶּר־בִּי וּמִלָּתוֹ עַל־לְשׁוֹנִי:

3 The God of *Yisrael* has spoken, The Rock of *Yisrael* said concerning me: "He who rules men justly, He who rules in awe of *Hashem*

ג אָמַר אֱלֹהֵי יִשְׂרָאֵל לִי דִבֶּר צוּר יִשְׂרָאֵל מוֹשֵׁל בָּאָדָם צַדִּיק מוֹשֵׁל יִרְאַת אֱלֹהִים:

4 Is like the light of morning at sunrise, A morning without clouds – Through sunshine and rain [Bringing] vegetation out of the earth."

ד וּכְאוֹר בֹּקֶר יִזְרַח־שָׁמֶשׁ בֹּקֶר לֹא עָבוֹת מִנֹּגַהּ מִמָּטָר דֶּשֶׁא מֵאָרֶץ:

5 Is not my House established before *Hashem*? For He has granted me an eternal pact, Drawn up in full and secured. Will He not cause all my success And [my] every desire to blossom?

ה כִּי־לֹא־כֵן בֵּיתִי עִם־אֵל כִּי בְרִית עוֹלָם שָׂם לִי עֲרוּכָה בַכֹּל וּשְׁמֻרָה כִּי־כָל־יִשְׁעִי וְכָל־חֵפֶץ כִּי־לֹא יַצְמִיחַ:

6 But the wicked shall all Be raked aside like thorns; For no one will take them in his hand.

ו וּבְלִיַּעַל כְּקוֹץ מֻנָד כֻּלָּהֶם כִּי־לֹא בְיָד יִקָּחוּ:

7 Whoever touches them Must arm himself with iron And the shaft of a spear; And they must be burned up on the spot.

ז וְאִישׁ יִגַּע בָּהֶם יִמָּלֵא בַרְזֶל וְעֵץ חֲנִית וּבָאֵשׁ שָׂרוֹף יִשָּׂרְפוּ בַּשָּׁבֶת:

8 These are the names of *David*'s warriors: Josheb-basshebeth, a Tahchemonite, the chief officer – he is Adino the Eznite; [he wielded his spear] against eight hundred and slew them on one occasion.

ח אֵלֶּה שְׁמוֹת הַגִּבֹּרִים אֲשֶׁר לְדָוִד יֹשֵׁב בַּשֶּׁבֶת תַּחְכְּמֹנִי רֹאשׁ הַשָּׁלִשִׁי הוּא עֲדִינוֹ העצנו [הָעֶצְנִי] עַל־שְׁמֹנֶה מֵאוֹת חָלָל בְּפַעַם אחד [אֶחָת:]

9 Next to him was *Elazar* son of Dodo son of Ahohi. He was one of the three warriors with *David* when they defied the Philistines gathered there for battle. The Israelite soldiers retreated,

ט ואחרו [וְאַחֲרָיו] אֶלְעָזָר בֶּן־דדי [דֹּדוֹ] בֶּן־אֲחֹחִי בִּשְׁלֹשָׁה גברים [הַגִּבֹּרִים] עִם־דָּוִד בְּחָרְפָם בַּפְּלִשְׁתִּים נֶאֶסְפוּ־שָׁם לַמִּלְחָמָה וַיַּעֲלוּ אִישׁ יִשְׂרָאֵל:

10 but he held his ground. He struck down Philistines until his arm grew tired and his hand stuck to his sword; and *Hashem* wrought a great victory that day. Then the troops came back to him – but only to strip [the slain].

י הוּא קָם וַיַּךְ בַּפְּלִשְׁתִּים עַד כִּי־יָגְעָה יָדוֹ וַתִּדְבַּק יָדוֹ אֶל־הַחֶרֶב וַיַּעַשׂ יְהֹוָה תְּשׁוּעָה גְדוֹלָה בַּיּוֹם הַהוּא וְהָעָם יָשֻׁבוּ אַחֲרָיו אַךְ־לְפַשֵּׁט:

11 Next to him was Shammah son of Age the Ararite. The Philistines had gathered in force where there was a plot of ground full of lentils; and the troops fled from the Philistines.

יא וְאַחֲרָיו שַׁמָּא בֶן־אָגֵא הָרָרִי וַיֵּאָסְפוּ פְלִשְׁתִּים לַחַיָּה וַתְּהִי־שָׁם חֶלְקַת הַשָּׂדֶה מְלֵאָה עֲדָשִׁים וְהָעָם נָס מִפְּנֵי פְלִשְׁתִּים:

12 But [Shammah] took his stand in the middle of the plot and defended it, and he routed the Philistines. Thus *Hashem* wrought a great victory.

יב וַיִּתְיַצֵּב בְּתוֹךְ־הַחֶלְקָה וַיַּצִּילֶהָ וַיַּךְ אֶת־פְּלִשְׁתִּים וַיַּעַשׂ יְהֹוָה תְּשׁוּעָה גְדוֹלָה:

the night. He would then arise and spend the rest of the night in study and praying. In addition to being a scholar, King *David* is the author of most of *Sefer Tehillim*, the Book of Psalms, excelling not only in *Torah* study but also in prayer. And when he sins, he repents with a broken heart. Though his wish to build God's Holy Temple is not granted, he is able to make many of its preparations. King *David* serves as the quintessential leader who uses all of his talents, and all aspects of his personality, to serve *Hashem* and His people.

13 Once, during the harvest, three of the thirty chiefs went down to *David* at the cave of *Adulam*, while a force of Philistines was encamped in the Valley of Rephaim.

יג וַיֵּרְדוּ שלשים [שְׁלֹשָׁה] מֵהַשְּׁלֹשִׁים רֹאשׁ וַיָּבֹאוּ אֶל־קָצִיר אֶל־דָּוִד אֶל־מְעָרַת עֲדֻלָּם וְחַיַּת פְּלִשְׁתִּים חֹנָה בְּעֵמֶק רְפָאִים׃

14 *David* was then in the stronghold, and a Philistine garrison was then at *Beit Lechem*.

יד וְדָוִד אָז בַּמְּצוּדָה וּמַצַּב פְּלִשְׁתִּים אָז בֵּית לָחֶם׃

15 *David* felt a craving and said, "If only I could get a drink of water from the cistern which is by the gate of *Beit Lechem*!"

טו וַיִּתְאַוֶּה דָוִד וַיֹּאמַר מִי יַשְׁקֵנִי מַיִם מִבֹּאר בֵּית־לֶחֶם אֲשֶׁר בַּשָּׁעַר׃

16 So the three warriors got through the Philistine camp and drew water from the cistern which is by the gate of *Beit Lechem*, and they carried it back. But when they brought it to *David* he would not drink it, and he poured it out as a libation to *Hashem*.

טז וַיִּבְקְעוּ שְׁלֹשֶׁת הַגִּבֹּרִים בְּמַחֲנֵה פְלִשְׁתִּים וַיִּשְׁאֲבוּ־מַיִם מִבֹּאר בֵּית־לֶחֶם אֲשֶׁר בַּשַּׁעַר וַיִּשְׂאוּ וַיָּבִאוּ אֶל־דָּוִד וְלֹא אָבָה לִשְׁתּוֹתָם וַיַּסֵּךְ אֹתָם לַיהֹוָה׃

17 For he said, "*Hashem* forbid that I should do this! Can [I drink] the blood of the men who went at the risk of their lives?" So he would not drink it. Such were the exploits of the three warriors.

יז וַיֹּאמֶר חָלִילָה לִּי יְהֹוָה מֵעֲשֹׂתִי זֹאת הֲדַם הָאֲנָשִׁים הַהֹלְכִים בְּנַפְשׁוֹתָם וְלֹא אָבָה לִשְׁתּוֹתָם אֵלֶּה עָשׂוּ שְׁלֹשֶׁת הַגִּבֹּרִים׃

18 *Avishai*, the brother of *Yoav* son of *Tzeruya*, was head of another three. He once wielded his spear against three hundred and slew them.

יח וַאֲבִישַׁי אֲחִי יוֹאָב בֶּן־צְרוּיָה הוּא רֹאשׁ השלשי [הַשְּׁלֹשָׁה] וְהוּא עוֹרֵר אֶת־חֲנִיתוֹ עַל־שְׁלֹשׁ מֵאוֹת חָלָל וְלוֹ־שֵׁם בַּשְּׁלֹשָׁה׃

19 He won a name among the three; since he was the most highly regarded among the three, he became their leader. However, he did not attain to the three.

יט מִן־הַשְּׁלֹשָׁה הֲכִי נִכְבָּד וַיְהִי לָהֶם לְשָׂר וְעַד־הַשְּׁלֹשָׁה לֹא־בָא׃

20 Benaiah son of *Yehoyada*, from Kabzeel, was a brave soldier who performed great deeds. He killed the two [sons] of Ariel of Moab. Once, on a snowy day, he went down into a pit and killed a lion.

כ וּבְנָיָהוּ בֶן־יְהוֹיָדָע בֶּן־אִישׁ־חי [חַיִל] רַב־פְּעָלִים מִקַּבְצְאֵל הוּא הִכָּה אֵת שְׁנֵי אֲרִאֵל מוֹאָב וְהוּא יָרַד וְהִכָּה אֶת־האריה [הָאֲרִי] בְּתוֹךְ הַבֹּאר בְּיוֹם הַשָּׁלֶג׃

21 He also killed an Egyptian, a huge man. The Egyptian had a spear in his hand, yet [Benaiah] went down against him with a club, wrenched the spear out of the Egyptian's hand, and killed him with his own spear.

כא וְהוּא־הִכָּה אֶת־אִישׁ מִצְרִי אשר [אִישׁ] מַרְאֶה וּבְיַד הַמִּצְרִי חֲנִית וַיֵּרֶד אֵלָיו בַּשָּׁבֶט וַיִּגְזֹל אֶת־הַחֲנִית מִיַּד הַמִּצְרִי וַיַּהַרְגֵהוּ בַּחֲנִיתוֹ׃

22 Such were the exploits of Benaiah son of *Yehoyada*; and he won a name among the three warriors.

כב אֵלֶּה עָשָׂה בְּנָיָהוּ בֶּן־יְהוֹיָדָע וְלוֹ־שֵׁם בִּשְׁלֹשָׁה הַגִּבֹּרִים׃

23 He was highly regarded among the thirty, but he did not attain to the three. *David* put him in charge of his bodyguard.

כג מִן־הַשְּׁלֹשִׁים נִכְבָּד וְאֶל־הַשְּׁלֹשָׁה לֹא־בָא וַיְשִׂמֵהוּ דָוִד אֶל־מִשְׁמַעְתּוֹ׃

24 Among the thirty were *Asael*, the brother of *Yoav*; *Elchanan* son of Dodo [from] *Beit Lechem*,

כד עֲשָׂה־אֵל אֲחִי־יוֹאָב בַּשְּׁלֹשִׁים אֶלְחָנָן בֶּן־דֹּדוֹ בֵּית לָחֶם׃

25 Shammah the Harodite, *Elika* the Harodite,

כה שַׁמָּה הַחֲרֹדִי אֱלִיקָא הַחֲרֹדִי׃

26 Helez the Paltite, Ira son of Ikkesh from *Tekoa*,

כו חֶלֶץ הַפַּלְטִי עִירָא בֶן־עִקֵּשׁ הַתְּקוֹעִי׃

27 Abiezer of *Anatot*, Mebunnai the Hushathite,

כז אֲבִיעֶזֶר הָעַנְּתֹתִי מְבֻנַּי הַחֻשָׁתִי׃

28 Zalmon the Ahohite, Maharai the Netophathite,

כח צַלְמוֹן הָאֲחֹחִי מַהְרַי הַנְּטֹפָתִי׃

29 Heleb son of Baanah the Netophathite, Ittai son of Ribai from *Giva* of the Benjaminites,

כט חֵלֶב בֶּן־בַּעֲנָה הַנְּטֹפָתִי אִתַּי בֶּן־רִיבַי
מִגִּבְעַת בְּנֵי בִנְיָמִן׃

30 Benaiah of Pirathon, Hiddai of Nahale-gaash,

ל בְּנָיָהוּ פִּרְעָתֹנִי הִדַּי מִנַּחֲלֵי גָעַשׁ׃

31 Abi-albon the Arbathite, Azmaveth the Barhumite,

לא אֲבִי־עַלְבוֹן הָעַרְבָתִי עַזְמָוֶת הַבַּרְחֻמִי׃

32 Eliahba of Shaalbon, sons of Jashen, *Yehonatan*,

לב אֶלְיַחְבָּא הַשַּׁעַלְבֹנִי בְּנֵי יָשֵׁן יְהוֹנָתָן׃

33 Shammah the Ararite, Ahiam son of Sharar the Ararite,

לג שַׁמָּה הַהֲרָרִי אֲחִיאָם בֶּן־שָׁרָר הָאֲרָרִי׃

34 Eliphelet son of Ahasbai son of the Maacathite, Eliam son of *Achitofel* the Gilonite,

לד אֱלִיפֶלֶט בֶּן־אֲחַסְבַּי בֶּן־הַמַּעֲכָתִי
אֱלִיעָם בֶּן־אֲחִיתֹפֶל הַגִּלֹנִי׃

35 Hezrai the Carmelite, Paarai the Arbite,

לה חצרו [חֶצְרַי] הַכַּרְמְלִי פַּעֲרַי הָאַרְבִּי׃

36 Igal son of *Natan* from Zobah, Bani the Gadite,

לו יִגְאָל בֶּן־נָתָן מִצֹּבָה בָּנִי הַגָּדִי׃

37 Zelek the Ammonite, Naharai the Beerothite – the arms-bearer of *Yoav* son of *Tzeruya*

לז צֶלֶק הָעַמֹּנִי נַחְרַי הַבְּאֵרֹתִי נשאי
[נֹשֵׂא] כְּלֵי יוֹאָב בֶּן־צְרֻיָה׃

38 Ira the Ithrite, Gareb the Ithrite,

לח עִירָא הַיִּתְרִי גָּרֵב הַיִּתְרִי׃

39 *Uriya* the Hittite: thirty-seven in all.

לט אוּרִיָּה הַחִתִּי כֹּל שְׁלֹשִׁים וְשִׁבְעָה׃

24

1 The anger of *Hashem* again flared up against *Yisrael*; and He incited *David* against them, saying, "Go and number *Yisrael* and *Yehuda*."

כד

א וַיֹּסֶף אַף־יְהֹוָה לַחֲרוֹת בְּיִשְׂרָאֵל וַיָּסֶת
אֶת־דָּוִד בָּהֶם לֵאמֹר לֵךְ מְנֵה אֶת־
יִשְׂרָאֵל וְאֶת־יְהוּדָה׃

2 The king said to *Yoav*, his army commander, "Make the rounds of all the tribes of *Yisrael*, from *Dan* to *Be'er Sheva*, and take a census of the people, so that I may know the size of the population."

ב וַיֹּאמֶר הַמֶּלֶךְ אֶל־יוֹאָב שַׂר־הַחַיִל
אֲשֶׁר־אִתּוֹ שׁוּט־נָא בְּכָל־שִׁבְטֵי יִשְׂרָאֵל
מִדָּן וְעַד־בְּאֵר שֶׁבַע וּפִקְדוּ אֶת־הָעָם
וְיָדַעְתִּי אֵת מִסְפַּר הָעָם׃

3 *Yoav* answered the king, "May *Hashem* your God increase the number of the people a hundredfold, while your own eyes see it! But why should my lord king want this?"

ג וַיֹּאמֶר יוֹאָב אֶל־הַמֶּלֶךְ וְיוֹסֵף יְהֹוָה
אֱלֹהֶיךָ אֶל־הָעָם כָּהֵם וְכָהֵם מֵאָה
פְעָמִים וְעֵינֵי אֲדֹנִי־הַמֶּלֶךְ רֹאוֹת וַאדֹנִי
הַמֶּלֶךְ לָמָּה חָפֵץ בַּדָּבָר הַזֶּה׃

4 However, the king's command to *Yoav* and to the officers of the army remained firm; and *Yoav* and the officers of the army set out, at the instance of the king, to take a census of the people of *Yisrael*.

ד וַיֶּחֱזַק דְּבַר־הַמֶּלֶךְ אֶל־יוֹאָב וְעַל שָׂרֵי
הֶחָיִל וַיֵּצֵא יוֹאָב וְשָׂרֵי הַחַיִל לִפְנֵי
הַמֶּלֶךְ לִפְקֹד אֶת־הָעָם אֶת־יִשְׂרָאֵל׃

5 They crossed the *Yarden* and encamped at Aroer, on the right side of the town, which is in the middle of the wadi of *Gad*, and [went on] to Jazer.

ה וַיַּעַבְרוּ אֶת־הַיַּרְדֵּן וַיַּחֲנוּ בַעֲרוֹעֵר יְמִין
הָעִיר אֲשֶׁר בְּתוֹךְ־הַנַּחַל הַגָּד וְאֶל־יַעְזֵר׃

6 They continued to *Gilad* and to the region of Tahtim-hodshi, and they came to Dan-jaan and around to Sidon.

ו וַיָּבֹאוּ הַגִּלְעָדָה וְאֶל־אֶרֶץ תַּחְתִּים
חָדְשִׁי וַיָּבֹאוּ דָּנָה יַּעַן וְסָבִיב אֶל־צִידוֹן׃

7 They went onto the fortress of Tyre and all the towns of the Hivites and Canaanites, and finished at *Be'er Sheva* in southern *Yehuda*.

ז וַיָּבֹאוּ מִבְצַר־צֹר וְכָל־עָרֵי הַחִוִּי וְהַכְּנַעֲנִי וַיֵּצְאוּ אֶל־נֶגֶב יְהוּדָה בְּאֵר שָׁבַע׃

8 They traversed the whole country, and then they came back to *Yerushalayim* at the end of nine months and twenty days.

ח וַיָּשֻׁטוּ בְּכָל־הָאָרֶץ וַיָּבֹאוּ מִקְצֵה תִשְׁעָה חֳדָשִׁים וְעֶשְׂרִים יוֹם יְרוּשָׁלָ͏ִם׃

9 *Yoav* reported to the king the number of the people that had been recorded: in *Yisrael* there were 800,000 soldiers ready to draw the sword, and the men of *Yehuda* numbered 500,000.

ט וַיִּתֵּן יוֹאָב אֶת־מִסְפַּר מִפְקַד־הָעָם אֶל־הַמֶּלֶךְ וַתְּהִי יִשְׂרָאֵל שְׁמֹנֶה מֵאוֹת אֶלֶף אִישׁ־חַיִל שֹׁלֵף חֶרֶב וְאִישׁ יְהוּדָה חֲמֵשׁ־מֵאוֹת אֶלֶף אִישׁ׃

10 But afterward *David* reproached himself for having numbered the people. And *David* said to *Hashem*, "I have sinned grievously in what I have done. Please, *Hashem*, remit the guilt of Your servant, for I have acted foolishly."

י וַיַּךְ לֵב־דָּוִד אֹתוֹ אַחֲרֵי־כֵן סָפַר אֶת־הָעָם וַיֹּאמֶר דָּוִד אֶל־יְהֹוָה חָטָאתִי מְאֹד אֲשֶׁר עָשִׂיתִי וְעַתָּה יְהֹוָה הַעֲבֶר־נָא אֶת־עֲוֺן עַבְדְּךָ כִּי נִסְכַּלְתִּי מְאֹד׃

11 When *David* rose in the morning, the word of *Hashem* had come to the *Navi Gad*, *David*'s seer:

יא וַיָּקָם דָּוִד בַּבֹּקֶר וּדְבַר־יְהֹוָה הָיָה אֶל־גָּד הַנָּבִיא חֹזֵה דָוִד לֵאמֹר׃

12 "Go and tell *David*, 'Thus said *Hashem*: I hold three things over you; choose one of them, and I will bring it upon you.'"

יב הָלוֹךְ וְדִבַּרְתָּ אֶל־דָּוִד כֹּה אָמַר יְהֹוָה שָׁלֹשׁ אָנֹכִי נוֹטֵל עָלֶיךָ בְּחַר־לְךָ אַחַת־מֵהֶם וְאֶעֱשֶׂה־לָּךְ׃

13 *Gad* came to *David* and told him; he asked, "Shall a seven-year famine come upon you in the land, or shall you be in flight from your adversaries for three months while they pursue you, or shall there be three days of pestilence in your land? Now consider carefully what reply I shall take back to Him who sent me."

יג וַיָּבֹא־גָד אֶל־דָּוִד וַיַּגֶּד־לוֹ וַיֹּאמֶר לוֹ הֲתָבוֹא לְךָ שֶׁבַע שָׁנִים רָעָב בְּאַרְצֶךָ אִם־שְׁלֹשָׁה חֳדָשִׁים נֻסְךָ לִפְנֵי־צָרֶיךָ וְהוּא רֹדְפֶךָ וְאִם־הֱיוֹת שְׁלֹשֶׁת יָמִים דֶּבֶר בְּאַרְצֶךָ עַתָּה דַּע וּרְאֵה מָה־אָשִׁיב שֹׁלְחִי דָּבָר׃

14 *David* said to *Gad*, "I am in great distress. Let us fall into the hands of *Hashem*, for His compassion is great; and let me not fall into the hands of men."

יד וַיֹּאמֶר דָּוִד אֶל־גָּד צַר־לִי מְאֹד נִפְּלָה־נָּא בְיַד־יְהֹוָה כִּי־רַבִּים רחמו [רַחֲמָיו] וּבְיַד־אָדָם אַל־אֶפֹּלָה׃

15 *Hashem* sent a pestilence upon *Yisrael* from morning until the set time; and 70,000 of the people died, from *Dan* to *Be'er Sheva*.

טו וַיִּתֵּן יְהֹוָה דֶּבֶר בְּיִשְׂרָאֵל מֵהַבֹּקֶר וְעַד־עֵת מוֹעֵד וַיָּמָת מִן־הָעָם מִדָּן וְעַד־בְּאֵר שֶׁבַע שִׁבְעִים אֶלֶף אִישׁ׃

16 But when the angel extended his hand against *Yerushalayim* to destroy it, *Hashem* renounced further punishment and said to the angel who was destroying the people, "Enough! Stay your hand!" The angel of *Hashem* was then by the threshing floor of Araunah the Jebusite.

טז וַיִּשְׁלַח יָדוֹ הַמַּלְאָךְ יְרוּשָׁלַ͏ִם לְשַׁחֲתָהּ וַיִּנָּחֶם יְהֹוָה אֶל־הָרָעָה וַיֹּאמֶר לַמַּלְאָךְ הַמַּשְׁחִית בָּעָם רַב עַתָּה הֶרֶף יָדֶךָ וּמַלְאַךְ יְהֹוָה הָיָה עִם־גֹּרֶן האורנה [הָאֲרַוְנָה] הַיְבֻסִי׃

17 When *David* saw the angel who was striking down the people, he said to *Hashem*, "I alone am guilty, I alone have done wrong; but these poor sheep, what have they done? Let Your hand fall upon me and my father's house!"

יז וַיֹּאמֶר דָּוִד אֶל־יְהֹוָה בִּרְאֹתוֹ אֶת־הַמַּלְאָךְ הַמַּכֶּה בָעָם וַיֹּאמֶר הִנֵּה אָנֹכִי חָטָאתִי וְאָנֹכִי הֶעֱוֵיתִי וְאֵלֶּה הַצֹּאן מֶה עָשׂוּ תְּהִי נָא יָדְךָ בִּי וּבְבֵית אָבִי׃

18 *Gad* came to *David* the same day and said to him, "Go and set up a *Mizbayach* to *Hashem* on the threshing floor of Araunah the Jebusite."

יח וַיָּבֹא־גָד אֶל־דָּוִד בַּיּוֹם הַהוּא וַיֹּאמֶר לוֹ עֲלֵה הָקֵם לַיהֹוָה מִזְבֵּחַ בְּגֹרֶן ארניה [אֲרַוְנָה] הַיְבֻסִי׃

19 *David* went up, following *Gad*'s instructions, as *Hashem* had commanded.

יט וַיַּעַל דָּוִד כִּדְבַר־גָּד כַּאֲשֶׁר צִוָּה יְהֹוָה׃

20 Araunah looked out and saw the king and his courtiers approaching him. So Araunah went out and bowed low to the king, with his face to the ground.

כ וַיַּשְׁקֵף אֲרַוְנָה וַיַּרְא אֶת־הַמֶּלֶךְ וְאֶת־עֲבָדָיו עֹבְרִים עָלָיו וַיֵּצֵא אֲרַוְנָה וַיִּשְׁתַּחוּ לַמֶּלֶךְ אַפָּיו אָרְצָה׃

21 And Araunah asked, "Why has my lord the king come to his servant?" *David* replied, "To buy the threshing floor from you, that I may build a *Mizbayach* to *Hashem* and that the plague against the people may be checked."

כא וַיֹּאמֶר אֲרַוְנָה מַדּוּעַ בָּא אֲדֹנִי־הַמֶּלֶךְ אֶל־עַבְדּוֹ וַיֹּאמֶר דָּוִד לִקְנוֹת מֵעִמְּךָ אֶת־הַגֹּרֶן לִבְנוֹת מִזְבֵּחַ לַיהֹוָה וְתֵעָצַר הַמַּגֵּפָה מֵעַל הָעָם׃

22 And Araunah said to *David*, "Let my lord the king take it and offer up whatever he sees fit. Here are oxen for a burnt offering, and the threshing boards and the gear of the oxen for wood.

כב וַיֹּאמֶר אֲרַוְנָה אֶל־דָּוִד יִקַּח וְיַעַל אֲדֹנִי הַמֶּלֶךְ הַטּוֹב בעינו [בְּעֵינָיו] רְאֵה הַבָּקָר לָעֹלָה וְהַמֹּרִגִּים וּכְלֵי הַבָּקָר לָעֵצִים׃

23 All this, O king, Araunah gives to Your Majesty. And may *Hashem* your God," Araunah added, "respond to you with favor!"

כג הַכֹּל נָתַן אֲרַוְנָה הַמֶּלֶךְ לַמֶּלֶךְ וַיֹּאמֶר אֲרַוְנָה אֶל־הַמֶּלֶךְ יְהֹוָה אֱלֹהֶיךָ יִרְצֶךָ׃

24 But the king replied to Araunah, "No, I will buy them from you at a price. I cannot sacrifice to *Hashem* my God burnt offerings that have cost me nothing." So *David* bought the threshing floor and the oxen for fifty *shekalim* of silver.

כד וַיֹּאמֶר הַמֶּלֶךְ אֶל־אֲרַוְנָה לֹא כִּי־קָנוֹ אֶקְנֶה מֵאוֹתְךָ בִּמְחִיר וְלֹא אַעֲלֶה לַיהֹוָה אֱלֹהַי עֹלוֹת חִנָּם וַיִּקֶן דָּוִד אֶת־הַגֹּרֶן וְאֶת־הַבָּקָר בְּכֶסֶף שְׁקָלִים חֲמִשִּׁים׃

va-YO-mer ha-ME-lekh el a-RAV-nah LO kee ka-NO ek-NEH may-o-t'-KHA bim-KHEER v'-LO a-a-LEH la-do-NAI e-lo-HAI o-LOT KHI-nam va-YI-ken da-VID et ha-GO-ren v'-et ha-ba-KAR b'-KHE-sef sh'-ka-LEEM kha-mi-SHEEM

25 And *David* built there a *Mizbayach* to *Hashem* and sacrificed burnt offerings and offerings of well-being. *Hashem* responded to the plea for the land, and the plague against *Yisrael* was checked.

כה וַיִּבֶן שָׁם דָּוִד מִזְבֵּחַ לַיהֹוָה וַיַּעַל עֹלוֹת וּשְׁלָמִים וַיֵּעָתֵר יְהֹוָה לָאָרֶץ וַתֵּעָצַר הַמַּגֵּפָה מֵעַל יִשְׂרָאֵל׃

Ancient Israelite coin from approximately 68 CE

24:24 But the king replied to Araunah, "No, I will buy them from you at a price" King *David* purchases the threshing floor of Araunah the Jebusite and, according to one classic rabbinic opinion, the entire city of *Yerushalayim*. That threshing floor, the place where he intends to offer sacrifices, is now called the Temple Mount in *Yerushalayim*. As this site would later become the location of the *Beit Hamikdash*, *David* purchases the land publicly, just as *Avraham* did when he purchased the cave of Machpelah in *Chevron* for a great sum of money and in front of witnesses (Genesis 23). Although, like *Avraham*, *David* was offered the site as a gift, he does not want any future generations to claim that it was stolen by the Children of Israel. Since the sale of each is recorded in the Bible, the Sages of the *Midrash* teach that *Yerushalayim*, *Chevron* and *Shechem* (which was similarly purchased by Jacob, see Genesis 33:19) are the three places that indisputably belong to the Jewish people.

List of Transliterated Words in *The Israel Bible*

The following is a list of nouns which have been transliterated into Hebrew in the English translation and commentary of *The Israel Bible*:

Hebrew Name	English Name	Pronunciation	Hebrew
Achan	Achan	a-KHAN	עָכָן
Achav	Ahab	akh-AV	אַחְאָב
Achaz	Ahaz	a-KHAZ	אָחָז
Achazyahu	Ahaziah	a-khaz-YA-hu	אֲחַזְיָהוּ
Achiezer	Ahiezer	a-khee-E-zer	אֲחִיעֶזֶר
Achihud	Ahihud	a-khee-HUD	אֲחִיהוּד
Achikam	Ahikam	a-khee-KAM	אֲחִיקָם
Achilud	Ahilud	a-khee-LUD	אֲחִילוּד
Achimelech	Ahimelech	a-khee-ME-lekh	אֲחִימֶלֶךְ
Achira	Ahira	a-khee-RA	אֲחִירַע
Achisamach	Ahisamach	a-khee-sa-MAKH	אֲחִיסָמָךְ
Achitofel	Ahithophel	a-khee-TO-fel	אֲחִיתֹפֶל
Achituv	Ahitub	a-khee-TUV	אֲחִיטוּב
Achiya	Ahijah	a-khi-YAH	אֲחִיָּה
Adam	Adam	a-DAM	אָדָם
Adar	Adar	a-DAR	אֲדָר
Adoniyahu	Adonijah	a-do-ni-YA-hu	אֲדֹנִיָּהוּ
Adulam	Adullam	a-du-LAM	עֲדֻלָּם
Agur	Agur	a-GUR	אָגוּר
Aharon	Aaron	a-ha-RON	אַהֲרֹן
Amasa	Amasa	a-ma-SA	עֲמָשָׂא
Amatzya	Amaziah	a-matz-YAH	אֲמַצְיָה
Amen	Amen	a-MAYN	אָמֵן
Amiel	Ammiel	a-mee-AYL	עַמִּיאֵל
Aminadav	Amminadab	a-mee-na-DAV	עַמִּינָדָב
Amitai	Amittai	a-mi-TAI	אֲמִתַּי
Amnon	Amnon	am-NON	אַמְנֹן

Hebrew Name	English Name	Pronunciation	Hebrew
Amon	Amon	a-MON	אָמוֹן
Amos	Amos	a-MOS	עָמוֹס
Amotz	Amoz	a-MOTZ	אָמוֹץ
Amram	Amram	am-RAM	עַמְרָם
Anatot	Anathoth	a-na-TOT	עֲנָתוֹת
Aron	Ark	a-RON	אֲרוֹן
Aron HaBrit	Ark of the Covenant	a-RON ha-b'-REET	אֲרוֹן הַבְּרִית
Arpachshad	Arpachshad	ar-pakh-SHAD	אַרְפַּכְשַׁד
Asa	Asa	a-SA	אָסָא
Asael	Asahel	a-sah-AYL	עֲשָׂהאֵל
Asaf	Asaph	a-SAF	אָסָף
Ashdod	Ashdod	ash-DOD	אַשְׁדּוֹד
Asher	Asher	a-SHAYR	אָשֵׁר
Ashkelon	Ashkelon	ash-k'-LON	אַשְׁקְלוֹן
Atalya	Athaliah	a-tal-YAH	עֲתַלְיָה
Avdon	Abdon	av-DON	עַבְדּוֹן
Avichayil	Abihail	a-vee-KHA-yil	אֲבִיחַיִל
Avidan	Abidan	a-vee-DAN	אֲבִידָן
Avigail	Abigail	a-vee-GA-yil	אֲבִיגַיִל
Avihu	Abihu	a-vee-HU	אֲבִיהוּא
Avimelech	Abimelech	a-vee-ME-lekh	אֲבִימֶלֶךְ
Avinadav	Abinadab	a-vee-na-DAV	אֲבִינָדָב
Aviram	Abiram	a-vee-RAM	אֲבִירָם
Avishai	Abishai	a-vee-SHAI	אֲבִישַׁי
Aviya	Abijah	a-vi-YAH	אֲבִיָּה
Aviyam	Abijam	a-vi-YAM	אֲבִיָּם
Avner	Abner	av-NAYR	אַבְנֵר
Avraham	Abraham	av-ra-HAM	אַבְרָהָם
Avram	Abram	av-RAM	אַבְרָם
Avshalom	Absalom	av-sha-LOM	אַבְשָׁלוֹם
Azarya	Azariah	a-zar-YAH	עֲזַרְיָה
Azeika	Azekah	a-zay-KAH	עֲזֵקָה
Azza	Gaza	a-ZAH	עַזָּה

Hebrew Name	English Name	Pronunciation	Hebrew
B'nei Yisrael	The Children of Israel	b'-NAY yis-ra-AYL	בְּנֵי יִשְׂרָאֵל
Barak	Barak	ba-rakh-AYL	בָּרָק
Baruch	Baruch	ba-RUKH	בָּרוּךְ
Barzilai	Barzillai	bar-zi-LAI	בַּרְזִלַּי
Basha	Baasa	ba-SHA	בַּעְשָׁא
Batsheva	Bath-sheba	bat-SHE-va	בַּת־שֶׁבַע
Be'er Sheva	Beer-sheba	b'-AYR SHE-va	בְּאֵר שֶׁבַע
Be'eri	Beeri	b'-ay-REE	בְּאֵרִי
Beit Aven	Beth-aven	bayt A-ven	בֵּית אָוֶן
Beit El	Beth-el	bayt el	בֵּית אֵל
Beit Hamikdash	Temple	bayt ha-mik-DASH	בֵּית הַמִּקְדָּשׁ
Beit Lechem	Beth-lehem	bayt LE-khem	בֵּית לֶחֶם
Beit Shean	Beth-shean	bayt sh'-AN	בֵּית שְׁאָן
Beit Shemesh	Beth-shemesh	bayt SHE-mesh	בֵּית שֶׁמֶשׁ
Berechya	Berechiah	be-rekh-YAH	בֶּרֶכְיָה
Betzalel	Bezalel	b'-tzal-AYL	בְּצַלְאֵל
Bilha	Bilhah	bil-HAH	בִּלְהָה
Binyamin	Benjamin	bin-ya-MIN	בִּנְיָמִין
Boaz	Boaz	BO-az	בֹּעַז
Buki	Bukki	bu-KEE	בֻּקִּי
Buzi	Buzi	bu-ZEE	בּוּזִי
Carmel	Carmel	kar-MEL	כַּרְמֶל
Chachalya	Hacaliah	kha-khal-YAH	חֲכַלְיָה
Chagai	Haggai	kha-GAI	חַגַּי
Chana	Hannah	kha-NAH	חַנָּה
Chanamel	Hanamel	kha-nam-AYL	חֲנַמְאֵל
Chanani	Hanani	kha-NA-nee	חֲנָנִי
Chananya	Hananiah	kha-nan-YAH	חֲנַנְיָה
Chaniel	Hanniel	kha-nee-AYL	חַנִּיאֵל
Chanoch	Enoch	kha-NOKH	חֲנוֹךְ
Chava	Eve	kha-VAH	חַוָּה
Chavakuk	Habakkuk	kha-va-KUK	חֲבַקּוּק
Chermon	Hermon	kher-MON	חֶרְמוֹן

Hebrew Name	English Name	Pronunciation	Hebrew
Chetzron	Hezron	khetz-RON	חֶצְרוֹן
Chever	Heber	KHE-ver	חֶבֶר
Chevron	Hebron	khev-RON	חֶבְרוֹן
Chilkiyahu	Hilkiah	khil-ki-YA-hu	חִלְקִיָּהוּ
Chizkiyahu	Hezekiah	khiz-ki-YA-hu	חִזְקִיָּהוּ
Chofni	Hophni	khof-NEE	חָפְנִי
Chogla	Hoglah	khog-LAH	חָגְלָה
Chulda	Hulda	khul-DAH	חֻלְדָּה
Chur	Hur	Khur	חוּר
Dan	Dan	Dan	דָּן
Daniel	Daniel	da-ni-YAYL	דָּנִיֵּאל
Datan	Dathan	da-TAN	דָּתָן
David	David	da-VID	דָּוִד
Devora	Deborah	d'-vo-RAH	דְּבוֹרָה
Dina	Dinah	DEE-nah	דִּינָה
Doeg Ha'adomi	Doeg the Edomite	do-AYG ha-a-do-MEE	דּוֹאֵג הָאֲדֹמִי
Efraim	Ephraim	ef-RA-yim	אֶפְרָיִם
Efrat	Ephrat	ef-RAT	אֶפְרָתָה
Efrat	Ephrathah	ef-RA-tah	אֶפְרָתָה
Ehud	Ehud	ay-HUD	אֵהוּד
Eila	Elah	AY-lah	אֵלָה
Eilon	Elon	ay-LON	אֵילוֹן
Ein Gedi	En-gedi	ayn GE-dee	עֵין גֶּדִי
Elazar	Eleazar	el-a-ZAR	אֶלְעָזָר
Elchanan	Elhanan	el-kha-NAN	אֶלְחָנָן
Eli	Eli	ay-LEE	עֵלִי
Eliav	Eliab	e-lee-AV	אֱלִיאָב
Elidad	Elidad	e-lee-DAD	אֱלִידָד
Eliezer	Eliezer	e-lee-E-zer	אֱלִיעֶזֶר
Elimelech	Elimelech	e-lee-ME-lekh	אֱלִימֶלֶךְ
Elisha	Elisha	e-lee-SHA	אֱלִישָׁע
Elishama	Elishama	e-lee-sha-MA	אֱלִישָׁמָע
Elisheva	Elisheba	e-lee-SHE-va	אֱלִישֶׁבַע

Hebrew Name	English Name	Pronunciation	Hebrew
Elitzafan	Eli-zaphan	e-lee-tza-FAN	אֱלִיצָפָן
Elitzur	Elizur	e-lee-TZUR	אֱלִיצוּר
Eliyahu	Elijah	ay-li-YA-hu	אֵלִיָּהוּ
Elkana	Elkanah	el-ka-NAH	אֶלְקָנָה
Elyasaf	Eliasaph	el-ya-SAF	אֶלְיָסָף
Elyashiv	Eliashib	el-ya-SHEEV	אֶלְיָשִׁיב
Enosh	Enosh	e-NOSH	אֱנוֹשׁ
Er	Er	ayr	עֵר
Eshtaol	Eshtaol	esh-ta-OL	אֶשְׁתָּאֹל
Esther	Esther	es-TAYR	אֶסְתֵּר
Eved Melech	Ebed-melech	E-ved ME-lekh	עֶבֶד־מֶלֶךְ
Even Ha-Ezer	Eben-Ezer	E-ven ha-E-zer	אֶבֶן הָעֶזֶר
Ever	Eber	AY-ver	עֵבֶר
Evyatar	Abiathar	ev-ya-TAR	אֶבְיָתָר
Ezra	Ezra	ez-RA	עֶזְרָא
Gad	Gad	gad	גָּד
Gadi	Gaddi	ga-DEE	גַּדִּי
Gadiel	Gaddiel	ga-dee-AYL	גַּדִּיאֵל
Gamliel	Gamaliel	gam-lee-AYL	גַּמְלִיאֵל
Gedalia	Gedaliah	g'-dal-YA (hu)	גְּדַלְיָהוּ
Gedera	Gederah	g'-day-RAH	גְּדֵרָה
Gershom	Gershom	gay-r'-SHOM	גֵּרְשׁוֹם
Gershon	Gershon	gay-r'-SHON	גֵּרְשׁוֹן
Geshem	Geshem	GE-shem	גֶּשֶׁם
Geuel	Geuel	g'-u-AYL	גְּאוּאֵל
Gidon	Gideon	gid-ON	גִּדְעוֹן
Gilad	Gilead	gil-AD	גִּלְעָד
Gilgal	Gilgal	gil-GAL	גִּלְגָּל
Giva	Gibeah	giv-AH	גִּבְעָה
Givon	Gibeon	giv-ON	גִּבְעוֹן
Hadassa	Hadassah	ha-da-SAH	הֲדַסָּה
Har Eival	Mount Ebal	ay-VAL	הַר עֵיבָל
Har Gerizim	Mount Gerizim	g'-ri-ZEEM	הַר גְּרִזִים

Hebrew Name	English Name	Pronunciation	Hebrew
Har HaBayit	Temple Mount	har ha-BA-yit	הַר הַבַּיִת
Har HaZeitim	the Mount of Olives	har ha-zay-TEEM	הַר הַזֵּיתִים
Hashem	Lord/God		
Hayman	Heman	hay-MAN	הֵימָן
Hoshea	Hosea	ho-SHAY-a	הוֹשֵׁעַ
Ido	Iddo	i-DO	עִדּוֹ
Imanu-El	Immanuel	i-MA-nu ayl	עִמָּנוּ אֵל
Ish-boshet	Ish-bosheth	eesh BO-shet	אִישׁ־בֹּשֶׁת
Itamar	Ithamar	ee-ta-MAR	אִיתָמָר
Itiel	Ithiel	ee-tee-AYL	אִיתִיאֵל
Ivtzan	Ibzan	iv-TZAN	אִבְצָן
Iyov	Job	i-YOV	אִיּוֹב
Kadmiel	Kadmiel	kad-mee-AYL	קַדְמִיאֵל
Kalev	Caleb	ka-LAYV	כָּלֵב
Keesh	Kish	keesh	קִישׁ
Kehat	Kohath	k'-HAT	קְהָת
Keinan	Kenan	kay-NAN	קֵינָן
Kemuel	Kemuel	k'-mu-AYL	קְמוּאֵל
Keruvim	Cherubim	k'-ru-VEEM	כְּרוּבִים
Kilyon	Chilion	kil-YON	כִּלְיוֹן
Kiryat Arba	Kiriath-arba	keer-YAT AR-bah	קִרְיַת אַרְבַּע
Kiryat Sefer	Kiriath-sepher	keer-YAT SAY-fer	קִרְיַת־סֵפֶר
Kiryat Ye'arim	Kiriath-jearim	keer-YAT y'-a-REEM	קִרְיַת יְעָרִים
Kislev	Chislev	kis-LAYV	כִּסְלֵו
Kohanim	Priests	ko-ha-NEEM	כֹּהֲנִים
Kohelet	Koheleth	ko-HE-let	קֹהֶלֶת
Kohen	Priest	ko-HAYN	כֹּהֵן
Kohen Gadol	High Priest	ko-HAYN ga-DOL	כֹּהֵן גָּדוֹל
Korach	Korah	KO-rakh	קֹרַח
Kushi	Cushi	ku-SHEE	כּוּשִׁי
Lachish	Lachish	la-KHEESH	לָכִישׁ
Leah	Leah	lay-AH	לֵאָה
Lemech	Lamech	LE-mekh	לֶמֶךְ

Hebrew Name	English Name	Pronunciation	Hebrew
Lemuel	Lemuel	l'-mu-AYL	לְמוּאֵל
Levi	Levi	lay-VEE	לֵוִי
Leviim	Levites	l'-vee-IM	לְוִיִּם
Machla	Mahlah	makh-LAH	מַחְלָה
Machlon	Mahlon	makh-LON	מַחְלוֹן
Machseya	Mahseiah	makh-say-YAH	מַחְסֵיָה
Malachi	Malachi	mal-a-KHEE	מַלְאָכִי
Manoach	Manoah	ma-NO-akh	מָנוֹחַ
Mashiach	Messiah	ma-SHEE-akh	מָשִׁיחַ
Mefiboshet	Mephibosheth	m'-fee-VO-shet	מְפִיבֹשֶׁת
Mehalalel	Mahalalel	ma-ha-lal-AYL	מַהֲלַלְאֵל
Menachem	Menahem	m'-na-KHAYM	מְנַחֵם
Menashe	Menasseh	m'-na-SHEH	מְנַשֶּׁה
Menorah	Candlestick	m'-no-RAH	מְנֹרָה
Merari	Merari	m'-ra-REE	מְרָרִי
Metushelach	Methusaleh	m'-tu-SHE-lakh	מְתוּשֶׁלַח
Micha	Micah	mee-KHAH	מִיכָה
Michael	Michael	mee-kha-AYL	מִיכָאֵל
Michaihu	Micaiah	mee-KHAI-hu	מִיכָיְהוּ
Michal	Michal	mee-KHAL	מִיכַל
Milka	Milcah	mil-KAH	מִלְכָּה
Miriam	Miriam	mir-YAM	מִרְיָם
Mishael	Mishael	mee-sha-AYL	מִישָׁאֵל
Mishkan	Tabernacle	mish-KAN	מִשְׁכַּן
Mitzpa	Mizpah	mitz-PAH	מִצְפָּה
Mizbayach	Altar	miz-BAY-akh	מִזְבֵּחַ
Mordechai	Mordecai	mor-d'-KHAI	מָרְדֳּכַי
Moriah	Moriah	mo-ri-YAH	מוֹרִיָּה
Moshe	Moses	mo-SHEH	מֹשֶׁה
Nachbi	Nahbi	nakh-BEE	נַחְבִּי
Nachor	Nahor	na-KHOR	נָחוֹר
Nachshon	Nahshon	nakh-SHON	נַחְשׁוֹן
Nachum	Nahum	na-KHUM	נַחוּם

Hebrew Name	English Name	Pronunciation	Hebrew
Nadav	Nadab	na-DAV	נָדָב
Naftali	Naphtali	naf-ta-LEE	נַפְתָּלִי
Naomi	Naomi	na-o-MEE	נָעֳמִי
Natan	Nathan	na-TAN	נָתָן
Naval	Nabal	na-VAL	נָבָל
Navi	Prophet	na-VEE	נָבִיא
Navot	Naboth	na-VAL	נָבָל
Nechemya	Nehemiah	n'-khem-YAH	נְחֶמְיָה
Negev	Negeb	NE-gev	נֶגֶב
Nerya	Neriah	nay-ri-YAH	נֵרִיָּה
Netanel	Nethanel	n'-tan-AYL	נְתַנְאֵל
Neviah	Prophetess	n'-vee-AH	נְבִיאָה
Neviim	Prophets	n'-vee-EEM	נְבִיאִים
Nisan	Nisan	nee-SAN	נִיסָן
Noa	Noah	no-AH	נֹעָה
Noach	Noah	NO-akh	נֹחַ
Nov	Nob	nov	נֹב
Nun	Nun	nun	נוּן
Oded	Oded	o-DAYD	עוֹדֵד
Ohola	Oholah	a-ho-LAH	אָהֳלָה
Oholiav	Oholiab	o-ha-lee-AV	אָהֳלִיאָב
Oholiva	Oholibah	a-ho-lee-VAH	אָהֳלִיבָה
Omri	Omri	om-REE	עָמְרִי
Onan	Onan	o-NAN	אוֹנָן
Otniel	Othniel	ot-nee-AYL	עָתְנִיאֵל
Ovadya	Obadiah	o-vad-YAH	עֹבַדְיָה
Oved	Obed	o-VAYD	עוֹבֵד
Oved Edom	Obed Edom	o-VAYD e-DOM	עוֹבֵד אֱדוֹם
Pagiel	Pagiel	pag-ee-AYL	פַּגְעִיאֵל
Palti	Palti	pal-TEE	פַּלְטִי
Paltiel	Paltiel	pal-tee-AYL	פַּלְטִיאֵל
Pekach	Pekah	PE-kakh	פֶּקַח
Pedael	Pedahel	p'-da-AYL	פְּדַהְאֵל

148

Hebrew Name	English Name	Pronunciation	Hebrew
Pekachya	Pekahiah	p'-kakh-YAH	פְּקַחְיָה
Peleg	Peleg	PE-leg	פֶּלֶג
Penina	Peninnah	p'-ni-NAH	פְּנִנָּה
Peretz	Perez	PE-retz	פֶּרֶץ
Petuel	Pethuel	p'-tu-AYL	פְּתוּאֵל
Pinchas	Phinehas	peen-KHAS	פִּינְחָס
Rachel	Rachel	ra-KHAYL	רָחֵל
Ram	Ram	ram	רָם
Rama	Ramah	ra-MAH	רָמָה
Re'u	Reu	r'-U	רְעוּ
Rechovam	Rehoboam	r'-khav-AM	רְחַבְעָם
Reuven	Reuben	r'-u-VAYN	רְאוּבֵן
Rivka	Rebecca	riv-KAH	רִבְקָה
Rut	Ruth	rut	רוּת
Salma	Salmon/Salmah	sal-MAH	שַׂלְמָה
Salmon	Salmon	sal-MON	שַׂלְמוֹן
Sara	Sarah	sa-RAH	שָׂרָה
Sarai	Sarai	sa-RAI	שָׂרַי
Selah	Selah	SE-lah	סֶלָה
Seraya	Seraiah	s'-ra-YAH	שְׂרָיָה
Serug	Serug	s'-RUG	שְׂרוּג
Setur	Sethur	s'-TUR	סְתוּר
Shaarayim	Shaaraim	sha-a-RA-yim	שַׁעֲרָיִם
Shabbat	Sabbath	sha-BAT	שַׁבָּת
Shabbatot	Sabbaths	sha-ba-TOT	שַׁבָּתוֹת
Shafan	Shaphan	sha-FAN	שָׁפָן
Shafat	Shaphat	sha-FAT	שָׁפָט
Shalem	Salem	sha-LAYM	שָׁלֵם
Shalum	Shallum	sha-LUM	שָׁלוּם
Shamgar	Shamgar	sham-GAR	שַׁמְגַּר
Shamua	Shammua	sha-MU-a	שַׁמּוּעַ
Shaul	Saul	sha-UL	שָׁאוּל
Shealtiel	Shealtiel	sh'-al-tee-AYL	שְׁאַלְתִּיאֵל

Hebrew Name	English Name	Pronunciation	Hebrew
Shear Yashuv	Shear-Jashub	sh'-AR ya-SHUV	שְׁאָר יָשׁוּב
Shechanya	Shecaniah	sh'-khan-YAH	שְׁכַנְיָה
Shechem	Shechem	sh'-KHEM	שְׁכֶם
Sheila	Shelah	shay-LAH	שֵׁלָה
Shelach	Shelah	SHE-lakh	שֶׁלַח
Shelumiel	Shelumiel	sh'-lu-mee-AYL	שְׁלֻמִיאֵל
Shem	Shem	Shaym	שֵׁם
Shemaya	Shemaiah	sh'-ma-YAH	שְׁמַעְיָה
Sheshbatzar	Sheshbazzar	shaysh-ba-TZAR	שֵׁשְׁבַּצַּר
Shet	Seth	Shayt	שֵׁת
Shevat	Shebat	sh'-VAT	שְׁבָט
Shilo	Shiloh	shi-LOH	שִׁלֹה
Shim'i	Shimei	shim-EE	שִׁמְעִי
Shimon	Simeon	shim-ON	שִׁמְעוֹן
Shimshon	Samson	shim-SHON	שִׁמְשׁוֹן
Shlomo	Solomon	sh'-lo-MOH	שְׁלֹמֹה
Shmuel	Samuel	sh'-mu-AYL	שְׁמוּאֵל
Shofar	Horn	sho-FAR	שׁוֹפָר
Shofarot	Horns	sho-fa-ROT	שׁוֹפָרוֹת
Shomron	Samaria	sho-m'-RON	שֹׁמְרוֹן
Sivan	Sivan	see-VAN	סִיוָן
Tamar	Tamar	ta-MAR	תָּמָר
Tanakh	Hebrew Bible	ta-NAKH	תְּנַ"ךְ
Tapuach	Tappuah	ta-PU-akh	תַּפּוּחַ
Tavor	Tabor	ta-VOR	תָּבוֹר
Tekoa	Tekoa	t'-KO-a	תְּקוֹעָה
Terach	Terah	TE-rakh	תֶּרַח
Teveria	Tiberias	t'-ver-YAH	טְבֶרְיָה
Tevet	Tebeth	tay-VAYT	טֵבֵת
Tirtza	Tirzah	tir-TZAH	תִּרְצָה
Tola	Tola	to-LA	תּוֹלָע
Tzadok	Zadok	tza-DOK	צָדוֹק
Tzefanya	Zephaniah	tz'-fan-YAH	צְפַנְיָה

Hebrew Name	English Name	Pronunciation	Hebrew
Tzelofchad	Zelophehad	tz'-la-f'-KHAD	צְלָפְחָד
Tzeruya	Zeruiah	tz'-ru-YAH	צְרוּיָה
Tzfat	Safed	tz'-FAT	צְפַת
Tzidkiyahu	Zedekiah	tzid-ki-YA-hu	צִדְקִיָּהוּ
Tziklag	Ziklag	tzi-k'-LAG	צִקְלַג
Tzion	Zion	tzi-YON	צִיּוֹן
Tzipora	Zipporah	tzi-po-RAH	צִפֹּרָה
Tzora	Zorah	tzor-AH	צָרְעָה
Tzuriel	Zuriel	tzu-ree-AYL	צוּרִיאֵל
Ukal	Ucal	u-KAL	אֻכָל
Uri	Uri	u-REE	אוּרִי
Uriya	Uriah	u-ri-YAH	אוּרִיָּה
Utz	Uz	Utz	עוּץ
Uzziyahu	Uzziah	u-zi-YA-hu	עֻזִּיָּהוּ
Yaakov	Jacob	ya-a-KOV	יַעֲקֹב
Yachaziel	Jahaziel	ya-kha-zee-AYL	יַחֲזִיאֵל
Yael	Jael	ya-AYL	יָעֵל
Yaffo	Joppa/Jaffa	ya-FO	יָפוֹ
Yair	Jair	ya-EER	יָאִיר
Yakeh	Jakeh	ya-KEH	יָקֶה
Yarden	Jordan	yar-DAYN	יַרְדֵּן
Yarmut	Jarmuth	yar-MUT	יַרְמוּת
Yechezkel	Ezekiel	y'-khez-KAYL	יְחֶזְקֵאל
Yechiel	Jehiel	y'-khee-AYL	יְחִיאֵל
Yechonya	Jeconiah	y'-khon-YAH	יְכָנְיָה
Yedutun	Jeduthun	y'-du-TUN	יְדוּתוּן
Yehoachaz	Jehoahaz	y'-ho-a-KHAZ	יְהוֹאָחָז
Yehoash	Jehoash	y'-ho-ASH	יְהוֹאָשׁ
Yehochanan	Jehohanan	y'-ho-kha-NAN	יְהוֹחָנָן
Yehonatan	Jonathan	y'-ho-na-TAN	יְהוֹנָתָן
Yehoram	Jehoram	y'-ho-RAM	יְהוֹרָם
Yehoshafat	Jehoshaphat	y'-ho-sha-FAT	יְהוֹשָׁפָט
Yehoshavat	Jehoshabeath	y'-ho-shav-AT	יְהוֹשַׁבְעַת

Hebrew Name	English Name	Pronunciation	Hebrew
Yehosheva	Jehosheba	y-ho-SHE-va	יְהוֹשֶׁבַע
Yehoshua	Joshua	y'-ho-SHU-a	יְהוֹשֻׁעַ
Yehotzadak	Jehozadak	y'-ho-tza-DAK	יְהוֹצָדָק
Yehoyachin	Jehoiachin	y'-ho-ya-KHEEN	יְהוֹיָכִין
Yehoyada	Jehoiada	y'-ho-ya-DA	יְהוֹיָדָע
Yehoyakim	Jehoiakim	y'-ho-ya-KEEM	יְהוֹיָקִים
Yehu	Jehu	yay-HU	יֵהוּא
Yehuda	Judah	y'-hu-DAH	יְהוּדָה
Yehudi	Jew	y'-hu-DEE	יְהוּדִי
Yehudim	Jews	y'-hu-DEEM	יְהוּדִים
Yered	Jared	YE-red	יֶרֶד
Yericho	Jericho	y'-ree-KHO	יְרִיחוֹ
Yerovam	Jeroboam	ya-rov-AM	יָרָבְעָם
Yerubaal	Jerubbaal	y'-ru-BA-al	יְרֻבַּעַל
Yerushalayim	Jerusalem	y'-ru-sha-LA-yim	יְרוּשָׁלַיִם
Yeshayahu	Isaiah	y'-sha-YA-hu	יְשַׁעְיָהוּ
Yeshua	Jeshua	yay-SHU-a	יֵשׁוּעַ
Yiftach	Jephthah	yif-TAKH	יִפְתָּח
Yigal	Igal	yig-AL	יִגְאָל
Yirmiyahu	Jeremiah	yir-m'-YA-hu	יִרְמְיָהוּ
Yishai	Jesse	yi-SHAI	יִשַׁי
Yisrael	Israel	yis-ra-AYL	יִשְׂרָאֵל
Yissachar	Issachar	yi-sa-KHAR	יִשָׂשכָר
Yitzchak	Issac	yitz-KHAK	יִצְחָק
Yizrael	Jezreel	yiz-r'-EL	יִזְרְעֶאל
Yoash	Joash	yo-ASH	יוֹאָשׁ
Yoav	Joab	yo-AV	יוֹאָב
Yochanan	Johanan	yo-kha-NAN	יוֹחָנָן
Yocheved	Jochebed	yo-KHE-ved	יוֹכֶבֶד
Yoel	Joel	yo-AYL	יוֹאֵל
Yona	Jonah	yo-NAH	יוֹנָה
Yonadav	Jonadab	yo-na-DAV	יוֹנָדָב
Yonatan	Jonathan	yo-na-TAN	יוֹנָתָן

Hebrew Name	English Name	Pronunciation	Hebrew
Yoram	Joram	yo-RAM	יוֹרָם
Yosef	Joseph	yo-SAYF	יוֹסֵף
Yoshiyahu	Josiah	yo-shi-YA-hu	יֹאשִׁיָּהוּ
Yotam	Jotham	yo-TAM	יוֹתָם
Yotzadak	Jozadak	yo-tza-DAK	יוֹצָדָק
Yozavad	Jozabad	yo-za-VAD	יוֹזָבָד
Zanoach	Zanoah	za-NO-akh	זָנוֹחַ
Zecharya	Zechariah	z'-khar-YAH	זְכַרְיָה
Zerach	Zerah	ZE-rakh	זֶרַח
Zerubavel	Zerubbabel	z'-ru-ba-VEL	זְרֻבָּבֶל
Zevulun	Zebulun	z'-vu-LUN	זְבוּלֻן
Zilpa	Zilpah	zil-PAH	זִלְפָּה
Zimri	Zimri	zim-REE	זִמְרִי

Jewish Holidays

Chanukah	Hanukkah	kha-nu-KAH	חֲנוּכָּה
Pesach	Passover	PE-sakh	פֶּסַח
Purim	Purim	pu-REEM	פּוּרִים
Rosh Hashana	Jewish New Year	rosh ha-sha-NAH	רֹאשׁ הַשָּׁנָה
Shavuot	Feast of Weeks	sha-vu-OT	שָׁבוּעוֹת
Shemini Atzeret	Eight Day of Assembly	sh'-mee-NEE a-TZE-ret	שְׁמִינִי עֲצֶרֶת
Sukkot	Feast of Tabernacles	su-KOT	סֻכּוֹת
Yom Kippur	Day of Atonement	yom kee-PUR	יוֹם כִּיפּוּר

Biblical Measurements

Amah	Cubit	a-MAH	אַמָּה
Amot	Cubits	a-MOT	אַמּוֹת
Bat	Bath	bat	בַּת
Batim	Baths	ba-TEEM	בַּתִּים
Beka	half-shekel	BE-ka	בֶּקַע
Chomarim	Homers	kho-ma-REEM	חֳמָרִים
Chomer	Homer	KHO-mer	חֹמֶר
Efah	Ephah	ay-FAH	אֵיפָה
Geira	Gerah	gay-RAH	גֵּרָה

Hebrew Name	English Name	Pronunciation	Hebrew
Gomed	Gomed	GO-med	גֹּמֶד
Hin	Hin	heen	הִין
Kav	kab	kav	קַב
Kesita	kesitah	k'-see-TAH	קְשִׂיטָה
Kikar	talent	ki-KAR	כִּכָּר
Kikarim	talents	ki-ka-RIM	כִּכָּרִים
Kor	kor	kor	כֹּר
Letek	lethech	LE-tek	לֶתֶךְ
Log	Log	log	לֹג
Maneh	Mina	ma-NEH	מָנֶה
Manim	Minas	ma-NEEM	מָנִים
Omer	Omer	O-mer	עֹמֶר
Pim	Pim	peem	פִּים
Se'ah	Seah	say-AH	סְאָה
Se'eem	Seahs	s'-EEM	סְאִים
Shekalim	Shekels	sh'-ka-LEEM	שְׁקָלִים
Shekel	Shekel	SHE-kel	שֶׁקֶל
Tefach	Handbreadth	TE-fakh	טֶפַח
Zeret	Span	ZE-ret	זֶרֶת

Photo Credits

I Samuel

1:10 Roman Yanushevsky/Shutterstock.com, **2:10** SmadarSonyaStrauss/ Shutterstock.com, **3:13** Shuki, CC BY-SA 3.0, via Wikimedia Commons, **4:13** The Israel Defense Forces Archive via Pikiwiki Israel, CC BY 2.5, via Wikimedia Commons, **5:1** Roman Yanushevsky/Shutterstock.com, **6:9** Nina Mikryukoa/ Shutterstock.com, **8:6** Liron-Afuta/Shutterstock.com, **9:13** Leonid Andronov/ Shutterstock.com, **10:2** Irit Levi via Wikimedia Commons, **11:14** StockStudio Aerials/Shutterstock.com, **12:14** Joshua Haviv/Shutterstock.com, **13:19** Doron Talmi via Wikimedia Commons, **14:29** Courtesy of Israel365 **15:11** Alexander Ingerman/ Shutterstock.com, **16:11** Lerner Vadim/Shutterstock.com, **17:26** Wilson44691 via Wikimedia Commons, **18:4** Protasov AN/Shutterstock.com, **19:12** Sergei25/ Shutterstock.com, **20:18** 300dpi/Shutterstock.com, **21:7** Daria Nor/Shutterstock. com, **22:13** Avishai Teicher via Pikiwiki Israel via Wikimedia Commons, **23:17** By Israel Defense Forces – Female Soldiers Give "Thumbs Up" After Fitness Competition, CC BY 2.0, https://commons.wikimedia.org/w/index.php ?curid=34372440, **24:7** Avi Ohayon / Government Press Office (Israel), **25:28** Reut Gross via Wikimedia Commons, **26:19** Alla Khananashvili/Shutterstock.com, **27:6** LeonP/Shutterstock.com, **28:3** Mosesr/Shutterstock.com, **29:2** Irisphoto1/ Shutterstock.com, **30:7** Vladimir Gjorgiev/Shutterstock.com, **31:4** Andrew Shiva via Wikimedia Commons

II Samuel

1:23 Government Press Office (Israel), **2:4** Ya'akov Sa'ar, Government Press Office (Israel), **3:10** tokar/Shutterstock.com, **4:11** https://www.flickr.com/people /45644610@N03, CC BY-SA 3.0 via Wikimedia Commons, **5:7** Avi Ohayon, Government Press Office (Israel), **6:12** VanderWolf Images/Shutterstock.com, **7:13** Mikhail Semenov/Shutterstock.com, **8:15** Seth Aronstam/Shutterstock.com, **10:12** Israel Defense Forces, CC BY-SA 2.0, via Wikimedia Commons, **11:4** courtesy of Israel365, **12:24** Gur Tatiana/Shuttestock.com, **13:21** vvita/Shutterstock. com, **14:2** Ya'akov Sa'ar, Government Press Office (Israel), **15:30** Andrew Shiva via Wikimedia Commons, **16:3** JekLi/Shutterstock.com, **17:22** Chmee via Wikimedia Commons, **18:5** By Israel Defense Forces - Palestinian Children Diagnosed with Cancer and Alpine Soldiers Visit Mt. Hermon, CC BY-SA 2.0, https:// commons.wikimedia.org/w/index.php?curid=34362034, **19:6** לשכת, קובי גדעון, העיתונות הממשלתית, CC BY-SA 3.0 via Wikimedia Commons, **20:1** Seth Aronstam/ Shutterstock.com, **21:14** David Rubinger, Government Press Office (Israel), **22:3** Hans Pinn, Government Press Office (Israel), **23:1** Sopotnicki/Shutterstock. com, **24:24** Classical Numismatic Group via Wikimedia Commons

Map of Modern-Day Israel and its Neighbors

The following is a map of modern-day Israel and the surrounding countries

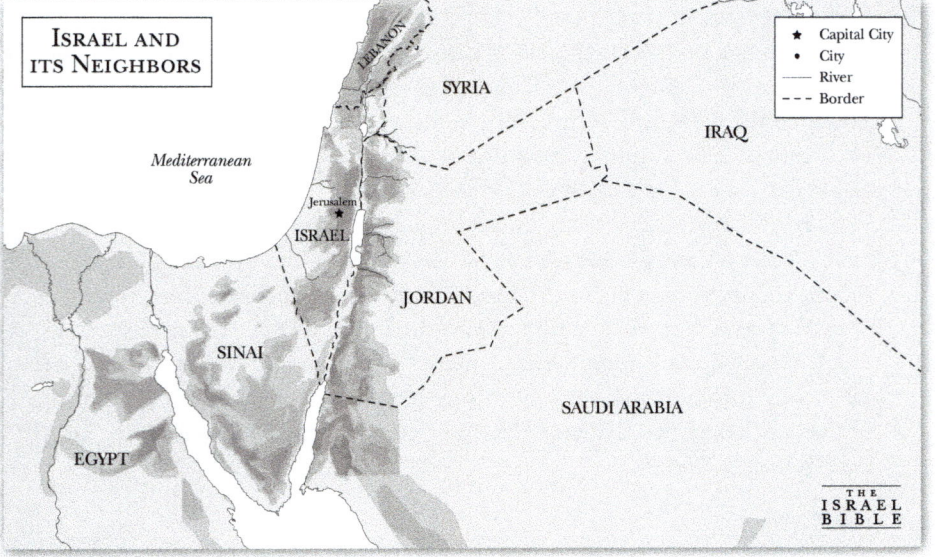

NOTES

NOTES

NOTES

NOTES

NOTES

For more inspiring commentary,
interactive maps, educational videos,
vivid photographs and more,
please visit our website

www.TheIsraelBible.com

THE
ISRAEL
BIBLE